Alice Boner sitting at foot of a pillar in Ellora Caves

Alice Boner Diaries

INDIA 1934-1967

Edited by

Georgette Boner
Luitgard Soni
Jayandra Soni

MOTILAL BANARSIDASS PUBLISHERS
PRIVATE LIMITED ● DELHI

First Edition: Delhi, 1993

ISBN: 81-208-1121-6

Also available at:

MOTILAL BANARSIDASS

41 U.A. Bungalow Road, Jawahar Nagar, Delhi 110 007
120 Royapettah High Road, Mylapore, Madras 600 004
16 St. Mark's Road, Bangalore 560 001
Ashok Rajpath, Patna 800 004
Chowk, Varanasi 221 001

PRINTED IN INDIA

BY JAINENDRA PRAKASH JAIN AT SHRI JAINENDRA PRESS, A-45 NARAINA INDUSTRIAL AREA, PHASE I, NEW DELHI 110 028 AND PUBLISHED BY NARENDRA PRAKASH JAIN FOR MOTILAL BANARSIDASS PUBLISHERS PVT. LTD., BUNGALOW ROAD, JAWAHAR NAGAR, DELHI 110 007

TABLE OF CONTENTS

Zum Geleit

Am 9.Januar 1930 bestieg Alice Boner in Venedig ein Schiff des Lloyd Triestino. So begann ihre erste Indienreise. Das Schiff hieß "Gange". Im Januar 1936 bezog sie in Banaras ein altes, halb zerfallenes Haus am heiligen Strome Ganges, das ihr zum lebenslänglichen Heim wurde. Das Schiff "Gange" hatte wahrlich einen symbolischen Namen.

Indien war Alice Boners Traum. Von frühester Jugend an beglückte sie orientalische Kunst. Am 7.April 1926 sah sie in Zürich zum ersten Mal indischen Tanz. Die kurze Notiz im Tagebuch lautet: "Abends Kursaal: Viel Kitsch - und eine Offenbarung". Diese Offenbarung war Uday Shankar. Sein Tanz bestätigte ihr, daß indische Kunst dem Europäer etwas Besonderes zu sagen habe.

Als Uday Shankar 1929 mit seiner französischen Partnerin Simkie in Paris auftrat, begegnete Alice Boner ihm wieder. Die von Schallplatten abgespielte Begleitmusik befriedigte ihn nicht mehr. Er beabsichtigte, nach Indien zurückzukehren, um eine Gruppe von Tänzern und Musikern zu bilden. Mit einem originalen Ensemble wollte er dem Westen authentisch-indische Tanzdramen vorstellen. Alice Boner ließ sich von der Idee begeistern und entschloß sich mitzuwirken. Sie hofften, in Indien für das kulturell wichtige Unternehmen Sympathie zu erwecken und tatkräftige Hilfe zu erhalten.

Das war der Grund von Alice Boners erster Indienreise. Am 14. Januar 1930 schrieb sie bereits unterwegs:

"Erwachen auf dem Schiff im Roten Meer. Grandioser Morgen. Helle, fast durchsichtige Bergketten, zu beiden Seiten die Wasserfläche begrenzend. Weite, noch unbewohnte, einsame Welt. Gelbe Sandstrecken vor dem steilen Aufstieg der Berge, gezackte Silhouetten, leicht bewegtes Wellenspiel. Es wird schöner und schöner. Die Höhenzüge mehren und verziehen sich zugleich, in Luft, Licht und Äther zart ausklingend. Schiffe kommen und entschwinden in Wogen und Rauch, von weitem majestätisch, in der Nähe fast greifbar. - Ein Sonnenuntergang von gewaltiger Intensität. Man fühlt sich erstmals in südlichen Sphären. Der Grundton des Meeres tief dunkel, grün-violett. Ferne, Ferne, blaue Bergkuppen und darauf das Feuerzauberspiel von roter, gelber, grünleuchtender Glut. Die Welt hat hier mehr Form, mehr Tiefe und viel, viel mehr Glückseligkeit" (Zitat aus *Indien, mein Indien*, Werner Classen Verlag, Zürich 1984).

Die von Indien erhoffte Hilfe blieb aus. Dennoch ließen die beiden mutigen Unternehmer, Alice Boner und Uday Shankar, sich nicht abschrecken. Sie kehrten im Herbst mit einem einzigen Berufsmusiker und einem Team von Udays hochbegabten, doch noch unausgebildeten Brüdern - der jüngste ist der heute weltberühmte Sitarspieler Ravi Shankar - und mit weiteren Familienmitgliedern nach Paris zurück. Udays Mutter begleitete die Gruppe als Schutzengel. Instrumente und Material hatten sie zum Teil geschenkt bekommen und zum Teil kaufen können.

Alice Boner mietete in Boulogne s/Seine bei Paris eine Wohnung mit einem für das Üben geeigneten Raum. Hier wurden die Vorstellungen vorbereitet: Choreographie, Musik, Tanz. Hier wurde geprobt, hier wurden Klänge und Farben kombiniert, Kostüme genäht. Alles in unermüdlicher Hingabe. Die Kultur der fremden Erde begeisterte.

Die ganze Organisation bedurfte der einsatzbereiten Entschlossenheit von Alice Boner. Sie hatte die Größe des indischen Tanzes und die einzigartige Begabung Uday Shankars erkannt und setzte sich vorbehaltlos mit all ihrem Können für das künstlerische Unternehmen ein. Es war ein unabsehbares Wagnis. Sie wußte es und nahm es auf sich. Sie stellte die Verbindung zur kritischen Pariser Kunst-Szene her, führte die Verhandlungen mit den Theatern und schloß die Verträge ab. Sogar für den Haushalt und das Wohlbefinden der Gruppe fühlte sie sich verantwortlich. Uday Shankar war der große Tänzer und Choreograph. Alice Boner, mitplanend und mitwirkend, verfolgte beratend die Entwicklung der mythischen Tanzdramen.

Schon nach fünf Monaten intensivster Vorbereitung, am 3.März 1931, traten Shankar und sein Ensemble im großen "Théâtre des Champs-Elysées" auf. Paris staunte. Der Erfolg übertraf alle Erwartungen.

Während fünf Jahren, von 1930-1935, lag die ganze administrative Leitung des Unternehmens auf Alice Boners Schultern. Sie kümmerte sich um Kostüme, Korrespondenz, Reklame, Impresarios, Tourneen in Europa und Amerika.

Sie trug ihre Bürde an Schwierigkeiten, Sorgen und Risiken, freute sich aber auch an den Erfolgen.

Als der Ruf der Truppe gesichert war, drängte es Alice Boner mehr und mehr, zu ihrer eigenen, der bildenden Kunst zurückzukehren. Die Malerin und Bildhauerin wollte wieder zu ihrem Recht kommen. Gleichzeitig erwachte der Wunsch, die von Indien empfangene Vision zum Ausdruck zu bringen.

Um diesem Streben nach schöpferischer Betätigung gerecht zu werden, entschloß sie sich zu einer zweiten Orientreise. Die Fahrt ging über Colombo. Diese Reise hatte 1935 die Übersiedlung nach Indien zur Folge.

In Banaras niedergelassen, nahm sie ihr früheres Schaffen wieder auf, vor allem Zeichnen und Malen, wandte sich aber auch, angeregt durch die Faszination der Umgebung, mit ebensolcher Intensität kunsthistorischen Studien zu. Nach vielen einsamen, im Zwiegespräch mit Skulpturen von Ellora verbrachten Wochen, ja Monaten, schrieb sie: "... als ich die Skulpturen zeichnete und darüber meditierte, offenbarte sich mir eines Tages in einer plötzlichen Eingebung ein Aspekt, der sich hinter der Oberfläche verbarg, und der ein möglicher Schlüssel zu ihrer Bedeutung zu sein schien. In einem Augenblick wurde mir deutlich, daß es etwas viel Tieferes war als die Geschichte, die diese Skulpturen dem Auge darboten. - Sie offenbarten eine innere, sinnvolle Struktur, die sich in der Form eines geometrischen Musters darstellte, das einem yantra ähnlich war" (in: "The Beginning of my Research Work", zitiert nach Bettina Bäumer "Das wissenschaftliche Werk von Alice Boner" im Katalog: *Alice Boner und die*

Kunst Indiens, S.72).

Diese Worte sind bereits wegweisend für die Forschung von Alice Boner. Sie führen nicht allein zu ihrer sehr wichtigen Entdeckung von Kompositions-Prinzipien indischer Skulpturen, sondern auch zu einer Suche nach der Bedeutung der Inhalte. 1978 schrieb Dr. Boner: "Wohl ist die aus der Sicht eines späten Betrachters geschriebene Kunstgeschichte, vor allem Stilanalysen, Einflüsse, Vergleiche, Daten und historische Angaben enthaltend, äußerst wertvoll. Doch nun ist es an der Zeit, in die hintergründige Bedeutung dieser frühen Kunstformen einzudringen" (zitiert nach dem Artikel "Silpa versus Sastra" von T.S. Maxwell in *Shastric Traditions in Indian Arts*, Wiesbaden: Franz Steiner Verlag, Vol. I, 1989, S.13).

Aber schon aus dem Jahre 1945, in Verbindung mit ihrer großen Bilderreihe über die Offenbarung Krishnas als das Universum, stammen ihre Worte: "I always tried to go beyond manifestation and to visualize the absolute Vishvarupa".

Im Jahre 1957 lernte sie in Puri Pandit Sadasiva Rath Sarma kennen. Er brachte ihr ein Palmblatt-Manuskript, welches ihre bedeutungsvolle Entdeckung bestätigte. Daraufhin entschloß sie sich, das Resultat ihres Suchens zu veröffentlichen, Alice Boner: *Principles of Composition in Hindu Sculpture. Cave Temple Period*, Leiden: Brill, 1962. Ihr grundlegendes Werk wird von einem Vorwort von Paul Mus, dem großen Deuter des Tempels von Borobudur, eingeführt.

Die Publikation des bestätigenden Textes *Silpa Sastra* folgte 1966.

Die Bauprobleme sakraler Architektur studierte sie in Konarka. Die Resultate sind festgelegt in ihrem Buch *New Light on Konarka*, erschienen 1972. Die kunsthistorischen Grundlagen des Werkes beruhen auf vier Palmblatt-Manuskripten in der Oriya-Schrift aus der Zeit des Tempelbaus, deren Entzifferung Pandit Sadasiva Rath Sarma und Rajendra Prasad Das übernahmen.

Vom Leben und Schaffen in Indien berichten Alice Boners in deutscher und in englischer Sprache geführten Tagebücher. Sie erlauben uns, teilzunehmen an ihrem Erfahren und Erforschen der geliebten zweiten Heimat. Da wir die Eigenart ihres Ausdrucks beibehalten möchten, geben wir ihre Schriften in den originalen Sprachen wieder. Für die Leser, denen Englisch vertrauter ist, hat Jayandra Soni den deutschen Text übersetzt. Die Zeichnungen der Autorin illustrieren die Atmosphäre, in der sie gelebt und gearbeitet hat.

Ich freue mich, daß ich mit den beiden Indologen Luitgard und Jayandra Soni, die an der Banaras Hindu University studiert haben und Alice Boner kannten, diese Tagebücher zur Veröffentlichung vorbereiten konnte. In der Auswahl bemühten wir uns, ihr Ringen um das künstlerische Schaffen zum Ausdruck kommen zu lassen. Daher die Verschiedenheit im zeitlichen Abstand der einzelnen Eintragungen.

Das Vorwort von Christian Scharfetter führt den Leser ein in den

Forschungs- und Entwicklungsweg der Malerin, Bildhauerin, Kunstwissenschaftlerin und religiös-philosophischen Sucherin Alice Boner, welcher als Weg gezielten, schöpferischen Strebens beispielhaft und ermutigend ist.

Friedbert Scharfetter, der Autor des Nachwortes, war 1977 zwei Wochen lang Gast im Haus am heiligen Strome. Er kennt also die enge Gasse von den weiten Ghats hinauf zur Haustür, den rechtwinklig gebogenen Eingang, die flach eingemeißelte Lotosblüte im Boden des Höfchens, die hohen Treppenstufen mit der Zwischenteilung für ältere Menschen, die roten Steinsäulen im ersten Stock, den Blick über den Ganges in die ewige Heimat und das von Alice Boner erbaute geräumige Atelier auf der Dachterrasse. Also ertönt in seinen Worten ein Echo erinnerter Gespräche. Auch dafür Dank.

Zürich, April 1992 — Georgette Boner

Preface

On January 9, 1930 Alice Boner boarded a ship belonging to Lloyd Triestino in Venice. Her first journey to India thus began. The ship was called "Gange". In January 1936 she moved into an old, half-dilapidated house on the holy river Ganges in Banaras, which then became her permanent home. The ship "Gange" truly bore a symbolic name.

India was Alice Boner's dream. Oriental art fascinated her from her early youth on. On April 7, 1926 she saw Indian dance for the first time in Zürich. A short note in her diary says: "Evening in the Kursaal: a lot of kitsch and a revelation." This revelation was Uday Shankar. His dance convinced her that Indian art has something special to say to Europeans.

Alice Boner met Uday Shankar again in 1929 when he performed in Paris with his French partner Simkie. Uday Shankar was no longer happy with the accompanying music of records. He then planned to return to India in order to form a group of dancers and musicians. He wanted to present authentic Indian dance dramas to the West with an original ensemble. Alice Boner was thrilled by the idea and decided to collaborate. She hoped to arouse sympathy for this culturally important undertaking and to obtain active assistance in India.

This was the reason for Alice Boner's first journey to India. Already on the way, she wrote on January 14, 1930:

"Awoke on the ship in the Red Sea. A grand morning. Bright, almost transparent chains of mountains bordering the water-surface on both sides. A wide, as yet uninhabited, solitary world. Yellow stretches of sand in front of the steep slope of the mountain, zig-zag silhouettes, slightly moving play of waves. It becomes more and more beautiful. The mountain ranges increase and disperse, at the same time, into the air, into light and ether, delicately fading away. Ships appear and disappear in waves and smoke, majestic in the distance, almost touchable when near.

A sunset of immense intensity. For the first time one feels the southern spheres. The basic tone of the sea is deep dark, green-violet. In the distance, blue mountain-tops and above them the magic, fiery play, of red, yellow and greenish glow. Here the world has more form, more depth and much, much more bliss." (Quoted from *Indien, mein Indien*, Zürich: Werner Classen Verlag, 1984).

The expected help in India never materialized. Nevertheless, the two courageous adventurers, Alice Boner and Uday Shankar, did not let themselves be deterred. They returned to Paris in Autumn with only a single professional musician and with a team of Uday's talented, yet untrained brothers - the youngest is today the world-famous sitar player Ravi Shankar - and with other relatives. Uday's mother accompanied the group as the guardian angel. They could obtain some instruments and material as gifts, others they could buy.

Alice Boner rented a house in Boulogne s/Seine near Paris with a room for rehearsals. They prepared for the performances here: choreography, music, dance. They practised here and here sound and colour were combined, and costumes sewn. Everything was done with inexhaustible devotion. The culture of the foreign land was inspiring.

The entire organization required Alice Boner's ready determination. She had recognized the greatness of Indian dance and Uday Shankar's unique talent and, without reservations, she commited herself to this artistic venture with all her abilities. It was an incalculable risk. She knew it and took it. She arranged contacts with the critical Parisian art-scene, negotiated with the theatres and made the contracts. She even felt responsible for the household and the comfort of the group. Uday Shankar was the great dancer and choreographer, and Alice Boner planned and worked with him; she pursued the development of mythical dance dramas as an advisor.

After five months of intensive training Shankar and his ensemble performed in the great Théatre des Champs Elysée on March 3, 1931. Paris was amazed. The success was beyond expectation.

For five years, 1930-1935, Alice Boner was in charge of the entire administration of the undertaking. She took care of the costumes, the correspondence, advertizing, the impressarios and the tours in Europe and America.

She bore the burden of the difficulties, troubles and risks, but was also happy about the successes.

When the reputation of the troupe was established, Alice Boner felt more and more the urge to return to her own art. The paintress and sculptress wanted her rights. At the same time the desire arose to give expression to the vision received in India.

In order to do justice to this creative activity, she decided to make a second trip to the orient. The journey was over Colombo. This journey in 1935 resulted in her settling down in India.

Once in India she continued with her earlier work, especially sketching and painting and, at the same time, inspired by the surrounding, she turned to art studies with equal intensity. After several solitary weeks, yes, months, in dialogue with the sculptures in Ellora, she wrote: "... while I was drawing the sculptures and meditating on them, I had, one day, a sudden flash, the revelation of an aspect, hidden behind the outer surface, which appeared as the possible clue to their meaning. In a moment I realized that there was something that was much deeper than the story the sculptures offered to the eye. They revealed an inner significant structure, which presented itself in the form of a geometrical pattern resembling a yantra" ("The Beginnings of my Research Work", unpublished; quoted from Bettina Bäumer: "Insights into Indian Art: Alice Boner's Scholarly Work" in the Catalogue *Alice Boner: Artist and Scholar*, edited by Georgette Boner and Eberhard Fischer, Varanasi: Bharat Kala Bhavan, 1982, p. 66).

These words are indications of Alice Boner's research. They led not only to her significant discovery of the principles of composition in Indian sculpture, but also to a search for the meaning of its content. In 1978 Dr. Alice Boner wrote: "Although there is great value in the history of art written from the viewpoint of later observers, especially, analyses of style, influences, comparisons, dates and historical information. But it is now time to penetrate the significance behind it" (quoted from T.S. Maxwell's article "Silpa Versus Sastra" in *Shastric Traditions in Indian Arts*, Wiesbaden: Franz Steiner Verlag, Vol. I, 1989, p. 13).

However, already in 1945 Alice Boner had written, in connection with her series of pictures on the revelation of Krishna as the universe: "I always tried to go beyond manifestation and to visualize the absolute Vishvarupa".

In 1957 she met Pandit Sadasiva Rath Sarma in Puri. He showed her a palm-leaf manuscript which attested her significant discoveries. She consequently decided to publish the results of her search and insights; Alice Boner: *Principles of Composition in Hindu Sculpture. Cave Temple Period*, Leiden: Brill, 1962. Her fundamental work is introduced in a foreword by Paul Mus, the famous interpreter of the Borobudur Temple.

The publication of the text *Silpa Prakasa* attesting her work followed in 1966.

She studied the construction problems of sacred architecture in Konarka. The results are presented in her book *New Light on Konarka*, published in 1972. The research of art-history in this work is based on four palm-leaf manuscripts in the Oriya language, from the time of the actual building of the temple. Pandit Sadasiva Rath Sarma and Rajendra Prasad Das deciphered and interpreted the manuscript.

Alice Boner's diaries, written in both English and German, reveal aspects of her life and work in India. They enable us to participate in her experience and research in this her beloved second home. Since we would like to retain the uniqueness of her expression, we are presentng her diaries in their original languages. For the reader who is more at home with English Jayandra Soni has translated the German. The sketches by the author herself illustrate the atmosphere in which she lived and worked.

I am happy that I could prepare these diaries for publication together with the two Indologists Luitgard and Jayandra Soni, both of whom studied at the Banaras Hindu University and knew Alice Boner. In the selections of the texts we tried to let the struggle of her artistic creation express itself - hence, the numerous time-gaps in the entries published here.

Christian Scharfetter's Foreword introduces the reader to the path of research and development of the paintress, sculptress, art-critic and religio-philosophical seeker, Alice Boner, whose determined, creative effort is exemplary and inspiring.

The author of the epilogue, Friedbert Scharfetter, was Alice Boner's guest in 1977 at her house on the holy river Ganges. He therefore knows the narrow lane leading from the wide ghats to her door, the two right angle turns of its entrance, the stone carving of the lotus flower on the floor of the small courtyard, the high, steep staircase with half-steps in between for elderly persons, the red stone pillars on the first floor, the view over the Ganges into the eternal abode and the spacious studio built by Alice Boner on the terrace of the roof. Thus, we hear the echo of reminiscent talks in his words.

Zürich, April 1992 Georgette Boner

Vorwort

"Im Tagebuch ist man sich selbst Zeuge", schrieb Alice Boner am 14.September 1952. Und wir als Leser dieser nun von ihrer Schwester Georgette Boner zusammen mit Luitgard und Jayandra Soni herausgegebenen langen Serie von Tagebüchern, welche uns fast über ein Vierteljahrhundert in ihr Leben Einblick geben, dürfen dankbar an dem geistigen Reichtum teilnehmen. Und welche Fülle hat uns diese besondere Frau von ihrem Lebensweg übermittelt! Wir begleiten den äußeren Weg der Reisenden in Ost und West und den inneren Weg der Suchenden. Wir vollziehen ihre Begegnungen mit Menschen vieler Geistesrichtungen mit. Wir erleben, wie sie sich der Realität schauend aufschloß und sie anschaulich beschreibend vermittelt. Ja selbst ihr Überschreiten der Realität auf das ungestaltete All-Eine hin, aus welchem alle Erscheinungen stammen, in welches alle wieder eingehen, dürfen wir mitvollziehen. Wir begleiten die unermüdliche Kunstforscherin, die die verborgenen Strukturprinzipien entdeckte und die dann als Lohn jahrelangen Suchens die schriftlichen Anweisungen dazu auf Palmblatt-Manuskripten bestätigt findet. Wir erfahren von dieser introspektionsbegabten und sprachmächtigen Künstlerin ihr Ringen um das große Werk, das schließlich Gestalt annimmt. Und wir dürfen auch von der Kontemplation, der künstlerisch-religiösen Ergriffenheit, der stillen Gelassenheit, der Heiterkeit und dem Glück der Meditandin lesen.

Der Mensch als homo viator: Alice Boner war eine Weltpilgerin, vollzog äußerlich und innerlich die ständige Wandlung des Unterwegsseins. `Caminando nos cambiamos´ (wandernd wandeln wir uns) könnte das Motto ihres Weges sein. Es ging ihr als Lebensziel um das, was die Spanier "hacer el camino" nennen: die Pilgerschaft des Weltenwanderers. Alice Boner ging den Weg der Weißen Wolken, folgte dem Ruf ihrer inneren Bestimmung: immer mehr zu sich selbst, verwirklichend ihr Selbst (Atman), aufgeschlossen dem Maha-Atman, dem Sein.

"Erde und Himmel sind meine Heimat", schrieb sie am 26.Januar 1953. Nirgends auf der Erde endgültig zuhause, das ist das Schicksal des Menschen, der zur Bewußtseinsentwicklung aufgebrochen ist. Europa war keine dauernde Heimstatt, auch Indien nicht. Die eigentliche Heimat ist das Sein, wird im Bewußtsein selig genannt: Sat-Cit-Ananda.

Aber Alice Boner ging nicht vorbei an der Fülle der Realität: Sie setzte sich ihr aus, ließ sich offen auf sie ein - um sie auf das EINE hin zu überschreiten. Mitten hindurch durch die Fülle von Samsara, doch unbeirrt weiter auf das Urhervorbringende zu. Alle Gestalten, Meer und Fluß, Gebirge, Täler, Wälder und Wüsten, Tiere und Menschen sind ihr Botschaften der eigentlichen Wirklichkeit. Im Wandel, im Zulassen der eigenen Metamorphose, in den Wellen des Bewußtseinsstromes vollzieht sich die Entwicklung des einzelnen Menschen zu immer größerer Offenheit auf die Kunde, die von allen Wesen ausgeht: die Verbundenheit aller Wesen und die Teilhabe des Einzelnen am Übergreifenden EINEN. "Pflanzen und Tiere und alle Gestalten kommen aus einem gemeinsamen Uterus, aus dem alle Existenz stammt" (4.Aug. 1949). So hingegeben dem Strom des Entstehens und Vergehens erfährt Alice Boner die

Fülle: "das allumfassende Leben in mir - der Zusammenhang vor allem" (29.April 1951). Im Werden und Vergehen sind alle Wesen geschwisterlich verbunden, in der gemeinsamen Herkunft und im gemeinsamen Endziel, dem EINEN: "Die große Gemeinschaft des Todes", notiert sie am 11.Mai 1954. Es ist trostvoll: "Alles kehrt in seinen Ursprung zurück" (6.Mai 1951).

Hingegeben dem Spiel der Wolken in ihrer ständigen Wandlung erfährt der Wanderer: da ist keine Dauer, der Mensch fluktuiert im Strom des Bewußtseins. Die Wolken werden zum Spiegel der eigenen inneren Wandlung. "Die wechselnden Wolken sind unsere psychischen Wandlungen, die das Licht unseres inneren Seins brechen" (13.August 1964).

Wie offen war Alice Boner für die Schönheit der Welt, wie konnte sie schauen! Wie sehr trifft das Goethe-Wort auf sie zu: "Zum Sehen geboren, zum Schauen bestellt"! Es geht Alice Boner darum, die "innere Schönheit" zu sehen (7.März 1954).

So schaute sie Landschaften, den Fluß, den Berg (z.B. in Almora, in Srinagar). So schaute sie Städte und ihre Bewohner, die Pilger und Beter, Tänzer und Musikanten. So offen traf sie Menschen: den Musiker Ali Akbar Alaudin Khan, den Philosophen Sri Bhagvan Das, den deutschen Buddhisten Lama Anagarika Govinda, den Musikologen Alain Daniélou, den Dichterphilosophen Rabindranath Tagore, die Tänzerin Shanta Rao, die Kunsthistorikerin Stella Kramrisch, den Tibetologen Giuseppe Tucci, den Psychologen Carl Gustav Jung.

Begeisternd berichtet sie von ihrem Schauen in Städten und Tempeln. Vijayanagar (1938) war ein Höhepunkt ihrer Kunstentdeckungen, dann die südindischen Tempel in Tamil Nadu. Die entscheidenden, wegweisenden Erlebnisse erfuhr sie in Ellora. Tief ist ihre religiös-künstlerische Ergriffenheit, verwandelnd (20.August 1941).

In solchem offenen Sicheinlassen entdeckte sie die Bauprinzipien der indischen Plastik und Architektur (besonders am Sonnentempel von Konarka). Nach Jahren traf sie Pandit Sadasiva Rath Sarma, welcher ihr die Palmblatt-Manuskripte zeigte, in welchen sie die Bestätigung ihrer Entdeckung fand (siehe *Principles of Composition in Hindu Sculpture. Cave Temple Period*, Leiden: Brill, 1962; *Silpa Prakasa*, translated by Alice Boner and Sadasiva Rath Sarma, Leiden: Brill, 1966).

Eindrücklich ist der Einblick in das Ringen um die eigene Kunst. Es ging um die Überwindung des Realismus. Jahrelang bemühte sie sich um den rechten Ausdruck ihres großen Triptychons, ein wahres Weltbild kosmischer Dimensionen. Wir erleben, wie oft sie an ihrer künstlerischen Befähigung zweifelte. Sie wußte: "Ambition ist (für den Künstler) selbstzerstörend" (12.Juli 1954). Kunst setzt ein Überschreiten ichhafter Bestrebung voraus und muß der inneren Entwicklung abgerungen werden (1.August 1949). So stellt sich der Ausdauernden schließlich der Durchbruch zum Erfolg ein: das Werk gelingt. In ihrer Rückschau kann die Künstlerin sagen (20.Mai 1953): "Mein Leben ist eine folgerichtige Entwicklung von innen heraus". Dieser Weg wird durch

Entsagung und Askese errungen. "Es ist ein Weg des Verzichtes um des inneren Wesens willen" (9.April 1951).

So wie äußere Ansprüche an ein bürgerlich geborgenes Leben zurücktreten müssen, um dem inneren Ruf Folge zu leisten, so wird dem Schauenden auch die äußere Realität in ihrer Mayahaftigkeit als ein Spiel der Großen Schöpferin und Vernichterin Kali transparent (23.Juli 1942, 1.August 1949).

Im Durchblick durch die äußere - samsarische - Realität wird der kontemplative Mensch des Einen Urschöpferischen, Allhervorbringenden und alles Zurücknehmenden gewahr. Da ist nur Eines, aus dem wir alle kommen, in welches wir alle wieder eingehen (Advaita).

Alice Boner fand auf ihrem meditativen Weg, in Andacht bei und in Dialog mit ihrem Krishnaji den inneren Führer, das Daimonion des Sokrates, den inneren Wegweiser, Ratgeber, Tröster, Guru. Yoga und Pranayama und meditative Übungen vertieften diesen Kontakt mit dem eigenen transpersonalen Wesenskern. Laksmanjoo in Kashmir bestärkte sie auf ihrem Weg.

An solcher reicher Lebensentfaltung dürfen wir als Leser dieser Tagebücher teilhaben. Welche Dankbarkeit erfüllt uns für das Geschenk, das Alice Boner uns überlassen hat und welches Georgette Boner mit Luitgard und Jayandra Soni in unsere Hände gibt! Nehmen wir dieses Geschenk als einen Auftrag zu stets wacher Wandlungsbereitschaft, zur sensiblen Wahrnehmung alles Begegnenden, zur immer weiteren Ausdehnung des Bewußtseinshorizontes, den Sinn auf die Spitze des Berges, auf das Andere Ufer, auf das EINE gerichtet. Nehmen wir das Beispiel an Alice Boner, dem inneren Wegweiser zu einem ganz eigenen Lebensweg (sva-dharma) zu folgen. Solange wir in diesem Dasein sind, ist der Weg der Bewußtseinsentfaltung nie abgeschlossen. "Der Weg zum Han Shan ist nie zu Ende".

Zürich — Christian Scharfetter

Foreword

"In a diary one is one's own witness", Alice Boner wrote on September 14, 1952. This long series of diaries from 1934 to 1967, edited by her sister, Georgette Boner, together with Luitgard and Jayandra Soni, give one an insight into her life, covering more than a quarter of a century. And we, as readers, may indeed feel grateful to participate in its spiritual wealth. And what a richness has this unique lady conveyed to us of her way of life! We accompany the traveller along the outer journey to the East and the West, and along the inner journey of the seeker. We share her meetings with people of various disciplines. We experience how she perceptively opened herself to reality and conveyed it vividly. Indeed, we may undertake with her the crossing-over beyond reality into the unformed All-One, from which all phenomena originate, and into which they all return. We accompany this tireless art-explorer who discovered its secret structural principles and who then, after years of search, was rewarded by finding written instructions in palm-leaf manuscripts attesting her discoveries. We experience through this introspective and eloquent artist the struggle with the great work which finally took shape. And we are also allowed to read about the meditator's contemplation, the artistic-religious apprehension, the silent calmness, the serenity and joy.

Man as *homo viator*. Alice Boner was a pilgrim of the world, she undertook inwardly and outwardly the constant transformation of being on the way. "Caminando nos cambiamos" (journeying, we transform ourselves) can well be the motto of her path. For her the aim of life was what the Spanish call "hacer el camino", the pilgrimage of the traveller of worlds. Alice Boner went the way of the White Clouds, she followed the call of her inner destination: more and more to her self, realizing her self (atman), open to the mahatman, to being.

"Earth and sky are my home", she wrote on January 26, 1953 - to be definitively at home nowhere on earth, this is the destiny of a person who has set out for the development of consciousness. Europe was not a permanent domicile, nor India. The real home is being, blissfully intuited in consciousness: Sat-Cid-Ananda.

Alice Boner did not, however, by-pass the richness of reality: she exposed herself to it, she let herself be open to it - in order to cross over it into the One, amidst the richness of samsara, yet unwaveringly further towards the original source. All forms: the sea and the river, mountains, valleys, forests and deserts, animals and people, were messengers of ultimate reality for her. In change, in allowing one's own metamorphosis, in the waves of the stream of consciousness, the development of an individual towards ever greater openness for the message that comes from all beings is accomplished: the relation of all beings and the participation of each in the all-encompassing One. "Plants and animals and all forms emerge from a common uterus, in which all existence originates" (August 4, 1949). Dedicated in this way to the stream of coming into being and passing away, Alice Boner experiences the fullness: "something all-encomapassing lives in me - above all, the correlations" (April 29, 1951). In becoming and in passing away all beings are related as brothers and sisters, in their common origin and in their common end, in the One: "the great community of death", she noted on May 11, 1954. It is consoling: "Everything returns to its origin" (May 6, 1951).

Dedicated to the play of the clouds in its continuous change, the traveller experiences that here there is no duration, man fluctuates in the stream of consciousness. The clouds become a mirror of inner change. "The changing clouds are our psychic changes which refract the light of inner being" (August 13, 1964).

How open Alice Boner was to the beauty of the world, how she could see! How well the quotation from Goethe applies to her: "Born to see, destined to look"! For Alice Boner the aim was to see "the inner beauty" (March 7, 1954).

Thus, she beheld the country side, the river, the mountain (e.g., in Almora and Srinagar). Thus, she perceived the cities and their dwellers, the pilgrims and worshippers, the dancers and musicians. Being open in this way she met people: the musician Ali Akbar Alauddin Khan, the philosopher Sri Bhagvan Das, the German Buddhist Lama Anagarika Govinda, the musicologist Alain Daniélou, the poet-philosopher Rabindranath Tagore, the dancer Shanta Rao, the art-historian Stella Kramrisch, the Tibetologist Guiseppe Tucci, the psychologist Carl Gustav Jung.

Inspiringly she writes about her observations in the cities and temples. Vijayanagar (1938) was one climax of her art discoveries, and then the South Indian Temples in Tamil Nadu. The decisive, guiding experiences, she had in Ellora. Her religio-artistic awe is deep, transforming (August 20, 1941).

In this open involvement she discovered the principles of construction of Indian sculpture and architecture (especially of the Sun Temple in Konarka). Years later she met Pandit Sadasiva Rath Sarma who showed her the palm-leaf manuscripts, in which she found her discoveries attested (see Boner, A.: *Principles of Composition in Hindu Sculpture*, Leiden: Brill, 1962; *Silpa Prakasa*, translated by Alice Boner and Sadasiva Rath Sarma, Leiden: Brill, 1966).

The insight into the struggle she underwent with her own art is impressive. It was a struggle to overcome realism. For years she strove for the proper expression of her great Triptychon, truly a global picture of cosmic dimensions. We experience how often she doubted her artistic capability. She knew: "Ambition is (for the artist) self-destructive" (July 12, 1954). Art presupposes a transgressing of egotistic endeavour and it has to be wrung out from inner experience (August 1, 1949). In this way, the breakthrough to success finally takes place for the persevering one: the work is achieved. On looking back the artist can say (May 20, 1953): "My life is a consistent development from within."

This path is gained through renunciation and asceticism. "It is a way of sacrifice for the sake of the inner being" (April 29, 1951).

Just as external demands for a bourgeois, secure life have to recede in order to follow the inner call, so also even the external world in its bondage to maya becomes transparent to the observer, as a play of the great creator and destroyer, the Goddess Kali (July 23, 1942; August 1, 1949).

In seeing through the external - samsaric - reality the contemplative individual becomes aware of the ur-creating, the all-producing, the all-retrieving One. There is only the One, out of which we all come and into which we all again merge (Advaita).

On her meditative path Alice Boner found, in her devotion to and dialogue with her Krishnaji, Socrates' daimonion, the inner guide, advisor, consoler, guru. Yoga, pranayama and meditation exercises deepened the contact with her own transpersonal core of being. Laksmanjoo in Kashmir encouraged her on her way.

As readers we are permitted to participate in such a rich unfolding of life. How we appreciate the gift Alice Boner has left us, which Georgette Boner, together with Luitgard and Jayandra Soni, has placed in our hands! Let us take this gift as commitment constantly to be prepared for change, as a commitment to sensitive perception of everything encountered, to an ever wider expansion of the consciousness-horizon, with the mind directed towards the peak of the mountain, towards the other bank, towards the One. Let us take Alice Boner's example to follow the inner guide to a completely individual way of life (sva-dharma). As long as we are in this existence the path towards an unfolding of consciouness is never shut. "The road to Han Shan never comes to an end."

Zürich — Christian Scharfetter

27.Oktober 1934 Colombo

Erst hier am Lande finde ich mich selber wieder. Die 14 Tage auf dem Schiff waren wie ein Traum. Das Leben in Europa, die vielen starken Bande abgeschnitten und nun dieser Blick ins Unbekannte. Was steht mir bevor? Mitten auf dem Meere erkannte ich meine Ohnmacht, mein Hin- und Hergeworfensein zwischen beiden Welten. Wo doch zu jeder ein Teil meines Selbst gehört.

Ich flute, von ungewissen Winden getrieben, versinkend, wiederauftauchend. Einsamkeit, Beschützerin - Zerstörerin! Ich stehe jetzt in mir selber, fremd diesen Weißen, die sich absondern und fremd den Dunklen, die mich mit Scheu umgehen. Aber hier sind mir die Dunklen doch näher. Ich liebe die Einfachheit ihrer Motive. Sie gehen auf leisen Sohlen und haben die rührenden spontanen Bewegungen von Kindern.

Die Trauer der Gesichter! Es ist, als wüßten sie über die Sühne, die sie zu bringen haben dafür, daß sie der Natur treu geblieben sind. Das ist es, was uns, das heißt mich und meinesgleichen, mit ihnen verbindet. Wir tragen an derselben Sühne.

31.Oktober 1934 Dhanushkodi Pier

Ich will nach Indien, um ein neues Werk zu beginnen. Wird die Kraft noch reichen? Manchmal steigen Zweifel auf. Die Einsamkeit lastet schwer auf mir. Ich sehe wohl viele Menschen, aber keinen, mit dem ich länger zusammen sein möchte.

Ich kaufte drei Masken und sandte sie nach Calcutta. Eine ist herrlich, der Kopf eines Helden mit gespanntem Gesicht, aufgerissenen Augen und entzückendem Backenbärtchen. Darüber ein fabelhafter, meterhoher Kopfputz. [Im Rietbergmuseum Zürich]

Auf dem ganzen Weg hierher mußte ich aus dem Fenster schauen, um mich zu vergewissern, daß ich nun wirklich wieder in Indien bin. An der ersten Station hockte ein Weib am Boden mit schwerem Silberschmuck an Armen, Hals und Füßen. Das Gewand aus dickem Kattun mit intensiven Farben, wie in Madras die Seidensaris. Prachtvolle Grün, Bordeauxrot, Olive, Orange, Dunkelindigo, Schwefelgelb.

Aber zuerst wollte ich von der Landschaft sprechen. Wüstenhaft sandig, von Dhanushkodi an, Fischerhütten auf flachen Dünen, von denen man denkt, daß jeder starke Wellengang sie fortspülen könnte. Sachte Gewässer ringsherum und Meeresbrandung der Landzunge entlang. Eine herrliche Brise und beryllfarbenes Meer. Wild und unwirklich! Das war wieder Indien.

Ein Führer brachte mich zum Tempel. Es regnete und war gegen Abend, schon dunkel. Endlos armselige Gassen. Dann aber die Frauen mit den hinreißendsten Farben. Wenn ein paar beieinander stehen, welche Akkorde! Das Menschengewimmel im Tempel flößt Grauen ein. Hätte Christus vermocht, das Gesindel, Händler und Bettler, wegzufegen? Man kann die Skulpturen oft überhaupt nicht sehen, so verstellt sind sie von Buden und Auslagen. Man möchte im Geist das alles wegdenken und dann ganz still und empfänglich durch die Hallen wandern und die lebenden Steine zu sich sprechen lassen. Aber von allen Seiten bedrängen einen die an der Stirn rasierten und am Hinterkopf buschigen Brahmanen. Jeder will eine Erklärung geben, um betteln zu können. Eine Frau aus dem Volke fing plötzlich vor dem Bild der Kali an zu beten und zu singen mit solcher Inbrunst, daß ihr die Tränen herunterliefen. Ein kleiner Panda schrie sie an und verscheuchte sie. Daneben erfreuen die entzückendsten Bilder, die einem auf Schritt und Tritt begegnen. Ich erinnere mich an ein paar, am Eingang kauernden, junge Mütterchen mit ihren Kleinen an der Brust.

1.November 1934 Madura

Hier stieg die Sonne dräuend am Morgenhimmel auf, so daß man sich gerne beeilte, ihrem Mittagsglanz zu entfliehen. Ich fuhr zum großen Tank hinaus, bestieg den Pavillon auf der Insel, der eine wundervolle Aussicht auf die umliegenden Hügel gewährt. Einige Skulpturen im zweiten Korridor des Tempels sind ausdrucksvoll, tanzende Gestalten, die wie Faune aussehen und sich auch satyrhaft bewegen. Eine schöne Göttin, die sich graziös räkelt. Sie soll von Shiva und Vishnu bedrängt worden sein und habe dieselben zur Strafe in kleine Kinder verwandelt und sie mit einem Löffel gefüttert, den sie in der Hand hält. Aus der Ferne ertönen Shahanaiklänge und Trommelwirbel.

Arbeiten, ganz still und tief. Es gibt nichts Besseres. Der Führer in seiner Unschuld gab mir heute ein Mahnwort. Als die Rede davon war, daß wir den Hügel mit dem Tempel besteigen wollten, meinte er, ich werde wahrscheinlich meines hohen Alters wegen nicht mehr gut klettern können. Per bacco, ich habe keine Zeit mehr zu verlieren.

6.November 1934 Trivandrum

Hier überkam mich das Elend. Der Himmel war grau überhangen, die Luft unatembar vor Feuchtigkeit, daneben ertrinkt man in Kokospalmen und Bananen, der einzige offene Raum sind Reisfelder, sonst existiert kein Horizont. Die Menschen alle in Weiß bis Grau. Ich sah keine Schönheit mehr.

Doch heute ward der Bann gebrochen dank der Sonne, die schon frühmorgens am Himmel stand. Ich ließ mich zur Prozession ins Fort fahren. Der Maharaja, der seinen 23. Geburtstag feiert, wurde in einem Palankin von Tempel zu Tempel getragen. Er trug vom Gürtel aufwärts nichts als ein Collier von Diamanten und Smaragden und sah sehr lieblich und ernst aus. Ein schöner Junge. Die Staatsbrahmanen liefen alle in weißen Gewändern voran. Hinter dem Palankin kamen sieben Elefanten mit Howdahs und goldenen Harnischen über Kopf und Rüssel hinunter.

Später ging ich mit dem Skizzenbuch spazieren. An einem kleinen Markt faßte ich Mut und nahm den Bleistift hervor. Ach welches Entzücken erwachte in mir! Jede Form, jede Linie bekam Bedeutung und Reiz. Ich konnte vor Verwirrung zwar noch nichts Vernünftiges aufs Papier bringen, aber welche Möglichkeiten erblühten plötzlich! Ich dachte an Rodin, was hätte er aus diesem Stoff geschaffen. Und ich suchte in ganz Indien nach dem Platz an dem ich schaffen könnte. Blinder Tor. Wenn jede Straßenecke eine Fülle der herrlichsten Dinge, Gestalten, Formen, Typen, Bewegungen, Farben und Licht umsonst darbietet. Eine Überfülle, die nicht zu fassen ist. Ich war überglücklich, obwohl ich so ungeschickt gezeichnet hatte. Die Bedrückung war gewichen, jetzt kann es weitergehen.

11.November 1934 Trivandrum

Es ist noch nicht neun Uhr und die Sonne scheint schon heiß. November ist hier ein unwahrscheinlicher Begriff. Ich sah heute morgen einen herrlichen Tullal in der Town-Hall. Mr. Govind Pillai erklärte mir die Bedeutung aller Strophen und Bewegungen. Das war ein großer Genuß. Es gab auch Rundtänze von kleinen Mädchen und die Stick-Dances der Landleute. Sie heißen Kalliana Kali und werden nach der Ernte und bei Hochzeiten getanzt, mit Gesang, kein Instrument. Sie sind außerordentlich bewegt und dynamisch. Die Tänzer laufen im Kreise herum, kreuzen sich gleichzeitig und machen stets neue Figuren. Sie kauern und hüpfen, simulieren die Schlangen, den Hahnenkampf, den Schwerterkampf, einen gewöhnlichen Streit und immer, fast ohne hinzusehen, schlagen sie mit verwirrender Schnelligkeit die Stecken aneinander. Immer mit vollendetem, präzisem Rhythmus.

13.November 1934 Trivandrum

Unmöglich, den Ereignissen nachzugaloppieren. Meine Zeitbegriffe verwirren sich. Was war gestern, vorgestern oder heute? Oder morgen? Vielleicht ist es schon geschehen? Ich fange an, zu verstehen, warum keine geschichtliche Chronologie möglich ist in diesem Lande. Die Zeit ist aufgehoben und der Wechsel von Tag und Nacht hat nichts damit zu tun. Ein Kalender ist ein widersinniges Ding hier. Man fragt sich, auf welcher Logik er wohl beruht. Es ist die reine Existenz, die von allen Seiten eindringt, wie ein Meer, in dem man untergehen oder schwimmen muß. Wie an einen Rettungsanker in der Uferlosigkeit klammere ich mich an die Europäer in meiner Umgebung. Wann war ich denn zuletzt in Europa? Genau vor einem Monat. Und schon habe ich die Erde umfahren und bin auf einem anderen Stern. Manchmal versinke ich in Verwirrung und dann öffnet sich plötzlich ein Tor und ich sehe mit Jubel ungeahnte Weiten.

2.Dezember 1934 Mulakunnathukavu

Eine erlebnisreiche Zeit liegt hier dazwischen, ein Mich-langsam-in-den-neuen-Zustand-Hineinlagern, wie jemand, der in ein fremdes, unbequemes Bett kommt und sich dreht und streckt und zusammenrollt, bis er seinen Körper in die Formen des Bettes hineingepaßt hat. Vom Dinner beim Political Agent mit den Kronen der Gesellschaft von Trivandrum bin ich nun in einer vorweltlichen Bauernhütte gelandet. Es ist mir überall gleich wohl oder unwohl, und Indien, von dem ich geträumt als dem Land, in dem meine künstlerische Vision sich erfüllen müßte, betrete ich nur mit tausend Hemmungen. Ich, die ich mich in Jahren des Stadtlebens so leidenschaftlich nach Natur, nach dem Leben mit der Erde, den Bäumen, den Tieren, dem Himmel und den natürlichen Menschen sehnte, fühle mich nun plötzlich wie ausgestoßen, verloren, auf eine Stufe zurückgeworfen, auf der mein Geist hungert und meine Seele nach verfeinertem und gesteigertem Leben dürstet. Die einfache Nacktheit des Daseins hat plötzlich keinen Sinn mehr, jetzt, da ich sie Tag und Nacht in greifbarerer Nähe habe. Immer wieder steigt die Frage in mir auf: Warum bist du eigentlich hier? Noch nie empfand ich meine Zugehörigkeit zu Europa, zu meinen Freunden, das Bedürfnis, nicht als Einzelner zu leben, sondern in einer Menschengruppe und meine Fremdheit hier, so stark. Tagtäglich muß ich einen Grund erfinden, warum ich berechtigt bin, hier zu sein.

Hier im Kerala Kalamandalam ist es freilich leicht. Die Kathakalis geben unentwegt Stoff dazu. Man könnte die ganzen Tage dort verbringen und immer etwas Amüsantes finden. Die Buben sind reizend. Auch ist der ganze Ton freundschaftlich und die Beziehung zwischen Leitern, Lehrern und Schülern liebevoll. Die täglichen Übungen und Unterrichtsstunden, die wundervolle Harmonie der Körper und Bewegungen und das schon fabelhafte Können dieser Jungen ist erstaunlich. Wenn man bedenkt, was es braucht, um nur die paar hundert Mudras in allen Kombinationen zu meistern, und außerdem den dynamischen Tanz zu beherrschen und die unzähligen mimischen Gesichtsausdrücke und das

ganze übrige dramatische Spiel. Diese Kunst, die alles in sich schließt, Tanz, Drama, Pantomime, Musik, ist hinreißend. Schlichtheit und Natürlichkeit krönen dieses wunderbare Können. Jeder Schauspieler beherrscht verschiedenste Rollen und Künstler, die sich noch nie gesehen haben, können sofort zusammen spielen. Die unglaubliche Menschenkenntnis, die mich bei den Aufführungen vor vier Jahren verblüffte, besonders in der Darstellung weiblicher Charaktere durch die Männer, ist nicht dem Genie des Einzelnen zuzuschreiben, sondern der Erfahrung vieler Generationen. Darum kann sie auch jedem gelehrt werden - wenn auch die Ausführung unterschiedlich gut bleibt. Aber das, was wir in der Kunst als unlehrbar betrachten, das individuelle Erlebnis, die individuelle Beobachtung, auf denen bei uns alles beruht, existiert hier nur in beschränktem Maße.

Mukunda Raja und Vallathol, die beiden Leiter sind reizend. Der erstere ganz Aristokrat, mit feinen Zügen und vollendeter countenance, kurzem dezidiertem Handeln und autoritativer Freundlichkeit. Nur Vallathol gegenüber scheint er ganz ergeben und aufopfernd. Die Führung des Kalamandalam ruht durchaus auf seinen Schultern. Er gefällt mir außerordentlich. Vallathol ist viel demonstrativer mit seinen Gefühlen, temperamentvoll und bon enfant, lacht mit dröhnender Herzlichkeit und hat immer sein jüngstes Mädelchen in den Armen und noch einige Knirpse um sich herum. Vallathol und Mukunda Raja ergänzen einander wundervoll.

15.Dezember 1934 Mulakunnathukavu

Noch immer bin ich da und fühle mich jetzt wohler denn je zuvor. Man gewöhnt sich an die Unbequemlichkeiten, man gewöhnt sich sogar an die Einsamkeit, den Mangel an direkter Aussprache.

Ich habe angefangen, mit Kunjun Kurup Mudras zu lernen, um den Aufbau dieser Kunst besser zu verstehen. Es fängt an, mich zu passionieren. Die Gesten sind meistenteils deskriptiv, mehr als symbolisch, darum ist ihre plastische Ausdruckskraft so stark. Ich fange dabei an, die Schwierigkeiten immer mehr zu verstehen und zu begreifen, was es heißt,

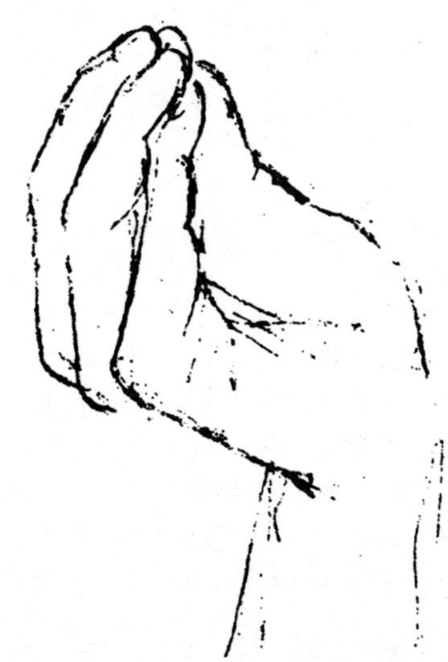

diese Zeichenworte so zusammenzufügen, daß sie stets durch den Fluß einer harmonischen Linie verbunden in einem bestimmten Rhythmus sich abwickeln und dabei die höchste Potentialität des Ausdrucks erreichen. Alles geht so fließend, wunderbar selbstverständlich, wenn man es an den anderen sieht, die diese Sprache beherrschen; fängt man aber selbst an zu buchstabieren, wächst der Respekt ins Grenzenlose.

Wundervoll ist es, dem Unterricht zuzusehen. Jetzt wurde die Episode der Putana geübt mit beiden Spezialisten für Frauenrollen, Kelu und Krishnan. Als die hübsche junge Dämonin mit den Fingern schnippte, um das Krishnakindchen zu amüsieren, stand der dickliche und nicht mehr ganz jugendliche Kunjun Kurup auf und machte es den Jungen vor. Das war köstlich. Er hatte viel mehr Grazie und weibliche Anmut und wußte auch, den einschmeichelnden Ausdruck einer jungen Frau viel besser wiederzugeben. In seinem Spiel war eigene, lebendige Erfahrung, bei den Jungen ist es vorerst mitgeteiltes Wissen. - Kunjun Kurup muß ein anregender, belebender Lehrer sein. In den Pausen erzählt er immer mit feierlich-schlauem Gesicht die längsten Geschichten und atemlos und amüsiert hören alle zu. Was gäbe ich darum zu verstehen!

Es hat unendlich viel Reiz, wenn man beginnt, das Spiel zu verstehen. Schon daß mir das Prinzip der Mudras jetzt klarer wird, beglückt mich. Dazu hat mir die Arbeit viel geholfen, die ich für das Kalamandalam gemacht habe, das Zeichnen der 24 Wurzel-Mudras, sozusagen das Alphabet, aus dem sich alle Worte und Sätze zusammenfügen. Dabei half Narayan Nayar, der andere Lehrer, mit dem viereckigen Kopf, den gütigen Augen und dem Pelzgewändchen auf der Brust. Mit seinen dicken Fingerchen zeigte er alles, indem er in den Shastras nachlas, um keine der Bedeutungen eines Mudras auszulassen. Die Handposen nahm ich von Madhavan, da er die ausdrucksvollsten schlanksten Hände hat und die Bewegungen sehr deutlich artikuliert.

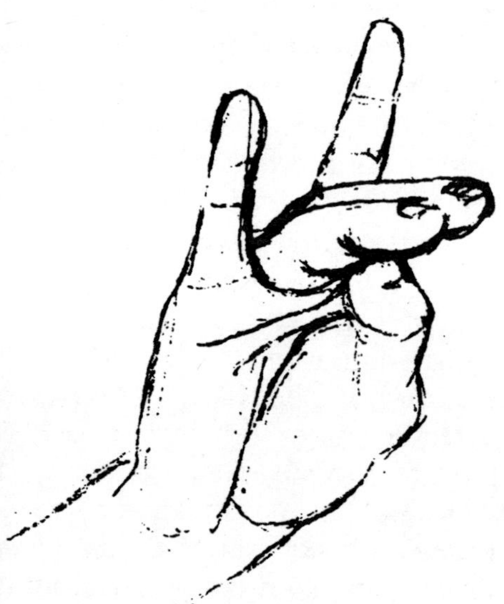

17.Dezember1934 Mulakunnathukavu

Vorgestern in einer herrlich weißen Nacht war eine Aufführung. Krishnan spielte Putana. Er sah reizend aus im Frauengewand und verkörperte einen jener schlau raffinierten Frauentypen, wie sie wohl in jedem Dorf als Heiratsvermittlerinnen und Zauberinnen zu finden wären, gefürchtet und gesucht. Er hatte einen perfid schlauen Ausdruck auf dem Gesicht, was zum Teil der Bemalung und zum Teil dem Mienenspiel zuzuschreiben war.

Er wirkt wie eine Frau, die jeden Mann nach ihrem Willen lenkt, bis in sein Verderben hinein. Sie kommt in das Dorf, in dem der kleine Krishna aufgezogen wird. Sie sieht, wie die Leute sich amüsieren und mimt ihren Tanz und ihr Ballspielen, dann erblickt sie das Haus des Kuhhirten und beschreibt, was dort geschieht, - unter anderem das Buttermachen. Sie tritt in das Haus und erkennt Krishna, eine köstliche, holzgeschnitzte Puppe. Sie blickt sich vorsichtig um, ob niemand sie bemerkt habe und nähert sich dem Kinde. Das verstohlene Gehen wird dadurch ausgedrückt, daß sie immer in breitgespreizter Kniebeuge steht und ohne die Füße vom Boden zu heben leise vorwärts rutscht. Niemals macht sie einen richtigen Schritt. Glänzend als Ausdruck. Sie sucht das Krishnababy zu amüsieren und sich einzuschmeicheln, schnippt ihm mit den Fingern vor der Nase, lächelt es an mit ihrem süßesten Lächeln, streichelt es schnell und verstohlen. Immer wieder blickt sie sich ängstlich um, ob sie auch alleine sei, immer wieder beginnt sie ihr Spiel. Sie setzt sich auf den Boden und führt eine Zehe zum Mund, um die klassische Stellung des Krishnababys darzustellen. Dabei wirkt sie ganz traurig und pathetisch. Obwohl sie eine Dämonin ist, schleichen sich Skrupel in ihr Frauenherz - über das, was sie im Begriff ist zu vollführen. Fast weint sie. Doch plötzlich rüttelt sie sich auf, ihr Werk zu vollführen. Das Baby weint. Sie sagt: Du hast gewiß Hunger und Durst.

Mit Freuden bin ich bereit, dir meine Brust zu reichen. Dabei beschreibt sie wohlgefällig die Fülle ihrer Brüste. Schließlich hebt sie das Kind sorgsam auf und setzt es an ihre Brust, nachdem sie sie mit Gift beschmiert hat. Sie wiegt es, stützt ihren Kopf auf den Arm und sieht dabei so versunken aus, wie Mütter es zu tun pflegen, wenn sie stillen. Sie setzt das Kind von einer Brust zur anderen, schüttelt es , wenn ihm Milch in die Nase kommt, lächelt ihm zu, bis sich auf ihrem Gesicht plötzlich etwas wie im Schmerz zusammenzieht. Doch sie kämpft ihn nieder, nachdem sie einen betroffenen, innerlich suchenden Blick emporgeworfen hat. Sie fährt fort zu stillen und zu wiegen. Doch ihr Gesicht verzieht sich mehr und mehr, sie reibt sich über die Brust. Nichts hilft, der Schmerz wird heftiger. Sie windet sich, kratzt sich am Nacken, auf der Brust, an den Beinen, sucht das Kind von der Brust zu entfernen, aber vergebens. Sie zeigt ihm, gezwungen lächelnd, die andere Brust, um es aufzufordern, von dieser zu lassen, aber vergeblich. Ihre Qual wächst von Minute zu Minute. Sie stößt das Kind weg, kneift es mit Gewalt, hämmert ihm mit der Faust auf den Kopf. Sie reibt und kratzt sich, packt sich an den Füßen. Nichts hilft. Das Kind ist festgebissen und saugt das Leben aus ihr heraus. In wilder Verzweiflung schnellt sie auf. Das Kind hängt an ihrer Brust. Sie rennt auf und ab, schlägt und reißt das Kind, schlägt sich auf Brust und Kopf und immer mehr entstellen sich ihre Züge und bekommen das Aussehen einer Teufelin. Wenn sie zuletzt tot zusammenbricht, hat sie eine wahre Teufelsfratze. Und zwar gelang es Krishnan, diesen Ausdruck zu erzielen, ohne sich zwei schwarze Striche ins Gesicht zu schmieren, wie damals in Guruvayur, sondern einzig durch die Verzerrung der Züge. Es war unheimlich.

Nachher kam eine Episode von Nala und Damayanti. Nala im Walde allein, nachdem er seine Gattin verlassen hat, weint und jammert. Madhavan spielte diese Rolle. Leider verstand ich die Finessen des Monologs nicht genügend, um ihn ganz zu genießen. Dann kam ein Reinhardt'scher Szeneneffekt. Hinter dem Publikum schlug plötzlich eine große Flamme auf. Die Leute standen auf, um sich in Sicherheit zu bringen. Ich dachte vorerst auch, es sei eine Unachtsamkeit geschehen, bis ich sah, daß der Schlangenkönig um die Flamme tanzte. Nala muß ihn retten. Er tut dies, indem er von der Szene durchs Publikum nach hinten läuft und den Schlangenkönig an der Hand auf die Bühne führt.

Die Schlangenmaske war genial. Von der Stirne bis zum Kinn ein Dreieck aufs Gesicht gemalt, das die Augen einschließt. Diese sind schwarz umrändert wie auch das ganze Dreieck. Innerhalb und außerhalb desselben sind begleitende Streifen von Gelb, Grün und Rot. Das gibt den Eindruck eines Kobrakopfes. Und auf dem zahnlosen Gesicht eines alten Mannes mit

dünnen Lippen war es doppelt überzeugend. Die Schlange ist undankbar und beißt Nala, wovon er blau wird.

Der frühere Nala verschwindet hinter dem Vorhang und ein neuer Nala mit blauen Händen und Füßen rauscht herein voller Wut, aufgebläht wie ein Puter. - Dargestellt von Kunjun Kurup. - Auf einmal war die ganze Szene mit Leben erfüllt und welch eine Erscheinung: Die Fülle des Gesichts, das Feuer in den Augen und diese selbstsichere Meisterschaft. Die Bubengesichter kommen gegen die Üppigkeit der Kostüme und des Kopfputzes kaum auf. Es braucht starke Formen darunter. Kunjun Kurup sah übernatürlich groß aus, besonders gegen das bescheiden am Boden kauernde, in schlichte Tücher gehüllte Publikum. Er hatte etwas Übernatürliches, wie aus einer vergangenen Fabelwelt. Erst mimte er seine rauchende Wut, die sich langsam besänftigt, da der Schlangenkönig ihn um Verzeihung bittet und ihm als Sühne einen Schal schenken will, der unsichtbar macht. Schließlich gibt er sich damit zufrieden und zieht weiter zur Stadt eines großen Königs. Er gelangt ans Stadttor und erblickt die Schildwachen, die ihn mit ihren Schnäuzen und Schwertern einschüchtern. Er verbeugt sich vor ihnen, macht sich ganz klein und bittet mit einer verbindlich süßen Bettel-Unschuldsmiene um Einlaß: Er wolle nur den großen König einmal sehen. Schnell schlüpft er durch die Sperre und läuft weiter. Mit Staunen und Neugier schaut er herum und beschreibt einen Tank voller Lotosblumen. Das Wasser kräuselt sich und flimmert lieblich, wie die zwinkernden Augen schöner Frauen. Er geht weiter und sieht viele hohe Gopurams und prachtvolle Paläste, eine Straße mit langen Häuserreihen zu beiden Seiten, in den Fenstern fröhliche Menschen. Er beschreibt ein Fest, eine Musikgesellschaft. Eine Dame spielt gefühlvoll die Vina. Alles mimt er: das Stimmen und Drehen der Schlüssel und dann das Spielen. Diese fordert nachher eine andere auf, ihre Kunst zu zeigen. Die zweite Musikerin spielt das Mridangam, ganz entzückend, schließlich kommt eine dritte, welche Zymbeln schlägt und eine vierte beginnt zu tanzen. Nala ist begeistert und möchte bleiben. Aber er muß weiter zum König.

Neue Szene: Dieser König, gespielt von Madhavan, sitzt und zwei seiner Diener, Shankara und Haridasan, stehen hinter ihm. Letzterer sah aus wie eine persische Prinzessin, prachtvoll geschminkt, mit rotem Turban. Daß dieser unscheinbare, fast unschöne Junge so bezaubernd aussehen konnte! Nala kommt herein mit einer Peitsche unter dem Arm und offeriert seine Dienste als Wagenlenker. Er wird vom König angestellt. Die Diener führen ihn mit sich.

Neue Szene: Nachts im Stall schlafen die Diener, während Nala auf dem Reismörser aufgestützt wacht und sein Unglück beklagt. Er gedenkt seines verlorenen Reiches, seiner verlorenen Gattin, die er, kaum gefunden, im Exil verlassen hatte. Kunjun Kurup spielt dies großartig. Um kein Aufsehen zu erregen, legt er sich zeitweise wieder hin und gibt vor zu schlafen. Die beiden anderen aber beobachten ihn heimlich und fragen ihn am Morgen, was für eine Frau das sei, deren Namen er immer gerufen habe. Nala merkt, daß er sich verraten hat und macht ein Gesicht, als hätte er noch nie eine Frau gesehen. Er gibt vor, er hätte eine Geschichte gelesen, die ihn beschäftigte und wolle ihnen diese Geschichte erzählen: Es sei einmal ein großer König gewesen ... Aber die zwei anderen wollen nicht hören und verlangen zu wissen, ob er eine Frau habe und wo sie sei. Er beteuert, keine zu haben und sagt, sie müßten nun aufstehen, um nach den Rossen zu sehen.

Neue Szene: Ein Brahmane überbringt dem König die Einladung zur bevorstehenden Hochzeit der an den Hof ihres Vaters zurückgekehrten Damayanti. Nala als Kutscher steht dabei und hört die Nachricht, die ihm tief ins Herz schneidet. Er horcht und blickt unruhig, doch sobald die anderen ihn beobachten, setzt er die Maske äußerster Gleichgültigkeit auf. Der König ist erstaunt, und fragt sich, wie er an den Ort der am nächsten Tag stattfindenden Hochzeit gelangen solle. Nala wird immer unruhiger und aufgeregter und kann seine Erregung nur mit Mühe verbergen. Schließlich tritt er hervor und sagt, daß er als Rosselenker es übernehme, den König zur rechten Zeit zur Festlichkeit zu bringen.

Nachher kamen noch andere Geschichten. Es war mittlerweile vier Uhr geworden. Ich schlüpfte hinaus. Der Mond war untergegangen. Keinem Menschen begegnete ich auf dem Weg.

20.Dezember 1934 Mulakunnathukavu

In der Vorstellung am Abend spielte Kunjun Kurup. Als wilder Jäger, eine Art ungeschlachter, naiver Kaliban, trifft er die wehklagende, verlassene Damayanti im Wald und umwirbt sie. Halb scheu und halb dreist gibt er seinen Liebesgefühlen Ausdruck, nicht ohne Zärtlichkeit und mit komischer Enttäuschung, wenn die arme Damayanti nicht reagiert und nur immer weiter ihren Kummer klagt. - Seine Maske war grotesk mit dem hohen zylinderartigen Kopfputz, der sich nach oben erweiterte wie ein ägyptisches Säulenkapitell und dem vom breiten schwarzen Bart umrahmten Gesicht, auf dem nur Nasenspitze, Stirnbogen und Jochbogen durch die weiße Reispaste mit Stacheln aus Baummark hervorgehoben waren und dem Gesicht etwas von einem Totenkopf gab. Der Mund war sozusagen dreifach und äußerte in allen Tonarten und mit allen Stimmnuancen ein unermüdliches: Whu-phu-phu! Kunjun Kurup war großartig. - Zuerst hört er die klagende Stimme und zeigt, daß

sie wie Honig in sein Ohr träufelt. Um sich anziehend zu machen, reckt er sich und schmachtet sie aus seinem Ungeheuergesicht an. Dann will er sie verlocken mit der Beschreibung seines Hauses, dessen Dach nichts durchlasse. Unbeschreiblich wie er sich ihr nähert und sie mit der Hüfte sanft und vertraulich anstößt, wie ein scheues Mädchen, wie er sich enttäuscht zurückzieht und in Brüten verfällt über ihre andauernde Teilnahmslosigkeit, wie er nachdenkt und noch süßere Whu-phu-phu's zuflötet. Alles mit wundervollem Humor.

31.Dezember 1934 Tiruttiparamba

Ich bin jetzt hineingewachsen in die zeitlose Existenz, in die äußerste Simplizität, in die Natur, die Ruhe, die einfachen, zutraulichen Menschen. Meine verknoteten Nerven haben sich gelockert und schwingen im gleichmäßigen, ewigen Rhythmus dieses Landes. Es ist mir dabei so lächelnd wohl und ich habe alle krampfhaften Ansprüche des Geistes aufgegeben! Leise ertaste ich mich selbst. Im Widerglanz meiner inneren Zufriedenheit lächeln mir die Leute zurück. Es ist ein gutes und echtes Gefühl, nach und nach innerlich leer zu werden, alles Fremde aus sich abzusondern und sich in sich selber zusammenzurollen. Jedenfalls als Gegenbewegung zu meiner Zerrissenheit, zu meinem Überwältigtsein mit äußeren Angelegenheiten, ist diese zusammengefaltete Stille die einzige Wahrheit. Kein Zwang, kein Müssen, keine Eile, keine Zwiespältigkeit. Zeit für alles, und zum Ruhen mehr Zeit als für alles andere. So wie die Leute hier ganz natürlich leben, woraus auch die ausgetretene Breite kommt, mit der sie alles machen, und die mich am Anfang irritierte. Jetzt schätze ich sie und sehe die Rundung und den fließenden Rhythmus alles Geschehens, die schöne Bewegung, die plastischen gerundeten Züge, alles kommt aus dieser inneren Entspannung. Aus ihr lassen sich auch gelegentliche Höchstleistungen ohne sichtbare Überspannung und Überanstrengung erklären. Zum Beispiel die Aufführungen der Kathakali! Welche Summe von Kraft wird hier an einem einzigen Abend verwendet. Dabei gibt es nie ein Defizit. Man baut auf solidem Boden. An dem Raubbau, den wir Westländer mit uns selber treiben, indem wir nie unsere Grenzen kennen, geht unsere Kultur zugrunde. Während vielleicht hier, wie ein Stillstand eingetreten zu sein scheint, schlafend alle Kraftreserven für die Zukunft liegen. Vorausgesetzt, daß die Menschen sich ihres Vorteils bewußt werden und nicht in unser Fahrwasser geraten.

1.Januar 1935 Mulakunnathukavu

Es war ein Tag wie alle anderen. Am Morgen hatte ich meine Stunde und fing an, Verse mit den Händen zu sagen. Ich war nicht wenig stolz. In ein paar Tagen muß ich fort und es fällt mir schwer, mich von diesem Dasein zu trennen. Bei diesen treuherzigen, unverfälschten Menschen wird alles leicht und einfach. Alle Zentnersteine der Seele werden aufgelöst. Man weiß gar nicht, daß sie jemals existierten. Hat man ein Recht, wenn man der weißen Rasse angehört, sich dem Fluch zu entziehen und in solch reiner Stille zu leben? Oft habe ich ein Gefühl, daß ich mir etwas erstehle, was nicht mir gehört. Ist dies Gefühl nicht auch schon Mangel an Einfachheit? Ich weiß, daß ich mich entscheiden muß, für das eine oder andere. Meine Arbeit wird erst vital werden, wenn ich entschlossen hier meine Anker senke. Sonst bleiben die Eindrücke romantischer Niederschlag. Was ist es, das mir hier so zart und fest die innerste Seele umspinnt? Es sind Fäden einer von überall eindringenden und nach überall ausstrahlenden Liebe, ein feines Vibrieren, - als dringe es leichter von Mensch zu Mensch, je weniger Kleider er auf dem Leibe hat. Erst darbte ich unter dem anscheinenden Mangel an Sympathie in dieser Nation, und nun spüre ich, daß ich in ein Netz von Sympathie eingefangen bin. Von den kleinsten Kindern zu den Alten und von den Kulis zu den Rajas. Es ist sehr geheimnisvoll. Oder liegt es einfach daran, daß wir nicht miteinander sprechen können, und uns infolgedessen nur mit Lächeln verständlich machen? Nein, es ist mehr. In ihrer so streng in Rangordnung gestuften Gesellschaft empfinden sie es als etwas Ungeheures, wenn jemand kommt, der diese Hindernisse nichtachtend, jedem gleich menschlich begegnet. Es enthebt die Oberen ihrer unbequemen Würde und Reserve und erlöst die Unteren von ihrer Einschüchterung. Dem Fremdling ist jede Freiheit gestattet, und wenn er sie nimmt, amüsiert es alle Anwesenden. Neulich in Mankada brach ein Diener fast in Lachen aus, nur weil ich Mukunda Raja seinen am Boden nachschleifenden Chaddar über die Schultern legte. Und in der Schule erst! Daß ich die Schüler nicht als Untergebene, sondern als Künstler und Kameraden behandle, entfachte beinahe eine Revolution. Ich zweifle manchmal, ob es der Raja gerne sieht. Wenn ich lange bliebe, würde die Disziplin vielleicht ein bißchen darunter leiden. Aber ich kann's nicht mitansehen. Wenn sie in der Welt herumreisen, wenn sie diese Kunst wieder zu Ansehen bringen wollen, müssen sie auch den Künstlern einen anderen Status geben. Und diese verdienen es wahrhaftig!

9.Mai 1935 Takdah

Schon fast einen Monat in dieser Einöde. Der Himalaya, der soviel Asketen beherbergt, lehrt richtig denken und verstehen. Die Zusammenhänge zwischen unseren verborgensten Gedanken und die unerbittliche Folgerichtigkeit ihrer Auswirkungen. Ich weiß nun, daß es im Leben nur noch eins für mich gibt: meine Kunst. Gott möge mich wenigstens in diesem Einen segnen.

13.Mai 1935 Takdah

Eine gewisse Ruhe ist jetzt über mich gekommen. Das habe ich dem Büchlein Heinrich Zimmers zu verdanken, in dem er die indischen Mythen zu deuten versucht. Da ging mir die Allgegenwart des Dämonischen auf. Nicht das zu verabscheuende Böse, das eine höher entwickelte Menschheit von sich abzustoßen hat, aber das Dämonische als aktive, dynamische Kraft zum Guten wie zum Bösen, ohne aprioristische Unterscheidung.

Vishnu liegt im Schöpferschlaf auf der Schlange in den Urgewässern. Aus seinem Nabel wächst die Welt wie eine Lotosblume auf schlankem Stengel und trägt Brahma, den Demiurgen in ihrem Schoße. Da wachsen Vishnu aus den Ohren zwei Dämonen, die dumpfe Tierheit und die reißende Begier, die die eben geschaffene Welt vernichten wollen. Vishnu aber läßt es nicht geschehen. Er ruft die beiden zurück und tröstet sie damit, daß später, im vierten Weltalter, die Welt ihnen gehören werde. Ein Gott hat die Kraft, die zerstörenden Gewalten zu bezwingen. Der Mensch kann es wohl nur in seinen allerhöchsten Entwicklungsstadien, in denen ein ungetrübtes Bewußtsein ihn erhellt. Sonst ist die ausbrechende Schöpferkraft zum Guten und zum Schlechten gleich fähig. Die Erde sproßt und erzeugt nährende und giftige Pflanzen. Der Mensch hat bloß ausnahmsweise die Kraft, dies Sprossen zu ordnen.

Die Verantwortlichkeit des Menschen reicht so weit wie sein Bewußtsein. Dies Bewußtsein wächst aber nicht notwendigerweise mit der Schöpferkraft. Denn diese ist wie eine in sich selbst befangene Ekstase, ein selbstvergessener, dionysischer Taumel. Nichts existiert außerhalb. Sie bildet ein Universum, in dem sein Schöpfer sich verkörpert und auflöst.

12.Juni 1935 Takdah

Nach einigen Tagen angespannter künstlerischer Perzeptivität. Das Arbeiten, wenn auch noch so unbeholfen, brachte mich in Schwung. Ich malte Kathakali-Szenen mit Hilfe von Rajus Photos, versuchte den Bewegungsrhythmus herauszuholen. Pröbelte mit Farben. Ausdruck, Bewegung, Rhythmus, Plastik, Farbe, Raum und Fläche, - viele Probleme in einem, und immer nimmt eines die Überhand. Zum ersten Mal seit langem fühle ich wieder die Beglückung eigenen Schaffens. Mit jedem Bild öffnen sich neue Perspektiven. Was ich seit Jahren geträumt habe,- nun ist sie da, die Vision dessen, was folgen muß und der Wille weiterzubauen. Das Glück, sich endlich wieder leben zu fühlen. Und wie sah ich plötzlich die Natur, die Landschaft. Sie belebte sich von innen heraus. Jede Form füllte sich mit Leben und sprang mich an, sodaß ich auf Spaziergängen von Eindrücken ganz berauscht wurde. Es war herrlich. Ich jubelte. Nur noch schaffen jetzt und das Leben ist erfüllt bis zum Rande.

27.Januar 1936 Caru Nivas, Banaras

Rama Nama Satya Hai! Der Name Rama ist Wahrheit! So tönt es von der Straße! Eine Leiche im weißen Tuche; mit ein paar Blümchen bestreut, auf schwankender Bahre, auf den Schultern armer Kerle getragen, in erdschmutzige Tücher gehüllt, die endlos rufen: Rama Nama! Satya hai! Unzählige sind vorbeigetragen und unten am Ganges verbrannt worden. Wie einfach ist hier Leben und Sterben. Jeder weiß schon im voraus, wie es sich abspielen wird. Es gibt kein Drama und keine Tragik, denn alles was geschieht, ist Teil des ewigen Werdens und Vergehens, das sich unaufhörlich erneuert. Persönliches Schicksal ist unwesentlich. Darum ist auch persönliche Aspiration so selten. Darum denken, darum reden fast alle dasselbe, darum gibt es so wenig Individualität, die absticht. Und doch ist es keine Oberflächlichkeit. Es ist tiefe Verbundenheit mit der ganzen Schöpfung: Rama Nama Satya Hai!

Vor einigen Tagen war ich in Allahabad bei der Kumbha Mela, die an sich nur alle zwölf Jahre stattfindet, diesmal aber nach sechs Jahren, einer gewissen Stellung der Sterne wegen. Diese Ardha Kumbha Mela ist der große Versammlungsort aller Sadhus und Sannyasins von Indien. Sie haben ihre kleinen schmucken Strohhütten und geben den Gläubigen Audienz, auch kleine Schreine, wo sie ihre Pujas halten. Alle Sekten sind vertreten und leben brüderlich nebeneinander. Ich sah die groteskeste Prozession, die es geben kann. Eine besondere Sekte, die Nagas, haben das Gelübde abgelegt, vollkommen nackt und arm zu leben. Und das wird à la lettre eingehalten. Keinen Faden auf dem Leib, um die Blöße zu bedecken, nur über und über mit Asche beschmiert, und das Haar, das nie geschnittene, nie gekämmte, von der Sonne verbrannte, entweder zu Stricken gedreht bis auf die Knie hängend, oder in enormen Knoten auf dem Kopfe aufgetürmt. So ziehen sie daher, je zwei Hand in Hand, in langer Prozession, wie Seelen aus dem Fegefeuer, aus dem limbo aufgetaucht, nicht lebend und nicht tot, kein menschlicher Blick in ihnen, keine Seelenregung! Verzerrte Züge unter der Aschenschicht. Die Leiber wirken verkümmert, vermindert, falsch proportioniert, degeneriert. Ist es nur die graue Asche, oder sind es wirklich die von der Natur Verachteten, die sich diesem Wahnsinn ergeben? Endlose Reihen davon, Hunderte und Aberhunderte, immer neue Offenbarungen grotesker Häßlichkeit. Und Tausende von gläubigen Menschen bilden Spalier zu beiden Seiten der Unterweltsparade und sehen andächtig zu, wie sie vorüberziehen. Wenn der Zug sich auflöst, stürzt die Menge herbei, um Sadhus oder den Boden zu berühren, über welchen sie gegangen, und diese Berührung als Segen an die Stirn zu führen. Exhibitionismus, Sadismus oder wirkliche Mißachtung der Erscheinung? Menschen, die sich selbst zu Götzenbildern machen, die jedem Unvoreingenommenen Grausen einflößen. Sie reiten auch auf Elefanten und auf Kamelen, sie tragen silberne Stäbe, blasen Hörner, rühren Trommeln und sitzen in Gruppen regungslos, der Andacht und der Mildtätigkeit des Volkes preisgegeben, genau so wie Bilder des Jagannatha, oder der Kali..., während der Reis der Mildtätigkeit sich langsam vor ihnen auftürmt. Manche werden davon stattlich dick, ohne daß das Ansehen ihrer Heiligkeit dadurch zu leiden hätte.

Frauen gibt es auch, die sich dem asketischen Leben verschrieben haben. Mit rasierten Köpfen oder herabhängenden Strähnen, in orangefarbene Tücher gewickelt, mit erloschenen, fanatisierten Gesichtern gehen auch sie in Prozession. - Eine jedoch war da, der das volle Leben aus dem Gesicht sprang. Humorvoll, unternehmend.

Die Masse ist unbeschreiblich. Eine Million und mehr soll an dem Tag im Flusse, das heißt am Zusammenfluß der Ganga und der Yamuna gebadet haben. Unübersehbar, ein Meer von Köpfen. Und es ging alles ruhig und ohne Aufregung, ohne Konfusion vor sich, als bewegten sich alle nach einem vorbestimmten Plane. Das Wasser schimmerte blau, der Sand wurde von dem frischen Wind aufgewirbelt und verschleierte die Atmosphäre weiß, die entzückenden, dreieckigen Flaggen klatschten im Winde mit ihren Hanumans, Krishnas, Reitern, Elefanten, Pfauen, Trishuls, Cakras, Eisenbahnen, Soldaten, Augen, Bananenbäumen...

Als wir gegen Abend in der Bahn zurückfuhren, sahen wir auf allen Straßen unendliche Menschenzüge dahinwandern. Mit Bündeln und Gefäßen auf dem Kopfe, Kindern auf dem Rücken kehrten sie nach Hause zurück von dem segensvollen Bade. Manche lagerten an der Straße um ein Feuerchen, kochten ihr Mahl und bereiteten sich vor für die Nachtruhe unter den kalten Sternen. In tagelangen Märschen waren sie gekommen, in tagelangen Märschen wanderten sie heim, vom Glauben genährt und geführt.

27.Februar 1936 Banaras, Haus an der Ganga

Die Sterne ordnen sich und Harmonie breitet sich aus. Merkwürdige Bestimmungen und Zusammenhänge. Der Wahrsager, der die Ereignisse in Indien so gut weiß, sagte, daß mir in dreizehn Tagen etwas Glückliches widerfahren würde. In dreizehn Tagen fand ich dieses Haus an der Ganga.

Dieses Haus ist merkwürdig beruhigend und aufregend zugleich. Ich fühle mich darin eingekehrt in mich selber, in mein Heim, meine Heimat. Es ist mir so vertraut, so empfangend, so warm. Es umschließt mich in Liebe und öffnet die Welt vor mir. Es breitet die blühende Erde vor mir aus, das farbigste Leben umfängt mich mit der schlichten Ruhe eines Klosters. Ich fühle mich erfüllt, beglückt, geklärt und getragen, wie auf sanft gleitendem Flusse. Es lächelt alles in mir, was so lange gekämpft hatte. Und manchmal fließt es über, denn meine Seele ist solcher Überfülle nicht mehr gewachsen. Sie bricht fast das lecke Gefäß. Aber wenn es noch Heilung gibt für sie, so liegt sie hier. Auch Indien scheint mir verwandelt. Diese erdrückende Melancholie, die sich einem über allen Lebensgeist breitet, ist aufgehoben. Ich höre hier zum ersten Mal fröhliche Gesänge, wenn die Leute hinuntergehen zum Bad in der Ganga. Der Fluß belebt sie und stimmt sie heiter. Hier werfen sie die tägliche Mühsal ab. Von allen Tempeln singt und klingt es und erfüllt die Atmosphäre mit schöner Sonorität. Trommeln, Gongs, Glocken, Shankha, Shahanai und Stimmen, einzelne und Chorgesänge, endlos und einschläfernd. Ich beginne an die segenspendende Kraft der Mutter Ganga zu glauben. Ich fühle ihr wohltätiges Fließen.

Merkwürdig, daß die künstlerische Arbeit bisher nicht recht aufkam. Die Außenwelt erfüllte mich zu stark und das Glück des Genießens war vollkommen ausreichend. Es verlangte nichts mehr. Unmittelbare Mitteilung an einen Menschen, nach dem sehnte ich mich am meisten.

Heute, als ich hilflos mit meinem Bleistift an einer Zeichnung herumkritzelte, verstand ich plötzlich, warum ich nicht weiterkomme. Ich habe mich zu sehr den Eindrücken preisgegeben und mit unersättlicher Gier gemeint, alles einfangen zu müssen. Nur nichts entgehen lassen! Nur alles sehen! Ja, aber wenn es dazu kommt, diese Fülle in Form zu bringen, zerrinnt sie in den Händen. Nichts ist intensiv und scharf gesehen und alles wird zum Kaleidoskop. Meine innere Vision war so unendlich viel klarer aus der Ferne, als jetzt, wo ich alles in der Nähe sehe, was ich als lebendigen Stoff brauchte!

Ich muß in jenen Winkel der Seele zurückkriechen, in welchem diese Vision lebt und sie mit dem Leben von außen erfüllen. Die Seele erträgt es nicht, im unendlichen All zu schweifen, sie muß ihre Begrenzung erkennen, sich ein Haus bauen, aus dem sie die Welt einfängt.

22.Februar 1937 Banaras, Assi Sangam

An einem Abend wie diesem, in der Einsamkeit dieses Hauses, vor dem im Mondlicht schimmernden Fluß, in der klingenden Stille, wo nur Stimmen von fremden Menschen, fremden Hunden, fremden Tempeln zu mir dringen, wo nichts das innere Dasein übertönt, kommt man zu sich, - so heißt es!

Die mannigfaltige Identität der Wesen steigt auf. Die tausend verschiedenen Individuen und Leben, die in mir sind, alle Hoffnungen, alle Möglichkeiten, alle Erfahrungen erwachen und stemmen sich gegeneinander, und bilden einen Knäuel, einen festen Block.

Ich selber, zu Hause, bei den Meinen, unterworfen dem unausgesprochenen Familienkodex mit seinen Forderungen und doch wesentlichen Nährquellen, und ich selber als Triebkraft und ordnender Geist in der Uday Shankar Company, meine Auflösung in der Aufgabe, mein Ausgenütztwerden und meine innere Leidenschaft! Und wieder ich auf der Flucht vor allen Bindungen ins Weite, in dieses Land der tiefsten ältesten Erfahrung. Ich, entflohen von allen Freunden, bei mir selber - unter Freunden einfacher Art - vor dem Spiegelbild meiner selbst. Zur Arbeit, zum Vergessen in leidenschaftlicher Arbeit war ich gekommen, und es ist ein Graben in den Kammern der Seele geworden, ein Erwachen in der Einsamkeit. Eine Einsamkeit, in der man allein vor der Welt und der Ewigkeit steht. Dabei gibt es keine Rettung im Zurück, im Untertauchen in der gewohnten Wärme. Man weiß, daß es nur ein Kleid sein könnte, um die Blöße zu bedecken, nicht aber, die Wahrheit der Seele zu retten.

2.April 1937 Banaras

Wir zogen aus, um Khajuraho zu besuchen. Palmsonntag früh holte ich Montu ab und fuhr mit ihm gegen Mirzapur. Ein strahlender Morgen. Raymond Burnier und Alain Daniélou mit der Caravan erreichten uns an der Brücke von Mirzapur. Von da nahm Burnier die Vorhut. Wir stiegen über viele Windungen von der Gangesebene auf das Dekkanplateau. Plötzlich blickt man von einer höheren Ebene zurück auf unendliche Weiten blauen Flachlands. Lunch in der Caravan, am Straßenrand. Schöne Bauern umstanden das Wunder. Dicke Bäume überschatteten uns und ein feiner Wind kühlte. Das Selber-Fahren ist für mich noch ein neues Erlebnis und erfordert viel Konzentration, so daß die Betrachtung der Landschaft dabei zu kurz kommt. Wir erreichten Rewa am selben Abend. Moharram war in höchstem Schwung. Nachts auf der Straße gab es Schwertspiele der mohammedanischen Jugend, auch andere akrobatische Künste. Der kriegerische Geist der Rasse macht sich in diesen harmlosen Spielen ein wenig Luft. Sie üben die Handhabung von Schwert und Degen von Jugend auf. Trommeln von unwahrscheinlicher Größe gaben den Takt. Es waren Faßtrommeln auf Bambusgerüsten mit Rollen aufgebaut, die tief wie Donner dröhnten. Kleinere flache Trommeln, die den Spielern vom Halse hingen, wurden in schnelleren, härteren Rhythmen geschlagen. Eine einfache Flötenmelodie krönte das Ganze.

Am nächsten Tag gingen Raymond und Alain mit Montu, um wegen der Miete von Rewa-Kothi in Banaras zu verhandeln. Die beiden Jungen kamen enttäuscht und über Montu empört zurück, der nach ihrer Meinung nicht dezidiert genug aufgetreten war. Ich sagte nichts, denn ich wußte wohl, daß hier europäische Ungeduld sich wieder einmal an indischer Weitschweifigkeit und Distanzierung gestoßen hatte. Diese Einsicht läßt sich nicht lehren, man muß das Sensorium dafür aus eigener Erfahrung bilden.

Wir fuhren nachmittags mit Montus Bruder nach Govindghar, einem Lusthaus des Maharajas, ein weißer zierlicher Palast, der an Udaipur erinnert. Er liegt an einem mächtigen Stausee mit kühlen, Wasserpavillons, ein Kleinod, gar nicht in Harmonie mit den rauhen grauen Hügeln und dem wilden Gestrüpp rund herum, aber vielleicht gerade durch diesen Kontrast wirksam. Dann ging die Fahrt weiter über einen Hügelgrat, auf dessen höchster Kuppe inmitten einsamer, tigerbewohnter Wälder ein weiteres kleines Trianon steht. Dann durch eine mit flammend roten Bäumen bestandene Ebene. Montu kletterte auf einen Baum, um mir einige Zweige zu pflücken. Sah er schön aus da oben, eins mit Baum und Ästen und Blumen! Wir verloren den anderen Wagen aus der Sicht und verirrten uns, und es war schwer, sogar für Montu, die Bauern zu verstehen und Auskunft zu erhalten. Schließlich fanden wir doch den Son-Fluß, in dessen Nähe sich die alten Tempel befinden sollten. Doch im Wagen war nicht hinzukommen und zu Fuß war es zu spät. So blieben wir stehen, der Ort war ja schön genug. Gegenüber stieg ein bewaldeter Hügel auf, um den der klare, grüne Fluß sich schlang. Dieweil wir auf die anderen warteten, nahm ich ein Bad.

Das Wasser in Indien hat nicht die kristallene Spritzigkeit wie in Europa, es ist wie weich und wie gekocht, selbst an solchen Stellen, wo es sich durch Felsen drängen muß. Drum wirkt es niemals so belebend. Und dennoch fühlt man nirgends mehr als hier, daß Wasser der Lebensquell allen Daseins ist. Gerade seine Spärlichkeit macht es kostbar und die Anbetung, mit der es bei jedem Bade begrüßt wird,- das Wasser, das wo immer es fließt, geheime Verbindung mit der Mutter Ganga hat, - gibt ihm die Weihe. Und so ist es nicht mit dem Wasser allein.

Es ist, als ob alle Elemente der Natur noch mit dem ursprünglichen Gefühl ihres eigentlichen Wesens empfunden würden, als ob in jedem kleinsten Bruchstück das ganze Element vorhanden wäre, wie in jedem Wesen - Gott, Stein, Erde, Wolke, Baum, diese Dinge haben hier alle einen kosmischen Klang - sogar in der Sprache - einen einmaligen Aspekt, den sie bei uns in einer unterworfenen, entheiligten Natur längst verloren haben. Selbst Begriffe wie Nahrung, Kleidung, Stoff, Baumwolle, Seide, Baden, Schlafen, Tanzen sind hier in einer elementaren Weise zu verstehen. Sie sind dem Ursprung noch nahe, so wie das ganze Leben der Menschen sich nur wenig von seinen Ursprüngen gelöst hat, wie lange es auch durch philosophische Läuterung geklärt wurde.

Am 24. fuhren wir weiter nach Satna, um Alfred Würfel abzuholen und nach Khajuraho weiter zu fahren. In einem Wäldchen nahe der Straße machten wir Mittagshalt. Die Jungen stiegen auf einen kleinen Hügel und brachten herrliche gelbe Blumen herunter, während Montu und ich uns unterhielten. Dann fuhren die anderen voraus, ich kam mit Alfred nach. Die Gegend war eintönig. Endlose Strecken gerader Straßen breiteten sich aus. Panna war eine erstaunliche Unterbrechung mit schmucken Kuppelbauten und dem schönen State-Guesthouse am Hügel, von dem aus man die ganze Stadt überblickt. Dann der Ken-Fluß, der - von Gott weiß woher - zyklopische Felsen gerollt hat, die nun sein ganzes Bett ausfüllen und sich mit lustigen grünen Baumwimpeln schmücken. Als wir gegen Abend die Tempel erblickten und dann in Khajuraho einfuhren, fanden wir zu unserem größten Erstaunen einen belebten Platz, Buden und allerhand Verkäufer, Bauern, Wagen, Tiere, Zelte zu Füßen der Tempel. Montu kam uns entgegen. Er hatte einen Schulkameraden getroffen, nun Sekretär der Rani von Chhattarpur, der uns zum Wohnen ein großes Zelt zur Verfügung stellte. Dieser Zufall war höchst glücklich, da wir uns andernfalls für die Nachtruhe in unendliche Fernen hätten verziehen müssen.

Ich eilte hinaus zu den Tempeln, ging bis zu den letzten, die in der freien Landschaft auf hohem Unterbau stehen. Der Stein leuchtete im Abendlichte in sattem Goldbraun und dort, wo er verwittert ist, auf den hohen Kuppen, samtschwarz. Zwei Tempel stehen nebeneinander auf einer Plattform, der eine mit in die Höhe schwingenden, lingam-förmigen Kuppen, der andere niedriger, gedrungen, mit geschichtetem Pyramidendach. Ich stellte mir vor, sie seien Shiva und Parvati. Dazwischen ist ein kleiner Tempelpavillon mit einem löwenartigen Ungeheuer, das sich aufbäumt und die Pranken erhebt gegen ein zu seinen Füßen knieendes Wesen, das sich in Kampf oder Ekstase rückwärts wirft. Ich hielt es im Dämmerlicht für ein Weib, das vor der verheerenden Gewalt der Leidenschaft erschrickt und zusammensinkt. Im Tageslicht erschien es als ein Mann, der das Ungeheuer mit dem Schwerte bekämpft. Dieses Symbol kehrt immer wieder, in allen Vertiefungen des Tempels, zwischen neckischen Frauengestalten und erotischen Szenen.

Ich konnte mich von den Tempeln nicht trennen, ging um alle herum, betrachtete sie im sinkenden Tageslicht und im Mondschein. Versunkenes, Vergessenes erwachte in mir, Verwirrtes klärte sich, Verkrampftes löste sich, Begrenztes weitete sich. Als ich zu den anderen zurückkehrte, schien mir, ich hätte eine neue Seele.

Der nächste Morgen traf mich wieder in den Tempeln. Ich begann, die einzelnen Figuren zu analysieren. Dem äußersten der ersten Gruppe ist ein Pavillon mit dem Nandi vorgelagert. Die Treppe steigt zwischen zwei Steinelefanten auf. Der eine hat einen Mann mit dem Rüssel zu Boden geschmettert, und der auf ihm Reitende wirft sich in Entsetzen auf seinen Nacken und verbirgt sein Gesicht in der Hand. Diese spontane Bewegung in einer monumentalen Plastik, diese Unmittelbarkeit ist es, die den Grad der Wärme ausmacht, der indische Skulpturen von klassischen griechischen unterscheidet.

Auf der Plattform vor einem kleinen seitlichen Schrein kauerten drei Frauen in roten Saris. Ihre Plastik wurde durch den architektonischen Rahmen gehoben und sie gaben demselben erhöhte Lebendigkeit. Stein und Mensch vollendeten einander.

Die Tempelplastiken sind ein ununterbrochener Gesang des Entzückens über den weiblichen Körper in all seinen unerwartetsten Aspekten, in kühnsten Posen, mit Akzenten auf das Barocke der Figur, auf ihr Sinnliches, Lauerndes, Kokettes. Motive wiederholen sich, wie die Gestalt sich dreht und wendet, sich im Spiegel beschaut, wie sie sich coiffiert, wie sie sich einen Dorn aus der Fußsohle zieht ... Dann Liebespaare, die sich in heiterer Sinnenfreude umschlungen halten. Solche Motive sind aber nur an den Außenwänden vorhanden.

Im Innern der Tempel gibt es nichts dergleichen. Da kann man die feinsten Plastiken bewundern. Und überhaupt der Zauber dieser reichen Innenräume! Man gelangt von der steilen Treppe durch eine Art Korridor zum viereckigen zentralen Mittelraum, in den nochmals ein Pavillon auf vier Pfeilern eingebaut ist. Seitlich erhöht sind offene vorspringende Balkone, und hinter dem Mittelraum ist die Cella mit dem Götterbild. Manchmal kann man darum herumgehen, wie um die Apsis in unseren Kirchen. Von der Helle gelangt man in immer tieferes Dunkel. Aber was ist Dunkel in Indien? Es ist noch immer von hundert leuchtenden Reflexen aufgehellt. Ein Sonnenstaub wirft genügend Licht, um alle Formen erkennen zu lassen. Und im indirekten Licht des Innern pulsieren sie mit noch geheimnisvollerer Kraft. Ich saß lange auf der in der Mitte erhöhten Plattform, legte mich hin, um alles in Ruhe in mich aufzunehmen und die Gewölbe zu betrachten, die in ihrer konkaven Struktur ebenso stark sind wie das Übrige in den Konvexen.

In all dem scheinbaren Überreichtum der Formen herrscht eine scharfe Gradierung von flachem Kerbschnitt, Flachrelief, Hochrelief und Rundfigur. Die Architektur bändigt alles. Trotz der Üppigkeit scheint nichts zuviel und in der einzelnen Figur ist das strotzend Lebendige in wundervoll rhythmische Form gebannt. Aber das sagt alles zu wenig. Wie kann das Wunder des Lebens, das hier im Steine atmet, in Worten beschrieben werden? Es eröffnet sich nur langsam dem staunenden Auge. Es lockt und tanzt auf allen Seiten, flüstert und klingt und kichert in allen Ecken. Man dreht sich hierhin und dorthin, um ringsherum alles zu fassen, und immer wieder spricht etwas Neues.

Am Nachmittag gingen wir zusammen zum sogenannten Eastern Group of Temples. Sie liegen hinter einem Dorf in einer schön bebauten Ebene mit dolomitartigen Felsen, denen die Architektur der Tempel angeglichen wurde. Ein großer Jaina-Schrein birgt einen riesenhaften Tirthankara in dunkler Zelle.

Der Tag senkte sich und wir verweilten noch im aufblühenden Mondschein in der offenen Säulenhalle eines verfallenen Tempels. Verzauberte, in Lichtschleier gehauchte Unendlichkeit ringsherum. Man müßte hier ganz alleine sein und still, oder zu zweit - aber zu dritt, das war zuviel um unterzutauchen.

Am vierten Tag ging ich nochmals zu den Tempeln, die ich am ersten Tage besucht hatte, und die für mich die herrlichsten sind. Die Languren hatten vom letzten Besitz ergriffen und waren herrlich zu sehen aus Balustraden und Balkonen, dieselbe Farbe wie der Stein und schön eingefügt in die Architektur. Als ich stille im Tempel saß, schauten sie scheu und empört herein und fauchten den Tempelschänder an.

Fast hätte ich vergessen, den zweiten Abend zu nennen. Ich ging mit Montu und Alfred im Mondlicht zu den Tempeln hinaus. Gebannt und überwältigt konnten wir uns kaum mehr vom Flecke trennen. Sogar Montu schloß sich der Begeisterung von uns beiden Europäern an, obwohl in einer gemesseneren und weniger ausdauernden Weise. Zum Schluß entschlüpfte er uns sogar und bestieg einen Tempel. Aber seine Erscheinung ist in der Ferne in solchem Einklang mit dieser Umgebung, Stein von diesem Stein, Leben von diesem Geiste, all dies ist sein, gehört ihm, ist nicht ein Fremdes, Mysteriöses wie für uns, dieser Mond, die Landschaft, diese Formen, diese Farben sind in seinem Blute, sind Teil seines Selbst, warum sollte dann das Entzücken ihn aus sich selber herausreißen?

Warum aber bei uns diese Faszination von etwas, was uns fremd und neu ist? Diese Faszination, die bis zum Vergessen unseres Ursprungs, unserer Vergangenheit geht? Ist es so, daß uns hier etwas umfaßt, das weiter, größer, tiefer und mütterlicher ist, als alles, was uns zu Hause umgibt? Trotz der

Schrankenlosigkeit, in der unser Wissen um äußerliche Dinge der Welt uns zu schweifen erlaubt, ist unsere Gefühlsatmosphäre kalt und abmessbar. Hier ist sie überwältigend vital und unergründlich-allumfassend, daß wir uns wie verwaiste Kinder hineinschmiegen.

Wir fuhren am Nachmittag nach Mahoba, fanden aber nichts von den versprochenen Monumenten und Felsskulpturen, nur einen halbverfallenen Tempel auf einer Insel mitten in dem reizenden See, und um hinzukommen einen morschen, mit Wasser gefüllten Einbaum. Mahoba muß einst eine wundervolle Stadt gewesen sein, als all die Tempel und Paläste auf Ufern und Hügel noch standen und belebt waren.

Am nächsten Tag gingen wir an einen anderen See, zwischen einsamen Hügeln, mit alten Banyanbäumen bestanden. Es war herrlich in der Morgenfrische. Wir lagerten im Schatten eines Felsblocks. Montu zog plötzlich rote Farbe aus seiner Tasche und rieb sie mir auf meine Stirne - zur Feier des Holi. Holi, der indische Karneval, an dem jeder jedem alle Schande sagen darf: In Khajuraho war eine Bande halbnackt mit einem auf einem Esel reitenden, graugestrichenen Clown zu unserem Zelt gekommen, um grobe Lieder zu singen. Es ist Sitte, daß sogar Rajas und Ranis von ihren Untertanen an diesem Tage mit höchstpersönlichen Anspielungen unterhalten werden. Man schämt sich in diesem Lande trotz des hohen Gedankenfluges des kleinen Schweines im Menschen nicht und gibt ihm wenigstens einmal im Jahr gutes Futter. Unser Holi war demnach ganz bescheiden und ganz holy!

Ein anderer See mit grünen Ufern, üppigen rotblühenden Bäumen, braunblauen Hügeln war ein Wunder an Lieblichkeit. Ich sprach die Vermutung aus, so müsse wohl einst ganz Indien ausgeschaut haben.

In Panna fanden wir in einem kleinen Schrein ein merkwürdiges Relief der Sonne. Ein Riesengesicht, wie mit Sonnenblumenblättern umrandet, die Ohren nach innen geklappt, und ein rudimentäres, sitzendes Körperchen darunter. Der Himmel weiß, woher diese primitive Darstellung kam.

Ein anderes ungewöhnliches Relief von fünf weiblichen stehenden Gestalten in Röcken, die sich mit den großen Ohren berührten und die Hände wie offene Blumen nach vorne halten.

Mittagsrast auf dem Weg nach Maihar nah einem Flusse. Wir badeten in dem seichten lauwarmen Wasser. Aber es war doch eine Wohltat. Wir verdursteten fast und tranken unentwegt Tee. Der Weg war entzückend, wie durch einen Park, die ganze Straße von alten Bäumen überschattet. Unter einem blühenden Baum sahen wir eine rote Relieffigur, welche schief vornüberhing. Es war ein halber Mann mit auf die Schulter fallenden Haarsträhnen. Auf Montus Fragen erklärte ein vorübergehender Bauer, es sei Hanuman, niemand habe ihn dort aufgestellt, sondern er sei an dieser Stelle aus der Erde herausgewachsen. Im Anfang sei er ganz klein gewesen und seither immer größer geworden. Mit einem solchen Ausdruck ernsten, unumstößlichen Glaubens wurde dies erzählt, daß auch bei uns kein Lächeln des Zweifels aufkommen konnte. Es war rührend.

Wir erreichten Maihar durch ein schönes, offenes Land, von Hügeln begrenzt. Die Straße versank manchmal in Rinnen mit kleinen Flüssen. Vor der rings von Mauern umfaßten Stadt machten wir halt, um Meister Alauddin Khan ausfindig zu machen. Die Botschaft wurde ihm augenblicklich übermittelt und in beflügeltem Schritt kam er uns entgegen. Unsere Freude war beidseits groß, und er beeilte sich, den Umstehenden zu erzählen, wer ich sei, und was für eine Persönlichkeit in Europa. Wir wurden ins fürstliche Guest House gebracht. Ein gewisser Komfort war uns höchst willkommen. Ein richtiges Bad, in dem man sitzen und sich zehntägigen Staub abschruppen konnte! Und ein richtiges Dinner, vom Koch eines früheren Viceroys gekocht, in Simili-Silber und Sèvre-Porzellan serviert. Welche Wonne!

Nach Tisch fuhren wir in die Durbar-Halle des Palastes, wohin uns der Maharaja zu einem Konzert seiner Maihar-Band geladen hatte. Es ist ein Orchester von Waisenbuben, welches in Indien unter Ustads Leitung eine gewisse Berühmtheit erlangt hat. Das Schönste kam am nächsten Tag, als Alauddin Khan mit seiner Sarod und seinem Sohn Ali Akbar zu uns kam und für uns zu spielen begann. Er wàr in ausgezeichneter Form und offenbar inspiriert. Er spielte erst Rag Bhairav, dann Bhairavi, und zuletzt auf Alfreds Verlangen Raga Bihag, was eigentlich nur nachts gespielt werden dürfte. Er spielte so fabelhaft, wie ich ihn nur ganz selten gehört hatte. Und wie er diese Themen entwickelte, wie immer eine neue Abwandlung, eine neue Stimmung aus der vorhergehenden herauswuchs, sich in Kontrasten aufbauend, und wie die Gefühle sich langsam steigerten und füllten, bis sie in höchster geballter Leidenschaft ausbrachen, das wühlte meine Seele dermaßen auf, daß ich kaum die Tränen unterdrücken konnte. Und vollends als er den nächtlichen Raga Bihag spielte und Ali Akbar ihn sekundierte, wie die beiden Instrumente in unergründlicher Zärtlichkeit schluchzten, das war fast zuviel zu ertragen. Oft war es, wie wenn verzauberte Wassertropfen in geheimnisvollen Schluchten in unergründliche Tiefen, in die Unendlichkeit fielen. Es war der Ausdruck eines unaussprechlichen Mysteriums, der Ausdruck zweier Seelen, die ineinanderfallen und nach der Kommunion in einem unerhörten Aufschwung der Leidenschaft aufblühen und in wilder Ekstase vergehen. Nie habe ich ihn so gut verstanden. Oh, Ustad, das müßte er mir spielen - wenn - Ich war so aufgestört, ich mußte den wundervollen weisen Alten umarmen.

7.April 1937 Banaras

Ich zeigte Montu die Fotos meiner langvergessenen Plastiken. Der Erfolg war unerwartet. Er war gepackt davon und sagte, hier liege meine Stärke. Er konnte sich nicht beruhigen darüber, daß ich dies könne und es aufgegeben habe, fragte wie es möglich sei, was der Grund sei, und sagte, ich müsse es sofort wieder aufnehmen. Ich gab nur ausweichende Antwort, bemerkte scherzend, ich sei eben crazy und daß mich die schwere Arbeit mit Uday Shankar und Company davon abgehalten habe. Aber es ist vielleicht doch gut, wenn ich den wahren Ursachen näher ins Gesicht schaue. Immer habe ich einen Hang dazu, alles Vergangene in Abgründe zu werfen, von wo es schwer wieder heraufzuholen ist, es abzutun, als ob es nie zu mir gehört hätte, und dann nach Neuem zu haschen, das mir nie gehört hat. Und das ist zerstörend, lieblos und macht das Leben ärmer. Die Vergangenheit sollte ein Schatz sein, der in uns ruht, aus dem wir Kraft und Vorstellung schöpfen.

Heute nahm ich die Photographien meiner Skulpturen nochmals vor, vertiefte mich in sie und suchte Gründe für mein Versagen. Damals vor sieben Jahren hatte ich eben meine vielleicht beste Arbeit geschaffen, den Kalbträger [Rietbergpark, Zürich]. Er entstand aus einem Erlebnis in Marokko, war aber dann in langer Atelierarbeit in Paris etwas trocken und schulmeisterlich geworden. Für mich verheerend! Es kam fast immer so, wenn ich eine Arbeit ganz bis zur Vollkommenheit treiben wollte. Irgendwie war ich zuviel vom Leben abgeschnitten.

Was ich in Paris gesucht hatte, habe ich nicht gefunden. Die schnoddrig-liederliche Atmosphäre, die dort als die künstlerische gilt und in der sich alle wohlzufühlen scheinen, bekam mir nicht. Ich sehnte mich hinaus aus dem Atelier ins Leben, in die Natur. Da lernte ich Uday näher kennen. Er verkörperte mir, was ich suchte. Er gab mir Freude und Kraft und ich ermutigte ihn zu neuer Arbeit. So ging es eine Weile zu unser beider Vorteil und Wachstum. Doch nahm das Erleben mich immer mehr in seinen Bann, zum Nachteil der Arbeit. Der Sommer in Ascona war voll vorahnender böser Gewitter. Aber ich ließ mich trotzdem nicht beirren und im Winter 1930 fuhren wir zusammen nach Indien [Alice Boner: *Indien, mein Indien*]. Die seelischen und künstlerischen Erlebnisse dieser Fahrt würden an sich allein ganze Bücher füllen. Hier nun fängt die Analyse an, komplex und schwierig zu werden. Mein Leben ist seither - zum Guten oder zum Übeln - in eine andere Atmosphäre getaucht, in etwas Fremdes und mir doch sehr Nahes.

Letztes Jahr sah es so aus, als ob ich hier in Banares neue Kraft zur Arbeit gefunden hätte. Doch nach meinem Besuch in Europa ist der Quell der inneren Besinnung wieder versiegt. Ich bin unfrei und verkrampft und meine Seele ist müde. Mir scheint alle Arbeit kann nicht gedeihen, ehe die innere Befriedung stattgefunden hat.

10.April 1937 Banaras

Heute sprach ich mit Alain Daniélou über die Notwendigkeit innerer Sammlung und Konzentration. Ich erzählte ihm, wie frisch und andauernd ich letztes Jahr arbeiten konnte und suchte dann die Gründe für mein jetziges Versagen. Nicht, daß ich unempfänglicher geworden sei, sondern daß mir die Arbeit des letzten Jahres nun nicht mehr genügen würde. Ich suchte etwas Tieferes. Einfach tausend Eindrücke sammeln, das ist es nicht. Er meinte, die Natur habe hier schon alles so vollendet, daß dem Bildhauer nichts mehr zu tun bleibe. Ich erwiderte, die Natur bringe wohl vollendete Formen hervor, daß aber etwas anderes mich bewege, nämlich die innere Animation der Formen, und die rhythmische Harmonie der Bewegungen, was bei uns durch Zwang der Kleidung und Zwang des Verstandes verloren sei. Dafür den Ausdruck zu finden, das schwebe mir als Ziel vor, durch äußere Beobachtung aufgenommen und in innerer Schau verarbeitet und sodann wiedergegeben. Mir schwebe ein Zustand vor, wo traumhaft alle Erscheinungen des Lebens sich verbinden und bildhaft vor dem inneren Auge wiederauferstehen. Momentweise hätte ich solche innere Wiederschöpfung erlebt, aber zu selten. Ich müßte mich in einen Zustand der Gnade hinein versetzen können, aus dem die Arbeit ganz von selber fließt. Doch ungelebtes Leben quält mich noch und zerstreut mich.

19.April 1937 Banaras

Sonntag gegen Abend erhob sich ein Gewitter. Der Sandsturm auf dem jenseitigen Ufer, der wie weißer Nebel aufstieg, sah aus, als wollte er die Stadt verschlingen. Ich fuhr mit Montu hinüber. Die Wellen und der Wind ließen den Bootsmann kaum vorwärts kommen. Das Wasser war grün aufgepeitscht wie ein Meer. Am andern Ufer gingen wir über die verwehten Sandflächen. Die Ferne war schon ganz verblasen wie in einem Schneesturm. Die Distanzen erschienen enorm. Ein Trupp farbiger Frauen kämpfte in wehenden Saris gegen den Wind. Plötzlich erinnerte es mich an die kleine "Figur im Wind", die ich vor Jahren modelliert hatte. Hier kam sie in Wirklichkeit an mich heran. Diese Wirklichkeit entspricht vollkommen meiner damaligen Vision des Lebens. So hatte ich es aus Sehnsucht in der Stadt konzipiert. Läßt wohl gerade die äußere Erfüllung meine Arbeit so hoffnungslos und unnötig erscheinen? Eine Hütte, halb vom Sand verblasen, ein Mann in geraniumroten Tuch davor. Wie die Farben sprechen in dem fahlen Lichte. - Ein nackter Kerl legt sich in den Sand, wollüstig, und läßt sich von dem Sandsturm stechen. Er dreht sich und schüttet Sand aus seinen Händen, genießt das Naturspiel. Eine Hütte nah am Wasser wird vom Sturm zerrissen. Eine Wand fällt, die Menschen lachen und rennen, das Feuer zu löschen.

Wir können uns kaum trennen. Doch es wird dunkel und dunkler. Der Regen strömt. Wir können unser Boot nicht finden, kommen an ein falsches, man ruft uns aus der Ferne zu, wir kehren um, suchen weiter - denken, der Bootsmann hat uns womöglich im Stich gelassen - auch das nicht ohne Vergnügen, denn in gewissen Momenten will man das Außerordentliche, das die außerordentlichen Gefühle zum Ausdruck bringt. - Wir finden unser Boot und kehren klatschnaß nach Hause zurück, zu müde, um zusammen zu bleiben.

26.April 1937 Banaras

Samstag abend war die Hitze unerträglich geworden. Das Blut in den Adern und die Gehirnsubstanz kochten. Weißes im Dunstschleier gelöstes Mondlicht über dem Ganges. Gegen zehn Uhr bestiegen wir ein großes zweistöckiges Boot. Drei Lager waren hergerichtet, für Montu, Christiane Bossenec und mich. Mit Mühe kam die Barke gegen die Strömung auf und nur ganz langsam ging es vorwärts gegen Ramnagar. Bei einer großen Sandbank am jenseitigen Ufer machten wir halt und warfen den Anker aus. Wir setzten uns in den kühlen, weichen Sand im weißen Mondlicht, und alle Müdigkeit, die wir von der heißen Stadt mitgebracht, löste sich in Wohlgefühl. Aus großer Ferne hörte man Stimmen, Gespräche, als ob sie ganz nahe wären. Vielleicht konnten die Freunde in Assi unsere Gespräche mitanhören. Die Distanzen, für das Auge unendlich weit, waren für das Ohr zusammengeschrumpft. Leichte Wolkengebilde jagten über den Mond und die Stille. Was wir sprachen, weiß ich nicht mehr, die Gegenwart, der gelebte Augenblick war so ausschließlich, so harmonisch, daß er uns erfüllte. Spät erst gingen wir aufs Boot zurück um zu schlafen. Aber es war lange unmöglich. Nervenströme drängten hin und her und schafften - unhörbar, unsichtbar - Tumult, der sich entladen wollte, qualvoll und wunderbar.

27.April 1937 Banaras

Abends hatte ich eine gesteigerte Aufnahmefähigkeit. Die Landschaft vor mir, die ich täglich sehe, hatte seelischen Glanz und die Erscheinungen, die Menschen, die ich mit trockenem Gemüt mich umsonst bemühe zu zeichnen, erschienen plötzlich als Bilder. Ich sah Kompositionen, Rhythmen, Formen, Farben, Nuancen, die an meinen schlafenden Sinnen vergeblich vorbeigegangen waren. Welch tiefe Dankbarkeit mich erfüllt!

Eine fabelhafte Vollmondnacht stieg auf. Ein fallender Stern, Symbol erfüllter Wünsche, glitt scharf über meinem Dach herunter.

Ich ging hinaus in die weiße Landschaft. Unter den mächtigen Bäumen des Dorfes war es am herrlichsten. Die Silhouetten der Bäume, schwarz, verwegen und grandios gegen den Silberglanz des Himmels schnitten die fernen Ausblicke in helle Löcher. Tiere lagen schlafend auf dem Weg, Kühe, ein weißes Kalb, eine schwarze Ziege, und strömten ihre Wärme aus.

Auf Carpais lagerten Menschen, nackte Torsi und Lumpen, eine Wasserpfeife gluckerte, im Innern eines Hauses kauerte ein Mann am Eingang des Schreines. In der Stille wanderte ich weiter bis hinaus, wo man in der Ferne den Fluß und die Stadt erblickt. Dort saß ich auf der Erde, der vertrockneten, zerbröckelnden, lehmigen Erde, die so gut dem indischen Gedanken der Wandelbarkeit und Vergänglichkeit alles Irdischen entspricht. Hier am Ganges, wo die Flut die Ufer jedes Jahr anders gestaltet, kommt einem dies so richtig ins Bewußtsein. Ich saß, ein Häufchen exaltierten Glücks.

7.Mai 1937 Banaras

Heute vor einem Jahr bin ich von Bombay nach Europa abgefahren, dem grauen Sommer zu, der mich erwartete. - Heute bin ich hier in Banaras, lebe mich in die Hitze ein, suche mich dem Land und Klima einzufügen, den Widerstand aufzugeben. Bin zufrieden in dieser Stille meines Seins, sogar ohne Arbeit. Und eines weiß ich jetzt - daß mein Schwerpunkt hier ist und nicht dort.

An einem Tag wie heute - seit gestern blies ein kühler Wind, der tagsüber zum Sturm wurde - erwacht man aus einer dumpfen Tiefe und fängt wieder an zu reagieren, bewußt zu empfinden. Dann tauchen auch Vorstellungen von Werken auf, blitzartig, ungesucht, ungewollt, aus jener Tiefe, wo das echte Schaffen entsteht. Vielleicht war es gut, daß ich den ganzen Winter nichts getan habe. Es wäre zu sehr aus bewußtem Willen gekommen.

25.Mai 1937 Bhowali. Auf dem Wege nach Almora

Seit vorgestern bin ich hier und in einem Katzenjammer untergetaucht. Wohin sind die Farben von Banaras, die unendliche Fülle des Lichts, die Hitze, die einen mit Wollust erschlägt und der man nur durch Arbeit entweicht? Dumpf und müde fühlt man sich oft, wenn sie gar so herrisch wird, doch ist es die Erschöpfung der Erweiterung, des Aufgehens in der Unendlichkeit. Man vermählt sich mit der Sonne, der Atmosphäre, man verschmilzt mit dem Wasser und dem Licht. - Hier in den Bergen ist es anders: Die Natur stößt einen aus sich heraus, man wird plötzlich auf sein kleines Ich zurückgedrängt. Die Natur wird wieder Materie, sie verliert den geistigen Glanz, der sie unten an der Ganga entmaterialisiert. Die Farben, die dort eine solch unfaßliche Eloquenz haben, eine Differenzierung, die mit keinem Pinsel zu fassen ist, haben hier oben wieder genau definierbare Valeurs, die mit den üblichen Malkasten herzustellen sind. Wird man dort Mensch im weitesten Sinn, indem man Vergänglichkeit wie Göttlichkeit aus tiefster Seele bejaht, wird man hier wieder Individuum, von anderen getrennt. Man fängt an zu verstehen, warum einem die Erfahrung Indien so tief zu Herzen spricht und uns Heilung und Heil bedeutet.

4.Juli 1937 Almora

Heute sind zwei Carolas über meinen Weg geflogen. Ich hörte einen merkwürdigen, unbekannten Laut und schaute auf die Bäume. Da erhob sich der Wundervogel mit einem lauten Schrei und schwang sich auf den nächsten Baum. Ein zweiter folgte. Auf dem nächsten Baum saßen zwei ärmere Vettern von

Carola, mit kürzerem Schweif und grauer Farbe. Leise, mit angehaltenem Atem schlich ich den Vögeln nach. Hin und her schwangen sie sich, mit erhaschter Beute. Immer näher unserem Hause. Schließlich flogen sie hügelabwärts von Baum zu Baum, wie Delphine, die kopfüber in die Fluten tauchen.

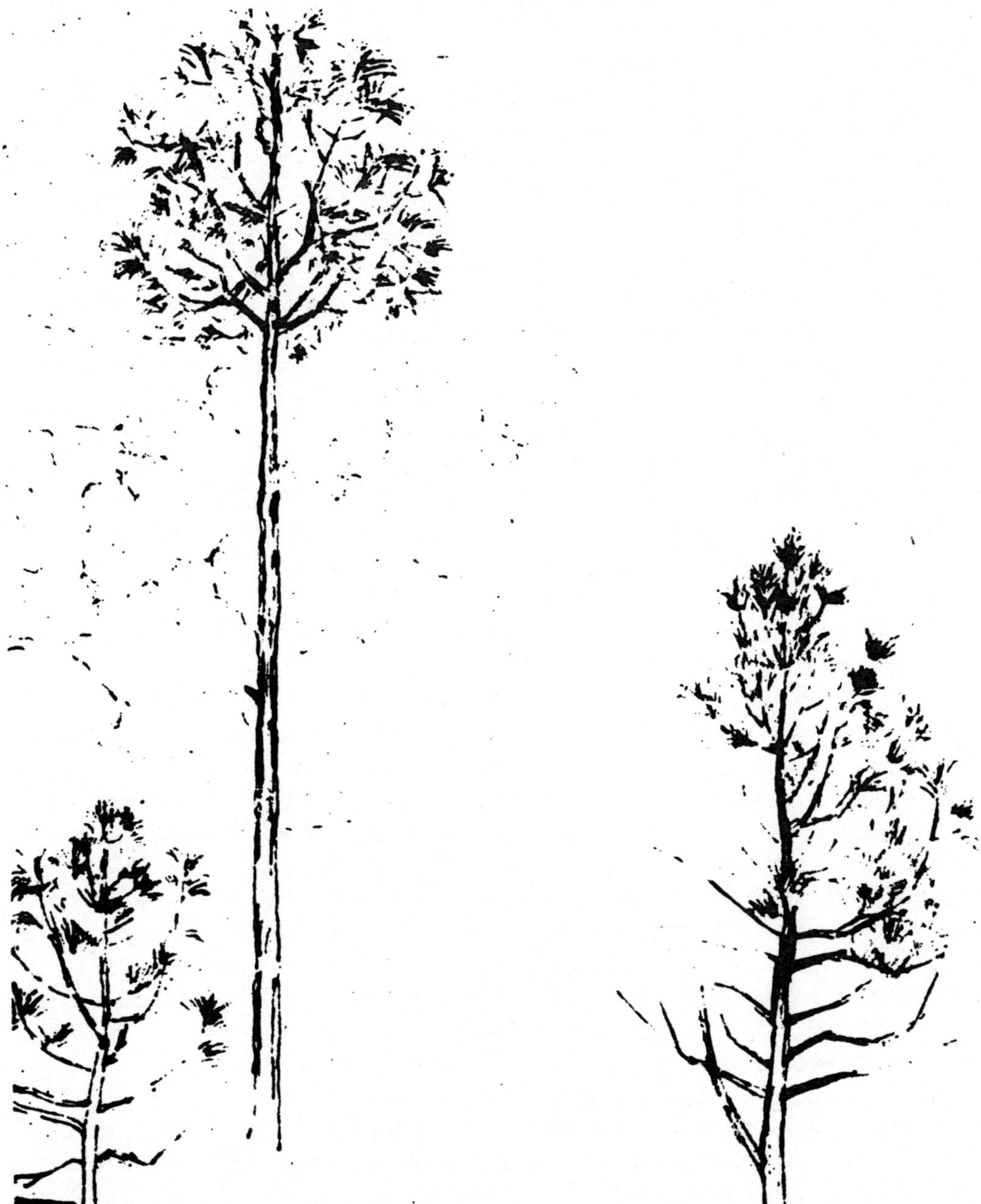

Als Montu fortgefahren war, kreuzten Carolas auch seinen Weg. Diese Vögel seien gesegnet. Hier in der gewaltigen Natur des Himalayas, wo die weißen Götterberge hinter Wolken thronen und in seltenen Stunden sich dem Menschenauge zeigen, wuchs etwas über alle Berge hinaus, in den hohen Himmel hinein und schloß alle Schönheit der Natur in seine allumfassende Gestalt ein. Aus dieser geballten, mächtigen Existenz nahm alles seine Farbe, seinen Duft, seine Leuchtkraft und seinen Sinn. Alles lebte und atmete in ihr und mein eigener Pulsschlag ging darin auf. - Nun ist die Gestalt verschwunden, und nur die Erinnerung an ihre erfüllende Gegenwart trägt mich jetzt. Sie bereichert und beglückt mich, und die erloschene Lampe flackert hoffnungsfroh auf. Aber die Natur in ihrer unveränderten Schönheit ist nur mehr ein Bild.

Indien macht für mich den Zwiespalt zwischen dem Willen zu einem rein geistigen Dasein und dem Verlangen von Herz und Sinnen akut. Ich glaubte, diese endlich überwunden zu haben und ausschalten zu können. Sie waren auch durch Entbehrung fast gänzlich eingeschlafen. Aber damit schlief auch mein Lebenswille ein, meine Freude an der Kunst, meine Schaffenskraft. Ein lethargischer Zustand in gemäßigter Zufriedenheit, nicht glücklich, nicht unglücklich, bemächtigte sich meiner. Zum ersten Mal in meinem Leben hatte ich die Empfindung, daß ich nun ebensogut sterben könne, da mir eigentlich nichts mehr zu tun übrig bleibe. Meine Existenz war mir gleichgültig geworden. Sie erschien mir als eine graue Kette von Mißerfolgen, und ich sah, daß mein Wollen, das in allem zum Höchsten gestrebt hatte, in jeder Beziehung mißlungen war.

Heute bin ich zum ersten Male ganz allein hier oben. Ich fürchtete, mich einsam zu fühlen. Aber ganz im Gegenteil. Ich werde wieder allen Eindrücken zugänglicher, und habe eine derartige Fülle von Gedanken und Erfahrungen zu bewältigen, die mir in dieser Zeit zugeströmt sind. Wieviel näher ist mir Indien gekommen und wie habe ich gelernt, die Zurückhaltung und leise Art in jeder Beziehung zu bewundern. Es kommt mir oft so vor, als ob jeder Kuli mehr seelische Kultur hätte als unsereiner. Die unendliche Geduld und Demut dieser Menschen kann nur die Frucht uralter Schulung sein. Wie stößt uns doch zuerst ihre mangelnde Reaktion ab, bis wir endlich die Frische ihrer Gefühle irgendwie zu ermessen vermögen. Dann senken wir den Kopf ob unserer Ahnungslosigkeit und staunen über soviel Noblesse.- Wenn sie nicht reagieren, glauben wir immer erst, sie begreifen nicht. Wir können es nicht fassen, daß ein Mensch sich nicht wehrt, wenn er den Gegner durchschaut, daß er ihm scheinbar Recht gibt trotz innerer Überzeugung des Gegenteils. Und es ist für uns undenkbar, mit welcher Langmut die Argumentation gegen offenkundige Hypokrisie geführt wird, ganz als nähmen sie die Gründe des Gegners ernst. Sie haben ja so lange Zeit, so viele Existenzen zu durchwandern. Und wir haben nur diese eine kurze Lebensspanne, unser höchstes Gut, in die wir alles pressen müssen, Genuß und Arbeit. Welche Hintergründe und welche Perspektiven hat der Inder, und in welch begrenztem Raume leben wir! Diese Voraussetzung der verschiedenen

Einstellungen zur irdischen Laufbahn muß in allen ihren Konsequenzen zu Ende gedacht werden. Darin wird die Erklärung zu den Gegensätzen dieser zwei Kulturen zu finden sein.

30.Juli 1937 Banaras

Bei meiner Rückkehr von Almora am 22. Juli fand ich die Welt hier durchaus verändert. So ungefähr als wäre es wie in dem berühmten Lied: "Und abermals nach fünfhundert Jahren - kam er desselbigen Wegs gefahren!..." Verschwunden die Ghats, verschwunden die Assi. Das große Gelände, wo die hohen Garben standen, nackt und flach auf demselben Niveau mit dem Wasser. Vor meinem Haus hatte sich ein kleiner Fischerhafen gebildet mit zahlreichen Booten. Um ins Dorf Nagwa zu gehen, mußte man sich mit einem Boot übersetzen lassen. Doch auch dieser Aspekt war vorübergehend. Das Wasser stieg beängstigend schnell. In einer Nacht überschritt es den Rand des obersten Geländes, der Hafen erweiterte sich, dann erreichte er den kleinen Fußpfad, setzte auch den unter Wasser. Dann kamen drei Tage fast ununterbrochenen Regens, und jetzt leckt der Fluß die Füße auch der letzten Häuser. Wir sind nun in Venedig.

Hari Hara Baba, der alte Heilige, der auf einem Boote sitzt und für jedes irdische Bedürfnis sich auf das entgegengesetzte Ufer rudern läßt, wurde ganz nah meinem Hause verankert. Morgens um halb sechs schon saß er draußen und einer der rothaarigen Jünger las ihm Sanskrittexte vor. Den ganzen Tag hockt er regungslos auf dem Dach des Schiffes, und die Jünger und Besucher nehmen ehrfurchtsvoll den Staub von seinen Füßen und bekränzen sein weißes Haar mit Blumen und Girlanden. Er ist blind und splitternackt und es erscheint nicht mehr Leben in ihm als in einem Idol. Die Anbetung der Menschen gilt seiner Überwindung der Sinne. Man sagt, er spüre weder Hunger noch Durst, Hitze noch Kälte. Das lockt Pilger von weither. Er spricht fast nie und wer ihn um Rat fragt, bekommt meistens die Antwort, er möge den Namen Rama anrufen.

Als der Regen machtvoll niederprasselte, saß er draußen unbewegt, mit einem seiner Jünger, der alle Unbequemlichkeit mit ihm teilt. Auch Leute fehlten nicht, die zu ihm kamen, erst durch das Wasser wateten, dann den glitschigen Steg emporkletterten, um in Anbetung zu seinen Füßen zu sinken.

Der Alte auf dem kleinen Boot, das einer Arche gleicht, der Regen, der endlos niederprasselte und die ganze Landschaft verschlang, das schlammige Wasser, das erbarmungslos stieg und stieg, all dies suggerierte ein Bild der Sintflut mit Noah, der bereit war, alle Kreaturen in seiner Arche aufzunehmen.

Gestern Nacht war Hari Hara Baba's Boot unter meinem Fenster verankert und die abendliche Arati und der Chorgesang in Sanskrit waren ganz für mich. In der Nacht war viel Aufregung. Ich ahnte, das Wasser sei gestiegen. Am Morgen, als ich aus dem Fenster sah, saß der Alte schon lange im strömenden Regen, und man sang unentwegt um ihn: Ram, Ram, Ram, Ram, Sitaram. Seine nackten Jünger ergriffen die Ketten und Seile, um das Boot zu lösen und weiter flußabwärts zu verankern. Als sie alle zusammen mit konzentrierten Bewegungen an der Kette zogen, sah es wunderbar aus. Es sind rassige, wohltrainierte Kerle. Ihre Heiligkeit ist weniger evident. Ich war traurig, daß Hari Hara Baba weiter zog. Ich hatte mich schon darauf gefreut, das Boot nun immer sehen zu können und was darauf vorgeht. Jetzt habe ich keine Menschen mehr, nur noch eine weite Wasserfläche vor mir, die einmal auf- und dann wieder abwärts fließt, in Wirbeln sich dreht und in Schnellen vorüberschießt.

Eines Tages, als ich auf dem Dache stehend über die Stadt blickte und der Silhouette des nahen Tempels mit den fünf Spitzen und der fernen Moschee mit den zwei schlanken Minaretten gewahr wurde, fühlte ich den Boden unter mir versinken, denn es wurde mir bewußt, ein fremder Wanderer zu sein. Aber auch in Europa wäre ich trotz menschlicher Kontakte nicht glücklich. Wenn ich erst den Faden meiner Arbeit wieder in Händen hätte, dann wäre doch trotz aller Einsamkeit dies das Land, wo meine Seele sich am wohlsten fühlt.

4.August 1937 Banaras

Gestern war die Welt wie neugeboren nach der Sintflut, dem Tag, als Noah mit der Arche auf den Ararat stieß, glücklich und hoffnungsfroh. Der Himmel tat sich auf, die Sonne grüßte freudvoll und ein frischer Wind verblies die graue Dumpfigkeit. Man streckte sich und sog die frische Luft ein, wie in Europa nach einem langen Winter. Neues Leben pulsierte. Es hatte sich am Tag zuvor angekündigt mit kurzem, feierlich goldenem Leuchten.

Plötzlich hörte ich vom Tempel her lautes Singen und Trommeln, das heftiger und heftiger wurde. Ich dachte, jemand tanzt und stieg aufs Dach. Unter dem Nim-Baum saß eine Gruppe Männer und mitten unter ihnen einer, der eine Trommel bearbeitete und dazu sang. Mit dem Fernrohr versuchte ich, die Gruppe zu skizzieren. - Gegen Abend, als ich wieder aufs Dach stieg, sah ich auf dem Balkon nebenan eine rührende Szene. Der junge Brahmane saß in ein Buch vertieft.

Ein Mann kam aus dem Inneren des Hauses, bückte sich liebevoll zu dem Jungen, hob ihn auf, umschlang ihn und führte ihn langsam ins Haus zurück. Dies wollte ich auswendig festhalten. - Als es schon dunkelte, ging ich zum Tempel hinüber, setzte mich auf einen Stein und beobachtete die Leute, die dort ihre Sandhya-Andacht verrichteten. Besonders fesselte mich ein Jüngling, der neben mir betete, ganz in sich versunken - und ein Mann, der mit einem lebhaften etwa einjährigen Kind spielte. Die Schönheit dieser Bilder, derart gefühlsbeladen, ging mit wonniger, fast schmerzlicher Intensität in mich ein. Schon lange hatte nicht mehr mit solcher Kraft empfunden. Dann kam die schulmeisterliche Idee, ich müsse hinsitzen und skizzieren, um die technische Fähigkeit zu erwerben, Gesehenes festzuhalten. Nun aber weiß ich's endlich wieder: Laß mich untertauchen in alles, was mein Gefühl bewegt, und laß mich dafür Ausdruck finden. Meine Auffassung schärfen und beschleunigen, mein Gedächtnis stärken, so daß die flüchtigste Erscheinung mir nicht entgeht. In ihr liegt das Tiefste verborgen, das innere Leben, das darin aufleuchtet. Ein Können nach Modell hat keinen Wert ohne dieses Innenleben.

10.August 1937 Banaras

Gestern Abend war ich unruhig und konnte meine Erwartung und Ungeduld kaum meistern. Schlief dann schlecht, aber die Konzentration, die ich in der Überwindung der Ungeduld gefunden hatte, stand mir heute früh zur Verfügung. Ich ging an den Fluß, wo eine Gruppe Madrasis badete. Es waren Frauen, die sich wie eine Schar Enten zusammenschlossen, um ihre Blöße gegenseitig zu decken. Meist plumpe, schwere Körper älterer Frauen. - In diesen Gewändern bleiben auch wenig anmutige Körper ausdrucksvoll.

Es ist vielleicht auch die Selbstverständlichkeit, mit der das Altern hingenommen wird, die versöhnt und auch Würde verleiht. Ich glaube nicht, daß nur die wunderbar satten Farben der Saris dem Bild Schönheit geben. Nein, die Gestalten wären ganz nackt ebenso schön und rührend gewesen, nur hätte man dann die anmutigen Bewegungen des Sich-in-den-Sari-Hüllens vermißt.

Nachher zeichnete ich von meinem Fenster aus und fand, daß ich von der Schematisierung loskam, die mich bisher verblendet hatte. Zum ersten Mal sprangen mich individuelle Bewegungen und Kurven richtig an. Jetzt nur ohne Rückhalt schaffen! Nicht daran denken, was zuletzt daraus wird, nur anfassen, den Stoff in seiner Fülle anpacken mit lebendig vibrierenden Sinnen. Die Wahrheit erwächst dann von selber und wahrscheinlich ganz anders, als ich sie mir jemals vorgestellt habe. Wie glücklich macht es mich zu fühlen, daß ich endlich den richtigen Faden in Händen halte und daß ich hier in meinem Haus, meiner Stube, alle Möglichkeiten zur Erfüllung besitze! Jetzt nur kein Rückwärtsschauen und kein Vorwärtsspekulieren und das Leben voll in meine Arme nehmen, was immer es auch bringe.

14.August 1937 Banaras

Im Museum von Sarnath. Noch nie waren mir alle Dinge dort so lebendig geworden. Das ist ein gutes Symptom meiner Empfänglichkeit. Ich sah die Formen pulsieren mit Leben bis zum Rand. Es war nicht mehr die kritische sterile Auseinandersetzung mit Stil und Form und Ausdruck. Es war das Erleben jeder Gestalt, jeder Form aus dem Gefühl ihres Schöpfers, das Hineintauchen in den unendlichen Reichtum der Formensprache, des lebendigen Wortes, in Stein gehauen! Welches Glück, welche Erweiterung! Was ist mir jetzt noch fremd? Alles gehört zu mir, meine Seele findet Zugang überall.

Ich habe einen ersten Eindruck von Indien durch die Form bekommen, durch Kunst, durch Havells Bücher, durch Uday Shankars Tanz, der wie ein lebendiger Quell indischer Skulptur war. Der Basler Bildhauer Carl Burckhardt wollte aus der Formensprache der Skulptur alles verstanden haben. Gewiß hatte er recht. Ich aber las Bücher und ging nachher einen langen Weg der Erfahrung durch Indien, bis ich nun endlich im Kontakt mit Herrlichem und Schrecklichem, Hinreißendem und Abstoßendem dieses Lebendige im Abbild richtig erfassen und in mich nehmen kann.

Wie unweise sagte mir Jeanne Bucher, Gründerin der Galerie Montparnasse in Paris, mir damals beim Abschied: "Aber Sie werden doch nicht malen, was Sie sehen?" Dies konnte nur in Europa geäußert werden, wo die Erscheinungswelt so weit vom Urbild entfernt ist, verkünstelt, beschnitten, eingespannt in Willkür, in Nutzbarkeit, daß die subtilen Elemente, die Tanmatras, nicht mehr erkennbar sind.

Der Künstler besitzt noch die Vision der geheimen, absoluten Existenz der Dinge. Er drückt sie auf persönliche Art aus und wird darum so oft mißverstanden, weil der Alltag diese Hintergründe verwischt. Hier ist sogar der Alltagsmensch sich solcher Hintergründe bewußt. Kunst kann für ihn deswegen nicht eine derart erstaunliche, metaphysische Offenbarung sein. Sie ist für ihn eine andere Form der Realität, auch von Gott geschaffen.

20.August 1937 Brindaban

Eventful days! Gestern sah ich die Ghats in Mathura und das Museum in schwindliger Hitze. Trotzdem manches genossen und gelernt. Es stellt sich die Frage: Warum der Buddhismus, der das Aufgeben des Lebens und Entsagung predigt, in Klöstern und an Stupas dermaßen sinnliche Körper zu modellieren pflegte.

Ich liebe den alten, dicken, stämmigen Yaksha. Welche gesunde, vierschrötige Erdenkraft! Die Religion hat damals offenbar nicht im Metaphysischen spekuliert, sondern die Naturkräfte in ihrer Wirkung angenommen und verstanden. Auch die Terrakotten aus den Maurya- und Prämaurya- und Shunga-Epochen sind so ursprünglich realistisch mit ihren phantastischen Coiffuren und Kopfputzen, daß sie keinen Rokoko-Extravaganzen nachstehen. Auch die Gewänder sind merkwürdig fassonniert, verglichen mit der klassischen Einfachheit des heutigen Sari, von dem man sagen kann, er habe menschliche Gewandung auf ihren einfachsten Nenner zurückgeführt.

Eine große Frauenfigur unter einem Parasol mit in die Hüfte gestemmtem Arm ist herrlich vereinfacht in der Form. Doch der große Rhythmus ist da. Der durch die Haltung etwas eingesunkene Brustkasten mit der schweren Brust und dem hervortretenden Bauch, ergibt eine lässig lastende Bewegung. Die berühmten Pfeilerstatuetten sind realistischer im Stil. Ein riesiger Buddhakopf mit dem Ausdruck des In-sich-Versunkenseins ist wunderbar, ohne Süßlichkeit und ohne abstrakt zu werden. Man könnte Stunden davor stehen und er würde sich immer mehr mit Leben füllen. Man fühlt, daß er von innen heraus modelliert wurde.

22.August 1937 Brindaban

Andere Buddhas aus der Gupta-Periode. Ich fange erst jetzt an, auch diese Zeit zu schätzen. Obwohl sie gewöhnlich als die Blütezeit indischer Kunst gilt, waren mir die glatten Gesichter und konventionellen Falten der Gewänder über stereotypen Gestalten langweilig. Aber Kleinode gibt es doch darunter. Einige in Sarnath, dann der große Stehende in Mathura. Welche Feinheit der Vibration über das ganze Gesicht, ein in sich verschlossenes Leuchten wie in einer geschlossenen Lotosblüte, ein geistiges Schweben, An-sich-halten und Verströmen. Das kann nicht mit großen kühnen Schnitten und Flächen ausgedrückt werden, sondern bedarf subtilster Modellierung. Auch ist es notwendig, daß die Körper entmaterialisiert werden, covered with chaste, unruffled folds, da alle Lebenskraft in den Geist, den tausendblättrigen Lotos gestiegen ist und sich dort entfaltet. In einem solchen Gesicht lebt die ganze Schöpfung und erreicht das Göttliche. Daß solch übersinnliche Vorstellungen in plastischer Sprache vermittelt werden, ist wohl etwas vom Unbegreiflichsten.

Bei einem überlebensgroßen Männertorso mit breiter und kraftvoller Brust und zartmodellierten colliers en torsade geschmückt, mußte ich an den berühmten Torso im Belvedere denken. Ich fühle, wie mühselig und verkrampft er ist verglichen mit diesem siegreichen, freien Atmen. Bei gleich großem Können, welche Welten liegen da dazwischen.

Nicht nur in der Plastik, selbst in der menschlichen Anatomie ist es, als ob Jahrtausende des Strebens nach Verinnerlichung eine Veredelung der Form bewirkt hätten, die wir Stilisierung nennen könnten. Solche Stilisierung unterdrückt wohl die fleischliche Umständlichkeit, nicht aber die sinnliche Wärme und Sensitivität. Im Gegenteil, sie läßt sie reiner und glühender erscheinen. Rubens schuf Antipoden.

23.August 1937 Banaras

Ich sah in Brindaban eine Rasamandali-Vorstellung. Krishna und Radha saßen unter einem Baldachin auf einem pompösen, mit farbigem Glas eingelegten Thron. Die Kostüme waren gepflegt. Das Spiel beginnt immer mit einem Tanz von Krishna mit den Gopis, bei dem Krishna den Arm um Radha schlingt, die natürlich auch ein Junge ist. Sie hüpfen, schreiten im Kreis herum mit Handbewegungen, die ursprünglich wohl einmal Mudras waren. Krishna schlägt gelegentlich einen Purzelbaum, dann wirbelt er auf den Knien herum, so daß sein Rock wie eine Scheibe steht. Alle drehen Pirouetten, indem sie sich zwei und zwei an den Händen halten. Künstlerisch das Beste ist wohl Musik und Gesang. Man spielte Kalia-Daman an jenem Tag mit groteskem Realismus. Die Söldner des Königs Kamsa trugen Kaki-Uniformen, doch ihre dämonische Natur war mit ein paar schwarzen oder weißen Zügen übers Gesicht bezeichnet.

Interessanter als das Spiel waren die Zuschauer. Ein alter Mann saß mir gegenüber, aufrecht, mit breiter Brust, so versunken und ergriffen, als wäre er wirklich in Gegenwart der Gottheit. Ein junger Sadhu stieg in einer Pause zum Thron hinauf, um Radha Kühlung zuzufächeln. Sein Ausdruck zärtlicher Verzückung zeigte, daß er in Wonnen einer anderen Welt lebte.

Es folgte: Der Hof des Königs Kamsa mit seinem Lobredner, seinem Divan und seinen Constables. Der Besuch von Narada, das Haus von Nanda und Yashoda. Das Ballspiel der Kinder, der Streit zwischen Krishna und dem Jungen, dessen Ball in die Jamuna gefallen war.

Als Krishna endlich, wie es seine Bestimmung ist, in die Jamuna sprang, um den Ball zu holen - er verschwand in einer Versenkung - brach der junge Sadhu neben mir in Schluchzen aus, als hätte der wirkliche Krishna auf immer die Welt verlassen. Sein älterer Genosse verbarg ebenfalls sein Gesicht in einem Zipfel des Gewandes und begann zu weinen. Der Gesang der Musikanten wurde pathetisch. Nanda und Yashoda, Krishnas Zieheltern, erfahren die schreckliche Nachricht und fallen bewußtlos zu Boden. Verzweiflung herrscht ringsumher. Krishna ist und bleibt verschwunden. Die Situation wird gespannt und tragisch. Mehr und mehr Augen füllen sich mit Tränen und bei jedem Vers, den die Sänger singen, steigert sich die Rührung. Nun kommt Balarama, Krishnas Bruder. Als er die Unglücksbotschaft vernimmt, setzt er sich gelassen hin und sagt: "Krishna wird zurückkehren! Tröstet Euch alle! Ich bin nicht Balarama, wenn Krishna nicht lebendig zu uns zurückkehrt." Aber diese Zuversicht konnte weder meinen Sadhu noch irgendeinen der Zuschauer aufrichten. Schließlich wurde der Vorhang gezogen, um die große Schlange Kalia zu bringen und auf den Stufen des Thrones aufzubauen. Nach langen Vorbereitungen, während welcher mein Sadhu, noch halb weinend, eine Parfümflasche bereit machte, öffnete sich der Vorhang wieder und Krishna erschien triumphierend auf dem Nacken der Schlange. Der Sadhu schlich entzückt heran und sprühte aus seiner Flasche süßen Duft über den Sieger. Schon zuvor hatte ich winzige Wattebäuschchen mit Parfüm von den Sadhus bekommen und unter die Ringe gesteckt.

Ich notiere dies alles, um die verschiedenen Arten zu nennen, mit denen man hier die Gottheit verehrt. Baden, mit Girlanden behängen, spazieren führen, massieren, kurz alle leiblichen Liebesdienste gehören dazu. Das schafft Familienbeziehungen zur Gottheit und mütterliche Zärtlichkeit.

Im Brahmachari-Tempel sah ich Rasamandali von einer Dachterrasse aus. Krishna und die Gopis tanzten auf einer kleinen, weiß und schwarz karierten Plattform. Die sprühenden Farben und das Goldgeglitzer auf Weiß und Schwarz waren bezaubernd.

24.August 1937 Banaras

Unterwegs in die Stadt hörte ich einen Frauenchor, der Kirtan sang. Ich trat ins Haus und kam in eine große Halle. Die singenden Frauen trugen weißes Witwengewand. Manche schlugen Trommeln, andere Zymbeln, eine stand mit einem Buch in der Mitte und sang vor, was die anderen im Unisono wiederholten. Sie sahen arm und verhudelt aus. Ich hörte auch gleich die Geschichte. Es ist ein Witwenheim, begründet von einem reichen Bengali, der in zwei Jahren bereits neunhundert Witwen aufgenommen hatte. Jede bekommt sechs Pies (eineinhalb Anna) pro Tag, wofür sie sich im Hause selber Reis, Dhal und Salz kaufen kann, und woraus sie sich noch etwas ersparen für persönliche Bedürfnisse. Ich sah den Aufbruch um zehn Uhr. Alle gingen geduldig im Gänsemarsch, unentwegt singend hinaus, um ihre tägliche Ration in Empfang zu nehmen. An diesem Tag wurde Dhal und Salz ausgeteilt. Jede nahm ihr Maß in Empfang, ohne zu vergleichen und huschte weg, den Zipfel des Saris mit der kostbaren Gabe fest an sich haltend. Für diese Hungerkost singen sie von fünf bis zehn Uhr morgens und von halb drei bis sechs Uhr abends Kirtan. Dabei geht es ihnen hier unvergleichlich besser als in ihrer sonst gänzlich verlassenen, unbeschützten und hilflosen Existenz. Man kann sich fragen, ob es nicht möglich wäre, sie einen Beruf zu lehren, mit dem sie sich selber erhalten könnten. Aber erstens sind die meisten recht alt und zweitens sind sie aus eigenem Antrieb dem religiösen Leben zugewandt.

Daher der entrückte Blick! Der Mann mit Namen Seth Janki Das, der diesem Haus sein ganzes Vermögen vermacht hat, ist selber ein großer devotee von Krishna. Auch er lebt wie ein ganz Armer, mit einem lumpigen Lendentuch angetan, unter ihnen, den ganzen Tag mit der Arbeit und diversen Kleinigkeiten beschäftigt. Alles liegt in seinen Händen, obwohl er schon über siebzig ist. Wie eine gütige Vorsehung waltet er unter den Witwen. Ein lieber, ungemein gütiger, sympathischer Mensch.

Am Abend kam ich wieder, um den Gesang zu hören, der mich ergriffen hatte in seiner pathetischen Traurigkeit.

28.Oktober 1937 Banaras

Ashtabhuja entsprach meiner Verfassung und drang deshalb tief in mich ein. Man schwebt über dem Land, nicht zu hoch, der Fuß kann es sozusagen noch berühren. Blickt man aber über die weite Ebene, fühlt man sich ohne Schwere. Man fühlt sich auch allgegenwärtig. Alles liegt dem Blick offen, er kann wandern, wohin er will, er findet Entzücken überall. Er gleitet den Fluß hinunter, geht hinter dem Pflug über das Ackerfeld, setzt sich auf die Dächer, schweift über Gehöfte, er klettert in den Bäumen herum und schwingt sich plötzlich den Horizont entlang. Er spiegelt sich im Teiche mit den Bäumen und kriecht durch das Dickicht des Abhangs, er sucht die weißen Tempeltürme und schneidet schnurgerade mit der Eisenbahn das Land entzwei. Dies Freischweben in der Schöpfung war in mir. Und deshalb fühlte ich sofort: Hier muß ich bleiben.

In dem benachbarten Prairieland, hügelig und unbewohnt, beginnt der Mensch, die wilden Tiere zu wittern. Wunderbar lautlos. Nur Schreie von Vögeln durchbrachen die Stille, und man hörte die Natur atmen.

Die Mondnächte tauchten die weite Welt in ein phantasmagorisch - kreidiges Licht. Alles war klar wie am Tage, die Farbe war aus der Erde gesogen und die Formen, die strenge starke Zeichnung, traten um so schärfer hervor.

15.November 1937 Banaras

Die kleine Neola, ein junges Mungoweibchen, entdeckt die Welt. Sie schießt im Haus herum wie ein aufgezogenes Spielzeug. Alles, was ihr in den Weg kommt, belustigt sie, ein Fetzen Papier, ein Blatt, ein Hölzchen, ein Halm oder eine Schnur, das Ende eines Vorhangs, ein Schuh, ein Fuß und, wenn nichts anderes da ist, ihr eigener Schwanz. Ohne Unterlaß geschäftig und unternehmend, kühn, neckisch und mit einem Dynamismus erfüllt, der aus dem winzigen Wesen ein Stück frenetischer Vitalität macht. Leben in ursprünglichster Form, rastlos vibrierend. Leben um des Lebens willen, Existenz im Spiel, Bewegung als Vergnügen, als Überraschung, unausgesetztes Abenteuer und Wagnis. So nahe ist die Neola der letzten Weisheit, die wir durch ein langes Leben der Arbeit und Bemühung nicht erreichen.

8.Dezember 1937 Banaras

Heute kommt Georgette in Banaras an.

28.Dezember 1937 Banaras

Vorlesung von Dr.C.G.Jung in der Hindu-University. Seine Elemente der Psychoanalyse klar und faßlich dargestellt, mit gelegentlichen Verbeugungen vor der alten indischen Psychologie. Seine Rede war äußerst lebendig und warm. Wir stellen uns nach der Vorlesung vor. Große Überraschung. Entführen ihn zum Durga-Tempel und in mein Haus. Nachmittags Convocation. Im roten Mantel nimmt er einen Dr.honoris causa entgegen. Hernach Tee hinter dem Empfangszelt des Maharaja. Dann fuhren wir mit Jung in die Stadt. Besuch des Observatoriums. Vishvanatha-Tempel und die engen Gassen erfüllen die Seele Jungs mit Grausen und zwingen ihn umzukehren. Unvergeßlicher Abend im Haus an der Ganga. Er ißt mit uns zu Nacht und erzählt Geschichten aus seiner Berufserfahrung. Ein ungemein belebendes Fluidum geht von ihm aus. Schon dies allein, sogar ohne alle seine Theorie, würde ihn zum berufenen Seelenarzt machen. Wir hingen alle an seinen Lippen. Am nächsten Tag brachten wir ihn zur Bahn, hätten ihn so gerne behalten. Georgette und Alfred begleiteten ihn nach Calcutta.

31.Dezember 1937 Banaras

Dies Jahr sei gesegnet. Es brachte mir viel.

1.Januar 1938 Banaras

Sonnenaufgang am 1. Januar: Ein grauer Nebelschleier lag über dem Fluß und dem jenseitigen Ufer. Nur die Bäume streckten die Köpfe aus der weißen Decke. Zwei Schiffe mit aufgespannten Segeln bildeten dunkle Silhouetten. Die Sonne wälzte sich als blutrote Kugel aus den Schleiern.

7.Januar 1938 Banaras

Die Überzeugung dringt bei mir mehr und mehr durch, daß ich nicht für immer nach Europa zurück kann, daß mein Leben hier das wahre und richtige ist, daß ich hier meiner Natur nach leben kann und nicht dort. Alles, was ich hier tue, bekommt seinen richtigen Sinn.

27.Mai 1938 Ellora

Höhlentempel Nr.2. Gedrängt. Viereckig. Vierkantige Pfeiler mit dicken Kissenkapitellen schließen eine mittlere erhöhte Plattform ein. Seitlich in

Kopfhöhe zwei Galerien von kleineren Säulen, ebenso vierkantig und mit Pflanzenvoluten gekrönt. In der Tiefe dahinter je fünf sitzende Buddhas in lehrender Haltung. Die Buddhas, wie die ganze Architektur, einfach und überindividuell, urweltlich dem Stein, dem Berg, den Mächten der tiefen Erde verbunden. In der Tiefe des Tempels sind sie noch roh, die Form kaum aus dem Stein gelöst, der letzte Buddha links thront als steinerne Masse, nur das Gesicht formt sich heraus wie am Tage der Weltschöpfung. Die mächtigen Dvarapalas an der Türe sind steif und hieratisch, was durch fliegende Apsaras und Gandharvas, mit Girlanden daherflatternden Putten in urtümlichem Barock noch mehr hervorgehoben wird. Das steinerne Tor in der Cella, blank und unmoulded, nur mit flachen Ranken auf der glatten Fläche, führt zum Sanctum, zur ewigen Wohnung des Gottes. Er ist hier der große Lehrer nach Haltung und Gebärde, hat aber die Wucht eines Vishnu oder Brahma. Erhaltende Kraft ist in der vollkommenen Geometrie seiner Gestalt. Sein Thron ist der Himmel und die runde Scheibe, auf der seine Füße ruhen, die Erde. Das eindringende, durch die tiefe Höhle filtrierte Licht liegt auf ihm. Es hat nichts von dieser Erde und nichts vom Sonnenschein draußen. Es scheint aus der Gestalt herauszustrahlen. Im Dunkel verborgen ist der Gott bewacht und betreut von Bodhisattvas und knienden Anbetern.

Cave No.3. Hier ist der ganze Vorgang der Pfeilerbildung aufgezeigt, weil mancher unvollendet im Prozeß der Arbeit stehen blieb. Die Pfeiler sind so geformt, als wären sie als einzelne Säulen eingefügt worden und nicht aus einer homogen soliden Masse gehauen. Der Stein hätte eigentlich viel mehr Freiheit und Willkür erlaubt. Hier aber beruht die architektonische Strenge auf selbstauferlegter Disziplin. Der wilde Fels wird in geregelte Form gezwungen.

Der Pfeiler ist ein vierkantiger Schaft, der einen Querbalken trägt, auf dem die großen, laufenden Deckenbalken ruhen. Der oberste Fünftel des Schaftes ist an den Ecken durchschnitten und als Vase mit an den Ecken überhängenden Pflanzenvoluten gebildet. Unter der Vase wird der Pfeiler rund, am Hals etwas eingezogen und verwandelt sich darunter in eine Säule mit flachen Kannelüren, die sich dann wieder im vierkantigen Block verliert oder vielmehr in ihn eingelassen scheint. Die nach oben vorstehenden Kanten des Blocks werden in groteske Putten gemeißelt, alles bleibt aber streng im ursprünglichen Vierkant. Mehr oder weniger beruht das Prinzip aller Pfeiler auf derselben Idee, mit unendlichen Variationen und zunehmend feinerer Aufteilung und Ornamentierung.

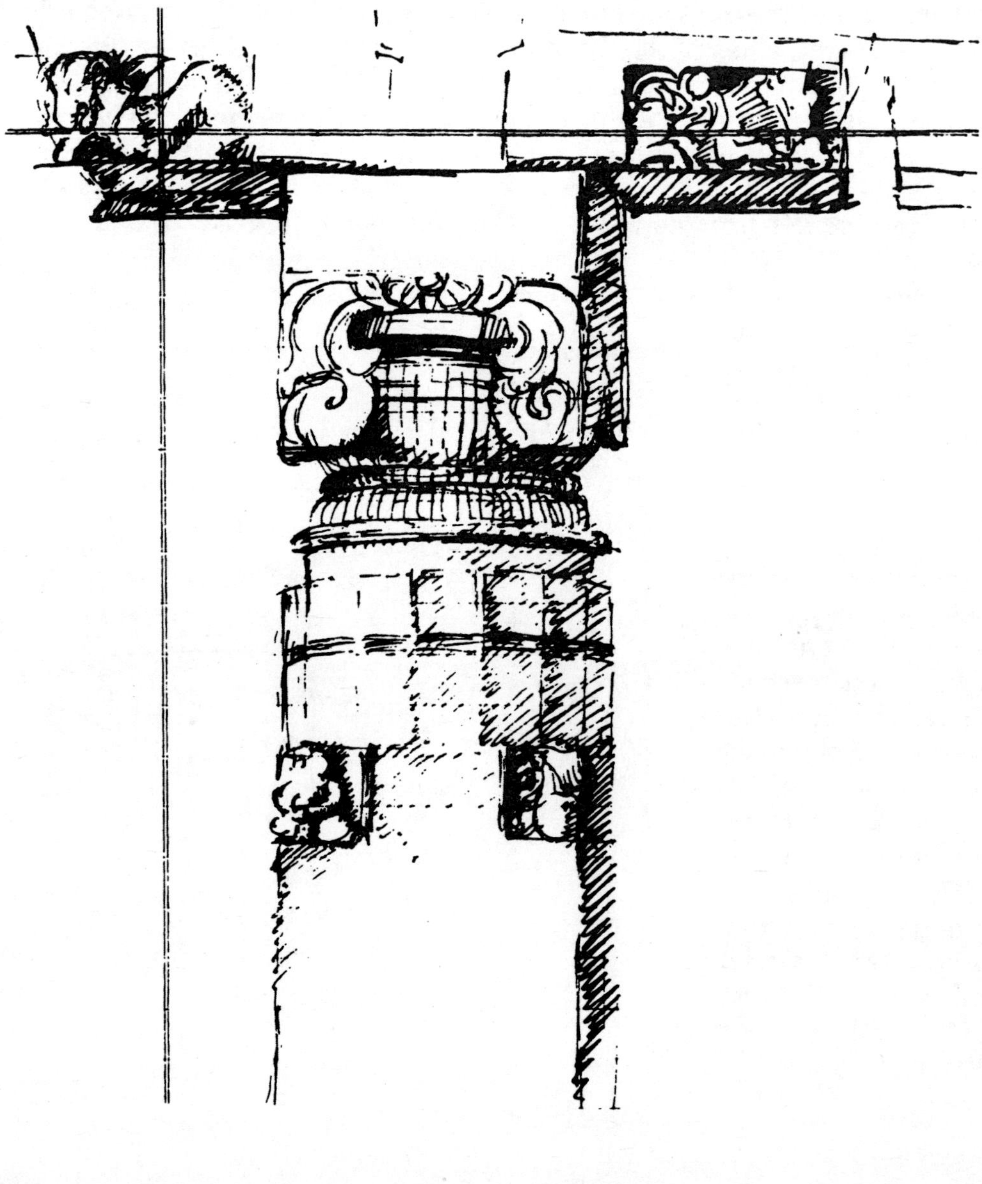

Ein anderer Pfeiler-Typus, ist der mit einem geballten und gerippten Kapitell wie in Cave 2 um die zentrale Plattform herum. Das Kapitell ladet weiter aus als der vierkantige Schaft.

Man kann die Entwicklung, Bereicherung und Verfeinerung der Pilaster verfolgen und dann wieder ihre Rückbildung zu einer kalten Konvention, wie im Vorhof zur Chaitya (Cave 10), wo nicht mehr das individuelle Suchen im Stein zum Ausdruck kommt.

Der Eindruck der Chaitya-Halle ist großartig. Der Buddha dominiert den ganzen gewölbten Raum. Er sitzt in der Mitte und verbietet einem fast näherzukommen.

Man betritt gerne den Umgang hinter den Säulen und betrachtet ihn aus diesem Winkel. Seine Einfachheit ist ansprechend und doch scheint mir, die Einfachheit ist nicht ursprünglich, urweltlich wie in Cave 2, sondern stilisiert. Doch die Figuren und Friese unter den Deckenrippen und der Brüstung der Empore erfüllen den Raum mit pulsierendem Leben.

Cave 11, eine dreistöckige Höhle im Rohzustand, geräumig und groß. Im zweiten Stock sind rechts und links vor der inneren Cella zwei Räume eingebaut mit kleinen Reliefs den Wänden entlang.

Cave 12 hat einen eindrucksvollen Buddha in der Cella des zweiten Stockes. Die Säulenhalle ist der Cella entgegengesetzt. Im dritten Stock laufen die Säulen in der Querrichtung und am Ende eines jeden Ganges thront ein Buddha, entweder in lehrender oder in meditierender Haltung. An den Hinterwänden zu beiden Seiten der Cella sitzen je sieben Buddhas unter dem Bodhibaum, links in Meditation und rechts lehrend. Ihre wunderbare Ruhe und Vollkommenheit wird durch die symmetrische Anordnung hervorgerufen. Alles ist festlich, breit und doch gesammelt, als warteten diese feierlichen Gestalten auf einen göttlichen Gast. Und der Gast ist bereits da, verborgen in der tiefen Cella, um deren Eingang zwölf reizende Apsaras, mit den Füßen auf Lotosblüten ruhend, Wache halten.

30.Juli 1938 Banaras

Ich will versuchen, unseren Besuch in Vijayanagar Anfang Juli aus der Erinnerung zu beschreiben.

Unsere Ausfahrt von Horpet in einer Jhatka, von einem lenden-lahmen, alten, weißen Pony gezogen, über eine holprige Straße war nicht allzu begeisternd. Aber dann, als die uninteressante Ebene anfing Felsenhügel aufzuwerfen, die aussahen wie Trümmer von gigantischen Befestigungen, höhere und immer abenteuerlichere, mit grünglänzenden Mulden und saftigem Baumwuchs, fühlte man das Nahen bedeutungsvoller Erscheinungen. Wir fuhren an einem Riesentank vorbei, einem See, dessen Damm die Straße ist, kamen zum Dorf Kamalapura mit dicken, zyklopischen, konischen Mauertürmen und etwas weiter zum gelbgestrichenen Dakbungalow, das, wie ein kleines Museum, eine Veranda voller Skulpturen besitzt. Die Innenhalle verrät, was das Gebäude ehedem gewesen: ein Tempel, den ein feinfühliger Magistrat sich in eine Wohnstätte umgewandelt hat. Schöne, quadratische, mit Basrelief gezierte Säulen tragen die Decke des Mittelraumes, der von einer ebenfalls gemeißelten Kuppel überhöht ist. Die Wände sind ausgefüllte Zwischenräume der äußeren Pfeiler. Leider ist etwas zuviel Cuna angebracht worden, so daß der schön behauene Stein unter einer molligen Kalkschicht verschwindet. Aber wie entzückend sind alle Proportionen, wie richtig und mit welchem Leben ist jeder Raum erfüllt. Dieser Eindruck war zuerst so stark, daß ich fürchtete, es wäre nicht möglich, in diesem Haus zu schlafen. Ich dachte, daß einen die Kobolde, Chimären und Götter an den Pfeilern und die Nagas auf den Stelen in der Nacht besuchen. Aber es stellte sich heraus, daß alle dort lebenden Geister durchaus gutartig und wohlmeinend waren und uns einen erholsamen Schlaf gaben. - Es war schon gegen Mittag, als wir ankamen. Doch hatte ich mir in den Kopf gesetzt, noch auf den Matanga Parvat zu klettern, um einen Überblick über die ganze Ruinenstadt zu haben.

Wir zogen aus und fanden mit Verwunderung, daß wir uns in einer Gegend befanden, wie man sie sich phantastischer und wilder nicht denken kann. Erst kamen wir an einem kleinen, tiefen, granitenen Tank vorbei mit einem Pavillon, worauf entzückende Tiere gemeißelt waren. Dann kam - vermutlich - der Rest einer alten Stadtmauer aus gewaltigen Granitblöcken ohne Mörtel zusammengeschichtet. Jetzt geht die Straße darüber hinweg. Sie ist von riesigen, dunklen Bäumen überdacht, die an Steineichen erinnern. Wir gingen über ein breites Feld, von welchem aus wir eine weite Perspektive gewannen. Ringsherum bemerkten wir ansehnliche Überreste von Bauten, vollkommene Gebäude, Tempel im Calukya-Stil mit Außenmauer, Innenhof und mehreren Schreinen. Die Shikharas fehlen meistens, weil sie nur aus Stuck und Ziegeln gebaut waren, aber die Unterbauten aus massivem Granit sind gut erhalten. Dann Schreine mit flachen Dächern und luftigen Vorhallen. Hohe Säulen aus einem Block Granit gehauen, in straffer Eleganz, dann ein festungsartig mit hoher Mauer umgebener Raum, von Wachtürmen überhöht, die Zenana-enclosure. Dahinter verwegenste Silhouetten von Hügeln, die genau so aussehen als hätten Giganten Felsblöcke aufeinander getürmt, um den Himmel zu stürmen. Auf keine andere Landschaft der Erde paßt diese Legende besser. Manchmal ist es, als ob die Blöcke ausgesucht und zurechtgeschnitten, von einem Baumeister zusammengesetzt und übereinandergelegt, manchmal als ob sie in irrsinniger Hast auf einen Haufen geschmissen worden wären. So getürmt liegen sie aufeinander. Das Aufrührerische, Übermütige prägt Landschaft und Architektur.

Die bloß zwei Jahrhunderte dauernde Geschichte Vijayanagars [1343-1565] legt Zeugnis ab von einer Periode vulkanischer Schöpfungskraft. Eine umfangreiche Stadt wurde erbaut, Zentrum eines Reiches, das ganz Indien umfaßte. Die Herrscher, die eine derartige Stadt planen und ausführen konnten, müssen Riesen an Vision und Tatkraft gewesen sein.

Der Mystizismus scheint einer gesunden Lebenslust gewichen zu sein. Die Herrscher waren wohl Hindus, die stärksten Hindus im Kampf gegen die vordringenden Mohammedaner, aber unorthodox. Es ist bezeichnend, daß sie Ganesha, dem Gotte des Reichtums und Gedeihens, und Narasimha, der Löweninkarnation von Vishnu, Kolossalstatuen errichtet haben - keinem anderen Gott sonst - dem blühenden Leben und dem Kampf, nicht dem Verzicht, der Askese, der Kontemplation und Resignation, auch nicht den kosmischen Kräften, die in Brahma, Vishnu oder Shiva symbolisiert sind.

Den Matanga Parvat, der uns von ferne lockte, erreichten wir an diesem Tage nicht mehr. Wir kamen an einen schwer passierbaren Wasserlauf und gaben das Unternehmen auf, da es schon dämmerte. Auf dem Rückweg erreichten wir einen Tempel, der uns faszinierte. Die Außenmauer war mit entzückenden Relieffiguren geziert: Züge von Elefanten, von Pferden, von Soldaten, Gruppen von Tänzerinnen und Musikanten, Zug um Zug übereinander bis zur oberen Mauerkrönung. Wir gingen in den Hof, sahen auch dort Plastiken an allen Wänden. Im Inneren des Schreins vier hochpolierte schwarze Pilaster mit wundervollen Reliefs. Die Kostbarkeit dieses Schreins, die wir im Halbdunkel mehr erraten als sehen konnten, benahm uns den Atem. Wir fühlten, daß wir einem unerhörten Erlebnis entgegengingen.

Es ist, als ob auf diesem bevorzugten Flecken Erde sich nicht nur die Formen in unerhörter Kraft zusammenballten, sondern auch die Farben viel intensiver und satter leuchteten. Das Grün der Felder ist von einem triumphierenden Smaragd, die Bäume von leuchtender Bronze, das Gestein von heiterem Grau, gelegentlich rot oxydiert. Die atmosphärischen Töne in dieser Monsunzeit zeichnen die Tiefen und Fernen in allen Nuancen von violett, grau und blau. Keine Stelle am Himmel oder auf der Erde leer, alles mit Form und Farbe belebt und erfüllt. Und selbst die zerstörten, unbewohnten Bauten haben noch Leben, Frische und Saft. Es geht eine Kraft von ihnen aus, die Gedanken, Hoffnung und Taten anregt.

Ganz anders ist Bijapur, das wir wenige Tage später sahen. Es wurde von den Zerstörern von Vijayanagar, den Mohammedanern erbaut, um den Glanz von Vijayanagar zu überbieten. Ist es, daß sie den Boden unter den Füßen verloren, je weiter sie in den Süden kamen, nicht politisch, aber kulturell, oder ist es, daß eine jede Gegend ihren Stil schafft? Die Gegend von Bijapur ist von gähnender Öde. Man sieht nur leise gewelltes Grasland, keinen Wald, keinen Hügel, keinen Fluß. Die Farbe kalt und grau, die Steine tot. Die anspruchsvollen Bauten, Moscheen und Mausoleen sehen, obwohl besucht und gepflegt, traurig aus. Selbst ihre Größe tritt nicht in Erscheinung. Der Gol Gumbaz soll nach St.

Peter in Rom der größte Kuppeldom der Welt sein. Er sieht aber nicht viel anders aus als eine mächtige Kornkammer mit Ecktürmen, überdacht von einem aufsteigenden Fesselballon. Er ist nüchtern und langweilig. Kein Wunder, daß die Frauen dort als Reaktion herrlich schöne, bunte, kubistische Bettdecken aus Stoffresten komponieren.

Vijayanagar und Bijapur illustrieren den Unterschied zwischen einem Werk, das aus der ursprünglichen Kraft eines Volkes und der genuinen Inspiration von Herrschern und Künstlern entstand, und einem anderen, das aus imperialistischem Willen stammt.

Nirgends in der Welt könnten diese beiden entgegengesetzten Prinzipien so nahe beieinander und so auffallend demonstriert werden. In den Ruinen von Vijayanagar, wird man auf Schritt und Tritt überrascht und entzückt, in den Straßen von Bijapur stumpf und müde.

Und nun zurück zu den lächelnden Ruinen. Wir zogen am nächsten Morgen auf einem Ochsenkarren in die Landschaft hinaus. Wie gut passte unser langsames Fahrzeug in dieses weite Land. Wir sahen erst das oktagonale Bad mit der Säulengalerie, dann das andere Bad, ein großes, viereckiges Bassin, von zweistöckigen Galerien umgeben, vielleicht für Purdah-Damen gedacht. Dann kam die sogenannte Thronplattform, ein großer, wunderbar profilierter Unterbau, auf dem wohl ein ganzer Palast hätte stehen können. Aber die andere Vorstellung gefällt mir auch, daß dort nur des Rajas Thron war, von dem aus er sein Reich überblickte. Man denkt sich in diesem Zusammenhang den Raja als ein Wesen von gigantischer Größe, sonst hätte eine solche Plattform keinen Sinn gehabt. Sie ist ringsherum von amüsanten Reliefbildern geschmückt: Züge von Elefanten, Kamelen, Pferden und Menschen in fremdländischen Kostümen. Man sagt, es stelle eine Gesandtschaft aus Persien dar. Ferner Kämpfe, Tänze, Frauen mit Kindern, Holi-Festival, Musikanten, kurz das ganze bunte Leben der Stadt in fließenden, witzigen Aphorismen geschrieben. Es ist in diesen Reliefs etwas vom Geiste der unkonventionellen, etruskischen Kunst.

Eine zweite, kleinere Plattform, auch mit Friesen geschmückt, wird des Königs Palast genannt. Gleich daneben befindet sich ein unterirdischer Tempel, in welchen man über steile Steinstufen hinunterklettert. Er hat einen viereckigen Mittelraum, in dem das Bild des Gottes - ich glaube Krishna - gestanden haben soll und einen Umgang, Pradakshina. Dieser Tempel sei für die private Andacht des Rajas gewesen. Hier war er allerdings versteckt und ungesehen.

Nicht weit davon ist ein anderer unterirdischer Tempel. Der breite, rechteckige Bau, offenbar der Unterbau eines Gopurams, durch dessen Mitte der Eingang führt, steht zwar versenkt, aber dennoch das Terrainniveau überragend. Durch den Hof gelangt man in eine Säulenhalle und zu einem hinteren Schrein. Der Tempel wirkt sehr einfach. Das Eindrucksvollste ist das klassisch massive Eingangstor. Die weitausholende Plinthe, Sockelplatte, zeigt schöne Profilierung.

In der Nähe befinden sich des Königs Darbar-Halle und der Hazara Rama-

Tempel. Die Audienzhalle ist wiederum eine hohe Plattform, diesmal einfacher profiliert, ohne figürlichen Schmuck. Eine breite Treppenflucht an der Vorderseite führt hinauf. Die viereckigen Einsenkungen sollen für Holzpfeiler gewesen sein, die das Dach trugen. An der Hinterseite steigt eine steile Treppe zu einem Rostrum, von welchem aus der Raja Audienz gegeben oder Reden gehalten hatte. Dies alles sieht nicht aus wie andere Darbar-Hallen, in denen eine Art Thron eingebaut ist, auf welchem der Fürst sich lässig hingestreckt verehren ließ. Auf diesem schmalen Rostrum konnte er nicht sitzen und nicht liegen. Er erschien aufrecht, um seinen Willen kundzutun. Jedenfalls sprach er von dort aus mit seinem Volke. Vor der Audienzhalle liegt ein steinerner Kolossaltrog am Boden, gewiß zehn Meter lang, den der Volksmund Bhimas Badewanne getauft hat, den der aufmerksame Raja aber zweifellos für durstige Tiere hat errichten lassen.

Den Hazara Rama-Tempel hatten wir am vorhergehenden Abend bei Dunkelheit gesehen. Bei Tage war er noch viel eindrucksvoller. Der Porticus des Mauerumgangs ist von vier kräftigen, auf hohem Unterbau stehenden Säulen getragen. Der Schaft ist viereckig mit einer dekorativen Einkerbung in zwei Drittel Höhe. Die Kapitelle sind wie gedrechselt, zwei übereinander hervorkragende, weitausladende Teller, die ein Dachgebälk aus Steinen tragen. Diese Säulen mit dem unvermittelten Übergang von vertikaler Strebung zu horizontaler Ausladung erwecken den Eindruck ungeheurer Energie. In ihrer festen Plastizität heben sie sich ab von den sich beidseitig ausdehnenden Umfassungsmauern, deren Oberfläche von flachen Reliefs belebt wird. Derartige Reliefs reichen in fünf übereinanderliegenden Reihen vom Boden bis zur oberen Krönung. Sie stellen den Troß eines großen Königs dar. Die unterste Reihe nehmen Elefanten ein mit ihren Mahouts, hintereinander aufgereiht, aber ganz individuell behandelt. Darüber sind die Pferde mit ihren Stallknechten, störrische und willige, stehend, im Schritt und im Sprung. Sie erinnern an gewisse chinesische Steinreliefs aus der Hanepoche. Darüber kommt das Fußvolk mit Schwert und Schild, Bogen und Pfeil, Lathis und Trompeten. In den beiden obersten Reihen ist die weibliche Bevölkerung dargestellt, Tänzerinnen in übermütigen Bewegungen, Garba-Dance... So geht es rings um die langen Mauern. Gewiß ergötzten die Bildhauer sich dabei, immer neue, amüsante Episoden und Details einzuflechten. Im Innenhof sind außer dem Haupttempel in der Mitte, der Ramacandra geweiht ist, noch drei kleinere Schreine. Überall an den Wänden dieser Schreine, innen wie außen, sind Szenen aus dem Ramayana gemeißelt. Diese Reliefs zeigen naive Unmittelbarkeit und straffe Linienführung. Man brauchte Tage, um sie alle im Einzelnen zu studieren. Ich glaube, man könnte den ganzen Text des Ramayana damit illustrieren.

Von dort führte uns der Ochsenkarren knackend und quietschend erst abwärts an Danaik's enclosure vorbei und dann hügelauf durch einen Engpaß zwischen hochaufgetürmten Felsen. Von dort ging es wieder abwärts. Das Land war grün, mit Zuckerrohrfeldern bestanden und unter dunklen, dichten Baumwipfeln stehen zwei weiß getünchte, kleine Tempel, die noch für den Kult verwendet werden. Schließlich überquert man einen mit Granitquadern ausgemauerten Kanal und erblickt rechts Matanga-Parvat und links den Krishna-Tempel und die Statue eines kolossalen Narasimha mit einem Naga und einem grimmig glotzenden Ungeheuer. Narasimha sitzt nicht frei in der Landschaft, wie es auf Bildern den Anschein hat, sondern in einem rechteckigen Hof, den er um Brusthöhe überragt. Vermutlich sollte er in einen Schrein eingebaut werden, der nie vollendet wurde. Aus dem Dunkel eines Schreins auftauchend müßte er fürwahr schrecken-erregend gewirkt haben, trotz der Devi, die zutraulich den Arm um ihn schlingt. Durch die Verstümmelung ist der Grimm seines zähnefletschenden Maules in ein unheimliches, menschenfresserisches Lächeln verwandelt. Dieses Standbild zeigt Narasimha nicht in Aktion. Er ist lediglich Avatar Vishnus in seiner übermenschlichen Gestalt. Er hält seine Devi auf den Knien und hat Sonne und Mond zu seinen Füßen.

Wie das Menschliche der Gestalt durch das Tierische des Kopfes in das Göttliche der Erscheinung gesteigert wird, ist ein Mysterium der Umwertung der Werte. Alle Religionen, die nicht nur menschlich-ethisch den Kosmos in ihre Betrachtung einbeziehen, wissen um die Göttlichkeit der Schöpfung und um die Heiligkeit der Tiere und die Symbolkraft ihrer Erscheinung. Tiere als belebte Wesen ohne ablenkende Vernunft sind Äußerungen des göttlichen Willens und der göttlichen Phantasie. Sie sind Spiele der Schöpferkraft. Die Tiersymbole helfen dem Menschen, einen Ausdruck für seine metaphysischen Gedanken zu finden. In Tierbildern drückt er Wahrheiten aus, die jenseits seines rationalen Denkens und seiner stammelnden Worte liegen.

Babylonier, Juden, Griechen, Römer und die frühen Christen haben diese Symbolsprache gekannt. Die alten Ägypter und Inder brachten sie zur künstlerischen Vollendung. Ihre Darstellungen sind mit solchem Bedeutungs- und Beziehungsreichtum erfüllt, daß sie wahrhaft überirdische Gegenwart ausstrahlen.

Ein solches Beispiel ist der Narasimha von Vijayanagar. Wunderbar einfach in Aufbau und Form, kraftvoll und schlicht in Haltung und Gebaren. Durch unübertreffliche Straffheit und Prägnanz der Formgebung wird er zum übermenschlichen Rächer aller Unbill, die übermütige Menschen verüben. Die hervorquellenden, rollenden Augen und das überlegene Grinsen um das Löwenmaul machen ihn zum alles sehenden, sicher treffenden Vernichter von Ungerechtigkeit und Sünde. Er ist menschlich und doch fern wie eine Donnerwolke. Die potentielle Explosionskraft in ihm gebietet Distanz. Man möchte fast annehmen, daß er die Cella, die ihn umfing, durch sein Dasein in die Luft gesprengt habe, um wieder mit den Elementen, seinen Brüdern, vereint zu sein.

Ein anderer eindrucksvoller Schrein birgt ein ungeheures Lingam mit der Yoni. Das Heiligtum steht ewig im Wasser, das aus einer Quelle zufließt, und durch eine Öffnung im Dach fällt ewig der Regen, scheint auf ewig die Sonne, leuchtet der Mond und die Sterne als die Ehrerbietung der Götter für die Urkraft, die ihnen allen Leben gab. - Oder ist es eine Illustration der Legende, wonach Brahma, Vishnu und Shiva streiten, wer der größte unter ihnen sei:

Shiva als Säule ragt in den Himmel. Um ans Ziel zu gelangen, gräbt Vishnu als Eber tiefer und tiefer in die Erde und Brahma als Schwan fliegt vergeblich empor, um das Ende zu erreichen.

Der Krishna-Tempel ist ebenfalls von einer hohen Mauer umfaßt und hat im Innenhof mehrere Schreine. Die Mittelhalle bildet eine Welt aus grauem Granit: die Mauer, die Säulen, die Fliesen, die Bedachung, alles aus demselben Stein. Die viereckigen Säulen sind mit Reliefs geschmückt. Die Mandapams wirken eher wie Festhallen als wie Tempel. Eine große Stele mit kanaresischer Inschrift steht im Hof.

Von dort steigt das Terrain wieder langsam an bis zu einer Anhöhe aus Felsblöcken, hinter welchen die reißende Tungabhadra fließt. Der Boden wird von enormen Granitplatten geformt. Die hier bauten, hatten nicht weit zu gehen, ihr Baumaterial zu holen. Der nächst-beste Felsblock wurde angehauen und in Säulen, Blöcke und Platten zerteilt. Tempel und Schreine, Tore und Säulenhallen liegen überall zerstreut herum. Sie sind eins mit dem Boden. Die vertikalen Säulen der Pavillons bilden einen wundervollen Kontrast zu den massigen vorsintflutlichen Felsblöcken.

Um das Eingangstor eines kleinen Schreines winden sich drei Schlänglein. Auch im Innern wird der Altar mit eingeritztem Vishnupada von einer Schlange umrahmt. Gleich daneben steht ein großer, offener Pavillon auf Steinsäulen, in dessen Zentrum ein mächtiger Ganesha thront. Die Säulen sind viereckig und unbehauen, das Dach flach und nur mit einem Steinfries geschmückt. Das Ganze wie ein Pandal aus Stein, in dem Lord Ganesha Audienz gibt. Von allen Seiten kann das Volk zuströmen, keine Mauer wehrt den Eingang. Ganesha ist der zugänglichste aller Götter und liebt es, mitten unter seinem Volk zu sitzen. Ich habe nie einen Ort gesehen, in welchem ihm eine solch wichtige Position eingeräumt ist wie hier. Gewöhnlich ist er nur ein Begleiter Shivas, oder hat kleine Schreine an Straßenecken, wie in Banaras, oder ist über Hauseingängen als Glücksbringer angebracht. Hier thront er wie ein König.

Auf der Anhöhe, von welcher aus man in das Tungabhadra-Tal hinunterblickt, ist ein zweiter Ganesha-Tempel. Er hat einen Porticus von überschlanken, mit Figuren dekorierten, viereckigen Pfeilern, durch welche das Flußtal und die dahinterliegenden Felsenberge eingerahmt werden - wie das Land der Griechen durch die Säulen des Parthenon. Dahinter ist eine dunkle, hohe Cella, in welcher wiederum ein großer Ganesha sitzt, seine Lieblingsspeise, runde Kuchen, essend. Er ist höchst suggestiv, etwas mollig. Vom Ganesha-Tempel überblickt man die Ruinenstadt, dahinter die weite, grüne Ebene und ferne Hügelzüge, den Fluß und die Felsenberge.

Auf der anderen Seite des Hemakuta-Hügels erreicht man die Jaina-Tempel, die auf einer riesigen, schrägen Granitplatte stehen, auf der man mit Vorsicht gehen muß, um nicht auszurutschen. Die Shikharas sind gedrungene Pyramiden von übereinandergelagerten Gesimsen. Sie wachsen organisch aus den Felsen.

Von dort aus glättet sich das Felsenland zur grünen, üppigen Ebene, durch welche sich der Fluß in gelben Meandern windet. Scheue Affenscharen, grau, mit roten Gesichtern und langgeschwänzt wie Languren ziehen herum.

An der Kuppe des Hügels steht ein zweistöckiges Gebäude ohne Mauern,nur aus Säulen. Noch weiter, schon wieder über dem Ganesha-Pavillon führt eine Treppe und ein enges Tor in einen Felsengang, zu einer Eremitage. In einem Raum, den die aufgetürmten Felsen freilassen, aber vollkommen abgeschlossen von der äußeren Welt, befindet sich eine kleine Tempelhalle. Sie ist einem großen Guru gewidmet, der hier lebte. Sein Bild ist da, seine Sandalen und seine Bücher. Der Besucher muß in Ehrfurcht sich der Schuhe entledigen. Natürliche Felsengänge führen in verschiedenen Richtungen in mysteriöse Grotten. Sie sind angenehm kühl.

Nachdem wir den Hemakuta-Hügel umgangen hatten, besuchten wir den Basar, eine breite, eine halbe Meile lange Avenue, die geradewegs vom Pampapati-Tempel mit seinem majestätischen Gopuram zu kleineren Schreinen am gegenüberliegenden Hügel führt. Auf beiden Seiten wird sie von Häusern mit Säulengängen begrenzt, in denen vermutlich die Händler wohnten. Jetzt bevölkern nur weidende Ziegenherden die grasüberwachsene Gegend. Man kann sich aber mit Leichtigkeit das bewegte Leben ausmalen, das sich dort abspielte. Es bedürfte eigentlich nur der Berührung eines Zauberstabes, um alles aus dem Dornröschenschlaf aufzuwecken. Diese Steine, diese Gebäude möchten nicht nur bis zum Ende der Tage als tote Monumente bewundert werden. Sie rufen nach Wiederbelebung. Sie rufen: Wir warten auf euch, die ihr die Erben unserer Schöpfer seid, wir warten auf den Tag, da ihr erwacht aus eurem Dämmerschlaf, und mit Gebet und Gesang, mit Musik und Tanz bei uns einzieht und das strahlende, von einem Ungewitter unterbrochene Dasein belebt.

Diese Stimme hörte ich aus jedem Steine sprechen. Ich habe größere Kunstwerke gesehen in Indien, aber nirgends Monumente, die so intensiv vom Geist der Gegenwart erfüllt sind.

In Vijayanagar fühlt man die glückliche Synthese von Religiösität mit rationeller Organisation des Lebens. Die Religion selbst hat etwas Klares und philosophisch Begründetes, das sich in der Architektur und Stimmung der Tempel ausdrückt. Es ist nicht die überwältigende, metaphysische Vision von Ellora, die den Menschen beinahe aus den Angeln des normalen Daseins reißt und in die Unermeßlichkeit des Jenseitigen hebt.

In Vijayanagar erblühte alles in reiner Harmonie. Man fühlt hier einen neuen Geist, der die Tradition nicht bricht, sie jedoch meistert und dem Leben dieser Welt dienstbar macht. Vijayanagar gleicht dem, was wir uns unter Hellenentum vorstellen. Und dies so sehr, daß die Bauten uns Visionen von Athen und Rom vorspiegeln. Wenn man die Überzeugung hat, daß Form der absolute und unleugbare Ausdruck des Geistes ist, dann liegt hierin durchaus nichts Zufälliges.

Wir gingen vom Basar zum Fluß hinunter, der sich wie ein wilder Berg-strom durch einen Engpaß zwängt. Er hat Felsen und Bäume verschlungen, die wie kleine Inselchen hier und dort hartnäckig mit den tobenden Fluten kämpfen. Dem Fluß entlang gelangt man durch einen Felstunnel zu einer Tempelanlage unter großen Bäumen auf einem flachen, grasigen Plateau. Dieser Rama und Lakshmana gewidmete Tempel ist noch geweiht und in Gebrauch. Die Geschichte aus dem Ramayana wird durch Skulpturen im Hazara Rama-Tempel verewigt. Hier nämlich lebten Vali und Sugriva. Nachdem Sugriva vom bösen Vali vertrieben worden war, nahm er mit Hanuman Zuflucht in einer Höhle auf dem Rishyamukha-Hügei am Pampaflusse, der heutigen Tungabhadra. Sita, von Ravana durch die Lüfte entführt, ließ ein Kleidungsstück als Wegweiser für Rama auf die Erde fallen. Sugriva hob es auf und bewahrte es in seiner Höhle. Als Rama auf der Suche nach Sita auf den Rishyamukha-Hügel kam, übergaben Sugriva und Hanuman ihm Sitas Kleider. Aus Dankbarkeit setzte Rama den Affenkönig wieder auf seinem Throne ein. Während Hanuman sich als Ramas Botschafter nach Lanka aufmachte, warteten Rama und Lakshmana auf dem Malavanta-Hügel auf seine Rückkehr. - Die Legende erzählt, daß die ungeheuren Felsblöcke, die hier aufeinandergetürmt ganze Berge bilden, die Überreste des Baumaterials seien, womit Hanumans Affenheer die Brücke nach Lanka gebaut haben soli.

Der wilde, auf allen Seiten von phantastischen Felsbergen umgebene Pampa-Fluß war gewiß der Schauplatz urweltlicher Ereignisse. Hier geschahen nicht Dinge nach menschlichem, sondern nach fabelhaftem, übermenschlichem Maß. Hier ist der Ort für heroische Taten. Die Architektur der Landschaft wirkt höchst unwahrscheinlich. Eine natürliche Entstehungsart ist nicht vorstellbar. Es erscheint jedoch glaubwürdig, daß Giganten diese Blöcke zugehauen und aufeinandergetürmt haben, waagrechte Lagen über senkrechten. Manchmal sind die unregelmäßigen Flächen der Felsen einander genau angepaßt wie bei gutem Mauerwerk. Manchmal aber sind sie aus ihrem Platz gerückt und hängen über einer Ecke, drohend, bei der geringsten Berührung hinunterzukollern.

Diese Landschaft, von Riesen und Übermenschen geschaffen, hat ihren späten Nachfahren als Inspiration gedient. Auf gleiche Art haben die Erbauer von Vijayanagar ihre Granitquader zugehauen und zusammengesetzt. Im menschlichen Ausmaße bearbeiteten sie diese Steinmassen zu unsterblichen Bauten. Die Titanen und die Menschen waren vom selben Geiste.

Auf diesem wilden Fußpfad inmitten der Felsenwildnis stoßen wir auf überraschende Gebäude: Ein Jaina-Tempel mit Pyramidenkuppel steht erhaben am Abhang des Berges. Davor ein merkwürdig hoher, schlanker, gekerbter Granitpilaster, der sich wie eine aufrechte Schlange in den Himmel wirft. Dann zwei hohe Pfeiler mit einem Querbalken, der an der unteren Fläche zwei steinerne Ringe trägt. An diesen Ringen wurde die Waage aufgehängt, auf welcher der Raja sich gegen Gold wägen ließ, um es an die Brahmanen zu verteilen.

Der nahe gelegene Vithoba-Tempel ist eines der delikatesten und feinsten aller Bauwerke Vijayanagars. Ein Feenpalast im Walde. Im rosigen Abendlicht sahen wir die zarten, durchbrochenen Pfeiler des Mandapam, die eleganten, chinesisch aufgeworfenen Dachränder, die reiche Skulptur des Haupttempels, den entzückenden, kleinen, steinernen Prozessionswagen auf steinernen Rädern und von steinernen Elefanten gezogen, ein Spielzeug für Götter. Zuhinterst im Hofe auf dem Hintergrund des flachen Felsenhügels die Säulengalerie. Alles von graziler Eleganz, eine Wohnstätte für eine Göttin, für eine Lakshmi mit einem ganzen Hofstaat von Apsaras, deren schimmernde Grazie hier in jeder Säule, jedem Stein wiedergespiegelt ist.

Wir wanderten die ganze Strecke zurück bis zum Ochsenkarren, der uns auf der Höhe beim Ganesha-Tempel erwartete. Mit Wonne streckten wir uns auf das Stroh und ließen uns ins Nachtquartier fahren, an all den Bauten vorbei, die wir tagsüber bewundert hatten. An einem Tag wie diesem ist es, als würde man selber die Entwicklung von Jahrhunderten durchmachen. Man ist am Abend nicht derselbe Mensch als der man am Morgen auszog. Man ist beladen mit einer Erfahrung, einem Reichtum, der uns verwandelt, der unser Leben anders gestaltet. Der Alltag mag das alles wieder verschlucken, aber der potentielle Augenblick war da, und wenn auch das Leben sich nicht verändert, so sind doch Gefühle und Gedanken geboren worden, die uns begleiten und vielleicht oft bestimmen werden. Und wie schön, daß der Zauber hier nicht einmal durch das Dakbungalow gebrochen wird. Man geht in einem Tempel zur Ruhe.

Der nächste Morgen sah uns wieder auf dem Ochsenkarren ausziehen. Diesmal schlugen wir die Straße nach Anegundi ein. Wir erreichten zuerst den Ganegitti-Tempel, klein und einfach, aber ausgezeichnet durch eine schlanke Granitsäule an seinem Eingang. Das Kapitell der Säule soll die Schatzkammer des Tempels gewesen sein. Eine mächtige steinerne Platte, die jetzt am Boden liegt, deckte das Goldvermögen. Die Säule ist wie ein Tannenstamm, ein glatter, sich nach oben verjüngender Zylinder.

Dann kamen wir zum sogenannten Tor des Bhima. In Wirklichkeit mußte es ein Eingangstor zur inneren Stadt gewesen sein. Es ist in die Befestigungsmauer eingelassen und führt durch einen rechtwinklig gebrochenen Mauergang in eine Zitadelle. Jedenfalls konnte dort ein Feind schwer durchkommen. Aus Mauer-Recessen und von der Höhe der Mauer herab wäre er überfallen worden. Das Tor erinnert an das berühmte Löwentor in Mykene. Mächtige, flache, übereinander hervorkragende Granitblöcke bilden den dreieckigen Bogen und die Krönung. Man wird hier oft in vorchristliche Jahrhunderte versetzt und denkt an Troja, Mykene und das alte Kreta. Im Malavanta Ragunatha Tempel wird die zyklopische Umfassungsmauer aus frei aufeinandergelegten Granitblöcken gebildet. Reliefs schmücken sie, Darstellungen von Fischen, Seeungeheuern, Elefanten, Tigern, Schlangen, Fröschen... Sonne und Mond, die von Rahu verschlungen werden. Alles wirkt zufällig, ohne Komposition, wie es den Werkleuten gerade einfiel, ganz so wie die Höhlenbewohner ihre Fresken auf die Wände malten. Man erstaunt immer wieder, daß dies alles im fünfzehnten Jahrhundert gemacht wurde und nicht zwei- oder dreitausend Jahre früher. Es ist bedeutungsvoll zu beobachten, wie hier moderner Geist dem primitiven der Vorzeit die Hand reicht, als wäre er ein Neubeginn aus den Urgründen unter Nichtbeachtung all dessen, was schon geschaffen wurde. Fast so, nur in viel gewaltigerem Maße, wie heute manche Künstler wieder zu Primitiven werden, gewollt oder ungewollt. Vielleicht muß die Menschheit sich von Zeit zu Zeit ihrer Errungenschaften entledigen, um unverbrauchte Kraft zu sammeln und die Welt mit jugendlicher Frische zu erfassen. Vielleicht muß unsere Zeit deshalb vieles zerstören, damit wir die Kraft originalen Denkens und Schaffens zurückgewinnen, die uns Kulturüberladung genommen hat.

Der Malavanta-Tempel steht hoch auf dem Hügel und präsentiert sich mit einer breiten Mauerfassade, die, zwischen Felsen eingebettet, von einem kleinen Gopuram überragt wird. Er ist sehr schön im Inneren und hat vorzügliche Skulpturen an den Pfeilern des Mandapam. Tritt man durch ein kleines Tor aus dem Mauerviereck hinaus, befindet man sich auf einer Anhöhe und überblickt das Land gegen Kamalapura. Der Vordergrund wird von Felsblöcken gebildet, dazwischen kleine Pavillons aus roh behauenen Steinen. In einer Umfriedung sind zahlreiche Lingams mit Nandis als Relief in den Felsboden gemeißelt. Schaut man über die Mauer zurück, entdeckt man zwei Tempelchen auf mächtigen Felskuppen. Rätselhaft, wie man hinaufkommen kann. Immerhin sahen wir dort oben zwei Gestalten auftauchen.

Bei unserer Staatskarosse angelangt fuhren wir weiter. Wir passierten ein weiteres Stadttor und kamen zur Tungabhadra gegenüber der Ortschaft Anegundi. Hier lebten die Herrscher von Vijayanagar vor der Gründung der Stadt. Wundervoll ist der wilde Fluß, zwischen Hügeln eingebettet. Mitten aus ihm ragen ein steinernes Lingam und ein Nandi, die aussehen, als schwämmen sie auf dem Wasser. Sie sind aus zwei Felsen gemeißelt und bei Hochflut unter Wasser. Jahrhunderte haben sie schon dem Ansturm des Stromes standgehalten. Spielerisch und sinnvoll sind solche Einfälle: Das Lingam wird dort unaufhörlich vom Wasser umspült.

Auf dem Wege zum Vithoba-Tempel, unserem abermaligen Ziele, gerieten wir wieder in eine Basarstraße, die einst zu beiden Seiten von Säulengalerien flankiert war. Sie sehen jetzt im Grünen aus wie Pergolas in Italien, über die der Wein gezogen wird. Ehedem waren sie Wandelhallen. In den Häusern hauste eine bunte Menge. Daneben befindet sich ein großer, tiefer Tank mit einem Pavillon in der Mitte. Rechts vom Tank ist Stadt und links davon Wildnis. Der hohe Matanga Parvat liegt im Stadtareal.

Der Vithoba-Basar führt geradewegs zum Vithoba-Tempel. Von dort gewahrt man zwei kleinere Tempel. Wir besuchten den einen, dessen hintere Mauerwand gegen die Felsenkuppe stößt. Man gelangt durch ein viereckiges Tor mit interessanten Skulpturen an den Innenwänden in den Hof, der verschiedene Schreine birgt. Im Hauptschrein entdeckten wir zwei kleine Türen. Wir gingen durch eine und fanden, daß ein schmaler Gang, von kleinen Öffnungen in der Decke spärlich beleuchtet, heimlich um die Cella führt. Eine schöne Art von

Pradakshina. Der Gläubige kann ungesehen, ganz für sich, das Heiligtum umwandeln und anbeten. Nur wirklich Betende, nicht solche, die ihre Frömmigkeit zur Schau stellen, gehen diesen Weg. Hier wird das Gefühl der Andacht auf besondere Art erweckt. Im Tempelinneren kann man den Gott erblicken, während ihn hier die Mauer verbirgt. Man kann nur ahnen, fühlen und wissen, aber nicht sehen. Wer ihn hier findet, findet ihn in sich selber.

Im Vithoba-Tempel wollten wir die verwirrende Fülle der Eindrücke von gestern überdenken. In Ruhe beobachteten wir die Reliefs an den Pfeilern, auf welchen Krishna eine große Rolle spielt: Krishna, der Butter stiehlt, Krishna auf der Schlange tanzend, Krishna als Hirte Flöte spielend, Krishna auf dem Baume mit den Kleidern der Gopinis, die aus dem Wasser zu ihm flehen; dann Hanuman und Sugriva, Götter, Kobolde, Liebesszenen, Bogenschützen und Musikanten. Diese Mischung von Ernst und Scherz schafft eine wohltuende Atmosphäre. Die Decken sind durch überkragende Gesimse zu kleinen Kuppeln erhöht und mit dekorativen Motiven geschnitzt: Ein Kranz von Garbatänzerinnen, eine Rosette von Papageien... Die vierkantigen Pfeiler werden von kannelierten, aus demselben Steinblock geschnittenen Säulchen flankiert. Das gibt dem ganzen Gebäude eine durchsichtige Leichtigkeit und Eleganz. Die kraftvoll sich bäumenden Chimären neben den Treppenaufgängen und im Inneren des zentralen Raumes betonen die Orte, auf die mehr architektonischer Nachdruck gelegt ist.

Die Anlage dieser Tempel und Mandapams ist raffiniert. Sie sind nicht rechteckig, sondern sternförmig. Das gibt ihnen von außen eine gewellte Kontur und Tiefengliederung. Im Innern macht es den Durchblick vielseitiger als bei einer streng rechteckigen Form. Das Ganze wird zusammengehalten vom geschwungenen, sich herabsenkenden und an den äußeren Ecken sich aufrollenden Dach. Noch viel reicher in Gliederung und Durchblick ist der Hauptschrein, dessen Pfeiler in der Vorhalle bis zu sechzehn durchbrochene Begleitsäulen haben. Er wirkt wie gesunder Überschwang phantasiebegabter Menschen.

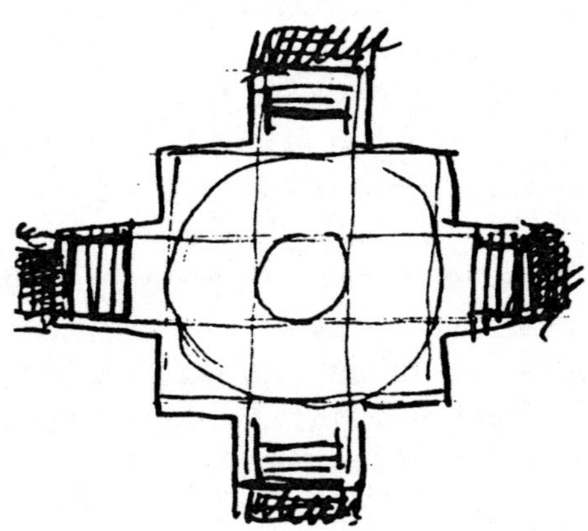

Die Pfeilerentfaltung wird von einem hohen, profilierten Unterbau getragen, auch er mit Reiterfriesen geschmückt. Die Treppenaufgänge sind von lebensvollen Elefanten und Greifen gesäumt.

Vor dem Eingang des Haupttempels steht der steinerne Rath, ein kleines Meisterwerk. Die Basis wird von Rädern und Elefanten gebildet, darüber das tragende Gesims, der Körper des Wagens mit zarten, freistehenden Säulen gegliedert, von einem dreifach geschichteten Dache gekrönt. Wunderbar in allen Proportionen. Dieser kleine Rath erfüllt eine notwendige architektonische Funktion. Er hält das Blickfeld zusammen. Der Tempelhof ist eine Symphonie von Säulen und Pfeilergruppen. Von den einfachen Pfeilern mit kranzförmig ausladendem, horizontalem Kapitell zu den gepaarten, gebündelten Säulen der verschiedenen Mandapams zur gehäuften Struktur im Hauptschrein ist alles ein fortlaufendes Entfalten und Anschwellen des Säulenmotivs.

Säulen sind aktive Motive, nicht passive wie Mauern. Sie stehen, schweben, laufen, sie öffnen Räume und tragen Dächer. So kommt es, daß dieser Hof, in dem keine kompakte Masse den Blick versperrt, ein Bild fließender, durchsichtiger Säulenreihen ergibt. Darin steht als einziger Knotenpunkt der kleine Rath, der alle umgebenden Säulensysteme zusammenhält. Er ist Zentrum der übrigen Gebäude und gibt ihnen durch seine verkleinerten Verhältnisse den Anschein größerer Ausdehnung. Es wäre interessant herauszufinden, an welchem architektonischen Kreuz- und Treffpunkt er steht. Seine Beziehung zu jedem Mandapam und zu allen als Gesamtheit ist dem Auge sofort klar, auch steht er nirgendwo im Wege, hat das richtige Größenverhältnis und setzt dem Bilde den I-Punkt auf.

Wir gingen zu Fuß den Weg von gestern der Tungabhadra entlang zurück und bogen dann ein in den Soolai-Basar eine entzückende Wandelhalle vor den Häusern der Tänzerinnen. Heute ist die breite Straße, an der die Häuser mit den Pergolas lagen, ein Zuckerrohrfeld. Es liegt zu Füßen des Matanga Parvat in der Nähe eines quadratischen Tanks, der wohl ausschließlich für die Tänzerinnen reserviert war. Welch eine Augenweide!

Hinter dem Basar liegt der Tempel des Achyuta Raya, eine vornehme Anlage, einfach und streng. Ein Ziegenhirte weidete seine Tiere im Hof. Wir waren zu müde, um eingehende Betrachtungen zu machen. Auch wollten wir noch vor einbrechender Dunkelheit den Matanga Parvat besteigen. Um den Fuß des Berges herumgehend fanden wir unter herabhängenden Bäumen eine erschrekkende Kali in den Fels gemeißelt. Dann kamen wir an einem alten, aber noch funktionierenden Aquädukt vorbei, der das Wasser vom Fluß zu den Feldern führt und also für die Fruchtbarkeit des Landes sorgt. Der Aufstieg geht über treppenartig übereinander gelagerte Granitquadern. Keine Gefahr, daß diese Stufen jemals ausgetreten würden, nicht einmal von Elefantenherden.

Der Tempel auf der Höhe, in dem einst Rishi Matanga, Ramas Freund, wohnte, ist verlassen. Von dort hat man einen unvergesslichen Blick über den Achyuta Raya-Tempel und den Soolai-Bazar, dahinter Hügel und Fluß, dessen Lauf man zwischen Hügelketten weit verfolgen kann. Man sieht die Pfeiler einer großen, alten, zerbrochenen Brücke und den Engpaß, durch den der Strom sich zwängen muß. Auch flußaufwärts erkennt man den Hampibasar, den Pampapati-Tempel, die Ganesha- und Krishna- Tempel, den Narasimha und das weite, grüne Land. Es hingen düstere, graue Wolken am Himmel und das Grün hatte den Ton dunkler Bronze. Die Ferne war violett-grau. Wunderbar, wie diese Ruinenstadt noch im Tode stolz und unbezwingbar erscheint. Man fühlt sich nicht von einem vergangenen Traum, sondern von einer anderen Realität umgeben. Es war beklemmend zu denken, daß diese Realität, in welcher wir uns zuhause fühlen würden, der Vernichtung anheim fiel. Warum konnte, warum durfte sie vernichtet werden? Ich weiß nicht, ob irgendjemand irgendwann die Frage beantworten wird. Dort aber stehen die Felsenhügel, über die das Verhängnis hereinbrach und Vijayanagar aus der Geschichte tilgte.

Den Abstieg vom Matanga Parvat zum Hampi-Basar mußten wir barfuß zurücklegen. Die Granitplatten sind zu glatt und schlüpfrig für Schuhsohlen. Der große Nandi am unteren Ende des Basars ist von grandios einfacher Modellierung.

Wir gingen den Basar entlang und zu unserem Parthenon-Propyläen-Hügel hinauf, um den für mich begeisterndsten Rundblick nochmals zu erleben. Hier nahmen wir Abschied von Vijayanagar. Als wir auf dem Ochsenkarren heimwärts fuhren, färbte sich der Himmel drohend gelb hinter dem Narasimha, der aussah, als wolle er Rache schwören für alle Unbill, die seiner Stadt angetan wurde.

9.November 1938 Banaras

Was mich hier vor allem packt, ist der Rhythmus des Lebens, der sich in der Erscheinung, der Bewegung, der Geste, der Farbe offenbart.

Dieser Rhythmus hat sich bei uns in individuelle Kreise eingeschlossen. Unsere Linie, unsere Bewegung sind durchbrochen von anderen Linien, die ihren eigenen Weg gehen. So entsteht eine Zeichnung wie auf einem Schnittmusterblatt, auf dem Ärmel, Röcke und Blusen mit verschieden punktierten Linien durcheinandergezogen sind. Hier ist Tradition maßgebend. Das Leben wickelt sich in bestimmten Zeiten und Phasen ab. Das Individuum, in diesen Zyklus eingeschaltet, ist eigenen Entscheidungen enthoben. Die Tradition hat schon alle Probleme zu Ende gedacht. Leben und Tod reichen so weit über den Einzelnen hinaus, daß es für ihn hoffnungslos wäre, deren Ergründung anzustreben. Daher dieses Sich-Hingeben, diese Gelassenheit, dieses Annehmen, Sich- Einreihen, das den parallelen Rhythmus in der äußeren Bewegung, die Vornehmheit der Geste und das Zusammenklingen der Formen und Farben erzeugt.

Dieser Rhythmus ist es, der mich hier zuerst unbewußt und dann immer mehr bewußt, ergriff. Ihn möchte ich ausdrücken, wenn ich male: diese Einheit aller Lebenserscheinungen, der Erde, der Pflanzen und Tiere... und besonders dort, wo es mich am meisten ergreift,in der Verbundenheit der Menschen untereinander, der Harmonie ihrer Wesen und ihrer Bewegung, wenn sie zusammen stehen und gehen und sprechen.

Hier lernen wir erst verstehen, daß die Geborgenheit in der Tradition furchtlos macht. Wenn hingegen der Mensch allein und unbeschützt vor Gott und der Welt steht, bekommt er es mit der Angst zu tun vor dieser Einsamkeit und er sucht sich mehr und mehr der Masse, der Allgemeinheit anzupassen. Daher dieses Befolgen aller Konventionen des Gesellschaftslebens, die Sucht, das Gleiche zu tun, das Gleiche zu haben wie alle anderen. Vielleicht ist sogar das phantastische Ideal der Gleichheit aller Menschen aus diesem horror vacui entstanden. Hier weiß man es seit Jahrhunderten, daß die Menschen verschieden sind, und Tradition und Gesetz haben in jeder Beziehung Normen dafür vorgesehen.

Man hat den Rahmen für die Menschheit in richtiger Größe gebaut, so daß Freiheit der Bewegung darin möglich ist. Bei uns hat man eine Leimstange mitten hindurch gesteckt und alle müssen daran zappeln, die es nicht vorziehen, alleine und ohne Hilfe herum zu flattern.

17.November 1938 Banaras

Ein Ruf aus Europa, eine Ermahnung, ein Maßstab. Das Zusammentreffen mit Baron H.H. von Veltheim. Ein deutscher Weltbürger, mit den Kreisen von Ascona verbunden, die in Europa das Bewußtsein des Kulturellen retten wollen. Dieser Mann hat sein Stammschloß zu einem Zentrum geistigen Lebens, zu einem Zufluchtsort für gleichgesinnte, strebende Geister gemacht. Er selbst, eine starke, energische Persönlichkeit, ursprünglich und spontan, mit Realismus und Humor. Von Europa geflohen, weil dort das Leben für seinesgleichen unerträglich wird. Von allem geflohen, was er mit Liebe und Begeisterung aufgebaut hat. In den Orient geflohen, wo Seele und Geist noch atmen.

Die Tragik des Weltgeschehens, in grellem Blitzlicht aufleuchtend, erschüttert die Sehenden. Daraus schöpfen sie die Kraft des Protestes, der Arbeit meint und Versenkung. Energien strömen ihnen zu, weil sie wissen, daß das Leben in Verinnerlichung gestaltet werden muß.

In der Monographie des Schlosses von Baron Veltheim ergriffen mich einige Verse:

" Wird je die Fahrt zu Ende gehn?
Wir fuhren schon als Kinder aus
Und sind noch immer nicht zu Haus,
und haben doch so viel gesehn!
Und nahmen doch so vieles mit!
Und ließen doch so viel zurück!
Und alles war von uns ein Stück,

7.Dezember 1938 **Banaras, Antaragriha-Wallfahrt**

Schon früh morgens stiegen Prozessionen von Frauen den Assighat empor, mit Bündeln auf dem Kopf und darüber gestülpten Röcken. Mit den winterlichen Tüchern umhüllt sahen sie aus wie wandelnde Kleider. Die erdfarbenen Bettler mit Kindern kauern am Straßenrand und mit vornehmer Handgeste wird ihnen ein bißchen Reis in das vorgelegte Tuch geworfen. Es ist ein großer Feiertag, an dem die Frauen eine Pilgerfahrt um Banaras machen, in Assi baden und dann nach Shankat Mochan und um die Stadt herum gehen, bis sie abends sich wieder am Dasashvamedha-Ghat sammeln. Eine kurze Andacht wird auch im Jagannath-Mandir verrichtet. Ich ging hin und setzte mich im Garten vor den Eingang des Tempels. Es waren fast alles Bäuerinnen mit zerarbeiteten Händen, alten Gesichtern und armseligen Kleidern. Als ich so saß und sie an mir vorüberzogen, schwerbeladen, Blumen und Reis streuend, am Beginn der langen, mühseligen Wanderschaft, überkam mich plötzlich eine Rührung beim Gedanken, daß all diese Existenzen an solchen Tagen, herausgerissen aus dem Alltag, aus der mühsamen Pflicht und der Misere, einem großen Impuls folgend, gemeinsam feiern und eine höhere Weihe genießen. Das geschieht ganz von selber und ohne Verabredung. Wie schön, daß sie sich zusammenfinden und die vorgeschriebenen Riten vollziehen und darin die Freude der gemeinschaftlichen Handlung, des gemeinsamen Zieles, der Zusammengehörigkeit empfinden und das mehr weltliche Wohlbehagen des Gedankenaustausches, des Schwatzens und Lachens und Streitens. Ich empfand tief das Glück solcher Zusammengehörigkeit.

Ein hübsches Mädchen in blaugrauem Sari saß am Tor und verkaufte Girlanden. Mit vornehmer Bewegung überreichte sie die Blumen. Ihr Vater löste sie ab und sprach mit mir in den Intervallen des Verkaufens: Passen Sie auf, sagte er, wenn die erste nicht kauft, kauft keine. Er ist Pujari am Durga Kund und verkauft dort täglich Blumen. Plötzlich suchte er eine feine, kunstvolle Girlande und brachte sie mir. Ich fühlte mich liebevoll aufgenommen von diesen Menschen.

Heute bin ich mit Indien tief verbunden. Es ist eine Dedikation, nicht mehr rückgängig zu machen. Jeden Morgen trete ich ans Fenster und begrüße den aufsteigenden Surya Narayan und bete zu ihm. Von der Kraft dieser Kommunikation hängt das Wesen, die Stimmung, die Arbeit des ganzen Tages ab.

2.Januar 1939 Banaras

Hatte im Mondschein auf dem Dache vom alten Jahre Abschied genommen und gedankt aus tiefem Herzen für das Gute und Schöne, das ich erlebe. Man soll auch nicht ruhelos ringen, sondern Tag für Tag nach der inneren Wahrheit suchen. Manchmal ist mir, als würde ich erdrückt unter der Last des Schönen, das sich meiner europäischen Seele hier jede Stunde eröffnet. Die Landschaft vor meinen Augen, die Färbungen über dem Fluß, dem Sand, der Stadt, dem Himmel, die Menschen in ihren Gewändern, der Ausdruck ihrer Gesichter, ihrer Körper, ihrer Bewegungen...Ein kaum zu fassender Reichtum. - Kann dies Übermaß uns auch ermüden? Jedenfalls übermannt mich in letzter Zeit oft ein Gefühl der Traurigkeit, die ich mir sonst nicht zu erklären weiß. Persönlich ist mein Leben ja so schön wie es nur sein kann. Aber vielleicht stimmt der Spruch: "Nichts ist schwerer zu ertragen als eine Reihe von schönen Tagen."

Das tägliche Ringen mit meiner Malerei - ich glaube, daß alles jetzt klarer wird. Wenn ich nur nicht so leicht vergessen würde, wo meine eigentliche Stärke liegt. In der Konstruktion, in der Gestaltung, im Aufbau. Ich verliere mich regelmäßig, wenn ich mich einem malerischen Impuls hingebe. Die Farbe darf bei mir nur als füllendes, die Konstruktion erfüllendes, expressives Element zugelassen werden.

Und doch fühle ich tief ihre Suggestivkraft. Ich muß sie aber streng in Form fassen und ihrem Zauber nicht nachgeben.

23.Januar 1939 Banaras

Ich habe Zeit verloren, indem ich die malerischen Probleme an und für sich lösen wollte. Was ein Ding der Unmöglichkeit ist, weil dann alle Emotion, aller Schwung zum Teufel geht, und nur die nüchterne Schularbeit bleibt. Ein Festtag kam mich zu befreien. Ich ging zum Ghat hinunter um zu zeichnen. Da wußte ich's, daß es wichtiger ist, das Leben zu belauschen, als die herrlichsten Farben zusammenzustellen. Erst wird das Gesehene materiell erfaßt, nach und nach wird es freier, geistiger, symbolischer, und die Ausführung entwickelt sich eigens an der Aufgabe. Das heißt "Sich-Leeren", mit keinen Reminiszenzen und keinen vorgefaßten Ideen arbeiten, dem Impuls und der eigenen Vision folgen, wach und aufmerksam sein jeden Augenblick.

18.Februar 1939 Banaras

Gegen Mitternacht fuhren wir in die Stadt zum Vishvanatha-Tempel. Es wimmelte von Menschen. In der großen Tempelhalle wurden Veden rezitiert. Es klang kraftvoll. Hinter Vishvanatha auf dem Platz neben dem Nandi übernachteten Frauen aus Nepal bei flackernden Öllichtern, liegend, sitzend, schlafend, leise sprechend. Es war ein wundervolles Bild. Plötzlich stand am gegenüberliegenden Rand des erhöhten Platzes eine Frau auf und begann zu tanzen. Jemand spielte die kleinen Zymbeln. Wir gingen hinüber zur Gruppe. Alles ältere Frauen mit feinen Gesichtern. Kindlich entzückt folgten sie dem improvisierten Tanz. Eine ist mir unvergeßlich, die mit gerötetem Antlitz, seelischer Unschuld und Freudigkeit ekstatisch zu der Tänzerin emporblickte.

20.Februar 1939 Banaras

Auf die Terrasse schien der Mond. Der Tempel mit den schwarzen Spitzen hob sich gegen die Stadt, die mit Lichtern punktiert den weiten Bogen der Ganga begleitet. Jenseits des Wassers der schimmernde Sand und die Unendlichkeit. Die Unendlichkeit, die man hier nie vergißt, da sie wie ein Meer unaufhörlich gegen unsere kleinen Häuser brandet. Man greift sie sozusagen mit Händen jeden Tag und jede Nacht. Erfüllt und getragen von ihr, schrumpft die Welt, welche die wirkliche genannt wird mehr und mehr zusammen. Manchmal ist diese Auflösung wohl schwer zu ertragen und man sehnt sich zurück nach Begrenzung.

23.März 1939 Banaras

Von Samstag bis Montag fuhren wir nach Patna und Nalanda. Dieses buddhistische Kloster aus der Gupta-Zeit (380-500) ist heute eine Ruinenstadt von höchst imposantem Ausmaß. Die Fakultäten der Universität sind nach einem bestimmten Plan ausgelegt: Zentrale Halle oder Hof mit einer Estrade für den Lehrer und einer Plattform für die Studenten, ein Tempel und ein Brunnen. Um die Gebäude herum erheben sich die langen Reihen der Wohnzellen bis zu vier Stockwerken. Alles ist Ziegelbau auf Steinplynten, massiv und monumental, eine wohlgegliederte Architektur. Ein hohes Ziegelmonument wie eine halbierte Pyramide könnte die Sternwarte gewesen sein, von welcher der chinesische

Pilger Hsüan Tsang spricht. Von dort überblickt man die ganze Anlage, die sich zwei Meilen weit erstrecken soll, aber nur etwa zu einem Viertel ausgegraben ist. Ringsherum flache, heitere Landschaft mit Tümpeln, Überreste der einstigen Lotosteiche. Die Berge von Rajgir winken von Süden und geben dem Landschaftsbild einen bewegten Hintergrund. Großartig ist die Anlage mehrerer Buddhatempel.

Über eine Flucht von Treppen gelangt man zur Zelle, die einst ein mächtiges Buddhabild enthielt. Ein anderer Tempel mit einer zentralen Halle hat je vier Zellen an den vier Ecken des gewaltigen Unterbaus. Um die Hauptzelle führt ein breiter Gang, ein Pradakshina. Ein tiefer Graben um das Gebäude soll dem Wasserablauf gedient haben. Ein großer, steinerner Buddha unter einem alten Banyanbaum wird von der Hindubevölkerung unter einem anderen Namen angebetet.

In Patna besichtigten wir das Museum. Ich war fast mehr beeindruckt von den kleinen lebendigen Maurya-Terrakotten, die an etruskische Kunst erinnern, als von der berühmten Cauri-Trägerin. Sie ist gewiß großartig, wuchtig und voll starker Lebendigkeit, auch im Aufbau, mit der leichten demütigen Neigung nach vorne, wie es sich einer Dienerin geziemt: Ein Meisterwerk mit klaren, naturgetreu modellierten Formen. Es besteht nur bei mir eine gewisse Abneigung gegen die Tendenz, die im Löwenkapitell von Sarnath noch stärker ausgeprägt ist, dem härtesten Stein in polierter Festigkeit naturalistische Formen aufzuzwingen. Darin haben die Ägypter einen feineren Instikt gezeigt, die ließen sich vom harten Material leiten, behandelten es in großen geometrischen Flächen und ritzten die Zeichnung nur ein, statt sie plastisch herauszuarbeiten. Das harte, spröde Material läßt sich gewisse Nuancen nicht abringen, zum Beispiel Draperien, Hautfalten, Gesichtsmodellierungen. Mit Volumen und Zeichnung zu arbeiten ist adäquater.

Wir stehen unter dem schweren Gewitterhimmel der europäischen Ereignisse. Nachdem Hitler die Tschechoslowakei annektiert und auch Memel besetzt hat, weiß man nicht, was in den nächsten Monaten noch geschieht. Der Krieg scheint unvermeidlich. Und obwohl bei einer solchen Perspektive persönliche Sorgen in den Hintergrund treten sollten, muß ich gestehen, daß die Aussicht, in Europa nochmals lange Kriegsjahre durchleben zu müssen, mich erschreckt. Meine Reise kann zu einer Mäusefalle werden. Alles, was mir hier lieb und teuer ist, verlassen zu müssen für eine ungewisse Gefangenschaft, ist furchtbar. Meine Freunde, meine Arbeit, meine Lebenseinstellung, alles hält mich zurück. Auch mein Haus und meine kleinen Kunstschätze, die mir so viel Tiefes bedeuten.

28.März 1939 Banaras

Heute vorletzter Tag von Navaratri, dem Durgafest. Im Annapurna-Tempel wurde von Brahmanen aus den Vedas vorgelesen. Auf der mittleren Plattform des Tempels waren die Gaben aufgebaut wie bei einem Homa oder Shraddha-Opfer, ein großes Lager und ein Berg von Reis, gekrönt von einer Kokosnuß. Um diese

Plattform kreiste eine Menschenmenge, dreimal, hundertachtmal das Heiligtum umgehend, ausströmend, einströmend, im Halbdunkel des Hofes auftauchend und verschwindend, den Gott verehrend, in den Kreis bannend.

Auch in einer hinteren Galerie des Hofes saßen Brahmanen eingebettet zwischen Opfergaben und lasen aus den Vedas. Das tiefe Rot der Buchhüllen betonte das Bild von gelb, weiß und braun. Die goldenen Kuppeln von Vishvanatha leuchteten besonders schön im Morgensonnenschein.

Es war trotz Hitze windig und angenehm. Ich fühle die Schönheit des indischen Lebens mit jedem Tag mehr, und je näher meine Abreise rückt, um so kostbarer wird mir jede Minute in diesem Lande. Jede Gestalt auf der Straße, jede Hausecke, jede Blume, jeder Baum, alles spricht zu mir mit dem Lächeln vertrauter Schönheit. Alles erfüllt und beglückt mich. Und erst im Haus, in dem jede Ecke mich anblickt mit heimvertrauten Augen. Die Blumen winken im Höfchen mit den roten Säulen, Sonne und Dämmerung durchwirken sich, jedes Fenster, jede Terrasse öffnet sich auf die strahlende Unendlichkeit.

Ich habe von Vishvanatha zwei weiße Girlanden mitgebracht. Nun ist das ganze Haus erfüllt von einem Duft, der bis in mein Atelier hinaufdringt. Noch nie habe ich so stark das Gefühl gehabt von "Ich bin ich!"

17.April 1939 Banaras

Nun sind wieder Wochen der Spannung vorbeigegangen. Italien hat Albanien annektiert und England ist entschlossen, Griechenland und Jugoslawien zu schützen - was natürlich im Handumdrehen zu größeren Konflikten führen kann.

13.Mai 1939 Zwischen Bombay und Aden

Seit zwei Tagen auf hoher See. Banaras war heiß, leuchtend und glanzvoll. Die Stadt hat in der großen Hitze einen ganz besonderen Zauber. Die Morgen sind weiß und dunstig wie im Winter in Europa. Die Sonne bricht erst durch, wenn sie schon hoch steht. Später setzt die Glut ein. Die Atmosphäre ist ein einziger Feuerhauch, in dem sich der Organismus badet. Diesen Gluthauch einzuatmen ist ein Kräftezuwachs. Der Kopf wird dabei manchmal dumpf, aber das innere Kräftereservoir füllt sich. Ich fühlte mich angeregt, obwohl ich nicht lange sitzen und arbeiten konnte. Es war, als ob innerlich etwas wachse und sich entfalte, was größer und wesentlicher ist als der Niederschlag in der Arbeit. Die Erkenntnis wuchs, daß mein Wesen mit diesem Lande verkettet ist, mit den Urquellen des Lebens. Sie wecken unser Bestes. Und indem ich mir immer mehr bewußt wurde, mit welchen Wahrheitsgründen ich verbunden bin, schöpfte ich die Kraft, auf einige Zeit nach Europa zu gehen. Montu hat mir den Weg gebahnt und ist meine lebendige und an keinen Ort gebundene Verbindung mit dem, was Ramon in "The plumed Serpent" the Morning Star nennt.

Alle guten Geister zeigten mir ihr Wohlwollen: Shiva und Parvati, lächelnd umschlungen, von Leben überschäumend -in Stein-, der Torso eines Dvarapala, sich bäumend mit einer hohen Krone auf dem lächelnden Gesicht -in Stein-, ein Buddha-Kopf mit einem Heiligenschein aus der Gegend von Gaya...

20.Januar 1940 Banaras

Nach langer, langer Zeit finde ich den Mut zum Schreiben. Meine Reise nach Europa, der Ausbruch des Krieges, die widerwärtigen Überraschungen, die mich bei meiner Rückkehr hier erwarteten, alles hatte mich gänzlich durcheinander gerüttelt.

Europa - das muß genauer definiert werden - war mir diesmal in mancher Beziehung näher, wertvoller, lieber denn je zuvor. Die Menschen voll ehrlichen Strebens, voller Unruhe, voller Sympathie, voll bohrenden Suchens erlösten mich von der stagnierenden, oder besser, über den Dingen schwebenden Ruhe, die hier dominiert. Wenn auch diese Ruhe aus einer von den Urweisen ererbten Erkenntnis stammt und wir die Enterbten sind, fühle ich dennoch, daß ich dorthin gehöre, daß meine Seele das eigene Suchen braucht und nicht das Wissen, von Weisen gegeben. Und wahrscheinlich ist das Wissen nur dann ein wahrhaft lebendes, wenn es durch eigene Erfahrung und eigene Besinnung bestätigt wird. So schwebe ich zwischen zwei Welten. Der angestammten bin ich entwachsen durch die umfassendere Erfahrung des indischen Wesens und Denkens. Diesem aber bin ich nur teilweise einverleibt, weil mein eingeborener Individualismus, das Auf-mich-selbst-Zurückgeworfensein keinen Schritt weiter gehen kann ohne den Konsens des gesamten Menschen. Wie viel leichter war es doch in Europa in der angestammten Familie, der alten Freundschaften, in der Gemeinsamkeit des Denkens, Suchens, Leidens und Strebens, in der selbstverständlichen Sympathie und im schnellen, unausgesprochenen Verständnis. Und schließlich war es doch gerade wieder diese Selbstverständlichkeit, diese gemeinsame Denkart, die mich abermals hinaustrieb in die Einsamkeit, in der Hoffnung, eine klare, natürliche Form zu finden für das, was ich Erfüllung des Seins und des Schaffens nenne. Hier bin ich verbunden mit der "Realität": Mit dem Fluß, mit dem weiten, unendlichen Land vor mir, mit der Sonne, die morgens sich aus dem Horizont mit blitzenden Strahlen herausschafft, mit den Menschen, die auf der Erde hocken und unmittelbar aus ihr leben wie am ersten Schöpfungstage, geht diese "Realität" in mich ein.

"Maya" ist sie diesen Menschen, und nur ein kleiner Schritt ist es von ihr zu Gott, dem Einzig-Seienden. Welch ungeheuren Aufwand an Kraft, Phantasie und Liebe braucht es, um von unseren Küchenschränken, Aufzügen, Mietskasernen, Büros, Schreibmaschinen und Stöckelschuhen zu ihm zu gelangen! Ein Wunder, daß in diesem Aufwand von unnatürlichen Dingen noch so viele Seelen mit klarem Bewußtsein von Echt und Unecht existieren. Keiner, der sich irgendwie über das Mittelmaß erhebt, zweifelt an der Problematik unserer Zivilisation. Doch hier, wo das Dasein in der Natur und die Tradition uralter Weisheit noch lebt, hier ist kaum einer, der sich vom Glanze westlicher Erfindungen nicht fangen ließe.

Als der Krieg über Europa zusammenschlug, überwältigte mich eine namenlose Verzweiflung. Das Leben verlor jeden Sinn. Einmal schon hatten wir das Fürchterliche durchgemacht. Damals blieben uns noch Illusionen, die Hoffnung auf Klärung nach dem Sturm, auf eine bessere soziale Ordnung, auf tiefere Einsichten... Welche Hoffnung bleibt uns jetzt? Auf welche Zukunft können wir bauen? Wenn alles, was uns als wahr, als echt und schaffenswert erscheint, vernichtet wird? Wenn nichts Bestand hat vor der Rachsucht untergründiger Gewalten.

Als Vishnu auf der Weltschlange schlief und aus seinem Nabel die Lotosblume mit Brahma, dem Weltschöpfer, aufstieg, da entschlüpften zwei Dämonen seinen Ohren, welche die ganze Schöpfung zerstören wollten. Doch Vishnu griff nach ihnen und verhinderte das Zerstörungswerk. Jetzt hat er sie losgelassen und nichts kann ihrer lange verhaltenen Wut Einhalt tun.

Alles war schwarz um mich und ich suchte vergebens nach einem Sinn, um dessentwillen man weiterleben konnte. Und doch wußte ich, vielmehr ahnte ich, daß ein solcher Zusammenbruch nicht nur ein blindes Wüten dämonischer Gewalten ist, sondern Resultat unserer Verirrungen. Die Lebensgier und Besitzgier, die künstlichen Ideologien und die Politik, die käuflichste Magd aller Verwirrungen unserer Epoche, all dies hat uns dem Gericht zugeführt. Wir sind alle schuld, wir müssen das Kreuz auf uns nehmen und Buße tun.

In dieser Verfassung kam ich nach Indien zurück. In der Schweiz hätte ich alles wieder neu anfangen müssen. Hier wartete doch Haus und Atelier - mein Glück, das ich glaubte, gefunden zu haben, das mir jeder neue Tag, die Landschaft, das Licht, die Sonne, die ganze Welt zugetragen hatte!

Ich kam zurück, doch fand ich mein Glück nicht wieder. Spione umschleichen das Haus, Verdächtigung schnüffelt in allen Ecken, meine bloße Gegenwart ist ein Stein des Anstoßes geworden. Das sind die giftigen Emanationen des Krieges, von denen keiner sich zu retten glaube! Man sollte sich fassen, und wenn die ganze Welt solche Leiden zu ertragen hat, muß man dies auf sich nehmen. Doch mein seelisches Gleichgewicht war erschüttert. Zwar half mir die Arbeit zu tragen, aber ungenügend. Auch sie war gestört von der inneren Unruhe.

Mit letzter Anstrengung floh ich nach Calcutta, um andere Luft zu atmen. Stella Kramrisch nahm mich auf und ich kam langsam wieder zu mir. Ich fand Menschenkontakte und ich sah Stella in ihrer intensiven Arbeit, ihrer restlosen Hingabe an das Ziel ihres Lebens, in ihrer mutigen Stellungnahme. Das beschämte mich. Ich hatte kein Recht, mich einer hoffnungslosen Stimmung hinzugeben. Auch ich konnte arbeiten und mich einer Aufgabe widmen. Dies durfte ich mir nicht entreißen lassen. Die leere Hülle, die ich geworden war, fing wieder an, sich mit Substanz zu füllen. Meine Seele kam zu mir zurück.

24.Januar 1940 Banaras

In Santiniketan wurde ich auf das Liebenswürdigste empfangen. Natürlich hatte ich auch den Wunsch, Rabindranath Tagore zu sehen. Aber wie es ist mit solchen Menschen, man scheut sich, ihre Zeit in Anspruch zu nehmen, und daher wartete ich auf eine günstige Gelegenheit,ihn zu besuchen. Gurudeva saß an seinem Schreibtisch, ein vollbeschriebenes Blatt vor sich. An einer Stelle war mitten im Geschriebenen etwas, was aussah wie eine Schlange, die einige Wörter aufgefressen hat. Ich erfuhr nachher, daß er nie Wörter durchstreiche, sondern sie mit phantastischen Zeichen ausmerze, wahrscheinlich aus Respekt vor dem Wort, das eben doch einmal "da war". Wir kamen auf seine Malereien zu sprechen. Er erzählte, wie sehr er andere beneidet habe, da ihm der Ausdruck durch Form und Farbe versagt blieb, obwohl er sonst mit allerhand Gaben verwöhnt worden sei, fügte er schelmisch hinzu. Jedoch in späteren Jahren habe seine Hand plötzlich zu kritzeln angefangen, sie schaffe ganz von selber, er wisse eigentlich nie, was schließlich daraus werde. Ich bemerkte, in all den Jahren hätten sich wahrscheinlich visuelle Vorstellungen angesammelt, bis sie eines Tages ausgebrochen seien.

Im Auftrag von Stella Kramrisch sagte ich ihm, die Bibliothek des British Museum besäße gerne ein Bengali-Manuskript von ihm. Er kam auf die Bilder zu sprechen, die von ihm in deutschen Museen hängen und fragte, was wohl aus denen geworden sei. Ich bemerkte, sie seien wahrscheinlich mit aller anderen "entarteten Kunst" entfernt worden.

Eigentlich sprachen wir nichts Wichtiges, aber ich fühlte einen Kontakt, wie noch nie zuvor mit Tagore.

Seit ich in Banaras zurück bin, dachte ich viel an Gurudeva und wollte ihm schreiben, um ihm zu sagen, was ich versäumt hatte, nämlich, daß die Dinge, die er über die jetzige Weltkrise in einem offenen Brief an Anya Chakravarti in Vishva Bharati News geäußert hat, mir in der eigenen Krise Trost gegeben hatten. Ich wollte es ihm mitteilen, doch die Angst, mich nicht richtig auszudrücken und sonst allerhand eilige Briefe hielten mich zurück. Der Gedanke aber schaffte weiter...Da kam heute ein Brief from: Rabindranath Tagore, Santiniketan, Bengal. Ich erstaunte und doch war es, als hätte ich darauf gewartet. Irgendwo hatten sich unsere Gedanken begegnet, und da war das sichtbare Zeugnis dafür. Der Brief enthält nur wenige Zeilen:

"UTTARAYAN"
SANTINIKETAN, BENGAL.

January 20, 1940.

Dear Miss Boner,

It has suddenly occurred to me to send you a piece of paper scratched over by my erratic pen with lines that grew into a vision of dumb efforts and desperate appeal to emptiness.

Yours sincerely,

Rabindranath Tagore

Miss Alice Boner,
Assi Ghat,
Benares, U.P.

Das "piece of paper" ist noch nicht angekommen, aber Tagores Worte im Brief von "dumb efforts" und "desperate appeal to emptiness" klingen mir so ins Herz, als habe er die ganze Agonie, die mich diese letzten Monate zerriß, geahnt und verstanden und als wolle er mir den Trost seiner überlegenen Klarheit schicken. Er sei gesegnet. Ich warte mit Spannung auf das "Stück Papier". Kein kostbareres ward mir je gesandt. [Das Bild hängt jetzt im Alice Boner Archiv, Rietberg Museum Zürich]

I saw in front of me the vast field of work extending to the horizon, therein lies my great freedom. In the evening I came and sat on my balcony. The cage has been broken. The split chain still clings onto the bird´s leg. Movement will make it jingle.

দেখলুম, সামনে দিগন্ত বিস্তৃত কাজের ক্ষেত্র, ওতেই আমার বৃহৎ মুক্তি। সন্ধেবেলায় বারান্দায় এসে বসলুম। খাঁচা ভেঙে গেছে। পাখীর পায়ে আটকে রইল ছিন্ন শিকল। সেটা নড়তে চড়তে পায়ে বাজবে।

February 23, 1940 Banaras

Fullmoon night. The sobbing of a flute breaking forth from the lips of pain, from the piercing extremity of pain, but going beyond, beyond pain, beyond suffering, beyond earth-bound life, released in bliss ... This was Krishna's flute.

The wish to die, how often it has tempted my soul in these last few months. To go, to step away from all entanglement - from pain and joy. The fear withholds us, but the way is traced, we drift away from the current of life, though remaining in the body. We tread the silent paths that lead beyond.

March 5, 1940 Banaras

Last night I went to my Krishnaji. He showed a long-drawn serious face ... There it was, the pure, deep, uncorrupted seriousness of adolescence, and I saw too that he was concerned with the war, the horrible disruption of the world. Such a consolation to know that there was someone so great to share my distress and in whom I might in future take refuge. I found no one here who felt anything more than human pity, at the utmost, but the moral and metaphysical implications of the destruction seem to touch no one. It is time perhaps to understand Kali ...

I definitely know that some blessing came to me by the mood in which I awoke. My life no longer lay as a barren stretch of waste land behind and in front of me, and it no longer filled me with that kind of disconsolate awe, as it was for some time past. I felt a new substance of creative love and a new gratitude for so much good... I no longer saw India as a leaky life-boat carrying one over thundering oceans... Suddenly I recognized again the plentiful glorious experience which it had given me and for which no sacrifice could be considered too high. It had opened to me vaster and higher planes of consciousness, of insights far beyond that which Europe could ever have done.

Now I can envisage the greater renunciation - the next step concerning human love - which would not break me, but could reconcile me with life, a creative renunciation...

And now, from depths below my consciousness, and stronger than myself, emerge these two figures, Gandhi and Rabindranath, to take me by both hands and lift me above my downtrodden self. These two figures surely stand for powers in my own being which have broken through the crust of misery, and asserted themselves. It tells me that the misery is not dwelling in the profoundest regions, and that, however deep it may reach, there is still something beyond which is intact, strong and healthy. Gandhi and Rabindranath also stand for the fathers, the gurus, which we so badly need and so seldom find. They must lead us and show us the way with love and wisdom. And finally, they stand for India and all it has given me - Gandhi the earth of India and the heart of the people, the tolerance, forbearance, the religious love and taking life as nothing more than its transient value. Tagore, the art, the philosophy and poetry, all the past intellectual and artistic glory of the country, which opened to me such immeasurable avenues of beauty and expanse...

Another implication is that my misery and unhappiness do not come from India, but rather that my deepest, basic happines comes from her. This accounts for my constant fascination for this country, and here, I know all of a sudden, that I am in the best of human contacts, and under the best of human guidance.

8.Juni 1940 Rajpur

Ich hatte im Halbschlaf eine Vision der Kali, die mir wie ein Mosaik in Stücken aus dem Gehirn tropfte. Sie tanzte, wie man sie dargestellt sieht, schwarz mit heraushängender Zunge. Aber viel gewaltiger und furchtbarer, indem sie nur in Stücken sichtbar wurde, nur ein Auge, nur Bruchstücke des Körpers, und das übrige waren Fragmente der Welt, die sie mit dem Schwert zerschlagen hatte. Diese Fragmente wirbelten um sie herum mit den weißen Köpfen ihrer Girlande, in den Farben der Verwesung, alle Töne von rot, besonders braunrot, fleischrot, braun, olivgrün. Doch hier und dort ein Fleck reines Blau. Sie tanzte im Rhythmus mit dem Regen, der nach der Schwüle auf die Erde platschte und der in meinem Ohr den akustischen Ausdruck für Auflösung und Weltzerstörung gab.

In der Nacht darauf verfolgte mich eine andere Vision und es war als wolle sich aus meinem innersten, unbewußten Selbst die Schöpfung entleeren. Alles, was ich je gesehen, gehört, empfunden und gedacht hatte, also alle Wahrnehmungen und Empfindungen wollten sich jetzt in einer ganz bestimmten, sichtbaren und plastischen Form aus dem dumpfen Gefängnis des Unbewußten befreien. Sie drängten sich in Massen heraus wie aus einem enormen Sack. Herausquellend entfalteten sie sich zu sichtbaren Gestalten. Zu Hunderten quollen sie heraus und nahmen Form an. Wäre ich rasch genug gewesen, hätte ich alles aufzeichnen können: Menschliche Wesen, die keine Erinnerung mir zurückrufen könnte, Tiere, Pflanzen, Gegenstände und Gedanken, die ebenso in einer abstrakten Form sichtbar wurden. Es strömte und strömte, unübersehbar, unendlich. Ich fühlte es als eine Erleichterung, daß alles, was unverarbeitet, ungelebt mich im Innern belastete, nun herausströmte. Doch dann empfand ich Furcht. Dieser nie endenden Strom, den ich nicht fassen und nicht anhalten konnte, überwältigte mich. Es war die Prakriti selbst, die ich aus mir quellen fühlte.

August 6, 1940 Banaras

On waking up I saw clearly what I neglected in my paintings of late, that I was searching too much for faces and other details and that I must more strictly adhere to the essentials, to the movements of the body, in the precision of which the whole expression is most vividly caught. In the angles and curves and bends, in the intersections and tangents there is more substantial meaning pictorially than in the details of facial expressions. How well the dancers take advantage of this and I, who have been so associated with them, should not forget it.

... I have been long struggling with my composition of evening on the ghat and to rescue it from the danger of becoming "Genremalerei"! I had seen it as an image of the tired human soul slipping down slowly into dissolution, or rather into union with the vast and infinite universe signified in the over enlargening circles of the water. This also should not be told by attitudes or expressions, but a feeling of this kind should be evoked by the lines of the composition, decending in degrees and enlargening towards the bottom, by the violated solitude of every figure and by the language of the colours, that is, symbolically.

August 8, 1941 Ajanta

Yesterday the fatality happened, which makes the world and India so much poorer, the death of Rabindranath Tagore. To himself, to Gurudeva, death may have come as a sweet friend, who took him softly by the hand to take him back to his Father, to the great eternal Spirit, to whom he so prevalently belonged. In his lifetime he had already become almost a disembodied Consciousness, a radiating Spirit, an all-understanding, all-comprehensive Being. It was but a small step to complete liberation, and he is dwelling now in his own house, in blissful Eternity. Though he loved the world he did not lose anything, it is the world which loses one of the few centres of spiritual illumination, at least its presence in a living body. His thought, his illumination will perhaps shine from the pages of his books still brighter than before, but the creative continuity has come to a standstill forever - the creative flow which made him always appear new and fresh and surprising at every new turning of the road, and the supreme courage to always speak out and to live up to the truth of his conviction, which was truth not in a limited, political, social or artistic sense, but truth in its deepest metaphysical sense and all its earthly applications. The beauty of his Being was a consolation to this earth and a witness to the divinity immanent in the All - a witness which was all the more indispensable in the present moment, when the lowest in the human race are celebrating their unparalleled orgies of destruction...

As long as he was living one had the consoling thought that somewhere in this world, a clear consciousness was alive, a point of reference with the help of which the worth and truth, the genuineness or falsity of everything under the sun, could be appraised... No other man of whom I know so much represented and stood for this fundamental Truth. There are many with partial ideals and partial truths, but partial truths and ideals can as well be partial falsehoods when viewed from the interior of the total Being. Not so with Rabindranath. Everyone of his ideas and feelings, even when in the simplest garb, came out of the source of this universal Truth. And for his country I believe that he represented its innermost consciousness and that he was the highest expression of her Dharma...

August 20, 1941 Banaras

"As She thus reveals Herself, She induces in him a passionate exaltation and that sense of serenity which is only gained as approach is made to the Central Heart of things. For, as the Upanisad says, He only fears who sees duality'" (Sir John Woodroffe: *Maya-Shakti*)

Back from Ellora after a stay of almost three months. The deep instinctive fascination which this place always exerted on me has now developed into something more conscious and more substantial. I had been there twice before and each time I had been completely taken out of myself. My previous life seemed obliterated and nothing was left in me. The sublime sculptures entirely absorbed my whole being. Both the times it had taken days after my return to find the outer continuity of my life. There was something of significance much deeper than my mind could grasp, which had taken possession of me. Whether it was something which had a supreme intrinsic significance or whether it was something to which I had some direct personal relation through my karmas, I did not know. But the feeling never left me that there was an immensely precious message which I had to explore some day when my mind would be capable of doing so.

So I went again this summer, and this time in a less abandoned, passive disposition, but with the inner urge to penetrate, at least to a cetain extent, the mystery of this almost supernatural fascination. And Shiva has blessed me in a strange way, so surprising, so different from anything I could expect, that words will be very inapt to give even a faint account of it.

In order to approach the images I started to draw them. It was stiflingly hot and I was on the point of fainting, so that I had to lie down on the ground to regain my senses. The drawings were awfully dull and inartistic. But in the peace of the guesthouse, I started analyzing them in their geometrical scheme and to build up the diagrams in terms of lines of energy. From such an analysis, all of a sudden, a revealing light broke forth. I grasped with my inner intuition of form that there I was really touching the hidden meaning, and that I was approaching the mystery of their unique and incomparable power of suggestion and expression. My joy and exaltation knew no bounds. I went from one to the other of the greatest sculptures, and one after the other was gracious and kind to lift at least a little corner of the veil of appearance and give me an inkling of what lay behind. Some lifted a bigger, and some only a very small edge, but to me the line I had to take for the deeper understanding became altogether clear. I saw everything in a new light. And where previously I had only seen the magnificent composition, the powerful movement, the supremely alive modelling of form, all these more or less aesthetic considerations gave way to a symbolic, underlying conception to which they were only humble accessories. I understood that they were perhaps only tangible, grosser means of explaining transcendental truth to the vulgar, but that they also contained the esoteric expression for aspects of Supreme Being, which only the initiate could understand.

This would have been reward enough. But Shiva, more bountiful than we humans can dream of, thought of me also in another way. He knew the secret, nagging despair corroding my heart. He knew that I was striving hard to stoically bear and to conform myself to the loss which seemed to lie ahead with inevitable fatality. He knew what it cost me to renounce every worldly love and affection and to face a life in old age of complete renunciation and abandon. He took pity on me and said: "Not yet. Life is as holy as is renunciation. I reveal myself as much in life and in the savouring of life as in the retirement from life". And the pulse of life which deemed having lost forever came back to me in such sweetness and beauty as never before. I don't know how it happened, it came to me without intention or study and much against my expectation. It was simply the great blessing of Shiva.

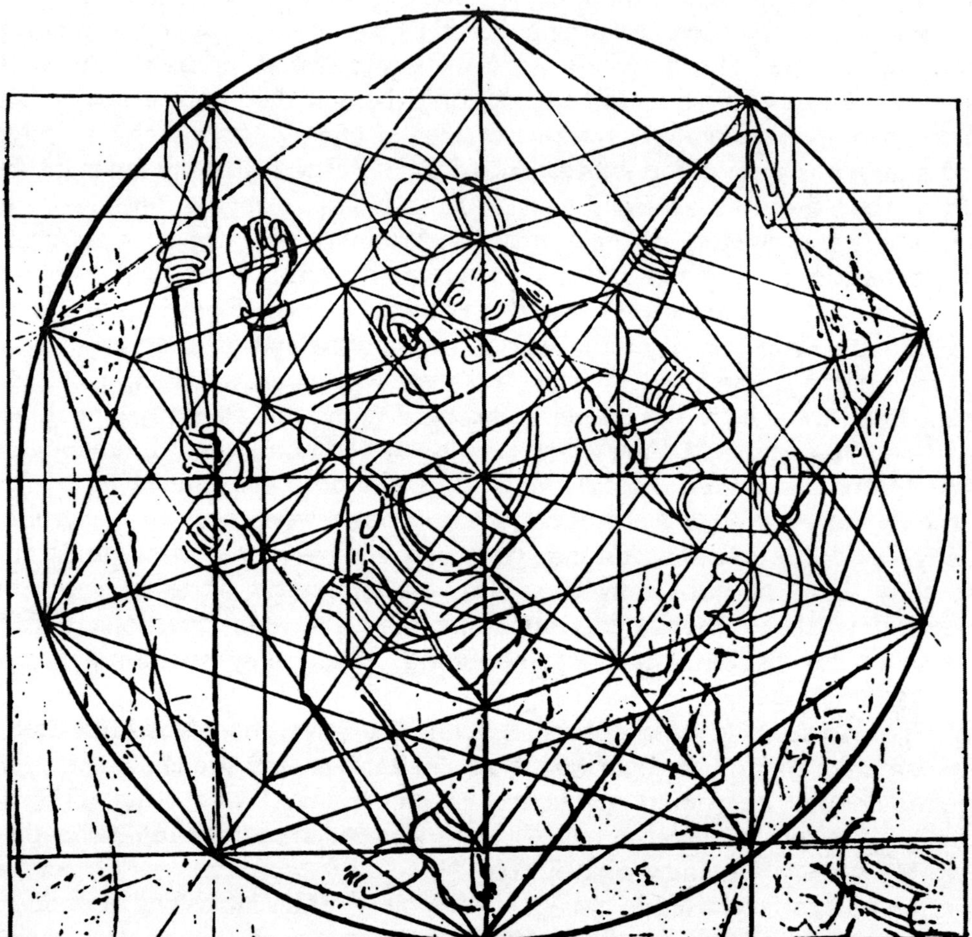

When after an absence of almost a month in the hills and Bombay I came back to Ellora, I arrived at the caves towards evening. It was a Friday. The cowkidar was absent and only the two brahmins were sitting underneath the porch of Kailash, waiting for visitors who would never come. While my servants were talking to the brahmins, I rushed upstairs into the big hall, took off my shoes and, stepping into the hall which was in dim twilight, I perceived the Shiva-Lingam deep in the recess of the central shrine almost coming forward to meet me ... I was overwhelmed with such unspeakable emotion that I started crying... I felt as if I was in the arms of a loving father ... I now understood the meaning of the Lingam as a symbol of the very Heart of things and as the innermost pillar of the universe, as the anchoring pole for every human heart...

I was forbidden to go on drawing in the caves. It would have completely upset me at other times, but now I took it as a hint from Him that I had done enough in that way, that what was wanted now was a spiritual penetration of what I had seen, and that was best done in meditating over the pages I had drawn and further analyzing them. So I quietly worked at home and went a step forward in my quest.

Then came the news from Banaras that two of my latest and biggest paintings had been destroyed by white ants. At first it did give me a great shock, but then I suddenly came to realize that perhaps I had gone on the wrong way with these paintings, that they had perhaps been done in a somewhat mechanical way, and that I should not get stuck on such a path. The only way to disentangle me from such a pursuit and to make me free for a new and refreshed vision was most probably to destroy what was wrong even though I believed it to be my best. So on the same evening I received the news, I went to the caves and thanked Shiva for this blow with a feeling of relief.

This feeling of being sheltered in a safe abode is with me constantly, sometimes dim and sometimes bright and radiant. On the motor journey home which was fraught with innumerable difficulties on account of floods and petrol shortage, I had hours and days of the most radiant ecstasy...

September 6, 1941 Banaras

Yesterday was Candra Grahan. I sat up to watch the crowds streaming towards the Ganga for immersion. But the days in this season are unspeakably stuffy and by evening one is completely exhausted. In a depressed mood I passed my life in review from phase to phase, only to state that since my coming of age I had been doing nothing but frittering away all my powers and gifts in fruitless endeavours and unsuccesful dissipation of love. Though in itself a gloomy, hopeless vision, it gave me a sort of satisfaction to dig it out onto the ground, to pile it up in a wonderful heap of refuse and to set fire to it...

The noise of the people running to the Ganga went on all night. But I fell into a death-like slumber all the same.

October 5, 1941. Kotwa, Wyndham Bunglow

I was ill in Banaras, so I escaped to Robertsganj to seek relief. Before starting out I went to take leave of my little bronze Krishna, and was startled by his expression. He looked at me with dismay and almost with reproach. I saw clearly that he asked me not to go, that nothing good would come out of this expedition, but rather that it was fraught with dangers for me. I knew it, but sheer inertia drove me to carry out what I had organized and decided. When we came to a dangerous road after Ahrora, I thought that this is what He meant and that we would surely meet with some accident. But there was no other choice than to go ahead. When we arrived at Robertsganj with hale limbs inspite of it all, the disappointment was complete - the most commonplace village in a monotonous flat landscape and a dirty dilapidated Dak Bungalow, the roof of which was alive with rats, bats and birds. I felt disgusted and tried to get away from it the next day. But all my efforts were in vain. No other place which I could think of was available. It was like a bad spell holding me tight within its net. The more I tried to escape the more I was entangled.

One day by chance I met Deputy Sahib Mr. Chakur who told me about Wyndham Bungalow and this looked like a door of escape...

Here, at last, in Wyndham one feels the beat of nature's heart - the soothing noise of the waterfall down in the ravine, the sweet little temple of Mahadeva under the big trees on the other riverbank, the voices of the jungle by day and by night, the thousands of birds, and the air alive with aromas and a strong perpetual motion. Here the bad spell fell at once, the thoughts were freed from their paralysing agony and could raise themselves again to the Creator of this beauty in joy and gratitude.

October 23, 1941 Banaras

The bad time which is in the sign of destruction is drawing to a close. It all seems to be dominated by Kali, though only one day is dedicated to her. The melancholia of autumn in Europe is of a different kind. In the periodical death of nature there is great sadness, mixed with the resignation of its inevitability and with the distant hope of the joy of resurrection. Here, on the contrary, at the end of the rainy season nature is in her most beautiful and luxuriant garb. She is full of sap and growth. She is green, and shining as at no other time of the year. Yet, everything is like the pomp and glory of the last day. There is the smell of disintegration in the air. People are tired, sick and morose. The effect on one is disastrous every year. All my plans, nay, my whole life seems to crumble. One feels the forces of the abyss dragging mightily, the forces of negation and annihilation. The power of the Goddess Kali is stalking the earth. I gave myself up to her universal embrace. There was a sweetness in this resignation of all will and effort - to put what is left of life into her hands and to let her mould it at her will, to become completely indifferent to the future, to life and death, and to accept anything at her hands, anything, either life with further realization or death and reabsorption into divine creation, but not this blind and weak, wormlike digging day by day, year in and year out, in fruitless attempts to make the sound of your own soul vibrate and manifest itself, the delivered sublime feeling of the warrior who has sworn to seek either victory or death, but nought in between!

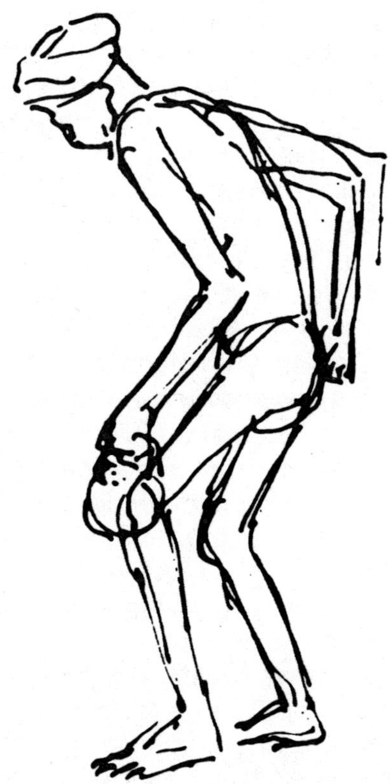

I played some Russian gramophone music last night, some songs by Chaliapine and some choirs. What was the strong soul-stirring appeal of these songs, I asked myself. I thought it was the intense consciousness of the inevitable tragic background of existence, the almost exalted acceptance of this background of pain and tragedy. In Indian songs this tragedy is still more explicitly and pitilessly expressed, but without exultation, only with humble and all too willing resignation. What deprives almost all our western music of this particular appeal? I suppose it is the belief that tragedy is avoidable, it is the impact of philosophy, discipline, organization creating the illusion that human beings can really take life in their own hands and lead it to their own purpose, that they can eliminate suffering by reason, and the unexpected by calculation. This entirely eliminates adventure in life and from the play-thing of God, man becomes the self moving automaton, which modern life has made him. Fortunately enough for him he does not entirely achieve his aim, and divine powers rudely shake him from time to time to an awareness of their presence, and then the river so well canalized between his dams breaks out and overfloods the country.

Nonetheless, this constant tendency toward regulation and normalisation has deprived western songs - German, French, English - of the great mystery behind life. All that is left is at times the romantic melancholy and yearning after this very thing, this unknown presence which is lost.

I played Mozart afterwards, and became aware that his apparently light vein, his playful mood, is intensely aware of fatality, that it is a radiant, glorious dance over the abyss, the divine smile of a creature who is conscious of the deep night, and while being swallowed by it, extols the glory of the day, the divine rhythm of life - the elegance of gesture of an aristocrat who is exchanging humorous words with the executioners who drag him to the scaffold. That makes his playfulness so deeply significant and poignant.

November 4, 1941 Banaras

After five days and five nights of elaborate torture at the hands of my neighbours, or rather, at their throats. Their relentless howling with their vulgar voices could drive the most solid nerves into a frenzy. It has stopped this morning, but I feel quite dazed and exhausted after such a strain of self-defence. For five days I could neither work nor sit in front of my Krishna as the din made any concentration impossible. This morning, finally, I could raise my thoughts to him, as the vile, muddy stream has now subsided. I realized the magnitude of the world's onslaught upon the soul of man, the terrific impediments which it builds up around him, and all the chaotic disturbances which detract him from the Supreme and from his real destination. Above all I saw this disturbance in the form of grey filth emitted by the abyss of falsehood, hypocrisy and vulgar greed which displays itself shamelessly and arrogantly in the name of religion. It is the most sordid insult done to the divinity in man. It prevents him from emitting that beautiful creation which his soul is pining for. It disturbs the free development of his being and his innermost aspiration.

This idea presented itself to me in a plastic form. I saw something like a huge flame, striped or snake-like, shooting up and the angular, shapeless, colourless construction of the world breaking and crumbling around it. The liberation of this powerful gigantic explosion of soul power, this assertion of the divine-creative urges us against the obstruction of the debris of a rotting world.

After a while it came to my mind that this abstract shape which appeared to me corresponds exactly to the qualifying shape of one of the Shaktis into which Bindu divides itself. I believe it is Iccha-Shakti which the Tantras describe as having the form of an *ankusa* while Jñana-Shakti is a straight line or sword and Kriya-Shakti a three dimensional triangle.

This would seem to be another justification of my idea that images and symbols are not so much significant through their objective association of ideas, than through their symbolic meaning of their very lines and shapes which are direct images and diagrams of the universal processes for which they stand. So Iccha-Shakti has certainly not so much to do with the symbol of ankusa itself, let us say in the sense that Will directs the formation of unwieldly matter, in the way in which the goad leads and directs the elephant. No, it is much more in the sense that Will, in its cosmic aspect, evolves in the way I apprehended it in this short vision, as a double, and most probably infinite, curve projecting from itself. This would be the visible, abstract counterpart of its inner working. For Jñana-Shakti no material symbol is given, but an abstraction - the straight line - which marvellously denotes the direct apprehension of things and the direct connection between the knower and the known, which has only to shrink into a point to blend into one. For Kriya-Shakti also, the symbolism of the three dimensional triangle is abstract and obvious, because from there proceed the dimensions of space and time and, ultimately, of created objects.

The same observation occurred to me with reference to Shiva's "damaru". It has the acoustic symbolism which refers to sound vibration as the first stir of creative activity in the supreme consciousness as Sabda-Brahman and Maha-Mantra. But I believe there is a form symbolism as well, otherwise why should just the damaru, and no other musical instrument, have been given in Shiva's hand? The damaru consists of two triangles set with their points on top of each other, exactly in the way the pure tattvas and the impure tattvas are represented facing each other by their points and being separated and held together by the dividing line of maya, the belt in the middle of the damaru. So, the damaru of Shiva would represent all the tattvas combined which he holds in his hand, and the alternative sounding of the upper and lower face of the damaru when shaken, may mean the intermingling of the pure and impure tattvas in the manifested world - or the alternation of Pravritti and Nivritti Marga. Now, the symbol of Shiva-Shakti is also formed by two triangles, inverted against each other and if, instead of letting them completely intersect each other and forming a satkona, we pull them asunder till they touch with their points only, we again have the shape of the damaru. And manifestation is the pulling asunder of Shiva-Tattva and Shakti-Tattva, while their combined sound forms the Sadashiva-Tattva or Nada-Tattva.

December 4, 1941 Banaras

The lack, nay, the impossibility of real, genuine, reliable human contact in this country becomes more felt to me every day. It may be that the long absence from home, the difficulty of communication and the poor state of my health are also responsible for a greater longing for a friendship which can be real sustenance. Of course, many call themselves friends, or even brothers, but there is no certainty as to how far that brotherhood would go. People use words with such irresponsible lightness. Human isolation throws one back into one's inner self and so becomes an involuntary, but nonetheless real practice of tapasya. The great and divine truths which still stalk this country as mighty shadows, come into greater prominence and take a real body. So, inspite of this human indigence there is often a mighty feeling of bliss and happy expansion in my soul.

Human longings manifest structures in dreams, only to be rebuked by themselves. One night, after Montu had spoken to me of the possibility of his nephew, Bijoy, being sent to England, and I having strongly advised him not to let him go at the present moment, I dreamt myself in London in charge of a child which I had to carry from one place to another across the heavily bomb-threatened streets. But the worst perplexity for me was not the bombs, but my utter inability to find the proper way and any convenient conveyance. The topography of the city became an utter problem. I could not for the life of me find out which subways or buses I should take. No one was kind enough to give me advice and when, in utter despair, I decided to incur the expense of a taxi, it was only to find out that they had been withdrawn from traffic. And all the time the heavy burden of that unknown child on my arms which, out of sheer fatigue, I had to often put on the ground! - my child, all the fruit of thought and feeling which India had given me, not yet of actual realization, and which I was endeavouring to carry home and to accommodate in Europe! But how difficult or impossible it was to find a way and a place for it, and yet it was such a dear and inalienable burden!...

But as I said, inspite of moral and physical suffering there is somewhere a spring alive, a spring of deep happiness and harmony. Yesterday, in the worst physical ebb, I had again that most exalting, and almost unbearable, bliss of feeling myself cuddled up in the heart of Shiva... I had the similar feeling when I collapsed in front of the Shiva shrine in Kailash in Ellora, and now again, after a long interval. And why is it that I come to call him Shiva, and not simply God and Father in heaven, as we people do? Is it only because I live in this country, and his name is taken in with every breath? Or is it perhaps that the relation which the Hindu religion establishes betweeen God and the soul takes the poignancy and ecstasy of human relationship, of love between man and woman, instead of remaining in the calm, warm but less ecstatic relationship of the child and parent? I really do think that in establishing a relationship or rather an identity of the human soul with God on the very lines of human love, a power and all-comprehensiveness of emotion, a potency of absorption of the divine spirit is aroused which is not possible on any other line, not even on the most tender, exquisite and selfless relation of father to child. Between parent and child there can never be that union, that identity as between true lovers. That is why in the Christian religion we never quite get rid of the fear of God, and we never attain that familiarity and unity with him, which seems the ultimate aim of Hindu religion, no matter what school it follows.

When I worship my little Krishna, God becomes as it were my child, and he speaks to me the great and simple and luminous truths, as a child's mind apprehends them. A child is so nearer divinity than we are. So it is a most marvellous channel through which God can speak, and one should see the child incarnation of Krishna in that sense. And it arouses in us a mother's or father's tenderness and bliss.

But when we come to realize Shiva it is more like the ecstasy of adult love, though far beyond it, and carries us away like a terrific storm and forces us into complete surrender. No fear subsists of anything that may happen, and death becomes a friend and ally.

July 23, 1942 After my stay at Banuri

The touch of Kali.

I felt it in Manali, Kulu Valley, where her temple in the silent majestic hall of enormous cedar trees enshrines emptiness, a slanting sacrificial table made of natural rock and a gory pit below. Outwardly it is a gruesome symbol of destruction. But Kali's destroying power is full of love, destroying all inanities and vacuities in which our life is so hopelessly enmeshed, and redeeming us for living Truth - opening the way to life eternal through sacrifice and death. But these words are too worn out and may mean nothing more than the vision of a principle. But when it comes in the form of an experience there are hardly any words to be found for it. She came to me in an outburst of love which immediately broke down all the accumulated vanity of intellectual endeavour.

The way of speculation, of analysis, the renunciation born of theory, all appeared utterly futile, an arid path of wearisome plodding to an indefinite, perhaps non-existing goal, or it is a cramped attempt at overleaping the wearisome stages in an impatient wish to reach at once. But reach where? Life cannot be cheated or forced into yielding the fruit which has not matured in the heat of its own fire. Fruit cannot be produced artificially. It needs the whole life process, step by step, fully and whole-heartedly experienced, in the depth of the emotional centre so as to find the truth and the clear apprehension of the goal. I had gone too far on the speculative, rainbow path. It had almost dried me up, and renunciation seemed a task imposed by a school-master. Montu had once said that next he would throw away all these books, and I thought that he was still really too far away and did not understand. Except in certain moments of grace I did not see anymore the direct approach which any true and pure feeling can give. And Montu disclosed it to me in his very unsophisticated and pure-hearted attitude towards life in general and towards me in particular. It took him no longer than one or two hours to instil that feeling deep into me - under the working of Kali's grace. I knew then that nothing more is needed than to let life's flame burn high, because in such a flame could life's dross be consumed and bring the real painless release - but never by intellectual endeavour. From that moment I became free and without compunction, and dropped all thought about what should be done on the morrow. I went to Kali in the forest and sat in front of her temple for a long time in the silence of the sky-high trees and threw all the rubbish out of my soul and thanked her again and again with the joy of relief for having killed my pride and having cleared the path for humility. It was wonderful how it cleared all my inhibitions and I could - perhaps for the first time - speak about the present and the future without fear or reticence. My vision became clear and I realized as never before the treasure God had given me. I was ashamed of former blindness and overwhelmed with joy. I thought I had advanced a great step and had made immense progress. But Kali knew that she had to break down many more defenses and not before long she set to work.

When in any one moment life appears to become perfected, or intrinsically and deeply happy, as a result of a temporary achievement of harmony and equilibrium, or as the visualisation of divine truth, we are at the same time filled with apprehension that it would vanish ere we properly grasp it. This, of course, is only as long as happiness depends on outward circumstances. Once happiness is firmly established at the centre of one's being, there is no fear any longer that it can ever forsake you.

September 29, 1942 Banaras

Strangely enough I have never been able to write down how Kali struck down all plans I had made for this summer. I shall briefly narrate it.

The breakdown began on our return from Manali. We had a very nice day with the Roerichs at Nagar, a dreadful journey in those most uncomfortable buses down these dangerous and, on account of the rains, half-broken roads, and when we reached Mandi, where we stayed as state guests, I became ill. The next day we left because the food was so awful that we feared we would be ill and never be able to recover. Montu stayed with me in Banuri a few days more, during which I recovered. Then all the trouble began which finally drove me back to Banaras.

The first stage was the visit, in my absence, of the Deputy Security Police of Kangra Valley while I was accompanying Montu to Palampur. The second, my having to rush to Dharamsala, as I had been ordered, where the D.S.P. told me that I had been reported by the C.I.D. to receiving letters under different names.

After seeing my papers and my talk with him the D.S.P. seemed to recognize the absurdity of the charge and I went away with a relieved heart. In my gladness I even went to the bazaar and bought several pieces of cloth for new dresses. After my return to Banuri I thought that I would now be able to set to work seriously and began with the new plan of the "harvesting women" which had been destroyed by white ants last year. But it was not to be. Not even a week later, on July 13th a police sergeant from Palampur came and served me a notice from the Secretary to the Governor, according to which I was to leave Punjab within 12 hours! I was utterly unable to understand it and felt like one struck on the head with a heavy club. I could not grasp what it meant and was completely paralysed. I refused to sign the paper, as I felt it too great an insult and an injustice to accept. But in my utter dismay I knew that I would have to do something about it. To be out of the Punjab within 12 hours, even without bag and baggage was an utter impossibilty. So I decided to go to Simla immediately to have this evident mistake cleared up and to get the order withdrawn. I signed and left next morning for Simla after a sleepless night. I arrived in Simla on the 15th in a condition of exhaustion which beggars description, and in that condition had to pocket further insult as the Secretary to the Governor, whom I had very politely asked for an interview, refused it rudely and even threatened to take further measures if I did not obey the order. At my further request I was even refused permission to go back to Banuri to pack my luggage. So I was branded as a criminal without having the slightest idea what I could have possibly done to deserve such treatment, without being given the possibility, as even criminals are, to state my case and to put in my defence. I was completely broken to pieces and these few days I stayed in Simla were in unceasing agony... How I blessed the day when I left that place and returned to Banaras, and saw again some friendly faces and the majestic Ganga in front of my house! As a reaction to this distressing experience, however, a singular calmness overcame me. I felt, as never before, free from fear of anything which might happen to me, and also free from attachment to all possessions. I felt, under these circumstances, that I would be able even to give away my stone sculptures, from which I thought I would never part as long as I lived...

January 1, 1943 Banaras

Will it be a year of peace? I have a feeling that it will, although I don't know how and when, and there is nothing to indicate such a turn as yet, no sign that the mind of mankind has turned away from the criminal folly in which it is indulging. Is suffering not yet sufficient for a new light to dawn upon the human race?...

Before the old year was out I had a novel experience. I had to give a public lecture on Hindu medieval art in connection with Raymond Burnier's exhibition of photographs of Indian sculpture. Now that it is over I can hardly conceive the terrible fear which possessed me before doing it. It is true I was not at all well, but still, who was there whom I could fear, and who had anything to teach me on this subject? I only aimed at trying to make a few people see and feel these things, as they deserve to be felt and seen. All I wanted to do was instil some love and some interest in this magnificent manifestation of human genius, that means, of truly cosmic life. And a few seeds seem to have fallen on good ground, as I understood from the reactions of certain people. The Maharani of Vizinagaram was most enthusiastic. She literally jumped from her seat onto the stage when I had finished, embraced me and said that she had not listened to but drunk my words...

The nicest thing about lecturing is that it is the lecturer himself who learns most, not those who listen. The compulsion to formulate ideas makes them clearer, firmer and pregnant for further development. The explanation I gave about the stereometrical forms constituting a proper sculpture made me see my own work afresh and recognize the wishy-washy vagueness in which I am in danger of drowning. The individual life of form and line I will pursue from now on. Also my big composition, of which I have been thinking about for the last two years, will not come into proper form unless I can grasp and express all <u>that</u> with clearness and vigour. Previously, I thought I could find it through the musical line, by finding the graphic equivalent of a musical theme with its developments, but I see now that it is not the proper way. The life of form itself must be found, and it will produce musical sequences on its own.

February 11, 1943 Banaras

... Since the Turkish Press Delegation was here and I learnt from these gentlemen that it is possible to go to Europe via Turkey, and that from Turkey the trains are running normally to the centre of Europe, the thought of return has come up again...

I realize my incapacity to *create form from imagination.* The sketch of "Prakriti" had remained a compromise between decorative or expressionist line and naturalism. It was neither the one nor the other thoroughly and therefore had remained weak. It is all to be refashioned by overcoming naturalism altogether and recasting everything into forms of pure expression! The capacity to do this has yet to be developed. Therefore, I tried my hand on smaller subjects as, for example, trying to express in more or less abstract forms the feelings of a musical theme. It was more difficult than I thought. I am either falling into the sway of sheer decorativeness, dangerously approaching the stage curtain or reverting back into naturalism, with a taint of sentimentalism. What is wrong with me? Do I want to overstep the limits of my capacity? But where there is a longing, a need and a vision, even if dim at present, should there not be a way?

February 22, 1943 Banaras

A few days ago I felt one of those happy instants when one comes into an intimate relationship of exchanges with the whole universe. Mostly - with me at least - it is a feeling of blissful expansion into all spheres of space and being, a feeling of reaching out to the utmost limits of this created universe and to dissolve one's own self into it. This time it was the reverse. I felt as if I could absorb the whole of it into my small self, all the creatures, all the spheres, and all that makes up this vast and unfathomable display was attracted and absorbed by me, so as to make me burst with joy.

Raymond Burnier came some days ago and queerly enough raised the question whether I should not try to go home, to Switzerland, considering that my father was so very old and that I might feel great regret and reproach myself should anything happen in my absence. I felt very uncomfortable when he touched this sore point which is a subject of constant, though subdued, worry. The dilemma was plainly placed in front of me - the great hindrance being the thought that once out I would never, or for a long time at least, be allowed to come back to this country. And the stay in this country has now become such a vital concern to my spiritual life, at least at the present stage, that I am in terror of leaving this "ambience" that is helping me in such a prodigious way in getting right understanding, and that has opened to me such unfathomable vistas...

April 21, 1943 Binsar

A few days before I left Banaras I went to the Vishvanatha Temple, or rather, to the house in front of it, from where only non-Hindus are allowed to look inside. I watched the evening Arati and realized a new meaning in the ceremony.

First, the innermost cell was cleared of all visitors, the Shiva, in the form of an egg-shaped, black lingam of ovoid form, was bare and clean. It suggested to me the idea of the supreme or central entity, unformed - or rather formless, a form of purest concentration, the black colour suggesting inwardness, the innermost cavity, the dark, small place in the heart of the universe, and of the individual being where Brahma resides, the unique being, unmanifest, in its own purest essence. The lingam was bathed in milk and in this act it symbolised the Brahmanda, lying on the milky ocean, pregnant with the whole manifestation within which it will envelop itself. After this it was decorated with chandan and a heap of chandan was placed on its top temporarily. The meaning of this was not clear to me. But then came another act, when the five snakes made of brass or gold were placed over it, coiling around the lingam and raising their heads over it. In this I felt a clear allusion to the power of Shakti, taking possession of the absolute, immobile principle and activating it. Kundalini soaring from her place of rest into the display of manifestation - the division of the supreme principle into the active and the positive principles, the power of evolution and the power of involution, the yin and the yang, also an allusion to the five subtle and gross elements which constitute the whole of creation. Finally, this Shiva and Shakti combined are gradually covered up with flower garlands, placed over them one after the other, till both disappear under a mountain of lovely colour, and smell to be sure, as the infinite and the divine disappear under the many-coloured display of universal manifestation. All the time chants and bells and cymbals were going on, but I do not know what particular mantras were chanted. Finally, all the display of flowers is taken off with the crown of serpents, and Shiva is alone again, manifestation is reabsorbed into the absolute...

In Almora I went to the Centre, Uday Shankar's school, and met all the people with an entirely unruffled mind. They all seemed glad to see me and I found a disciplne and an eagerness there which I had never expected. The work begins on time and everybody goes about his job swiftly and silently...

July 22, 1943 Binsar

The Times Literary Supplement, London, May 1, 1943, had an extract from "Menander's Mirror", describing the feelings of a day off from war-work - an artist, no doubt, and one who, even in the agonising atmosphere of war-time, could preserve his inner delicacy and sensitiveness, and all the love for the beautiful which makes life worth living. It touched me deeply and made me feel quite ashamed of my occasional fathomless depressions, inspite of the fact that I am saved from seeing the gruesome spectacle at close quarters. But for them it is experience, and for us who are out of it, it is a dull and agonizing suspense, without the hope of glorious sunset at the end of the day. So what is one to do?

Sometimes I doubt that I did the right thing coming to India after the war had started, and being cut off from Europe and all the revolution of mind and spirit which must be going on there. Shall I not feel like Caspar Hauser on my return and have no place and no contact anymore with Europe? The life of brain and heart is so much more intense over there - though so much more muddled, each one struggling for his own paradise in a confusion of beliefs and theories. And here, the old, old wisdom handed down from ages in which the people go so comfortably to sleep! True, for us it is new and therefore an adventure and experience stirring us to the depths. Only, we have nobody and nowhere to communicate our experience, neither here nor there. Here it is trite and boring, and there it is too much in the face of what they call reality. So a staring solitude grows around us, within which we don't know at times whether we shall fall into the abyss or climb up into heavenly light.

One evening I looked out towards the west where the sun had set and where two brilliant stars in the evening sky had risen, Venus and the growing young moon. And suddenly I felt the universe as a witness to the life of my soul, and the witness approved of my living here and bade me ban all doubts and scruples. He said I had followed the proper path before eternity and that many things which I had understood here would have never come to me otherwise.

July 24, 1943 Binsar

The other day I saw the lovely lower hills through a transparent curtain of rain. They were lying in bright sunshine, yet through that grey, moving veil they looked completely unreal, like a fairy-vision. We were in two utterly different worlds, we all wrapped up in clouds and water, and down there, peaceful sunshine - but no real sunshine either! It struck me as an exact image of how I see the world today. Reality has become so remote! All life has become a shadow. I feel it more since I have been here...

The Hindus teach - and I saw it today in Maharishis's writings -

detachment from life, giving up work, giving up thinking, realization only of the self and with the self, the supreme being, realization of the unity in God. It is all very good, but is it possible to preach this at all times, to anybody and in any stage of life? There I think the great mistake has crept in... To ask anyone to throw away attachment and, consequently, duty, before he even knows what fulfilling duty means, is to cause confusion in the proper and orderly evolution of every individual life; and the goal it wishes to reach by a short cut, is thereby missed...

August 23, 1943 Binsar

Sometimes, when I think of Italy's fate, how her wonderful and venerable earth is now torn and destroyed by bombs and shells, and all her monuments - these invaluable treasures for the culture of the whole world and of Europe in particular - are mercilessly destroyed, I feel as if my heart is lacerated by those very bombs. After the campaign is carried from the south to the north of the country, what will remain of all those marvellous paintings, sculptures, mosaics and architecture which meant such a world to us, and belonged to those few things which made life meaningful? But what do these things mean to a savage army with the most wonderful contrivances for destruction in their hands, operated at the press of a button? The testimony of thousands of years of culture and human endeavour is gone!

These last few days I concentrated very much and tried to resign my will to the will of the Supreme. I tried to be quite relaxed and quite humble and simple, and to just accept everything that is happening to me and to the world as a necessity according to a divine law which is far more provident and wise than any human being could be; and just to trust like a child and to confide myself entirely to Divine Hands. May I be able to persist in this attitude which carries so much consolation and bliss!

November 28, 1943 Banaras

I came back from Almora, Binsar on the 19th of this month. As I went in front of my little Krishna I was surprised to see his expression very aloof and serious. He did not want to look at me. He looked into a vague distance as if he were angry with me or concerned about more important matters. I did not insist on calling his attention, as I thought he was just playing a little, to give me a warning that I should not have neglected him for such a long time, and he could not fail to be friendly and jolly as before, after a few days' company.

But on the 24th morning I received a cable from Georgette with the sad news that Aunt Juliet had died on the 18th, on the very day on which I left Almora. It was a big blow. I had an inner contact with her, as perhaps none had in the whole family, including her husband. We were really one in many ways and all her life she had been a great inspiration to me. She had been motherly as well as a companion in art, and our love for the beautiful had taken us to many common enterprises and expeditions. This had been an inexhaustible source of joy and enthusiasm to both of us. With what intensity she felt things and worked!

Though I was twenty years her junior I often felt like a lame duck in front of her exuberance and vitality. What a great help she was in my troubled and complicated development. I could open my intimate thoughts to her more than to anyone else. She was a real friend. How many such people are there in one's life? Losing her means losing one of those for whom I was pining to go back to Europe. It was with her that I was going to exchange and discuss the unfathomable experience that India was - with her and with Georgette. I am quite dazed. I cannot yet realize that there will be nobody at the Bellinzona Station to receive me and that the house in Tenero will be an empty shell and that she will not be there to make me recall the long tale of my Indian adventure and to relate many interesting observations of European development. There will be no one to offer me a readymade studio for my work, to study my work with such seriousness and encouraging sympathy. I shall realize the loss in all its greatness perhaps only when I reach there...

It dawned upon me now that on the eve of my arrival Krishnaji already knew what had happened and what shock was awaiting me. That is why he could not look and smile at me. And I, great fool, took it to be childish pranks! Slowly he is coming back, his face is brightening again.

Today is the 23rd anniversary of Mother's death... I put her photograph, which Father sent me this summer, in front of Krishnaji and decorated the whole shrine with fresh, golden, fragrant garlands. I sat there and felt quite appeased and grateful. I thanked her for the present of life which her love had given me. I asked her to bless it and to help me so that it should not flow away uselessly, but that all its adventure, all its joy and pain, should bring fruit and develop it a little further on its onward course towards reintergration in the supreme.

Yesterday, when digging out all the old family letters of the past years, I felt all of a sudden a terrible longing to go back to all these dear people. I thought I ought to somehow try to manage to get there...

Evening

Now Krishnaji looks at me again openly and with a friendly expression. There is no secret any longer which he would like to communicate and which I was too dense to comprehend. It is because we humans are too obtuse that only the spoken, articulate or written word conveys meaning, and his subtle emanations only slightly touch us, without acquiring any explicit meaning.

How would Aunt Juliet have loved him, his bouyant, round face and all the childlike glee, the undaunted freshness which emanates from him? How she greeted, caressed and said goodnight every evening to her statues and dolls, the Chinese house, the camel-rider, mops, etc! They were living beings to her. I sometimes felt too tired to enjoy the fun, but how I understand it now, since my statues have also come to be companions of all my days. Her heart, so full of motherly love and generosity, had the misfortune of losing her only child. And so it came to be that all creatures were her children.

I placed her photograph as well below my Krishnaji so that she should feel happy.

March 22, 1944 Banaras

Since the beginning of the year I have been working hard at new paintings. Perhaps the careful study of block sculpture in Ellora has helped me a lot for composition and formulation. But I also had to finish a few old things and so could not let myself go in unbridled freedom in the new domain of symbolic or imaginative creation. I am still shackled in old habits and old thoughts, but the new thing is breaking through with even stronger assertion.

April 2, 1944 Banaras

At last on March 29th I could redeem my promise and bring the little Nandi to the Shiva-Temple near Wyndham Bungalow in Kotwa - a promise made two and half years ago, which I hoped I would be able to fulfill after a few weeks or, at the most, months! When I was there in October 1941, after my stay in Robertsganj, I promised Mahadeva that I would install a Nandi in front of his shrine if I would recoup my health. And it took two and a half years for that miracle to be achieved. The sky was covered with clouds the whole day. Mr. Banerjee came with me as the officiating Brahmin and Montu, together with a mistri and a servant. Maharani had lent me a car.

It was a great pleasure for all of us to come out into the open nature again - for a long time we had been deprived of our regular excursions. And those Vindhya table-lands are really magnificent in their vastness. Now the red flowers of the Kingsale tree were all aflame. We drove directly towards the shrine and by ten o'clock the Nandi was in place and cemented into the stone padding in front of the shrine. Every image in the shrine - Ganesha, Surya, Vishnu, Devi and Mahadeva - were garlanded and decorated, sprinkled with Ganga water and the proper mantras were recited by Mr. Banerjee. Amidst a profusion of flowers the Nandi looked very happily at his Lord. I felt a great joy all day long. Everything was cleaned and the good mistri also cemented the cracks in the stone. So everything took on a festive appearance. We had lunch at the Bungalow where the Cowkidar recognized me immediately, inspite of his being one-eyed, and he reproached me for not having come earlier, as I had promised I would do. We went into the big gorge after that and rested for a while. Then, we went back to the shrine. There is now a relation established between myself and that sanctuary.

September 16, 1944 Binsar

I am reading a book on Leonardo da Vinci by Antonina Valentin with the subtitle: The Tragic Pursuit of Perfection. It is very vividly written and the personages described in it emerge as beings of flesh and blood... The places and characters the book evokes, touch me on a very delicate spot, in the tissue of my early life remembrances. A word sometimes, suggesting the landscape around Florence in spring for example, give me joy and nostalgia. A thousand forgotten associations spring into actuality and fill me with a desire to go back to those places and to feel the clear and vigorous atmosphere again of those regions of the world...

October 23, 1944 Binsar

My Binsar stay has now almost come to an end. During these months I was both very unhappy and very happy. Obstacles to the realization of my new vision of painting were many, and yet it seems to me that I have gone one step ahead. And this is my greatest happiness. Though I did not achieve half the amount of work I expected doing in six months, there were periods when I felt it flowing in a new way. Especially when I was working on the "Vishvarupa" composition, the inner visualization became extremely vivid. The figures of the composition were, so to say, growing out of themselves, like in a dream, at times with no conscious effort. Perhaps for the first time I felt the joy of a really creative process that means a release from the enslavement to the nature-motive as we were taught in art schools. Nature is not discarded but it becomes coordinated and significant in the inner vision, and is no longer picked up at random. It is of course just a beginning of what I would like to reach - the mastery to create in absolute independence of scientific nature-copying. That would require such a forceful, vivid inner vision that it could forego searching for a motif.

We have reached the opposite position of the wheel, if the process of evolution is understood to be an endless revolution. For Leonardo da Vinci and his contemporaries scientific analysis and material exactness were the great stirring passions and the new aims to be achieved. But great as their achievements were on that line, their horse is now ridden to death, and the reverse process is underway. Their kind of scientific exactitude which had given the death blow to all symbolism and mysticism has now come to be looked upon as unnecessary to artistic formulation. This does not in the least impair the greatness of the Renaissance artists, it only rejects the aim they were driving at. Moreover, it should never be left out of consideration how much their great achievement owed to their traditional background, to the rich cultural and artistic heritage of which they were part and parcel and which inspired their work unconsciously.

To my mind the determining elements in a work of art are the unconscious, or supra-conscious, elements which make it grow like a tree or a flower. In us this flow of inherited culture has been broken and we no longer have such inner sources on which to draw. But we have a stupid substratum of scientific training to demolish and enormous heaps of rubbish to clear off, before we reach our own creative ground on which anything big or small might grow. My ground, whatever it may be, has been cleared and nourished through these years in India, an experience devastating to European prejudices, and I can smell the earth at last and can watch the first timid sprouts.

What haunts me most of all is the expression and symbol value of forms, of all things created by nature - how to find these values and how to put them to use to express certain ideas or to evoke certain feelings. This expression or symbol-value is clearest in geometrical forms or in abstract lines, and in the approach to them lies the clue to the understanding of those values in nature-created forms. The same holds good for colours which are also not just beautiful and pleasing, but which determine idea or feeling in their own language.

December 5, 1944 Banaras

Back in Banaras since a month. Started my picture of Surya which is more or less in the form of an image for worship. This creates new problems of harmonising the iconographic conception with one's personal feeling of the subject. Whether I will succeed in making something living and convincing, I do not know.

Everytime I open a newspaper the accounts of massacres going on throughout the world and the horrid expressions of hate and vulgar fiendishness pierce me with swords of excruciating pain till the paper drops from my hand and I remain wondering how long we shall be able to endure the tension of nerves and how it is possible for those who are directly in the struggle to have endured so long.

January 1, 1945 Banaras

One would no longer dare to make any prognoses of peace, as on previous new years. We are floating on such an endless ocean of misery, hatred and abomination that we despair of ever seeing its end, even if actual fighting should end, and we are more and more strutting on our respective small lifeboats of study, art and work.

For me individually this year has not been a bad one. For one thing, news from home has always been good. Secondly, my health has definitely improved.

Thirdly, my work, though not as plentiful as I should wish it, has entered a more creative phase where creative forms and visions from inside are filing me with a new joy. But why had it to be so late in life that I could find the courage to enter this line? Had I remained in Europe I would most probably never have had access to it. I would have remained tied to the naturalistic method. I could not have embarked upon the destructive craziness of surrealism or the empty abstractions of so many moderns. I appreciate and understand their intention, their will to break with our wornout naturalism...

Here in India inspite of all the poverty and perversion that fundamental stuff remains from which a living art can emerge. I often wish there were some stronger ones here than myself to squeeze out that wonderful essence which every aspect of Indian life contains. For myself, I feel it has just started loosening my shackles and allows me to see perspectives of untrammelled creation. I only wish I will be given more strength and a few more years of life so that I might be able to bring some of these visions into life! Very few wishes otherwise remain with me, and no great attachment to life either, if only I will be given the privilege in a tumbling world to see my dear ones again before they leave this world!

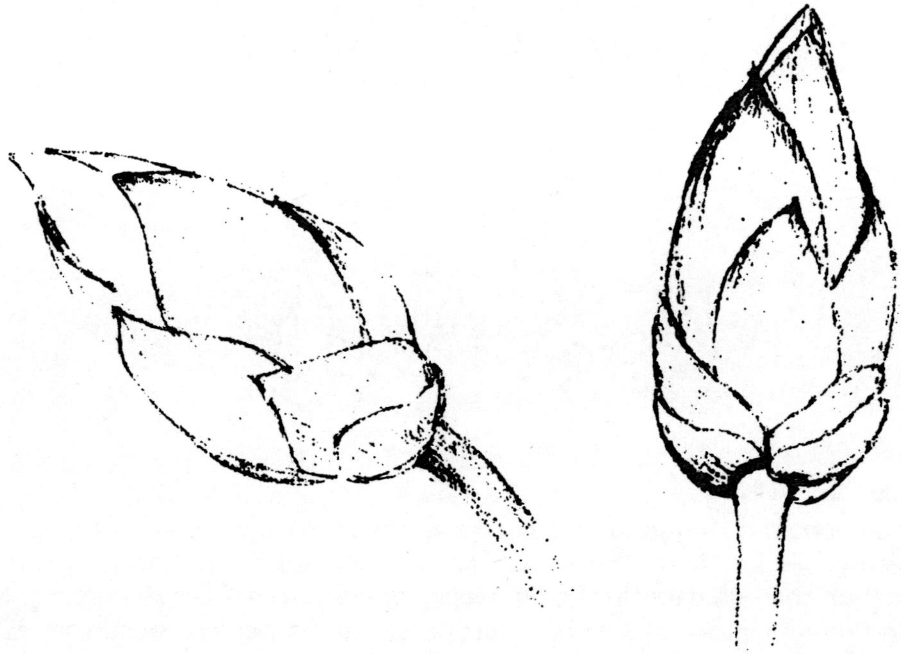

What will this year bring about for the world? And what for us? Shall I return home? Krishnaji looked inscrutable this morning. His eyes were looking far, far away, as if they were surveying the future, not of this year or of the next only, but of all times to come. Every morning when the sun rises his eyes have that far away, abstracted look, as if his whole being were intent only on this one thing of getting the sun to rise. His identity with the sun then becomes clear.

January 8, 1945 Banaras

Today all of a sudden when I by chance looked at my grandmother's pictures on the wall, it struck me that this very day would have been her hundredth birthday. Just a century ago today she, who was such a grand and noble figure throughout her life, was born. She had a manly spirit and an uncompromising sharpness of view in all human affairs. Sometimes her biting humour made some people uncomfortable. But her judgement was seldom wrong and she could not be blind to the defects of even her nearest ones... She was as unflinching in her sense of justice as she was in her love and we, her grandchildren, were nearest to her heart. She was young again with us and she gave us that companionship which has no restraint, as amongst children of the same age. Her beauty was of a queenly order, and in my eyes she became more and more beautiful the older she grew...

The love our elders gave to us cannot be equalled by any other love in this world. It is the only love free from selfishness. And it is always very late when we come to realize it. If only it is not *too* late! The more I live alone in this far off world, away from my family and my early friendships, the more I come to appreciate the unusual pure integrity and nobility of character of those who formed my nearest family circle and who were my closest friends. I took it all for granted when I was living amongst them, and I sometimes even resented unavoidable shortcomings. Now that I know of what friable stuff the world at large is made, they shine out to me like precious diamonds, and in human relationship I consider them as my most precious possessions...

April 24, 1945 Binsar

Again in this blessed spot since the 20th. There is real April weather here and it is wretchedly cold. I am staying in the grand Durga House, in front of the most magnificent nature, in the freshest and most vivifying air with a direct view onto the snow. It is almost too magnificent, and I am not yet able to see and feel in the proper way! The change from the heat of Banaras to this mountain top is too great and too quick. One feels completely lost...

May 9, 1945 Binsar

Today Mr. Levi came to announce to us the ceasefire in Europe at last. No need saying how excited we are...

May 21, 1945 Binsar

... I plunged into a new vision of my work. I suddenly saw why I felt at a loss to solve the problem of my "Early Morning Raga" which I had twice attempted without satisfactory result. I saw that my treatment was wrong, that a treatment with fully extended planes and surfaces like illusionistic painting was not adequate for the expression of feeling and symbolism. My giving neat and expressive contours was after all only a compromise and could not solve the problem. It needs a more vivid treatment, more in the sense of a strong, expressive arabesque, not only a quiet contour-line around a more or less geometrical form. The filling of spaces is wrong in my kind of endeavour. I visualized quite a new way which I am anxious to try as soon as my strength is restored.

And then a fresh vision of my three big compositions of which I am dreaming welled up in me, accompanied with such an intense feeling of delight that it shook my inside. It made me quite indifferent to everything outside. The vision became more and more intense, and not only the way in which they should be carried out presented itself with almost agonizing vividness, but also the place where they should be set up. I saw them definitely as a tryptic which could not be separated, though each picture was an absolutely separate unit. And I built a temple in my mind in which to set them up, either a temple with a kind of cross-nave, like in Christian churches, so that it would have three "absides" in which to place them. In the left abside Prakriti as Sristi, in the middle, central nave Vishvarupa as Sthiti, and in the right nave Kali as Samhara. I also thought of three shrines joined together on one platform, so that the central one should face east (or west) and the two lateral ones north and south (and each other). And, suddenly, I saw the paintings transformed into the clear and vigorous technique of mosaic which are so much more brilliant and durable. The joy I felt was so great that it evoked in my mind all the ecstacies experienced in front of the mosaics in Rome, Naples and Ravenna, with those unfathomable deep grounds of blue or gold, or of shimmering green, and the lovely sensitive and yet bold outlines in small black squares and the infinitely rich shading in the concise contours. How vicarious and cheap all paintings looked besides such solid things. How wonderful it would be if I could fulfill my dream. I would claim no more in life. To find someone to build the shrine and to order these mosaics from within me, to bring a few expert mosaic workmen from Italy and to set about the work. It would be a supreme delight. Will God grant me this?

July 9, 1945 My happiest day in Binsar

Yesterday we had a long walk round the flagstaff and down the other side, the most beautiful part of Binsar. I was quite tired and slept magnificently...

Then I was called as it was late, but I awoke very fresh and worked well. I set the composition of Prakriti by surrounding it with concentric rays, the light of Buddhi or the Paramatma emerging behind the dark mark of Avidya and visualised only by the seer in the right upper position. The child is trying to catch a butterfly and the cobweb of manifestation is between the seer and Avidya. He looks across its web. I found to my agreeable surprise that when I connect the essential forms with straight, structural lines, the composition holds perfectly together. But I also know now why such lines should be drawn beforehand - how much shifting and feeling one's way around they would avoid. But of course they cannot be traced unless one has one's subject clearly in mind, and one has certain principles and rules to go by, as in the Ellora sculptures. I am trying quite new ground so that I can find them only after the composition is made. But my Vishnu has now become quite a new composition with the battle scene at the bottom, and many new additions, and now my Prakriti is also taking new shape. How thankful I am.

To crown this perfect day a sweet letter came in the afternoon from Father, setting at rest my worries about getting home. He asks me not to come before they send me their "nihil obstat". So I know that they no longer expect me in the near future. May God grant him good health.

July 22, 1945 Almora

Another birthday in India. Raymond Burnier asked me to lunch and had made a charming arrangement on the table with flowers, ferns, mushrooms, fruit and in the middle a lovely cake with my name and date and a sort of candelabra, a huge cake of wax with nine wicks flaming like the fire of an altar. The whole room was decorated with creepers and a carpet of mimosa leaves on the floor. Imagination could not do any better. The day was warm and bright and the perfume of the pines delicious, like in Italy. I looked towards my Binsar on the mountain top with a kind of nostalgia. But this little celebration made me quite happy. I also worked on this day. I feel this is the finest celebration of all.

The years pass by, yet I don't feel unhappy about it. Rather, I feel the simplification of life with growing age as a blessing. How difficult it is to be young!

Europeans generally think that the Indian doctrine of detachment, renunciation and disentanglement from the world is a doctrine of pessimism and negation of all activity and enjoyment. Yet the truth of it is diametrically opposite. Activity is certainly of two kinds and in many ways mutually exclusive. These are the inner and outer activities. When the one grows the other diminishes. That is how I believe the oriental inactivity and western activity should be valuated. Which of the two activities makes one grow and evolve is not difficult to decide. And where enjoyment is concerned, which is the better enjoyment, of the instrumentalist playing his own little part in an orchestra and incapable of hearing the whole together,

or of the chef d'orchestre, or any understanding member of the public who hears the whole and feels the interweaving of all the melodies and rhythmns and finally distils the ultimate harmony of all the concerting voices?

When you see the whole of life and of the universe as a display, as a moving, evolving and passing show, how much more pregnant are all the episodes and details to watch, than when one is engulfed in the stream and unable to lift one's head above the waves. It is enjoyment on a higher plane, on the artist's plane, which this philosophy teaches, the enjoyment where every event becomes a symbol full of meaning. It is, as I understand it, an enjoyment infinitely more intense, more conscious and more exalting. I don't see it as pessimism, but rather as optimism, if such a word were not too crude and simple. As a matter of fact it is neither of them, but it just gives the standpoint from where one can see what makes life worthwhile.

Could the religious books and symbols of the eastern people be so full of vivid, touching, forceful and delicate images if the religion which designed them were a dry, lifeless asceticism? No, their asceticism is a higher kind of joy, and only through that joy felt when beholding and feeling the beauty of this universe, can the desire arise to become one with that great universe and its greater creator. Once union with the creator, with the supreme atman, is attained all this creation is seen from within and, perhaps, does not exist any longer. But in order to reach that, there is no other Jacob's ladder than this universe itself, and each beauty discovered in it is a new and higher rung of that ladder. It is not before we have reached the top that we can afford to give the ladder a kick. But then it will not be necessary any longer. The universe is then contained within our own atman which has become one with the supreme.

I don't think of my life any longer, when looking back, in terms of happiness and misery, or of gain and loss. Rather, I feel now that in everything that has happened, or has failed to happen, a certain substance which is determining my inner attitude to existence has been distilled. And this attitude which strongly tends and centres toward an absolute light, a supreme power beyond existence, begins giving it a great calm and contentment. The only thing still making me restless is the striving to find expression for this ultimate truth which is dawning in the inner consciousness. My work now has no other meaning any more. It has to become an expression of the inner vision, or else it will be nothing. Let the years pass, I do not mind it, if only I can find the power to give a glimpse of that vision of the universe's inner law which sometimes fills me to bursting point. So long may my strength hold out! This is my prayer. The more I advance in years and approach the face of the great unknown, the more the purely physical forces recede, the more I have to relinquish myself to His support.

August 9, 1945 Almora

I am back in Pine Forest House after staying a few days with Getrude Sen. We had many interesting and animated talks and I found some most helpful books... They all have a bearing on my work, my big compositions.

August 11, 1945 Almora

Yesterday Alain Daniélou came to see me and I incidentally mentioned that I felt so desperately tired everytime I went up to Townshend in Kasar Devi Estate. I said I did not know why this particular walk exhausted me so much, though it was not such a very long one. He quickly said: "It is the Devi". I looked at him somewhat bewildered. So he went on and explained to me that at certain points of the earth there are particular stresses caused by superior powers, and that at such places temples are often erected. One ought not to live there, but only go there for worship. People here never go to that Estate without going to the temple and worshipping the Devi. Somehow his reasoning struck me and as I had not visited the Devi I thought it might be true. So at night in bed I concentrated on the Devi and tried to make contact with her. Everything became alive within myself and I started to realize the absurdity of my neglect. I have been working for weeks now on my composition of Prakriti, but it never entered my mind to even pray to the Devi, to try to approach her, to identify myself with her, as I had done in the case of Vishnu's Vishvarupa when, in a devotional spirit, I always tried to go beyond manifestation and to visualize the absolute. But the wonder of creation itself, the active manifesting power which had brought forth all these worlds, and was perhaps in the process of destroying them again, I always bypassed it, admiring it perhaps, but never worshipping it. There I found myself in an absolutely new position, face to face with the supreme creative power to whom we all owe our existence. I suddenly began to understand those who worship the Devi and was happy to have in some way seen the way leading to her. I decided to go to the temple with flowers and make amends for my neglect. In the morning I plucked some roses from the garden and put them in a long boat-shaped vessel which I supposed represented the Devi's symbol and prayed for her grace and mercy.

After that I worked merrily and felt quite relieved and happy and at noon a note came from Getrude Sen, announcing the end of the war. Upon the second attack by the atomic bombs Japan surrendered, asking for only one favour: to be allowed to preserve the emperor!...

October 27, 1945 Khuldabad

My new stay in Ellora has now come to an end and I feel infinitely happier at the end than I felt at the beginning. I thought that I would not at all be able to stand even a few days, let alone three weeks. It is true my health was bad and I was weak. In this condition the caves, the images, the smell of bats, the darkness and my stay were all simply overbearing, and I sometimes had to just run out again. Also, I did not very well know how to approach my work after such a long lapse. Then, I had no hope that my wish of having photographs taken would come to be realized. I dragged on from day to day without enthusiasm or great excitement, unlike the last time.

Still, I found a new method of investigating my compositions, not by drawing them first and then trying to establish the fundamental construction on them, but by first drawing my pentangular, hexagonal or quadrangular scheme and then drawing the composition into it, proceding as it were not in the way of a spectator, from outside to inside, but in the way of the creator, from inside to outside. And, to my surprise, the process was much quicker, and much safer too. From the angles of inclination of the most essential features of the composition it is, as a rule, possible to establish a priori what the fundamental scheme is. In the geometrical scheme, then, the direction of the most accentuated features has to be emphasized with all their parallels, and when that is done, the whole design, in most cases, will hold perfectly in it. The same fundamental scheme, especially the quadrangular, can of course be infinitely varied according to which cross-directions are emphasized. On the whole, I found this proceeding satisfactorily and in many cases it has overthrown my previous schemes. These now look too far-fetched and laborous, and it is not very likely that such a speculative scheme could possibly form the basis of such vigorous sculpture. The new schemes are much simpler, but I don't feel sure any longer that they contain any symbolism at all. They may, after all, just be laws of composition based on solid geometry, which need not be symbolic geometry. Yet, this is for more learned people to find out. Of course, in the Hindu tradition and life, there is hardly any thing which does not have a symbolical meaning.

Against all hopes a photographer was granted to me and he came for two days. But he was allowed only a dozen photographs! What a pity, when one could take a dozen hundred and more! The ways of this Archeological Department are difficult to understand for ordinary mortals.

Today I did my last sketches and sat for a long while in the big hall of Kailash wondering more and more why this rotten chunna is left everywhere defacing all finer forms of the decorations. Yes, decorations! or decorative art, as we understand it in Europe, is a thing which does not exist. And still less, the distinction between fine art and decorative art. The reason why we don't have "decorative" art at all and why schools of "art décorative" are such humbug is now crystal clear to me. It is because we no longer have any symbols to handle. All forms of nature are to us "beautiful" at the utmost, but they have no further meaning, no deeper symbolic value. But idle beauty is utterly uncreative, since it is only outward appearance. Only the idea can create. When a lotus flower, or the face of a lion, or a creeper, or pot, or swan has a meaning besides its appearance, it is only then that it takes a definite place in the imaginative store of the artist, and from there it comes out again in its transformed, symbolical form wherever it is needed and is appropriate.

Our twentieth century did an act of courage and truth when it discarded all obsolete decorative styles, Renaissance, Baroque, Gothic, or whatever else the nienteenth century was so fond of imitating. But when it discarded all the trash which no longer had any meaning, it stood revealed in all its nakedness. The new style is nothing more and nothing less than an honest avowal of our utter emptiness. The moderns take pride in it and think that in their deliberate despoilment there is the great virtue of having come back to the fundamentals. To my mind they are mistaken. They have not touched any fundamentals, they are serving utility only. Fundamentals have no utility, they are just expressions of principles. The moderns have invented "la machine à habiter!" Where nature no longer has symbolical value, no art creation is possible, inspite of the greatest individual gifts. But where that meaning of nature is alive, how art flows with effortless exuberance and how it flourishes! The individual imagination is fired and fecundated and with what freedom it expresses itself, without ever breaking the fundamental, agreed or traditional form! How false it is to think that a tradition, a definite style in art, stifles the individual expression. Every great art tradition, be it Greek, Gothic or Indian, can give the dementi to such wrong assumptions.

Towards evening I went to have darshan of the Jyotir-Lingam in Ellora with my nice old Brahmin Sitaram. Then I sat a while near the tank of Ahalya Devi and then returned towards Kailash with my legs aching. I felt like going straight home without saluting the Shiva in Kailash, as I had originally intended. But when I approached there I felt a strong pull to go up, inspite of the tiredness. And up I went in the semi-darkness. I had to feel my way to the sanctum. I touched him and prayed to him that He should be with me always, whether here or in Europe, that he should never leave me and always love me. I felt so happy in His presence, all the tiredness was gone and a great strength and a strange elation had entered me. I went uphill without strain. I sat down on the bridge and looked down backward into the last glow of the evening above the endless plains. A black bird took its flight into infinite space. My soul followed it with great joy.

October 28, 1945 Khuldabad

After my Shiva-Darshan I had a sleep that night that was the quintessence of sleep. It was like the deep, dark peace in the blank, innermost shrine of Shiva. Such a sleep, such a blessing I had not experienced for a long time. The whole world could have gone to pieces in the meantime and I would not have known it...

Now to come back to the Shiva Lingam. I noticed yesterday that it was slightly bent to the right, on its left, the side of Devi, of Prakriti. I don't remember having noticed it before and wondered whether it was because the world had gone out of order and left its polar centre. I slowly started to understand why in China it was forbidden, under penalty of death, to change the pitch of music even to the slightest degree ... I who was all for change in my younger days!

In the temple I watched parties of young English soldiers going through the caves. They just went through to see a curiosity. Not a single one lingered nor seemed to be affetcted in the slightest way. How I went completely out of my self when I first saw them! But then they came from the stunning noise and din of war, from stupefying discipline, from hardening murder. How could they be open and sensitive enough to these things? This present world has become so inhuman that I have lost all touch with it. All those things which filled our life have no meaning for them, and their pleasures and activities have no meaning for us. I met one officer who was slightly interested. He looked more of an intellectual type. But then he was bewildered by Hindu mythological figures and he did not seem to think that they were worth bothering one's head about. He thought that their stories were all profoundly immoral. I said yes, they did represent the fight of the divine with the evil forces, and that they did not shrink from representing the evil as it was in this world. All he said was: Hmm!

During these weeks I have been looking west, not east as in Banaras. The plains below the guest house often reminded me of the western ocean, especially when the sun was setting into it, and the small hills on the horizon stood out sharply like small islands. What fear and what sorrow invaded my heart at the thought of sailing west on this ocean, towards a world which had become completely estranged to me ... This sometimes makes me almost unable to bear the thought of leaving these shores - and this inspite of my great desire to see my dear ones...

November 2, 1945 Manmad Station

What strikes one first in the Ajanta paintings is their evocation of numerous and varied European styles of paintings. One sometimes thinks of Pompeyan scenes, especially in the smaller compositions between red pillars within dainty architecture like the "Lustration". Then one thinks of Byzantine basilikas with their rows of haloed saints, when looking at the Caitya (No.9) with the rows of meditating Buddhas on the wall, attended by ravishing heads of young girls and boys looking at him in wondering innocence, with other Buddhas standing on the faces of the columns. Then, in many of the Jataka paintings one is reminded of early Renaissance.

All of a sudden Paolo Uccello appears in the powerful big Surikalana Jataka with the procession of warriors, horses and elephants. A noble pre-Renaissance touch is in the threefold appearance of the Buddha in the three worlds, which I regard as almost the crown jewel of all. In others, like the monkey and six-tusked elephant Jatakas, there is a freedom and a swing which is almost baroque, though with much more incision. In the decorations on the walls and ceilings also, every style can be found from early Roman to baroque and rokoko. The fine paintings in Caitya No.10, said to be of 200 BC, have something prehistoric, plus early Persian and early Chinese, in their noble simplicity of design, their deep sobriety of colour.

These are some of the thought-associations which well up here and there. Yet, in some way these paintings surpass all other similar ones, in as far as they step out from our three-dimensional space into a fourth dimension. Even in early religious paintings in Europe, where the beings of heaven are above the scene, the visual dimensions are preserved, the actual, natural space understood and never left out of consideration. The flat solid surface of the earth and the air in which the heavenly beings float, are ever held apart. There is a naturalistic outlook underlying even the most austere religious paintings. The thrones on which Cinabue's Madonnas sit are of solid wooden carpentry. Not so in Ajanta. There the painted surface of the wall itself represents the fourth dimension, including and cutting across the others. There is no earth plane and no heavenly plane as such. It is the arabesque of the composition which is the ideological warp of all happenings and ideas. Natural space does not exist, only the spiritual space of ideas. That gives the painters the sovereign freedom to manipulate the wall surface, untrammelled by any scruples of naturalistic verisimilitude. The composition flows apparently out of itself, almost without a previous scheme (except in the figure groups in Cave II and in the Boddhisattvas in Cave I). Each form is born out of the other, and the natural forms never exist in themselves, but are only expressions of conceptions on the plane of thought.

In European art it is perhaps medieval tapestry which comes nearest to this attitude. In "Le Bal des Sauvages" and "La dame à la Licorne" we find an analogous freedom. In many Cluny tapestries the device of strewing the background with flowers has been adopted to relieve it of its material weight and realistic connotation. But there isn't that exuberant flow of thought, they are poised and schemed. This is not a criticism, it is only to emphasize the difference and to try to explain more clearly the particular position of the Ajanta paintings. The same law of spiritual characterisation operates the scheme of colours and the treatment of garments, ornaments and jewellery. All these are utterly subservient to the sway of the main forms and only help to bring out their fullness and broadness into stronger evidence. They are, so to say, the punctuation of their phraseology.

January 1, 1946 Banaras

I woke up with a sense of alertness and greeted the sun when it had just risen over the horizon. I went up and also greeted Krishnaji and my own Vishvarupa Krishna. Krishnaji gave an intent smile and seemed to radiate fullness, strength and courage, and an inner light which communicated itself to me. I thought of what might be left over of my life and surrendered it in thought to Krishna. I felt I had no great desires left, except the one that I may be granted to accomplish my three great paintings, my trilogy Shrishti, Sthiti, Samhara - Prakriti, Vishvarupa and Kali - and that painting them was not only painting them, but realizing their intrinsic contents. After that, I would be quite willing and prepared to throw up my life and to dissolve into the universe, but not before, as otherwise I would deem myself short of realizing myself to the end of the capacity of my inner being. What labour and work it requires to thrash out the corn of one's own grain! I requested Krishnaji to grant me this one wish and to help me realize this one purpose. I begged him to be with me always when going to Europe, so that I might not lose the great inner treasure I have collected in this country, where Paramatma is Reality and all else is vanishing appearance. Let the great Truth remain with me and persist and grow, whatever the outer surroundings.

A great human experience has also accrued to me in this long absence from home, and that is the recognition of the most extraordinary human quality of my own people. Grown up amongst them I of course took it for granted that this was the average human quality and therefore could find fault with small shortcomings and defects. But slowly I came to realize in contact with the modern world, how immaterial these are beside the fundamental integrity, truth, intelligence, generosity and reliability and the sattvic tendency which most of my people undoubtedly possess.

April 2, 1946 Banaras

I have laboured hard these last three months and have finally succeeded in translating the Vishvarupa composition into colour. The transition from the line tracing to the disposition of colour-surfaces was most difficult. I almost gave up the attempt. But then I had a guide in the Rajasthani painting I copied at the same time. The severe architecture of that painting, the mathematical precision in the balance of spaces and surfaces and colours, the animated equilibrium of lines and movements taught me a great deal.

My big composition is still much too naturalistic and it will have to go through several fires, till all the dross is burnt out. Yesterday I gave the Maheshvara head a geometrical structure on top, and suddenly I saw the entire painting as it *should* be when determinedly put into geometrical patterns. I saw these patterns underlying it, even as it is today, but they must be brought out fully, which will raise the whole vision onto another plane. It will then express the inherent thought more deeply, the unity of the principle in contrast to the division of manifestation. This vision should transcend actual facts. I grasp it at the moment, but I cannot execute it on this canvas. It must be started afresh, on a bigger scale. How happy I feel in this pursuit. No work of mine has ever fascinated me so much and tired me less. I would have begun it just now, without a moment's delay, if the hot weather were not beginning, and I may have to embark before long.

After Mr. Bharata Iyer's visit I looked up my lecture of the Theosophical Society in 1943. In it I found the clue to my article for the Coomaraswamy's Memorial Volume - the fundamental meaning of form with reference to Hindu sculpture, an answer to those who always stumble over the lack of realism in Hindu sculpture.

June 25, 1946 Pauri

The hot weather was passed in waiting and struggling for a passage. I bore up to the heat in Banaras pretty well. The daily bath in the Ganga was a great relief and joy.

I have been up here since a week. I thought I could sit down at once and finish my article for Coomaraswamy. But my brain would not work. It was quite powerless and muddled, a complete grey blank!...

In Delhi I had very amusing and interesting talks with Sarojini Naidu. Since we both lived in the same house I could see her quite frequently. She introduces me to everybody with a description of my house on the Ganga, and always asks me whether I do not feel lonely there. My living there so long seems to puzzle her. She also often spoke of Lalita Kumari, Maharani of Vizianagaram, and thought that she should be given some task in the rebuilding of the future India. I encouraged this idea and said that Lalita herself would feel much happier if she had something to do, other than her royal idleness.

Then Sarojini mentioned something about being so devoted to Gandhi. I asked whether Gandhi had thought of entrusting her some work? Whereupon she retorted: "Gandhi? Would he think of me? Would he have this much sense? Have men any sense ever?"

She seems to be the "enfant terrible" of the Congress and takes full advantage of her position as the only woman in the working committee in speaking out her mind. It looks as if she considers all the others as her sons whom she rebukes with motherly frankness and love. And since she does not live on ideologies, but on practical good sense, much of Gandhi's "principles" do not appeal to her. One day she said: Why do people take his whims and idiosyncracies so seriously? It is foolish and it is not fair to his greatness. On another day she said: What nonsense he sometimes talks at these prayer meetings! And then again: "Is it necessary to make such a fuss and take a vow if you decide that you will not eat meat or drink milk? Give it up, all right, but don't make such a state affair out of it! When he had made a vow to give up milk on account of the cruelty to cows, and was badly in need of having milk, Kasturbai, clever girl that she was, made him understand that with goats it was quite a different matter, and so he took to goat milk."

One day she burst out saying: "I often tell Gandhiji: `You have no real belief in God! You don't particularly wait for his decision. You want to force God's hand by taking a vow, by starting a fast when you are fretting and fuming.'" I was very much surprised and asked: "But does he fret or fume?" "Does he?" was her short reply. Then she went on: "Do you know Boshi Sen? Well, he is a man who has real belief and does not worry. He takes whatever comes". I wonder whether she knows Boshi Sen as well as she knows Gandhiji. Inspite of her criticism of minor things she certainly believes in Gandhi's greatness, and especially in the fundamental truth of non-violence. When Boshi was there with me on the last day and he wanted to represent non-violence as an unattainable dream, she stood up fiercely in Gandhi's defence. I feel she would be ready to give up her life for Gandhi and for his essential doctrine.

I asked her whether, when India would have her own government, they would not consider calling Coomaraswamy back from America to give directives for the new education in art and other fields. I thought that he was the man who could really put India on the right path and help her to keep her own tradition intact, while recognizing her whole social and economical life. She would not hear anything of this. "Oh no! she said. We have other things to do now! We have to rebuild India politically. Those things will come much later! And, besides, he is old now, and out of touch with India". I felt disappointed and wondered who was more out of touch with India, whether a man living in America and devoting all his studies and deep penetration to the exact meaning of Indian tradition, or people living in India and looking all the while towards Europe for inspiration and direction of all their activities? I wanted to discretely push her to read Coomaraswamy's early articles on Indian education which I had with me, but she thanked me and said they were obsolete...

One day at lunch a State-Officer from Jaipur was at Sri Ram's house. He most probably wanted to flatter his host and said to Sir Sri Ram: Why don't you come to Jaipur and start a mill there too? That will give so much to the people of the State. We have no modern industries there. Whereupon Sri Ram promptly replied: Why don't you try to develop all the lovely hand industries which exist in Jaipur? Jaipur has the most skillful workers in brass, ivory, dyeing and silk weaving. You should organize centres for the sale of such articles, give the craftsmen perhaps better implements for their work, encourage them by all means and you could create an industry also for export, which would bring them much more prosperity than a few mills!

I felt gratified to hear such words from an industrialist like him, and it filled me with great respect for his insight and his concern for the good of the country...

July 13, 1946 Pauri

Yesterday at last the long awaited message came. I have been given a passage at the end of this month. It came as a shock in a double sense. The first and more obvious one is that I don't know how to get to Banaras and Bombay in time, because all the bridges of the motor road are broken and repairs will take several more days. Shall I wait for that or start out on foot on a 40 mile trek to reach Dogadda?

The second shock was that leaving India has now become a real issue, and not only a prospect. India has grown into the innermost core of my heart, and there it is, and nothing can take it away from there again. And nothing gives me that inward peace and happiness but living in India. Just listen to the morning birds in the forest around the Dak bungalow!...

August 2, 1946 On board the S.S. Strathaird, Indian Ocean

What a mad rush it has all been! On the 14th of July I started out on foot from Pauri, one of the heavenliest treks I ever did. The weather was fair, and the perspectives opening out on all sides from the ridges along which the road proceeds are far too varied and magnificent to be described. Moreover, I was in a queer tormented mood, split between the ecstacy and delight in what I saw, and the deep distress at my leaving all this for a long time to come. Every now and again the deep agony which welled up in me just stopped me short, to fight my tears. I managed to walk without effort and thus to cover a far greater distance than I could have possibly done otherwise. After 25 miles I was fortunate in getting across the river Satpoli and in boarding a bus going to Kotdwara. So I reached Banaras on July 17th and then started the second act of packing up and bidding au revoir to everyone. The heat was appalling on the last three days and put me into a kind of daze, which was perhaps fortunate as it blunted the acuteness of the parting pain. There was a red glow on the clouds over the Ganga, and everything else was grey when I left my house in the early morning on July 24th. Dr. Thungamma came to bid me good-bye, and Montu fortunately accompanied me to Bombay. One by one as the procedures for departure were gone through, and the reality of it all came nearer, my heart sank lower and lower and I sometimes felt as if I could not survive the breach, as if I would fall dead before boarding the ship. Montu was with me till the last moment on July 28th which was a consolation and an added pain at the same time. Since we were to lie in harbour two more days to take on board a few thousand Italian prisoners, he promised to see me again the next day. But though I watched the pier hour after hour the whole day, he did not turn up...

September 11, 1946 Zürich

This is the first quiet hour I have had by myself since I reached Switzerland and so I'll try and pick up the threads of the tale. A letter came from Montu in the meantime and I learnt that my guess was right, that he felt it would be too much to see me again. And it was always he who strongly encouraged me to go!

Well, the journey was as dull as could be, except for the Italian prisoners. They were human beings, while the others were sorts of automatons and pretended not to see the prisoners. I, on the contrary, felt attraction, pity and curiosity, and it gave me a pleasure to speak to them and to hear the accents of that lovely language again. Unfortunately, these talks had to be short, as passengers were not supposed to contact the prisoners, who were anyway going to be released, several years after the war with Italy had ended! But I could not help it, especially when I saw the grateful looks of those poor men who had not had any human contact for so many years. I found them bearing their awful lot with grace and resignation. There was no bitterness in their faces or in their behaviour. They always crowded along the rope which separated them from the passengers on deck and watched the happier lot. There was no disturbance or insubordination. They talked about their misfortune with philosophy and were fully aware of the guilt of their government. Some had not been home for twelve years. The boat authorities did not allow them to buy cigarettes, but they were given 5 a day. So some of the passengers took pity and bought cigarettes for them. When this was discovered the canteen was closed.

The journey became warmer and warmer the closer we came to Europe. How beautiful was the coast of Calabria and the mountains of Sicily with the smoking Etna! How relieved I felt when I saw the wonderful outlines, as they always were, and the harmony and loveliness they radiated. We saw the lights of Reggio Calabria very brilliant, as if there had been no destruction. But Messina looked poor and the soldiers said that the destruction was worse than after the earthquake. We could however see the pillar with the Madonna. The Sicilian men dropped bottles into the ocean with messages and their names, so that the current should wash them ashore in Sicily next morning. They were confident that the paper next day would publish their names. What excitement it was! We passed Stromboli at night and saw at certain intervals high jets of fire emitted from the perfect black pyramid. There was a lovely growing moon. We passed the Gulf of Salerno next morning and on the top deck I could actually smell Italian earth, the strong perfume of the dry, summer earth with low shrubs and grass. It almost gave me "vertigo". The promontory of Sorrento and the architecture of Capri stood out in the morning light as gloriously as on the first day of creation. I felt so happy! And even when we entered the Gulf of Naples and saw the city from a distance, she looked quite unchanged and was bathed in the same mother-of-pearl light as my beloved Banaras. The only change was that Vesuvius did not smoke. When we approached, however, we became aware of many changes. The harbour was almost empty, only small boats here and there, no work in the docks, the harbour building in the centre entirely destroyed, only a few walls standing, many other buildings half smashed, and the harbour square which was formerly full of life was completely empty. Only along the quay were there people, the families of the soldiers. And as the ship approached what excitement arose amongst them. The women became quite frantic, shouting, running here and there. One dropped her bag in the water, and almost stumbled over herself, another fell into a swoon. The soldiers came down in orderly procession, but were simply snatched away from the gangway by members of their family who hung themselves on their necks and arms and would not let them pass. The emotion of everyone was at such a pitch that all the passengers on board started feeling the same pangs and many had tears in their eyes. I could hardly bear it and had to withdraw. A band also came to play and this enhanced everyone's feelings.

I forgot to say that the last morning when I came up from the dining room one officer stepped in my way and addressed me thus: "Signora, La devo ringraziare per tutti noi. Lei ci ha guardati con occhi unmani tutti i giorni quando passara di qui. Degli altri tutti non un uomo, non una donna ha fatto questo. É stato un gran conforto per noi. Mille grazie, e auguri di tutto il bene!" (Madam, I must thank you on behalf of us all. You looked at us with human eyes, when passing by everyday. Neither a man nor a woman among the others has done the same. It was a great consolation to us. A thousand thanks and very best wishes). I was so touched that I could hardly say anything in reply. I had never spoken to this particular man before.

One day on deck I sat on a bench and found a young man by my side reading an Italian book, a translation of *The Rains Came*. I was so surprised that I could not help talking to him. He was one of the prisoners who had tried in this way to find a quiet corner to read. He was a nice boy from Calabria, very serious and thoughtful. He told me about his life in India, how he had been half free and engaged in some technical work. The next day he brought me a book, an Italian translation of *Rebecca* by Daphne du Maurier and made me a present of it.

After all the prisoners had disembarked, I also got permission from the Italian authorities to get down. How relieved I was to leave the ship, and that the earth of Europe I was to first touch would be of Italy! I felt like kissing the ground but being in the sight of everybody, I had to tread it with my boots instead! It was 3 o'clock in the afternoon and on the bare square I passed through the customs in a little shed, with some old camorrista in charge of the huge office. A guide piloted me through the city, the money change, the thousands of Lire to the Hotel Grilli. I felt distressed and disconsolate. Everything looked so sad, the empty Sunday streets, the miserable people, the new-fangled elegance of the hotel in the midst of ruins, the nervousness of everybody and everone's eagerness to squeeze a bit more money from you which, one felt, was done out of no other reason than hunger. I went on a small cab drive along the Marina and was gratified to see that the Neapolitan beauties still kept their original voluptuous outline...

The morning passed with preparations for the journey to Rome... On the way to Rome the destruction was terrible. Not a single house along the way was not hit and laid bare, with phantastic shapes of walls sticking into the air... One locomotive was still carrying on her back the cement roofing which had fallen on her and smashed her. As I watched, the tragedy which every one of these sights meant came up before my inner eye and gave me frightful convulsions. In the midst of all these people I could not stop the tears rolling, and perhaps they could not imagine why I was crying. But they were all so nice. All the arrogance they had acquired under facism was gone and their ancient gentleness and charm returned, with an addition of sadness, humility and resignation. Formia, the lovely town in the Gulf of Gaeta was nothing but a heap of zig-zag ruined walls projecting in desperation into the blue sky, as dead as Pompei. I saw Gaeta only from a distance and could not distinguish whether the houses were alive or dead. Surrounding all this destruction, however, there was the lovely nature, the soft hills, the trees and fields as beautiful as ever, the great consolation and hope in all that squalor.

Rome was outwardly the same but it had lost the look of brilliance, buoyancy and self-assurance. It looked pained and harassed and made me infinitely sad. The noisy street where I was staying, the tall buildings and stone balconies, where in the evenings the old ladies sat and watched for hours, brought back memories of childhood in Milan, the smell, the sonority, the Stimmung, were the same. Sleep still evaded me. The Pincio, the Villa Borghese were still the same, but the sculptures in Museo delle Terme appeared intolerably boring and naturalistic. Even the big statue of the seated goddess in different marbles, gold-brown and white, which I had so greatly admired in former years, had lost all attraction for me. She too looked hopelessly material.

I went to the Chiesa del Gesù and took part in an official celebration to the

Virgin in the side chapel. It gave me a soothing feeling, but I was surprised at the extremely small number of people participating in it. The old priest was bent, and sweet, with the umbrella held over his head like in Indian sculptures.

On the last morning, ferragosto, I went to Sta. Maria Maggiore and listened to a wonderful Messa Cantata, an Archbishop was celebrating in a side chapel. I sat on the base of a pillar and listened to the heavenly song, while tears just ran down my face without my being able to stop them. The shuffling of feet, the subdued voices, the smell of incense, the sunbeams falling in from behind, the beautiful mosaic on the gold ground, what a flood of memories from the past welled up from all sides! ... Then a charming scene in the baptism chapel, where lovely little boys and girls were attired in white and waiting for the cresima. It was all so sweet and so painful, like a past existence all come up again. And all is coming up also here in Switzerland, names, streets, shops, faces, voices, people. Slowly, slowly the whole previous life is pieced together again, the life from which I escaped, but which still has strong ties of sympathy.

From Rome to Milan I travelled at night and could not sleep. Everything was paining. I could not distinguish whether it was the body or the soul. A nice young man, an engineer of these very railways and one who was engaged in the reconstruction of the line, was travelling with me. He told me about his adventures during the war... We saw the terribly smashed bridges all along the Appenines, and in the grey morning twilight the grey ruined houses looked doubly tragic and haunted. Bologna seemed fairly well preserved. Somewhere a station was completely smashed, but an old cedar tree just beside it was quite unhurt. Somewhere a church was ruined, but in a niche a statue of a saint was quite untouched.

Milan - nobody. Nowhere could I meet my friends. That enhanced my feeling of distress and of loneliness.

October 19, 1946 Paris

The atmosphere is anxious and compressed. Father is ill and his disease seems to be serious. I am in a state of terrible tension all day and night, not only on account of this, but also on account of all the sad news coming from every side. So my inner self is already escaping to India in dreams. Two days ago I was in an Indian landscape - bare hills, all golden yellow. A party of friends were visiting some ancient cave temples...

October 27, 1946 Paris

Father has been in a clinic since the 21st...

November 22, 1946 Paris

Today I went to Sir Radhakrishnan's lecture in the Sorbonne. I was glad to hear him in his clear and honest exposition of what Hindu culture really means...

March 10, 1947 Paris

What a sad period lies between this and the last note. We were too much under strain for almost four months so that when the catastrophe happened we were already blunted and worn out. Father died on the 1st of February.

We came back to Paris after having brought Father to his last rest in Zürich. The atmosphere of the house which was his, which he built up, where his presence is still so much alive makes me feel sad, soft and disheartened. I have no force left to break up this home, his work and the last corner which is a bit my own - Europe!

January 27, 1948 Banaras

Ganesha Puja day, started big Vishvarupa.

January 31, 1948 Banaras

Last year on January 30th we took leave of our dear father. It was the last day that he was really alive. It was the day when he felt exceedingly happy, having dreamt of his excursion to a high mountain with a splendid view, when he felt strong and fresh and absolutely wanted to get up, and wondered at himself how, after such a long illness, he could be so vigorous. Alas, it was the last flare up of the flame and towards evening he realized it, no doubt, because he took leave of each one of us, thanking us for our care and nursing.

And this year it was Gandhiji's last days! That this fearless apostle of ahimsa should have died of bullet wounds inflicted by one of his own countrymen seems to be one of the most bewildering ironies of destiny. I have the blackest fears for the future of India, the great confusion which already exists will become unmanageable without his steadying presence - unless the very fact of his martyrdom will crown him with such glory that his influence, instead of waning, may gain power. Let us live in this hope.

13.Oktober1948 Zürich

So oft ich in Davos von Tanti Abschied nehme, zittere ich beim Gedanken, sie nicht wiederzusehen, sie, deren grenzenlose Güte uns hegte und pflegte, die letzte tiefe Wurzel, die mich mit diesem Boden verbindet. Und jedesmal stellt sich die bange Gewissensfrage: Ist es recht, von ihr wegzugehen? Sollte ich nicht bleiben und sie hüten, wie sie es mit uns Kindern tat und jetzt noch tut? Wäre das nicht richtiger und wichtiger als in Indien Bilder malen, die weder mich noch andere befriedigen? Dies ist die eine Stimme. Und die andere Stimme lockt und treibt mich fort aus dieser Enge, aus den Familiencliché-Gesprächen, aus den allzuvielen Kontakten hinaus in die Weite, in die Einsamkeit, das mit sich Alleinesein, das ich zu lange geübt habe, um es ganz entbehren zu können. Ich fühle es, wie hier meine Seele langsam einschrumpft, wie ein Ballon, dem die Luft entweicht. Noch nie war dieser Zwiespalt so akut wie dieses Mal, denn noch nie war die Verzweiflung über die Wertlosigkeit meiner Arbeit so groß wie jetzt. Die Sachen, die ich male, gähnen mich an vor Langeweile. Einmal in Davos, nach dem ersten Entwurf des Govardhan, brach ich zusammen. Ich kratzte alles ab und sah mich vor dem Entschluß, alles aufzugeben. Wohl muß ich mir gestehen, daß das Malen mir nicht aus dem Inneren quillt, wie es bei einer echten Malernatur tut, und doch habe ich ein ungeheures Verlangen nach dem Ausdruck mit Form und Farbe, der mir - als Empfänger - so viel tiefer und eindrücklicher ist als der Ausdruck mit dem Worte oder mit Musik. - Bin ich nur empfänglich und nicht schöpferisch? Habe ich zuviel gesehen, zu viel spekuliert? Vermag ich mich daher nicht vital genug zu äußern? Nicht nur in der Kunst, auch im Leben?

In Indien träumte ich davon und betete zu meinem bronzenen Krishna um Kräfte, die große Trilogie, an der ich arbeite zu vollenden. Dies sollte meines Lebens Krönung sein. Nachher sei ich bereit zu sterben oder den Weg der Vanaprastha und des gänzlichen Verzichtes zu beschreiten. Als ich so in Gemeinschaft mit Krishna arbeitete, schien das Werk zu gedeihen, und ich freute mich inniglich daran, wie es wuchs von Tag zu Tag, und wie sich alles formte und ordnete und ich den Abglanz meiner großen Vision darin entstehen sah. War alles eine Selbsttäuschung? Oder lag darin wirklich ein Segen, der mir bei anderen Arbeiten nicht zuteil wird? Will Krishna, daß ich mich ganz auf diese Gedankenwelt konzentriere und das von ihm gesetzte Ziel treu verfolge; daß ich einen sichtbaren Ausdruck finde für das Abgründige, welches er mir damals in einem kurzen Augenblick offenbarte?

Ein Kapitel aus Arturo Reghini *Parole sacre e di passo* kam mir in die Hand, als ich früh morgens im Bett zu lesen begann. Zufall oder Fügung? Es war wie ein Lappen, der mir über das verstaubte Bild der Erinnerung fuhr und die Bilder klar und leuchtend hervorholte, die mir damals in Rajpur und in Ellora aus der Tiefe der Seele erschienen waren und mich erleuchtet hatten. Ich habe keine Initiation erlebt, aber ich habe erlebt, was es heißt, auf diese Weise an der feinen Scheidestelle zwische Tod und Leben zu stehen. Und ich weiß auch, daß man hernach nie wieder derselbe Mensch sein kann, der man zuvor war. Doch äußerlich verändert sich nichts, die Umwelt merkt es nicht. Daher ist es besser, seine Umgebung zu vertauschen, oder die Kraft zu haben, diese sich anzupassen. Das eine oder andere ist notwendig, sonst droht die Frucht der Erkenntnis verloren zu gehen. Auch sie verlangt die Treue, wenn sie leben und bestehen soll.

17.Dezember 1948 Banaras

Nun bin ich am Ziel und trachte, mich zu entspannen.

Als ich am ersten Morgen nach meiner Rückkehr zu Krishnaji kam, war er ganz leer, wie eine Puppe! Leer wie das Haus, wie mein Herz. Am zweiten Tag sah er mich an, fremd wie einer, der aus einer Ohnmacht zu sich kommt. Am dritten Tage fing ein leises Lächeln an, über seinem Gesicht zu schimmern. Ich wollte ihm in der Stadt frische Girlanden kaufen, fand aber keine und kam mit leeren Händen nach Hause. Da sah er mich halb vorwurfsvoll, halb mit Verständnis an. Am vierten Tag war er schon strahlend und als ich dann auch noch Blumen brachte, ward er vollends lebendig und vergnügt, leuchtend, wie mit neuem Leben erfüllt. Jetzt ist er es, der mich ermutigt, obwohl ich es war, die ihm das Leben neu einhauchen mußte durch meine bloße Gegenwart. Welch merkwürdige Wechselbeziehung zwischen ihm und mir! Bin ich es, die ihn braucht, ist er es, der mich braucht? Ist er mein Inspirator, oder ist er ein

Reflex meines Unbewußten? Welch ein Mysterium!

26.Dezember 1948 Banaras

Ein Tag gänzlicher Hoffnungslosigkeit: Der Zwiespalt zwischen dem Gestern, der Wärme und Anhänglichkeit, der innigen Liebe eines alten Menschen, dem man sich entreißt - und dem Heute, der Einsamkeit und der Fremdheit, weckt die harte Frage: wozu bist du nun soweit weggerannt? Hast du denn wirklich eine Mission, eine Arbeit hier? Kein sicheres Ja aus der Tiefe, kein inneres Wissen um die Notwendigkeit dieser Arbeit. Im Gegenteil, die tiefsten Zweifel daran, berufen zu sein. Und doch diese große Liebe dazu. Oder ist auch diese Liebe nur ein Schirm, hinter den man sich verkriecht, um der Frage: Ja was sonst? auszuweichen. Solche Ratlosigkeit in einem Alter, in dem man längst seinen richtigen Stand im Leben gefunden haben sollte.

Ich ging dann hinauf, um vor meinem Krishnaji zu sitzen. Das gibt mir immer Beruhigung. Ich bat ihn um das Wissen um mich selber und um meinen Weg. Er rückt langsam an den Platz eines menschlichen Guru, größer und unfehlbar. Nur ist er für uns Menschen oft schwer zu verstehen.

Die Möglichkeit oder Wünschbarkeit einer definitiven Rückkehr nach Europa taucht in diesem Zusammenhange öfter auf. Das Gefühl, daß man vielleicht doch dorthin gehört, wo man geboren wurde, und daß der vertrautere menschliche Verkehr mit seinen eigenen Leuten eine Wohltat ist, besonders im Alter, wenn das Verlangen nach Neuem und nach der Ferne langsam aufhört. Es wäre denn, man löste sich ganz von allen weltlichen Bindungen, von Besitz sowohl als von menschlichen Beziehungen und hätte die Kraft, in der reinen Essenz zu leben.

28.Januar 1949 Banaras

Nun ist das große Bild durchgepaust und ich bin wieder in Assi eingelebt. Die Schönheit der Ganga mit den Segelschiffen, der grünen und gelben Felder, der Beleuchtungen und Stimmungen, ist mir sichtbar. Ich arbeite immer nur solange als ich mich frisch fühle und habe mir verboten, an die Zeit zu denken und irgendetwas zu forcieren aus Angst vor dem Nichtfertigwerden. So geht es gut ohne Überanstrengung.

8.März 1949 Banaras

Wie ein Blitz aus heiterem Himmel traf uns am zweiten März die Nachricht, Sarojini Naidu sei in der Nacht gestorben. Ich konnte und wollte es nicht glauben. Kurz zuvor hatte sie ihren siebzigsten Geburtstag gefeiert, das heißt sie war allen Feiern ausgewichen und, ohne es jemandem zu melden, war sie nach Delhi gefahren, um den Tag am Gandhi Samadhi zu verbringen.

Heute morgen sah ich im Halbschlaf vor dem Erwachen von einer großen Höhe hinunter auf ein Meer, strahlend im Morgensonnenglanz. Das Licht tanzte auf dem Wasserspiegel und die klarste, reinste Luft durchwehte die Atmosphäre. Eine Vision von Licht, Unendlichkeit und Freude. Und plötzlich war der schwere Druck von mir genommen. Ich erblickte Sarojini in ihrer wunderbaren Lichtnatur, ich fühlte ihre Feuerkraft und ihre absolute Lauterkeit.

Was war das Größte an ihr? War es ihre hinreißende Redekunst? Ihr Witz? Ihre bezaubernde Weiblichkeit? War es nicht vielleicht am allermeisten ihre lächelnde und selbstverständliche Furchtlosigkeit, die sie nie im Stiche ließ, und die ihr gestattete, in jeder Situation und vor jedermann, hoch oder niedrig, ganz sich selbst zu sein? Weder Erniedrigung und Gefängnis noch hohes Amt und Würden haben sie im mindesten von sich selber entfernt. Dieser Mut zu sich selber ist wohl das Seltenste, was man heute finden kann, und darin lagen alle ihre anderen Qualitäten beschlossen. Das ist es, was sie mir so teuer macht. Sie war kompromißlos, aber nicht mit schmalen, zusammengepreßten Lippen, sondern mit vollem, lachendem Gesicht, mit Güte, Wärme, Liebe und Verständnis für alle und alles.

10.März 1949 Banaras

Gestern am neunten März war die Übertragung auf die Leinwand fertig. Ich nahm die Zeichnung ab, und wie ich den hauchdünnen Abdruck auf der Leinwand sah, sank mir das Herz. Alles kam mir falsch vor, besonders das Verhältnis der göttlichen Gestalten in der Mitte zu den sie umgebenden Figuren der Welt. Die letzteren sind kaum sichtbar neben der Zentralgestalt. Ich fühlte einen starken Wunsch, die ganze Sache aufzugeben.

Abends kam ein lieber Brief von Sarojini Naidu's Tochter Padmaja und heute ein Telegramm, mich auffordernd zur Ashti-Ceremony in Allahabad.

12.März 1949 Banaras

Es hat sich im Kleinen wiederholt, was voriges Jahr für Gandhiji im Großen geschah. Der Trauerzug mit der Urne fuhr in den Prayag-Bahnhof ein mit dem leisen Gesang von Ramadhum. Dies ist nun schon fast ein Begräbnisgesang geworden. Mit Blumengirlanden und Fahnen war der weiße Wagen behängt. Ein kleiner Aeroplan schwang sich aus den Lüften herunter und warf rote Blüten ab, wie es früher die Götter taten für ihre Lieblinge!

Als ich heute nach einem langen, guten Schlaf erwachte, nahm ich mir vor, Montu am Sonntag meine künstlerischen Dilemnen objektiv darzustellen. Doch wie sollte er auch eine solche Komplikation verstehen. Nein, ich muß die Klarheit selber finden. Der Samen des ganzen Übels ist mein Ehrgeiz, etwas ganz Großes in diesem Leben vollbringen zu können. Das war gut und anspornend, solange ich jung war und die Zukunft vor mir lag, solange noch alle Möglichkeiten offen standen. Aber jetzt, da das Fazit des Lebens gezogen wird, und ich weiß, daß ich mein Kapital vergeudet habe, jetzt erlebt dies Strebertum seine Niederlage. Meine ganze Qual und mein unsoziables Wesen liegt in dieser verhaltenen, verkrampften Ambition. Wenn ich mir diese aus dem Herzen reißen kann, werde ich genesen und auch meine eingeborene Güte, die darunter tief vergraben liegt, wiederbeleben können.

12.April 1949 Banaras

Am Holitag, das heißt am fünfzehnten März, begann ich mit der Umsetzung des Vishvarupa-Bildes in Farbe. Damals, als es schon recht warm wurde, fragte ich Montu, ob ich noch anfangen oder es auf später verschieben sollte. Da sagte er verwundert: Warum denn nicht? Und heute, nach einem Monat ist mehr zustande gekommen, als ich je zu hoffen wagte. Die Komposition hat Körper und Leben bekommen, und die Farbengrundlage ist schon da. Es ging merkwürdig rasch und leicht nach dem langen Geknorre in diesem Winter. Jetzt bin ich plötzlich voller Freude und Zuversicht und oft ganz fasziniert von diesem Bilde. - Krishnaji steht daneben und lächelt weise über meine Freude an seinem Geschenk.

Heute kam Rai Krishna Dasa. Er erkannte das Sujet auf den ersten Blick. Das beruhigte mich und bestätigte mir, daß ich das Sujet nicht europäisch verzerrt habe. Er war wirklich begeistert und sprach den Wunsch aus, daß ich es in seinem neuen Museum ausführe. Vedremo....

15.-19.Mai 1949 Bangalore

Mein Erlebnis hier in Bangalore war Shanta Rao. Sie ist nicht nur eine wunderbare Tänzerin, sie hat auch jene Liebe zur Tradition, zu allem, was echt und vornehm ist, alle jene für die Kunst notwendigen Qualitäten der Treue und Unbestechlichkeit, die ich bei Uday Shankar gesucht und vergeblich zu wecken versucht habe. An ihrer Wiege fehlte keiner der Götter. Trotzdem verführten sie die vielen Gaben nicht zu Einbildung oder Arroganz. Im Gegenteil: die vielseitige Begabung hat Shanta demütig und ihrer Verantwortung bewußt gemacht. Sie will nichts für sich selbst, alles nur für die Erfüllung ihres Ideals. Ich hätte es nicht für möglich gehalten, daß ein Mensch mich derart bewegen könnte!

20.Mai 1949 Belur

Die weite Hügellandschaft, grün und freundlich, wird belebt durch eine zauberhafte Staffage von Frauen in wehenden, dunklen Saris, tiefviolett, tiefgrün-tiefrot, blau mit gelben Bordüren, und von schlanken, hochbeinigen Ochsen mit Gazellenhörnern. Der wundervolle Tempel steht in einem großen, gepflasterten Hof und hat verschiedene Schreine, Wandelgänge und Hallen. Doch dem Hauptschrein fehlt die Shikara und in die offenen Fenster des Mandapam sind fremde Skulpturen eingefügt worden. Man muß die einzelnen Plastiken studieren wie in einem Museum. Sie sind reizvoll, besonders die ganz kleinen Figuren in den Friesen und Wandverkleidungen.

Am Morgen war der Tempel ganz verlassen mit Ausnahme der üblichen geschwätzigen Guides. Aber am Abend spielen die Kinder auf dem weiten Tempelplatz und bei der Dämmerung kommen Frauen und Männer, um Vishnu's Darshan zu haben. Der Tempel ist dann im Inneren erleuchtet. Wie sich die zierlichen, farbigen Gestalten zusammendrängen, und wie sie vom Tor heraufkommen und in Gruppen den Platz überqueren, bleibt unvergeßlich.

Der Tempel ist hier Zentrum des Gemeinschaftslebens, nicht nur für Gebet, auch für Erholung und Vergnügen. Alles in vollkommener Einfachheit. Ich kam mit einer Gujarati-Frau ins Gespräch. Nachdem sie die üblichen Fragen gestellt hatte, erzählte sie mir von der Rath-Yatra folgendes: Wenn der Rath, der ja das ganze Tempelviereck umfahren muß, am ersten Tag eine Seite entlang gezogen wurde, dann bringt ihn niemand weiter, wie viele auch an den Stricken ziehen mögen. Er wird von einem Asura angehalten. Vishnu muß ihn überwinden, bevor der Rath weiterfahren kann. Ich fragte sie, ob man den Kampf sehen könne. Da sagte sie lächelnd, nein, das seien Dinge, die man nur im Herzen wahrnehme.

23.Mai 1949 Belur

Zurück in Belur nach zwei Tagen in Halebid. Die Tempel in Halebid sind noch viel schöner als in Belur, nicht nur, weil jede Skulptur am Platze ist, wo sie hingehört, sondern auch an und für sich. Eine lebendige Ornamentierung unterstützt den Eindruck. Die Schwungkraft der Skulpturen ist großartig und der Reichtum schier unüberschaubar.

Der Doppeltempel von Hosyaleshvara ist imposant in der Struktur, die eigentlich nur aus dem Unterbau besteht. Die beiden kolossalen Nandis vor den Eingängen bezaubernd in ihrer breiten Würde und ehrehrbietigen Gelassenheit. Ihre gespannte und knappe Form ist von Wärme und Leben erfüllt. Kopfschmuck, Halsgehänge und Fußornamente setzen sich unpoliert von der polierten Oberfläche des großen Nandi ab. Das Tier scheint zu atmen und Wärme auszuströmen. Es wendet leicht den erhobenen Kopf und dreht den Körper auf die linke Seite. Der kleine Nandi ist noch schöner, noch konzentrierter im Ausdruck. Er hat auch den besseren Platz, im durchsichtigen Mandapam. Der größere ist von dicken Stützsäulen umgeben, die das Dach des Mandapams halten. Hinter ihm, in einem dreckigen, fledermausigen Schrein steht eine Surya-Statue, schwarz mit eingesetzten Augen, delikat ornamentiert. Den Hof belebt ein prachtvoller Ganesha.

Die beiden von außen ganz schlichten Jaina-Tempel üben im Inneren eine großartige Wirkung aus. Die Säulen sind gedrechselt wie in allen diesen Tempeln, oft in fast papierdünnen Disken ausladend. Aber hier ist der schwarze Stein poliert, was ihn noch kostbarerer aussehen läßt. Ein riesiger, schwarzer Tirthamkara dominiert die Cella.

Es scheint, als ob diese Tempel Übertragungen von Holzstrukturen in Stein wären. Die Säulen wirken wie auf einer Drehbank gedreht und an den vorspringenden Dachgesimsen wird das versperrte Balkenwerk mit allen Nieten und Schrauben in Stein sichtbar. Schließlich wäre das ja nicht anders als in den alten Höhlentempeln, wo auch die Kuppelgewölbe mit Imitationen von Holzrippen ausgebaut sind und die Eingangspforten mit hufeisengewölbten Rahmen versehen. Kein Wunder: Im nahen Malabar wird ja noch vieles in Holz gebaut.

25.Mai 1949 Mysore

Der fünfundzwanzigste war ein guter Tag. Am Morgen fand ich im Museum unter dem unglaublichsten Trödelkram eine Reihe von interessanten Mandalas oder Cakras, große, gemalte Tafeln, die vor etwa hundert Jahren der damalige Raja von Mysore herstellen ließ, als er fürchtete, die Engländer möchten seine Macht usurpieren. Daneben gibt es aber auch zahlreiche Bilder, auf denen er die englischen Würdenträger im prunkvollen Darbar empfängt, als Gastgeber und

Freund. Doch um die Gefahr ihrer Machtausbreitung abzuwenden, rief er durch die erwähnten Mandalas göttliche Mächte zu Hilfe - wenn die Erklärung des Kurators richtig ist.

Am Nachmittag zu meinem alten Freunde von 1930, dem großen Nandi auf dem Chaumudi Hill. Interessant, wie hier, den Dimensionen entsprechend, die Formen noch einfacher gehalten sind als in Halebid. Die Wammenfalten sind gänzlich weggelassen.

26.Mai 1949 Somnathpur

Eine wunderbare Statue von Gopala aus schwarzem Stein befindet sich in einer stockdunklen Seitenzelle, auch in ornamentiertem Stil, das Gesicht von großer Schlichtheit der Modellierung und feinem Ausdruck. Gegenüber in der anderen Seitenzelle ein Vishnu, mit prägnantem Kopf.

Die Deckengewölbe sind wie Tropfsteinhöhlen elaboriert. Eine ungeheure Summe an Arbeit verwendet für etwas kaum Sichtbares. Es ist meistens eine Imitation von Holzwerk. Die unüberschaubare Kompliziertheit, für mein Gefühl nicht besonders schön, trägt vielleicht doch zum Eindruck des Geheimnisvollen, Undurchdringlichen bei, das den ganzen von der Außenwelt durch vier hohe Mauern abgeschlossenen Tempel umgibt.

27.Mai 1949 Mysore

Bin vormittags nochmals ins Museum gegangen, um einige der interessantesten Mandalas zu skizzieren. Ich war wieder fasziniert, nicht nur von dem mir noch verborgenen Sinn, sondern auch von der glänzenden Zeichnung und der schönen Farbe. Nur etwa hundert Jahre zurück war so etwas noch möglich! Ich will Stella Kramrisch darauf aufmerksam machen. Vielleicht weiß sie jemand, der sich dem Studium dieser Dinge widmen könnte.

July 8, 1949 Pudukottai

... Nowadays there is no other way for an artist to find his realization than in solitary, unrelenting struggle. At a time when there was a living tradition of art it was a different matter. Then a student could grow up under tutelage, all the while imbibing the principles of the tradition and, finally, when he had acquired all the necessary powers of expression, rise to his own stature within the framework of a definite style, to create in a visible shape a definite set of conceptions, religious and metaphysical. They were achieved by concerted, collective and long efforts. There an artist of even minor capacity could draw upon the accumulated efforts of his predecessors and be a link in the development of ultimate perfection. Today, when all tradition is broken, if an artist is not a very strong personality, he stands woefully exposed to his native nakedness...

From Pondicherry we went to Kumbhakonam with Beryl Zoëtte in quest of dancers ...

The next day we went by bus to Pandanalur, a long and tedious journey, to pay our respects to the old master of Bharata Natyam, Sri Minakshi Sundaram Pillai, who was Shanta Rao's teacher. First we went to the house of Chokalingam

Pillai, his son-in-law, who took us to the old man. He lives in a very simple but spacious house, was donned in a crumpled dhoti. Bent and stiff as he now is, he is still acknowledged as the greatest master of the art. How many generations of devadasis must he have taught? He is a charming old man, very intelligent, with a broad and amused smile in his wrinkled face. His right eye is gone. He received us with great joy, as it appeared, and soon afterwards the girls came for their lessons and so were asked to demonstrate their dances to us. They were all very young and had had barely a year's training, but at once their careful training became apparent. Their movements were of wonderful precision and lightness. It seems almost incredible that after such a short training they are able to master such intricate rhythms with their feet and such swift and rich movements with their limbs. He watched them intently with one eagle-eye, while Chokalingam beat time on a small wooden plank.

From there we went to Tanjore, which is an attractive town with cultural dignity and breadth, beginning with the temple which, in its sober simplicity, grandeur, and absence of bazaars, stands apart among South Indian temples. The central shrine with its four square pyramidal towers is a structure of imposing dignity. I entered it unhindered. It is narrow, high and dark inside and the innermost shrine of the Lingam is wrapped in dark mystery. Several halls lie in front of it, each one a little broader and brighter than the previous one, the outermost mandapam with pillars of simple carvings. Beside it there is a smaller shrine to Subrahmanya, also on a high plynth with some very elegant carvings, and two very beautiful Dvarapalas in black polished stone. In front, to the right of the courtyard there is a low mandapam with charming paintings on the ceiling. But the finest paintings which were recently discovered and which must date back to the eighth or ninth century are within chambers surrounding the Lingam shrine, invisible to all but the orthodox. We got to know about them by chance...

I passed many hours in the Tanjore Palace Library, trying to find out whether there was a manuscript on Shilpa Shastras which was likely to contain anything helpful for my study of compositional schemes... In the evening we went for a walk on the huge rampart around the temple, which gives one a marvellous perspective of the temple itself, the courtyard, the city and the vast countryside.

Beryl Zoëte one day happened to come to a school, an ordinary school, and when she inquired whether there were any girls who learnt dancing, several came forward and showed her some Bharata Natyam dancing. On asking further she found out that they had never been trained and that they had picked up dancing and singing from the films! Their blood must be full of dance indeed, to be able to do that. And how nicely they adapt this dance to modern themes. The girl under training in the school mentioned above, the Sri Picchaya Pillai School, did a dance of her own invention on Gandhiji, which was quite charming, depicting Gandhi's devotional attitude, his activities in gestures and ending every strophe with the refrain of the spinning wheel.

On another morning we went to a private house where three small girls were learning dancing. One of them, a tiny kid of six, the daughter of a man who holds an important post in the Travancore State Service, and who came to help us as an interpreter, was extremely intense and intelligent in her dance, and if she continues at that pace, promises to be an accomplished artist by the time she will be ten. Her name is Kamachi. It is gratifying to see how the love of dancing in well-to-do families is continuing the tradition which the devadasis can no longer carry on, for want of support, and on account of adverse legislation. The dance may even profit by the change-over to more cultured hands, and find a new dignity together with a new life. At any rate it is not dead, as many would have us believe, and it will not die out for a good time to come.

We left Tanjore with great regret. It is a city for artists and for contemplative people, open to the beauties of nature with the big parks and ramparts. We thought whether it would be a good idea for Shanta to make her centre here, as there would be no dearth of dancers to form a group, nor of dancing masters, musicians, instruments, beautiful textiles and jewellery for costumes. It is however considerably hotter than Bangalore.

We went to Tiruchirapalli since I wanted to see the cave temples in the fort. The whole fort is a proud splendour, with the temples carved into the mountain at different levels and the square super-structures, towers and pavilions which complete the admirable silhouette of the rock. When the big drums start to sound in the big temple it is as if the whole mountain gives a profound resonance to the sound. One feels the vibrations through the rock.

When we went up on Saturday evening it was the day when Shiva and Parvati are taken for their promenade through the bazaars. It is a Nataraja bronze, slim and slender, which they place on an enormous palanquin made of mighty wooden beams shouldered by at least twenty men and carried down the steep steps to the deafening accompaniment of drums. Then a second palanquin follows with a small shrine containing some guardian deity, Ganesha or Ayyanar. After an hour's promenade through the streets they are carried up the same way, to rest for a week. Perambulation of gods is a very customary thing in the South. The Natarajas seem to be made for this purpose since they often have big holes across their pedestals for poles to carry them. And almost every Shiva temple containing a Lingam has a bronze image of Nataraja with Parvati, in a lateral shrine.

The stone relief of Shiva Gangadhara is above the temple. The view from the top gallery over the tank below, over the countryside with the Kavery River and the gopurams of Srirangam and Jambukeshvara emerging from the dense, green palmgroves, the city, the Golden Rock and the distant hills is magnificent. A sharp wind was blowing, like on the stern of an ocean-steamer. On our way down we managed to get the lower caves opened, which we had found closed the day before. They show Shiva, Brahma and Vishnu side by side, flanked by

Ganesha, and cells with beautiful Dvarapalas at both ends. A very noble and sober work of the Mahabalipuram style.

Srirangam is of a different kind. We were allowed only in the outer enclosures and could therefore only see the various mandapams and gopurams. They are of the later style called Vijayanagar, with mighty horses prancing from the pillars of excellent workmanship, with dance reliefs on pillar bases, all very rich and high. The vitrines in the small museum are full of the most excellent ivory carvings I have ever seen. They say they are from Travancore. Carved into the natural roundness of the tusk are groups of love couples very similar in attitude to those in the Khajuraho temples, very simply, vividly and humorously carved. There are also dancers, animals and warriors. Here one can understand how ivory carving too can be a noble art and achieve real style.

The thousand pillar hall is enormous, but a dismal lumber room. There are some very good pillar figures, and at the deepest end there is a flight of stairs by which one can climb on to the roof. The view down on to the deep green tank with the pavilion in the middle and the two-storeyed gallery around it, is an image of peace and beauty. The sky was dark grey and a fierce wind swept the crests of the palm trees among which the temple is embedded.

Then we went to Jambukeshvara. The temple is clean and paved everywhere and big halls surround the central shrine on three sides, like cross-naves with magnificent pillar perspectives, cross and length wise and diagonally on all sides. In front of the main shrine a quadrangle of powerful double-pillars encloses the dhvaja-sthambha. On these pillars there are reliefs of Shiva and Parvati and on one is the story of Jambukeshvara. Parvati makes her devotion to the Shiva-Lingam, with a sage under a Jambu tree on her side. That means he ate a Jambu fruit and after that a Jambu tree sprouted from his belly. Here it is shown as sprouting from his head and bending over Parvati and the Lingam. On the other side there is an elephant who, as a devotee, came every day to sprinkle water over the Lingam. Above the Lingam there is a spider who, out of devotion, daily spun her net over the Lingam so that the Jambu leaves may not fall on it. The spider got annoyed with the elephant because it always tore up her net by splashing water on it. So, in her anger she one day entered the elephant's trunk. The elephant was choked to death, but the spider also died. Shiva bestowed moksha onto the elephant, and he caused the spider to be reborn as the Chola King who built this temple.

Beside the Shiva shrine is a Parvati shrine. In the big mandapam in front of it there is an interesting huge painting of Kali in the South Indian, but somewhat coarse, style. It is still a noble piece of work compared with later aberration.

We went all round the main shrine in the beautifully paved courtyard and came behind it to a small Linga-shrine in the garden which is, as they said, the original and oldest Jambukeshvara temple. Our accompanying Brahmin was very careful that we always go round the shrines in the right way, clockwise. I told him I was living in Banaras and was a devotee of Vishvanathji. I could not make out whether he believed it or not. We came back to the main hall as the evening arthi started with the sound of drums and shankhas, which is like an earthquake in those halls with innumerable echoes. The light was already dim, which made the enormous hall look even more imposing. The procession with drums, lights and incense moved quickly out of the main shrine by the front door and went on its circumabulation of the temple - but curiously enough the wrong way round.

July 3rd, Pudukottai. Beryl had fantastic ideas about palaces with paintings, big temples, a comfortable guest house and royal hospitality. It was most disappointing when we arrived at the small station. It is a dull and completely uninteresting little place. But in the afternoon we became more cheerful as we drove by car out to Sittanavasal, a ravishing, wild countryside, red earth, fields, brush, and clusters of trees from which emerge here and there round and smooth rocks, like the backs of huge elephants. One such very big ridge is Sittanavasal. We first had to climb the rock to the top bare feet, in order not to slip, and there looking towards the east, is a very long natural cave formed by the overlapping of a cushion-like upper boulder, and in that creek there are finely polished stone beds with inscriptions, one dating from 300BC, others later, AD. This place is called Eladipattan and was used by Jaina ascetics who practised their sunrise penance and starved themselves to death there. It is a marvellous place with a sublime view into infinite horizons of flat country. The life below, embodied in trees, is of herds and herdsmen in distant silhouettes and here one really feels one is floating above the accidents of existence, united with a divine permanence above. Given a sufficiently intense longing for release it is a place where one could easily lie down and give oneself up to the infinite. All desires must be stilled here and infinite peace is all around. And when your soul has merged with God, your body may just be pushed over the rounded edge of the rock and will be heard of no more! This place gave us a strange elation.

Nonetheless, we came back carefully watching our steps in order not to slip, and then drove round the ridge to the western side to the Jaina cave temple of Sittanavasal. Two beautiful, softly moulded Tirthamkaras guard the verandah on both sides, one with a naga-hood, the other with three umbrellas over the head. In the inner shrine there are beautiful paintings, the heavenly lotus tank with young boys plucking flowers, fish, fluttering ducks, elephants and buffaloes among a pattern of leaves, flowers and stalks covering the ceiling. On the sides there are patterns like those on printed cloth. In the verandah there are fragments of the most lovely dancing apsaras, real masterpieces of delicate tracing, richness of pattern and vividness of expression. Unfortunately they are in a pitiable state of preservation. There are some lovely fragments of heads, an ornamental goose pattern, etc. On the way back we visited Kudumiamalai, which is a temple half inside and half outside the rock, with richly carved pillars.

In Kartamalai in the afternoon, we visited the exquisite Pallava shrine emerging above a big tank from the bed of a huge rounded rock. From a distance one sees only the upper part. We climbed the smooth rock till we came to the platform of the temple. At close quarters it was rather disappointing, as the sculpture was not of a superior order and very much weathered. But behind in a rock-cut shrine there were six standing-Vishnus on either side of the door, twelve in all, almost identical and of very fine workmanship. It was a rather strange sight, resembling more the arrangement of a Buddhist or Jaina shrine, where rows of Bodhisattvas or Tirthamkaras may stay on guard, and prancing elephants around the plynth in front of the shrine. Beside it there is a simple rock-cut Shiva shrine with a Nandi in front of it. Both these shrines are surrounded by trees and bushes. A little further away there is a cave with the tomb of a Muslim saint who must have lived and died there.

We were taken a little further on to another enchanting place below a still higher rocky boulder. An ancient very high group of Banyan trees gave the framework to the strange landscape. Below the boulder is a deep, dark tank into which a monumental tree hangs, with dark shining leaves and powerful, twisted branches. There are two temples, for Shiva and for Parvati, nothing much inside, but a wonderful ensemble with the rocks and tanks and trees in that evening light.

The temple of Tirugokarman, a suburb of Pudukottai, is a strange structure half hewn into the rock, half constructed above it. The feature of this temple which struck us most was the ceiling painting of the long entrance gallery. Here again, as in the pianting of Tanjore, the whole Ramayana is told in stripe after stripe, with intervening texts. It is a most spirited work in the later South Indian style with a beautiful rhythm of changing dark-red, grey and white fields. On the dark fields the figures are outlined in white, while on the white fields the figures appear as dark silhouettes, prancing horses with riders, bowmen, groups of kings and of women. It was often difficult to distinguish the figures as the ceiling is very high and is quite damaged, but one could see that the pattern is marvellously rich. The scenes of Lanka and of Ravana appear all to be relegated to the side walls and are painted in a different colour-scheme, by a different hand, more green, blue and yellow. At the beginning of the tale there is a beautiful Vishnu on Sheshanaga covering the whole width of the gallery.

In the afternoon we made a trip to Tirumayam. This is again an immense, round boulder rising straight out from the plain and crowned with crenelated walls. On one side a village is at the foot of the rock. The two temples there are half cut into the rock and half out of it. The first one we saw was a Vishnu temple which has an ample cloister in front of the shrine, opening into a small courtyard with a well, like in an Italian monastery. There is an ample corridor around the main shrine and that leads to an inner shrine, where Vishnu on Sheshanaga is carved on the rock. But that holiest of holies was not open when we came and we had to wait till after five o'clock. So we went to the Shiva temple beside it in search of the paintings which had been promised to us. That was a conglomeration of shrines. We climbed on top of the rock in search of the paintings, but there was neither a cave nor a shrine. We were overcome by a big downpour and had to take shelter underneath a boulder hanging over protectively, with all the village youths around us, needless to say. We came down and again had to shelter in a building, almost choked amongst the women and children.

Finally we went back to the Vishnu temple and after another wait the bunch of keys at last arrived which opened the Holiest for us. It was a grand sight which offered itself to us in the dim electric light. The whole big back-wall, certainly 10 metres wide, was covered with a thick coating of ghee gone black, but what disfigured it most were brilliant golden mukutas, golden gloves over the hand and golden shoes over the feet. Simply grotesque. Inspite of all the vandalism the figure preserved a grandeur and awe-inspiring majesty. On the back wall was Brahma in the lotus emerging from Vishnu's navel and on the left and right dancing apsaras and gandharvas, rishis with musical instruments, harp and vina. Under these there were flame-like things pointing toward the two demons Madhu and Kaitab at the foot end. They told us these represented poison thrown at them by the snake hoods. They obviously looked as if they were in great trouble, one shielding his back with one hand and looking back terrified, the other one fleeing for his life. Kneeling very quietly at Vishnu's feet was a small Bhumi Devi, and at the upper end a figure was kneeling who played cymbals, and behind it stood a figure of fierce looks with tusks which, they told us, was Yama. How marvellous it would be if one could clean up the whole temple and see it in its original beauty, as the one in Mahabalipuram. It would be just as grand, if not more forceful even. Perhaps it is the darkness and the closeness of the cave which enhanced this impression of the darkest, deepest slumber engulfing all creation.

July 6th: Kudumbalur. According to history, there were a hundred shrines once upon a time built by Bhotivikamakeshvari, a chieftain who was allied with the Cholas. Now very few stand there, but they are exquisite jewels of early Pallava architecture - two side by side on one platform Muvarkovil, where once there were three, both dedicated to Shiva with charming Nandis watching them. In the niches many of the most elegant sculptures remain, depicting Shiva and Parvati in all aspects. The temples are twins, but small variations in their structure do not let them appear to be monotonous repetitions. What an exquisite sentiment of proportion and what delicacy and yet great firmness in all the mouldings. This was really the golden time of Indian art, when it was gentle, clear and simple. An exquisite Shiva head broken from the body, was lying nearby. The Aivarkovil Temple is nearby, of which only the platform remains, the oldest of the three. Here too there are some very lovely fragments of sculpture, two faces in a window, dancing ganas, a devi. On the way to Kudumbalur we again passed Kudumiamalai and this time took good care to see the treatise on music on the rock all around Ganesha. The villagers around

Kudumbalur were most charming and smiled at us from a distance.

From there we went to Muchukundeshvara, which is beautifully situated behind a big tank with stairs and surrounded by clusters of trees. The entrance to the temple is between two lion pillars, on the sides there are some simple mandapams. A Jyeshtha figure sits isolated in the mandapam. Finally, we went to Viralimalai, where a proud Subrahmanya temple is enthroned on a lofty hill covered with trees. As one approaches it from a distance, it stands out from the flat stretch of land. And coming in from that side a vast tank appears at its feet. We had our lunch under the shade of the trees, before venturing on to the ascent of this Sacromonte. When you have mastered the steps you reach a wide mandapam, open with pillars in front and closed by a wall behind. A magnificent panorama unfolds itself from there, a vast plain and quite unreal looking tracts of hill on the horizon. A hairy sadhu was having his siesta and we badly disturbed him. He looked at us out of what appeared to be animal eyes. Again, there was no key to the shrine and our peon had to run down again to get the watchman with the key. By that time the village was alerted and numerous boys swarmed up with the keys.

The sanctum stands in the centre of a square hall, dark and batty as usual, with the image in the deep shrine either invisible or covered with cloth. Watching it was a stone peacock all covered with ghee. I think it was there that the door to the shrine was encompassed in most beautiful bronze work, and a kirita-mukha on top giving out scrolls from his mouth, with small basins for the lights to encircle the whole door.

On our trip to Nartamalai we came across a marvellous prancing horse with his feet on the shoulder of a fierce and fat man, a village deity. The horse was modelled in such a way that I immediately had to think of Carl Burckhardt, how wonderfully it would have satisfied his conception of a horse! Then we saw a ceremony which the villagers performed in a tree grove where there are big clay images of Perumal, Urumal and Karpar. They were draped in coloured cloth, adorned with silver moustaches and eyes, and shining head-dresses. We were allowed to approach bare feet for a moment, but not to take photographs, and then we were requested to leave. We heard afterwards that goats are offered at the sacrifice.

On July 7th we made our last excursion to Malayadipatti, where there are two rock temples to Vishnu and Shiva, side by side at the foot of another such characteristic round boulder. I was very keen on seeing the Vishnu shrine, as there was another big Narayana sleeping on Sheshanaga. But what a disappointment when we found that the whole cave was splashed over with chunna and painted in many colours! The basic compositions were of course still visible but all the life in the modelling, all the finesse, was gone. The figures had become stiff and clumsy dolls. Besides Vishnu on Sheshanaga there was Vishnu seated with Shridevi and Bhudevi on either side, Narasimha seated alone, Varaha-avatar, and on the ceiling some late painting of big figures, half invisible under the black soot, with big and bold outlines.

What impressed us more than these shrines was a row of clay horses underneath an immense banyan grove in Vesselur, standing on a ridge above a big tank at the feet of an old temple. The main horse, as it appeared to stand alone under the banyan branches, had symbols and offering, and looked definitely of Chinese style. I am in love with these horses. They look alive and are superbly modelled, most probably by simple village potters.

Next, we went to Killukottai to see another Mahishasura Mardini, but the pujari was absent and there was no key to open the sanctum. A nice stone lion watches the entrance to the shrine and some very fine stray sculptures adorn the walls of the mandapam. We had to be satisfied with eating our lunch on the steps of a big tank full of lovely pink water lillies, where people bathed and washed and plucked flowers.

So we drove on to Kumandarkoil which is quite a big temple built in the usual way over a small ancient shrine hewn in the rock. It is a Shiva temple with no extraordinary features. But on the outer walls of the innermost shrine there are the beautiful dvarapalas in complete darkness. One is with folded arms over the chest, a face which is definitely a portrait with a kind of fluffy hair, like a wig. And the other, resting one hand on a club and the other out-stretched arm over it, a pose full of ease and serene dignity, very much in contrast to the later dvarapalas with their bulging eyes and fierce tusks and threatening attitudes. They were most probably done at a time when the sacred shrines had nothing to fear of desecrating invasions. The modelling is of utter simplicity, firm yet soft, full of restrained inner life.

The entrance to the shrine was blocked by a welter of bronze images, all carefully wrapped in gaudy cloth. We could not very well ask to have them all uncovered, but for Nataraja and his consort we did request, and he turned out to be a very beautiful specimen, with a thin and nervy body and a face of heavenly bliss, almost an idealisation of European style. Fortunately there were some quite neglected bronzes lying in the dust and dirt below, which we could see much better, as they were not disfigured by garments, a fine Ayyanar on the elephant Bhairava and many others. The crowd made it impossible to move about and to breathe. Wherever you looked there were rows of staring black eyes, wherever you moved you bumped into a soft body.

Outside, in another lateral shrine, a marriage ceremony of simple people was conducted. The nuptial fire was burning in front of the door. The bridegroom was sitting by the side very demur. He was garlanded, and then one boy after the other came, took the garland off his neck, turned towards the shrine with folded and uplifted hands, and placed the garland back on the bridegroom's neck. Later the bride sat at the same place, garlanded, and women performed the same rite with her garland. Then they were both dressed up by their respective friends, male and female.

We left to return home. On the way we visited Sambattur with a few amusing lion pillars without a roof. They stand together on a platform as if in conference.

Further on we came across a shrine of Ayyanar whose front was flanked by rows of clay horses, the foremost ones being twice as big as the others and made of cement plaster over brick, standing with all four legs firm on the ground, very slim and majestic and of a beautifully simplified form.

After two days rest I returned to Madras on July 10th. On the 11th I went to the museum with Beryl and after the tour we saw the sculptures there with renewed interest.

I looked for Harindranath Chattopadyaya but did not find him. The next day he came and brought me two volumes of his unpublished poems. I started reading them. A truly grand vision, a marvellous richness of images, a powerful flow and rhythm, all of a great poet. There is only one thing which sometimes takes away their greatness and that is a lack of discipline in formulation. How wonderful if he had the power of controlling his outflow and to let it crystallize.

On July 14th we drove to Jina Kanchipuram, out in the country. At the end of one big village we had to get down from our jhatka and walk across a big stretch of sand to the village and we were at once struck by the friendliness of the people. Instead of the usual swarm of bakshish-clamouring children or templeguides, we saw women spreading the rice-straw and just watching us benevolently from a distance. On our asking for the temple a small girl came forward at once and led us to a house from where she called a young man, perhaps her brother, who came with the keys and opened the sacred gates for us. And there we were in a neat courtyard with a simple but spacious mandapam in front. On the ceiling of this mandapam are the paintings, again in rows upon rows of inscriptions in between. They are more stylized, more forceful and older than those in Pudukottai, somewhat reminding one of Etruscan and Egyptian art. They are in a very sober colour-scale, black, white, red earth, yellow ochre and blue. Stories of the lives of two Tirthamkaras, how they were born and crowned or, rather, given abhisheka in Indra's heaven, how they ruled on earth, how the call for a life of austerity came to them, their penances, their followers who fall back because they cannot endure the hardships, finally their enlightment and attainment of Tirthamkarahood. In a central mandala there is a Tirthamkara in the middle, and all the seven lokas disposed around them, with the nethermost loka in the outermost circle. There are many beautiful dance scenes, episodes from the life of Krishna, identical to those in the Hindu Puranas. On the front portion of the ceiling there is a beautiful medallion of Indra on the elephant in sculpture, and around it what remains of a mandala with women on horseback. That is a much older period, I would say early middle age, which in its pointedness has more of the Jaina miniatures of the early period. A few other figures of that period remain, a woman with a protruding belly, the pregnant mother of a Tirthamkara.

The next day we went again to Tirupattikurram, as the Jaina village is called. Inside the shrine there is a new image of polished white marble, of which they are very proud, then a row of bronzes with garments. In the depth of the innermost cell there is a dignified and very big seated-Tirthamkara in a mystical penumbra.

In the morning there was puja, first drumming outside and rhythm of cymbals inside, then the priest sat in front of the bronze images and performed puja collectively to all images, much as it is done in Hindu temples, with flowers, rice, water, incense, fire, and quick deft hand movements, while a mantra accompanies each offering. There is no evening puja. On coming out our host offered us coconut, a drink and a meal, which was very welcome, and accompanied us to the city. In front of every house there was a little alpana in white powder, done by the ladies of the house. The motifs here are mostly intricate patterns formed by unending lines, either one, two or three woven into each other, with only a few dots to indicate the position of every loop. They improvise something new everyday. They seem to have lost the meanings of such designs. It would be worthwhile making a detailed study of them. Inside the house - curiously enough - there were only photographs of all famous athletes, Sandow and others and of the British royal household, from King George and family in a wonderful oleograph, to Princess Margaret and her husband and the little Prince Charles. In the fields we saw a big head in clay sticking out from the earth, meant to drive away evil spirits. It must have done its work well, as the village looks prosperous and happy, like an oasis in a desert.

The Ekambaranatha Temple is a big but late structure. A splendid car was near the inner temple where no cars are allowed - we wondered what great man had obtained this privilege. We then went to see the thousand pillar hall, filthy as in all the temples, only somewhat lived in by a party of workmen who painted and repaired the horses of the procession cars. They looked like the horses of our caroussels. As we came back to the gopuram and were putting on our shoes the car flashed past us with a very portly and important looking man in it. We learnt it was the Mahant of the temple.

On the way to Varadaraja Swami Temple, a big Vaishnava shrine, we came across a processional Ratha as high as a gopuram, and so heavy that it required wheels also inside it. We wondered how even a thousand human beings could move this monument. The uppermost visible range of figures is of dancing female figures. The prancing horses with riders were particularly beautiful, the carving excellent.

The temple has one conspicuous feature and that is the Kalyana Mandapam with its incredible wealth of carving on the pillars, which do not in the least dissolve the intense compactness and harmony of the structure. It is really a masterpiece of this late exuberant and decorative art, and also opens beautifully onto a deep green tank with ghats all around. There is one pavillion in the middle of the tank and something else which looks more like the crowning of a shrine emerging from it. On my asking what it was, the young melancholy brahmin guide explained to us that it was indeed a shrine in which a submerged Vishnu-image lay, which had previously belonged to the main temple. But when the Mahomedans ransacked the temple the image was mutilated and was of no use anymore. It was therefore placed in the tank. Once in, I believe, 12 years it is taken out and offered puja.

The marriage dais in the Kalyana Mandapam is placed on a basis representing the sacred tortoise at the base of Mount Meru. It is flat and recognisable only by the lifted head in front, the four feet and the tail emerging from their respective places. The head is painted and offered puja. The pillars of the dais are, if possible, still more richly carved than the pillars of the mandapam itself. But the forms are smaller and give a different rhythm, beautifully attuned to the rhythms of the whole mandapam, a jewel in a richly chiselled jewel box. The hanging roof is in the guise of woodwork. Even the rafters inside are delicately chiselled with scrolls and figures. Stone chains used to hang down from them. What a joy for the artists in such an incredible mastery of form and of material!

On coming out we went to Babu Jain in search of authentic Madrasi saris. I learnt with dismay that they are no longer made because only the grandmothers wear them, and they possess them already! Still, he had a few of the old-fashioned type, not exactly what I wanted but beautiful. So I bought two, one for Shanta Rao. I learnt here for the first time what the difference is between the Surat brocade and the Banaras brocade. The latter's gold is made of silver thread gilt, the former's gold thread, however, is made of twisted silk covered with a gold solution. It is decidedly more delicate. He told us they tried to make such gold thread in other places also, like Bombay, but without success. There is something in the climate of Surat which allows this process.

The next morning we drove to Mahabalipuram. Between Conjeevaram and Chinglepet, along the road and under huge groves of shady trees, the weavers spread their warps, long, long strands of yellow, red and green thread on wooden supports, and around it innumerable women and some men were busy arranging the threads, which are afterwards rolled and placed on the loom. The women were all in the intense colours of Madrasi saris. What a pleasant and healthy working place and what a wonderful sight it was, and how alert and happy they all looked! And to think that they want to have industrial mills instead, and lock these free people in dingy factories!

Mahabalipuram was a more intense experience than ever. The only pity is that it has become popular, and so the Sunday crowds sometimes make it unbearable. We landed at the dak-bungalow and immediately drove by car to the Shore-Temple, where the waves break with a loud roar and the fresh sea wind whips up all jaded energies. How wonderfully this temple with the elegant pointed shikhara stands out in the wide sweep of a flat beach! And how the sharp, clear sunlight models these clear, sharp and perfect forms. There is no overcrowding of forms, no subterfuge, no haphazard agglomeration, no weakness of moulding anywhere. Everything solid, clear-cut and elegant like a crystal, or like one of those long and pointed conches thrown up from the deep sea. We went all around and inside where the sleeping Vishnu lies in almost perfect darkness, formerly most probably licked by the waves of the rising tide. Now a big platform is built to protect the temple from the waves, including the lamp port. The Vishnu has a beautiful, peaceful expression and the body, though perhaps made only of stucco, seems to be breathing. And then we made a discovery: a huge rock north of the temple which is carved with the big relief of Mahishasura overpowered by a gigantic lion. It almost covers the whole rock and is most impressive. I almost feel that the sculptors here indulged in such fancies in their spare time. There was such revelry in stone chiselling all over the place that hardly a single rock is left intact by the human hand. Every boulder had to be fashioned and transformed into a cave, ratha, shrine or figure. Sculpturing was the life-breath of those happy people. But who were they? And how deftly moulded are all the stones lying about the place. The charming little Nandis all along the outer enclosure wall do not look solemnly in front, as other Nandis do, but they look aside, as if curious about the world outside. Then there are reliefs of a Deva holding a staff ending in a human figure, and a splendid lion with the Devi on its right thigh, spearing an animal below her, which looks like a stag, but is most probably meant to be the buffalo.

In the afternoon we went to the Royapura Gopuram, or what remains of it, of a much later date, and then to the Varaha cave. Though I had the compositions very well in my mind, I was surprised to discover how the ground powerfully sways up and down, either receding to bring out an outline more forcefully, or heaving to enter the forms which are meant to be less accentuated. It struck me that it was exactly the same process which the Swiss sculptor Carl Burkhardt used in his reliefs, except that here the figures have a more concentrated form, they are more of one piece without inner design, speaking through their masses and outlines. The movement of light and shade is given by the ground which, through their play, envelop everything into a delightful atmosphere. How modern these sculptures look, and born out of what a different conception from all other Indian sculpture! It is a great mystery. What was in the mind of these artists with their comparative realism or impressionism combined with such a geometrical severity of design and composition? It is a unique blend which has no likeness anywhere.

The Trimurti cave contains three cells with three images very similar to each other so that one has to look hard at the attributes to know who is who. Each figure has two devotees at his feet, the one below Shiva is catching hold of his own hair and is ready to chop off his head with his sword. I don't know who the devotee is, but certainly this sacrifice can easily be given a symbolic interpretation. Two gandharvas also float above each of the three Devas, and each one has two dvarapalas of his own, quite graceful youths in 3/4 view, as with most in Mahabalipuram. A Durga standing erect on a buffalo-head is seen in relief to the right of the three shrines. These sculptures are the most conventional ones here.

Behind the rock there is a relief of an elephant with a monkey, a peacock and another elephant's head above and two elephant babies under its belly. It is a shady cleft between two rocks, as if in a real jungle overshadowed by trees. At the end of this boulder there is another one transformed into a Ganesha ratha of very beautiful proportions and crowned with a gable in the form of a trishul springing out from a Śhiva's head.

From there I went towards the river where three unfinished rathas attracted my attention from afar. They look superb against the river and the distant hills, and flanked by high palm-trees. On coming nearer they seemed to diminish in size, almost becoming as small as ordinary huts when we reached them. Still, what arresting features they are in the expanse of such a landscape, in the closing shadows of the evening. I sat on a big flat rock between them, watching the rosy streaks in the grey sky and darkening earth.

The next morning, July 17th, I went first of all to the Mahishasura cave and found the sun illuminating Vishnu on Sheshanaga. The Gobardhan cave and the descent of Ganga revealed a new wealth of beauty to me. The unfinished descent of Ganga on another rock, which I had not noticed before, looks as if it were a first sketch to the accomplished, yet unfinished, work on the other side, also on two boulders touching each other. Many of the figures are the same, though they may stand in different places. They look haphazardly hewn out, without a previous design connecting them. The elephants are on the left side, not on the right, as in the big sculpture.

Later I set out for the five rathas, where I passed the rest of the afternoon. I climbed onto the Bhima ratha, where there are beautiful figures on two storeys, behind the sculptured parapets. I studied them all more carefully than I have ever done.

From the riverside a tremendous cover of black clouds drew up, overcasting half the sky. This made me quit the place earlier than I had intended. But how marvellous was this heroic landscape under the dark and gloomy sky. The threatened downpour however did not break out and the night became peaceful and serene. I passed my time looking up two big volumes on Mahabalipuram which the chowkidar had brought me. One was a publication of the Archeological Department, and the other a collection of images and photographs of Mahabalipuram put together by some devoted magistrate. I discovered that there are two more sculptured rocks lying along the coast, one of them a miniature representation of the tiger cave in Saluvangappam which, alas, was too far away for my old legs. How wonderful the starry nights in such a place are, with the silent glow of the lighthouse above and the deep thud of the breaking waves far away, making the whole earth vibrate! I felt I wanted to stay here forever.

The next morning I went in search of the sculptured rocks, and though nobody could tell me where they were, my guage of the position according to the map was so correct, that I just stumbled upon them across the last dune. They are badly weather and water worn, but what an amazing sight against the white breakers and blue ocean! One is shaped like a big Durga lion, with a small fighting Durga in a cave of his heart. On his back he has an elephant's head in front view and a horse in side view. The other is a hollowed out boulder with tiger heads, or rather shardulas, curling in upon the hollow from all sides, forming a frame.

From there I visited the Mahishasura cave, where I passed the rest of the evening in contemplation till the light became very dim and the gods went to sleep. I then climbed up the top of that hill to the Ishvara Temple, from where one can embrace the whole country from horizon to horizon, the roaring ocean with the white breakers on one side to the range of hills opposite in the west, the fantastic rock boulders all around, the dense green tree-groves between them and then the wide expanse of the river, canal and flat land behind. A sharp wind was blowing and I remained till it was almost dark. As I musingly went home, the eye of the light-house lit up. What a nostalgic feeling of sea-voyaging a light-house always awakes in me, much more than the sight of a ship!

In the morning I went again to the Govardhan cave, and was explained that the man who drags a woman by the hand, as if he were a cowherd taking his wife from Krishna, was instead a cowherd holding his wife to reassure her that she had nothing to fear from the rain. The figure with a crown, putting his foot on a block and holding a bearded fellow around the shoulder, which I took to be another aspect of Krishna, was explained to be the king of the country -- and surely enough in the group of women on the other side, is his counterpart, a lady wearing a crown. So the whole scene is only the Govardhan story and was originally carved on the surface of the rock, like the descent of the Ganga. The mandapam in front must have been added later. When one looks at it from a distance, it becomes clear that the line of the Govardhan covering the whole group, reaches above the mandapam in a broad curve.

I went home after paying a farewell visit to the five rathas in the morning light and to the Varaha cave. How sorry I felt to leave this place which has such a mysterious, powerful stimulation in its whole atmosphere, and where I wish I could have lived some 12 or 13 hundred years ago! Did I perhaps live there? Did I perhaps chisel some of these stones?

July 19-21 1949 Madras

Met Harindranath Chattopadhyaya, who was very nice. I talked to him about the necessity of publishing his poems which are really remarkable. I asked him whether the transcendental vision, which transpires in them everywhere, came to him in Pondicherry. He said no, he had it since the age of eight. In Pondicherry it was only nourished and encouraged. This is India. We have to strive life-long through darkness to reach such glimpses, and here it is born with the body and may manifest itself as in Harindranath's case.

I left for Bangalore on the 21st evening to be alone on my birthday. I travelled the whole night and though I slept little I felt a wonderful elation at being alone and all to myself. I felt relaxed and I greeted the morning of my 60th birthday with a smiling face. I felt rich after all I had seen and experienced these last few weeks and happy to be able to assimilate it in perfect peace. So the idea came to my mind of the Chinese who say that at sixty a man enters his second childhood - in the temple where there are sixty gods, for every year of life, after sixty a man begins worshipping god number one again. I was in just such a mood and promised myself to become calm and carefree, not to allow my serenity to be disturbed by anything and to have a calm and meditative day. But it was not to be. I had to run about the whole day to find out about Nandi Hills, only to learn that the Superintendent was out of station and that the bus service had stopped. Shanta's friend who wanted to take me in a car, frantically searched for sufficient petrol, but just the previous day a new order had been issued according to which petrol was given only when absolute necessity was proved and the coupon countersigned! Shanta, the dear girl, did all she could by appealing to her friends, but in vain. In the evening I stayed for dinner and she talked and talked...

July 24, 1949 Nandi Hill Station

I decided thereupon to get out of Bangalore and engaged a taxi by which I came to Nandi Hills this morning. To my great joy I found that it is possible to stay here and so I remained. The view all around from this high hill-fort is simply grand. One is half in the clouds, but when they tear away, infinite vistas open up all around. I am in a charming old bungalow where, they told me, Gandhiji lived in 1936.

July 26, 1949 Nandi Hill Station

It is only today that I could inwardly really celebrate my 60th birthday. I woke up rested and as I went out a heavenly wind was chasing the clouds away. It was magnificent, how they veiled and unveiled the landscape in swift sweeps, and fragments of it appeared and disappeared, and made me feel reborn and fresh. I took a long walk after breakfast in a tearing wind, to explore the other edge of the mountain. And when I came back the sun and wind had cleared the sky and I sat in the sun in my sheltered corner and wrote home. I felt unusually happy, while from afar I had always dreaded the threshold of the sixties, the beginning of real old age! But now I could not believe that I have reached it and preferred to take the attitude of the Chinese who consider it as the beginning of second childhood. And so let it be. Do away with useless seriousness, take a fair distance to things, don't feel responsible for the course of the world...

I drew a sketch of the magnificent scenery in the afternoon and then went for a walk along the lower ramparts. I discovered a sweet old mandapam addorsed to a huge boulder of rock under which a grey, stone-Nandi lies and quietly surveys the distant country and, I believe, greets the rising sun in the east. He was so clumsy and charming that I had to embrace him.

I drew another sketch, of the distant flat-land overhung by black clouds and bordered on one side by a piece of rainbow between heaven and earth. I took it to be a sign of alliance between the powers above and myself.

And as I came round again towards our side of the hill, I came just in time to see the red golden ball of the sun sinking into the western sky overhung with clouds and I could raise my hands towards the sun, the friend of all my life, and thank Surya for His immeasurable goodness, and ask Him to help me reach the centre of His heart in the measure of life left to me.

Aum

August 1, 1949 Nandi Hill Station

As far as I can think back, in my childhood reality was always the most puzzling of things for me and though I always had a craving to penetrate it I still felt helpless and often withdrew into myself in defeat. Perhaps my father had an inkling of this state of affairs when, while showing my photograph when I was two year's old to someone, he once said, "In diesen Augen spiegelt nicht wie in anderen sich die Welt", quoted I don't know from where.

I then asked myself why is it that I feel so annoyed when in India anyone talks about maya, the illusion of existence, the unreality of all manifestation. Does one not always seek salvation in what one is not? Are Indians not greater realists than we are? Do they not have a much stronger grasp of reality than we, unalloyed by any kind of sentimental illusion - in their business, in their dealing with servants, in their passions, in their enjoyments, in their quarrels, say even in their art as it was in the beginning in Buddhist and pre-Buddhist times? Did they not see all creatures, including human beings, without the idealisation and heroization of the west, Egyptian, Etruscan, Greek? Does one not feel in every contact with them how much stronger they are rooted in the earth than we are? Is this the reason, I asked myself, why this essentially earth-bound race, this race so comfortably resting in tamas, had to bring forth for its salvation the doctrine of the unreality of all created things and the sole reality of the transcendent? The Vedas were certainly not of this kind, they still respond to all earthly aspirations. It is only later that the feeling of the unreality of existence broke through, and over the centuries more and more permeated the whole of life - without however changing its core. The doctrine of detachment is the only lever which works in India to lift people out of the platitude and inertia of life and to spurn them to sacrifice, idealism, generosity, and to drive them upwards to superior levels of existence. Of late, perhaps the patriotic passion, the fight for the country's independence, had also acted as such a lever in hundreds and thousands. But that is now gone...

Even when there is a passion for learning and scholarship, for example, it is like the ant's passion for collecting food in their nest, not an impetus or aspiration towards an ideal. I have never come across a real passion for art, I mean in the sense of the one by which Van Gogh was possessed, or Rodin, or Michelangelo - excepting in a few like Tagore who live at Olympian heights, or

Harindranath Chattopadyaya who is really possessed at times: The music Ustads are surely great devotees of their art, but in most cases also great devotees of themselves and their vanity, and the latter often overpowers the former. That is why the songs of Dilip touched me so much, as there I felt a spark of that passion which transcends the ego... a devotion to the very fact of art, which is in itself a transcendence. Yes, it is this, the transcendence of the artistic act which people here will never understand...

I feel sure that in the ancient days, say when Ellora and Mahabalipuram were carved, or when the medieval temples were built, it was quite different. To be sure, art then could be a sadhana, otherwise it could have never brought forth such marvellous fruit. It is the lack of acknowledgement of its proper place in life which acounts for the miserable output of art in modern India.

The law of compensation then could have brought forth the hankering after detachment, for other-worldliness.

August 4, 1949 Nandi Hill Station

Couldn't sleep last night and so began thinking hard on my composition of "Prakriti" and I suddenly visualized a more cogent way of expressing what I want. I don't know whether it has anything to do with the fresco of Sittanavasal or the lotus pond on the Lakshmi image at Ellora. But I saw now my animals also emerging from the oversized vegetation, almost as flowers from the plants, in a strongly decorative pattern. All plant-forms must be oversized, otherwise they are nowhere and quite lost in the big canvas. There should be no thought of the ground on which they stand, I mean of the verisimilitude of their position. As my paintings want to be - the flowing out from a common womb of all that exists - plants and animals are sufficient symbols for earth, without actually bringing earth into them. This seems to be a new and refreshing opening.

August 7, 1949 Nandi Hill Station

I read in the Mysore Gazette of 1930 that the temple of Nandi in the Village below is the oldest Dravidian temple in the State and one of the most beautiful, with most exquisite carvings, superior even to Halebid! I shall go down to the village, stay there a day or two and visit the temple and Swami Omkar.

August 14, 1949 Nandi Village

On the 12th we came down from the hill, down all the several thousand steep, irregular steps. We were caught in the rain and were quite drenched, but found the countryside even more beautiful seeing it from its own level, and the trees and flowers were richer still. But it was with great regret that I tore myself from the hill. How happy I always feel alone, in solitude with nature, the inner harmony and balance not disturbed by anybody!

But Nandi Village was no disappointment either. The traveller's bungalow was inside the temple compound! That was certainly more than I ever dared to hope. Four enormous pipal trees in a square and a few beautiful Naga stones below, stand just in front of the entrance, and behind them there is a green courtyard enclosed by pillared galleries. The enormous chariot wheels carved of stone were standing in the courtyard, waiting to be attached to the ratha for the great Shiva-ratri festival. They have a beautiful flat ornamental carving and a raised square around the hub. The pipal trees have an overpowering squirm of vampires who have taken possession of them.

The room in which I stay is supported by powerful square columns with octagonal interstices and huge clumsy capitals. It seems to be built for eternity, very reassuring. I went into the temple. There the rain again started and I was a prisoner inside the temple, absolutely alone and sure that no one would come. What a contrast to other temples this was, where you are pursued by pandas and curious kids. The temple has no resemblance to Halebid, except that it is a double temple, to two aspects of Shiva, one of Bhoganandeshvara and the other to Arunacaleshvara - both Calukyan. There is a newer structure in between them where the Utsava Murti of Shiva and Parvati is kept. And in front of this there is a small Kalyana mandapam which is really a jewel of stone carving -- female figures in richly ornamented dress standing almost free from the main stem, and on the other side a basket motif below, from which a flower stem emerges, on both sides of which there are rows and rows of birds above each other, pecking at the plants and feeding their young ones. The richness of the carving on all sides is such that one remembers only the prominent features. The stone, black and hard, looks and sounds like metal when knocked. The big mandapam running in front of all three temples is in the Vijayanagar style, the carvings rather crude. But the perforated windows of the two side temples are most exquisite with carvings of dancers and musicians within flower-scrolls, or sporting ganas, or figures of divinities. On one of the rain spouts there is a naked woman.

August 15, 1949 Nandi Village

Yesterday I went again to examine the temple. There was more than I had seen on the first day. The outer back of the shrines are lovely and relatively minutely carved Pallava domes, pyramidal with rows upon rows of Kudus and very amusing and exquisite carving of deities in the finials. Then, other perforated windows with curious dvarapalas on makaras [crocodiles], one of Subrahmanya, one of Shiva, and of frolicking ganas. There are two interesting water spouts for the puja water, two shrines to the Devis, the wives of the Shivas in the main temple, well-dressed images with enormous metal halos and portements. The pujari also showed me the interior of the main shrines. Both have a spacious hall and, in the garbhagriha, contain Lingams, the first seems to be covered with a conical metal cap and the second, Arunacaleshvara, has a big pitha, all in polished black stone. The metal Shiva head and snake hood, to be put on it on Shiva-ratri, stand in the hall. It must look impressive when they are put on it in that dark chamber. But just as they are, as if thrown aside, these trappings look very much like stage accessories out of use. They possess a number of fine bronze images, but these are also thrown into a corner, covered with dust and with splashings of cuna. There are some accessory stone figures in the first hall, Ganesha, Uma, Maheshvara, Karttik, but of no great artistic merit. But the Dikpalas, lords of direction, on the ceiling of the first shrine are excellent, very simple and powerful. The Devi shrines behind must be later. They have sculptures on their outer walls, a whole procession of rishis and divinities going around the three walls, of a late period, rather mechanical, but attractive at a distance. In a second courtyard there is a high pavilion for the swing of the gods and a mandapam called Vasanta-Mandapam.

In the afternoon I went to Bhasavangudi to see the big Nandi. The way there was lovely, I adore this hard, rocky landscape with the rich vegetation in between, the shady trees, the luscious green fields, the deep jungle ravines, and all this under the dark, shifting monsoon clouds. But the poor Nandi, caged in a poor, tottering Mandapam much too small for his bulk, was a disappointment. The legend, however, is charming. The people say that he was quite small in the beginning, but then he grew and grew till the mandapam could hardly contain him any more. Then they made a hole in his bump and since then he has stopped growing. It is a nice comment on his disproportionate size!

I went a little further up, where the road goes down to Dod Ballapur, and then into the Nandi State Forest at the foot of the Nandi Hill. What interesting vegetation all around! I daily discover plants I have never seen. And what beautiful, clear-cut shapes the leaves have. I am studying their forms in view of my "Prakriti".

At long last I also got to know the sandal-wood tree, thanks to a boy who accompanied us. He also dug out a stump of perfumed sandal wood for me. We had sandal wood as fire wood in the kitchen in Nandi Hill - this outer part of the tree cannot be used for any other purpose. But it gives a nice smell all the same.

The temple on top of Nandi Hill is dedicated to Yoganandeshvara, the ascetic form of Shiva. It is rustic in style, very suitable to the place, built of huge grey blocks of stone placed upon each other. There is a small courtyard all around, paved with the same stone and surrounded by a low gallery of massive pillars.

There were interesting alpanas in front of the shrine, made freshly on Fridays by an elderly woman. She was very proud when I admired them. They are all on the principles of unending lines slung into each other with endless meanders or labyrinths, not decorative flowers as in Bengal. Some days later I brought her paper and pencil and asked her to show me how she did them. But the poor old lady had never held a pencil in her hand and was far-sighted. So she went through great pains in drawing them so small and her hand cramped and trembled. Afterwards she did one for me on the floor with chuna in her bare hands as usual, and that she did with great assurance and speed.

The 15th being Independence Day I stayed in Nandi and saw the culture of silkworms. It is a flourishing trade here. They don't keep them on tables, like in Italy, but on huge baskets with concentric rings forming small canals. When the silkworms start wagging their heads they are taken out and put in sunlight for a day, and then they make their cocoon. A graduate landlord who had a big establishment for this culture explained the whole process to me. He also grows the mulberries for their feed, not as trees but as small shrubs, which are cut down every two months. They sprout again from the soil. Then he took us to the village to show us how the silk is wound from the cocoons. It requires a tremendous skill of the hands to pick the end of one cocoon's thread and to throw it on the thread which is wound upon the big roller at great speed so that it should not break. Three threads are twisted into one and give a thread of terrific strength. The work went on so fast one could hardly take it in with the eyes.

Afterwards I went again to my temple. The villagers from all around came to bathe in the tank and then to worship in the shrine. The people seem to be very nice and happy here. They are quiet, gentle and yet lively. They do not trouble a stanger. They quietly go on with what they have to do and willingly give you a small place to watch. I sat quite a while beside the tank, then went inside the shrine where an elaborate Shiva puja was going on, with streams of water flowing over the Lingam. The pujari had to sweat like a water-carrier to fetch the huge jars filled with water. While he was chanting the mantras a wandering minstral in gerua robe sang beautiful songs outside in the mandapam, accompanying himself on the Ektara. He had an intersting, smiling face and sang with feeling. I felt sorry that I could not talk to him and ask about the contents of his songs.

In the evening when we returned to Bangalore by train there was a young gentleman in the compartment, a brahmin, who told me that this temple at Nandi was called Dakshina-Kashi and was very holy, and that the Shiva-ratri festivals always attracted thousands of people, so that there would hardly be any standing place inside ...

August 28, 1949 Bombay

Arrived in Bombay on the 26th.

August 30, 1949 Bombay

The painting of pictures is not enough. One also has to find a place for them in the world. That is what I am doing right now. How happy I would feel if I could dispose of the whole lot and then start unburdened on my new track. Now of course it means running about a lot...

I met Govinda and his wife who are back from their Tibetan expedition, which took them about two years. They have brought drawings of very important frescoes in the monastery of Tsamparang ... He showed me sketches of the most fantastic landscapes, where everything is perpendicular. The hardships they have gone through are unimaginable... If one can bear the climate it must be marvellous to live so high on top of the world, with that crystal-clear atmosphere and those sharp-cut shapes of the landscape and those pure and intense colours.

September 1, 1949 Bombay

I have come to stay with Pepi and her husband in Malabar Hills. The

Govindas were here for dinner and showed us a number of their tracings of the frescoes in Tsamparang. They say that they are from the 10th to the 15th centuries. Judging from the tracings only, they seem to be glorious paintings. They are all stories of Buddha's life: Buddha learning in the Tushita heaven that the time for his reincarnation has arrived; he takes down his crown and hands it over to his successor Maitreya; then the dream of Maya, the white elephant, on top in one corner and then plunging into her side while she lies asleep on her couch. Only the hind part of the elephant is seen. The artists seem absolutely unfamiliar with the shape of the elephant and paint it with a small head and a long and thin appendix of a trunk, while they are great experts at drawing horses. The horses are of the rough type of North China, with angular forms and wild manes, and superbly alive in movement. Then, the birth of Buddha from the side of Maya standing under a tree. The drawing is extremely rich in lines and patterns, the breasts of women always deflected on one side, even when the figure is drawn frontally. The patterns of dreams are very elaborate, the outlines of the figures elegant and flowing with floating draperies all around. They are the prototypes of the later tankhas. Lotus flowers represent the footsteps of the Buddha. There is a marvellous panel of Prince Siddharta sitting between his queens in their proud and provoking beauty. The figures are never painted in groups, like in Ajanta or Bagh. They are always hierarchically seated apart, side by side. Each one can develop its full outlines. These paintings are much more abstract than the Indian ones. Even the trees are just trunks with round clusters on top, drawn in decorative patterns. The rivers and tanks are filled with regular wave-patterns in which parts of aquatic animals are seen, ducks, fish, crocodile, sea-elephants.

Another scene with the renunciation of the Buddha is very touching. The horse which carried him away does not want to return to the palace empty, so that the people at home should not fear that the prince has been robbed and killed. So the Budhha saddles it with his crown and his royal robes and bids it to return home. Then the horse lowers its head onto the feet of the Buddha and weeps. The emotions of the horses are most wonderfully expressed.

Another impressive scene is the one where the Buddha-to-be is seated in meditation under a tree and some Siddhas flying by are stopped in the air by the power of his tapas. They are seen in the garb of ascetics in the branches of the trees with questioning gestures, and a second time in adoration of the Buddha's feet. The ascetics are drawn with tormented lines in features and body, their powers are symbolised in the heavy ornaments on their arms. The Buddha is drawn with simple, full and flowing outlines.

The symbolism of the human and the divine is differentiated in the character of the inner and outer line-work. A very rich composition is that of the Buddha's temptation, where he is seated in the middle, very big amidst the demons and the daughters of Mara. He is seated on the earth-throne, a kind of architectural block. On one side the daughters of Mara appear side by side in their youthful seductiveness, while on the other side they appear as old hags, as in fact they appear to the eyes of the Buddha. The demons are of infinite variety, with queer animal heads and with huge faces, mouths and eyes on their bellies, chests and shoulders. It is really a fearful array, reminding one of Hironymous Bosch.

These tracings were done by Lee Govinda. The Govindas worked in such cold that they could just freeze the tracing paper onto the wall with a little water, and take it down again by warming it. Govinda did tracings in another monastery, which seem older and are perhaps even more beautiful, more classical and perfect in composition. There are no scenes, only figures of Buddhas and Boddhisattvas. They showed us a colour sketch of one, a seated Devi in only three colours, an earth-red in all shades from dark to light, a blue and a white; besides the gold ornaments and patterns of the draperies, a wonderful stole in warm, compact and sober harmony.

Finally, they showed us pictures of the landscape where these mysterious monasteries are, most unbelievable. One might take them for some fantastic settings planned by a wayward scenario painter - all the rocks are perpendicular, like arrayed towers, absolutely inaccessible. Yet each one carried some buildings on its top or on its side, to which one has to ascend by steps inside the rock. There cannot be a more perfect place to flee from the world. The monasteries in which they painted were on such rocks. The rocks are moreover hollowed out with numerous caves, where most probably people previously used to live. There are a number of temples on the topmost rock, accessible only from the inside, where Govinda found some most interesting yantras in elevation. The rocks are twisted like old tree-trunks split by lightning, some are split in two from top to bottom, opening perpendicular abysses of thousands of feet. The Govindas had to travel a whole week to go around one such rock. There were pictures of Mount Kailash which doesn't look like a natural mountain, but like a white glistening dome-like architecture made of ice. The lower rocky mountains clustering around the white dome are also like well-planned architecture. Even if it were not the highest mountain, I don't wonder at its being considered the seat of the gods, of Shiva and Parvati...

The photographs taken inside some monasteries are of magnificent bronze sculptures. The figures of Boddhisattvas are far from possessing the sweet grace so much admired in the Indian variety. These are tense and full of inner glow with very high and narrow torsos, slightly bent but somewhat angular in the upper part, with only the crossed legs drawn in a sweeping, flat arch. The heads are crowned with diadems, the faces sharply drawn and illuminated with a serene smile, no sweet effiminacy, everything terse and sharp. Behind these big sculptures are rows upon rows of painted figures. The Govindas told us they would have done much more work, had they not been finally driven out of the country.

September 11, 1949 Bombay

Much has happened in between. The exhibition was arranged and looked quite harmonious... On the day of the opening, September 9th, there was a big crowd, amongst them many beautiful saris, which otherwise are rarely seen there.

After the exhibition, as I was sitting alone in the hall with my paintings and looking around, they suddenly gained in importance and in beauty in my own eyes. Whereas before the exhibition I saw them as possessing no interest to me, now all of a sudden they grew out of their limbo and displayed to me their particular vision of India which no one else saw nor understood. I suddenly felt that I had interpreted something fundamental, that I had caught that cosmic rhythm in the earth, trees, houses, roads, animals and people, which were still living in India and were full of significance. I had not portrayed the picturesqueness of India, no, but the deeper, visible harmony of all the elements which makes up its life.

On the way to Khajuraho 1950

Started from Banaras on March 14th with Rita and Montu. We travelled from Mirzapur in the night upto Canal Bungalow by an awful road and next morning went to Dubar Village. It looks rather desolate, a short sparse jungle, almost dried up. The day became very hot and I had not slept during the night, but we had to proceed to Rewa. It was a nice road, first all barren, then the land becomes cultivated and looks more cheerful. In Rewa on the next morning we saw the big statue of Vishnu and Lakshmi in front of the museum, went to the bazaar and then to Chhatarpur to make arrangements for our stay in Khajuraho. The landscape becomes more interesting the more one enters Bundelkhand, the hills, the thick jungles with the many red blossoming trees, some ancient forts, Datia, on the hillside, the rocky riverbeds and small shrines.

We finally arrived in Chhatarpur and what a relief and joy it was when we came to the Circuit House on top of the hill, overlooking the wonderful landscape with infinite varieties of green and red. It was an atmosphere of spring-time, the charming soft hills and idyllic little city with the lakes down below ... and then a big, clean and comfortable house, vast bathrooms and obliging butlers to satisfy your needs of comfort. After dark I sat a long time on the edge of the terrace under the stars facing north. It was heavenly and what to say of the sunset, which we arrived just in time to watch from our height - the red sunset behind a huge, red tree, red not with flowers like the other trees but with young leaves! It has the vastness of the Ellora landscape, also facing the west.

March 19, 1950 Khajuraho

In the morning we drove to Khajuraho and found lodgings in a cowherd's house behind the palace. We went immediately to see the temples, the Varaha Mandapam, the Lakshmana Temple, the Museum and after lunch the Vishvanatha Temple with the Nandi and Parvati shrines, then the Kandariya Temple, the Mahadeva Temple with the big lion and warrior in front and the Devi Temple, all on the same platform....

On the 22nd we went to the Duladeo Temple again. It was grey and raining, but the temple is really a jewel, especially the interior with all the dancing figures at the base of all the pilasters and the open, circular and lighted mandapam. The figures are so terribly mutilated that it breaks one heart to see them so, but even in that condition they have an incredible vigour of movement and nobility of expression.

We departed after lunch and stopped on the way to visit the Caturbhuja Temple. It stands on a raised platform a mile away from the countryside with a small shrine of very fine proportions, a small mandapam and, inside the cell, a most remarkable figure of Vishnu Caturbhuja, in a tribhanga pose, the feet crossed like a Krishna image and a Jata Mukuta above the Kirita Mukuta, like a Shiva image. The face is remarkable for its expression of supreme nobility and benevolence. The Prabhavali is made up of small flying figures, two bigger ones of wonderful vigour at both ends. The whole modelling of the figure is of a grandeur not inferior to the Ellora sculptures, though in a different style. It is certainly the masterpiece of the whole Khajuraho output, and quite different and apart from the rest. It has an indescribable power of evocation, especially since this single shrine with its single gigantic figure is situated in this grand and wide solitude of primeval landscape. Who were the master-brains who conceived such representations and gave them shape? What are all the Shilpa-Shastras with their rules and measurements when it comes to such work? They need no more than the chisels and hammers, instruments to give expression to such supreme visions, but they do not explain the visions, nor the intellectual or artistic build-up which reach such consumation.

June 11, 1950 Zürich

From Calcutta we were driven to Dum Dum airport and finally took off. The plane quickly swung itself above the clouds and from then on it was smooth sailing. I always feel most comfortable when I see the billowing clouds or the ocean below, not the hard earth deep down, and still less the sharp, craggy mountains almost reaching up to the plane!... The night was not too comfortable because we couldn't stretch, but somehow I managed to doze a little. The sun rose while we were flying above the blue Mediterranean. Only sparse and thin whiffs of cloud lay between us and the water. And then came land, the earth of Italy, like a geographical map spread out below us. To our right was Vesuvius. Soon we reached Rome, disembarked, and before long took off again. We crossed the plains of Lombardia and were above the Alps.

It was almost impossible for us to believe that, just yesterday, we had been waiting to start off from Calcutta! We saw the Alps with their vertical peaks and abysses, their glaciers, ridges and valleys. We could far more believe that we were above the Himalayas! We looked down into the mysteries of the highest mountains for only a few moments, and already they started lowering their ridges and smoothening out their shape, and before we could express our admiration we saw the Zürich lake and were circling towards Kloten Airport. We landed smoothly on an empty aerodrome which, with its coloured umbrellas looked like a Sunday holiday restaurant. The customs and passport control were all like "en famille" and going out under the doorway I ran into the arms of Yvonne. It was so nice. The sun was bright and warm, the meadows green and fresh...

Seeing Zürich and its people from the direct angle of Calcutta and Banaras fills me with an unexpected new experience. I see them with admiration, with amusement, with sympathy or irony, according to the circumstances, but they do not provoke any untoward reaction any longer. I am in it, without being part of it. This was not the case in former years when I almost lost myself in the transition from one world into another.

21.April 1951 An Bord der Vivaldi

Schon wieder auf der Rückkehr nach Europa, viel früher als ich es hätte denken können. Meine Augen sind daran schuld.

Ich kam Anfang November 1950 nach Banaras zurück. Es war schon kühl und ich fing sofort an, die Prakriti-Komposition in Farben umzusetzen. Da ich die Farbideen schon in der Schweiz in kleinem Format ausprobiert hatte, ging es verhältnismäßig rasch. Ich veränderte zwar noch vieles. Die obere Partie wurde ganz anders gestaltet. Statt der abgerundeten Kontur setzte ich kreisende Ellipsen mit Sternen ein, die sich über den Rand hinaus fortsetzen und somit etwas vom Gefühl eines Unendlichen vermitteln sollen. Das Problem war, diese Himmelssphären mit dem Spinngewebe und den Augen der Maya zu verbinden. Nachdem ich nochmals viele Details verändert hatte, nahm ich mir vor, beim Malen alle Formen summarisch zu behandeln, nur ihre Charakteristik zu erhalten und ihre Entfaltung, nicht ihre Komplikationen. Dies ging mir aber leider im Laufe der Arbeit oft verloren, aus mangelndem Erfassen der tausenderlei Gestalten, die dieses Bild zusammenhält. Mit Mühe und Not brachte ich den Entwurf fertig, denn hier begannen meine Augen zu versagen.

29.April 1951 Golf von Suez

Heute fahren wir durch den Golf von Suez, an einem frischen, wehenden Morgen wie damals vor einundzwanzig Jahren, als ich zum ersten Mal ins große Unbekannte fuhr! Hier fühlt man zum ersten Mal den Orient. Das Licht, die Luft und die Hoffnungen, welche meine Segel schwellten waren von unwahrscheinlichen Wundern erfüllt. Es war die große endgültige Flucht, von der Hoffnung genährt, nun Heimat zu finden. Dies war mir damals wohl nicht so klar. Ich sah mehr das nächste Ziel, Indien kennen zu lernen, dieses Land in Wirklichkeit statt in Träumen zu erleben. So ging ich, das Herz geschwellt mit Illusionen, die Tasche gefüllt mit Einführungsschreiben an die Großen im Lande, wie hätte es schief gehen können? Nun, es ist ja auch nicht schief gegangen, nur ist es ganz anders geworden als ich mir vorgestellt hatte, ganz, ganz anders!

Man sagt, man muß sich vollkommen aufgeben, um das Reich Gottes zu gewinnen. Damals gab ich mich wohl auf, doch um etwas auf Erden zu gewinnen.

Und das verlor ich bis auf den letzten Rest, doch etwas anderes blühte an seiner Stelle auf, das wohl viel reicher und kostbarer ist, als das Verlorene. Und wenn ich heute auf das zurückschaue, was mir soviel Jammer und Kummer bereitet hat, erstaune ich ob mir selbst. Wie konnte ich so verblendet sein? Etait-ce bien la peine? Aber wahrscheinlich ist es eben so, daß wir Stufe um Stufe vorwärts kommen müssen und es nicht möglich ist, außer mit größter Gnade, irgendeine zu überspringen. So war es doch eine Brücke zu etwas Tieferem und Größerem als ich je mir vorstellen konnte. Dies Große kam eigentlich malgré moi. Ich suchte es gar nicht. Erst Indien brachte mich dazu, es zu suchen. Und Indien hat mir auch etwas den Schleier gelüftet und mich einen Blick werfen lassen nach den großen Mysterien. Und diesen Blick kann ich nie und nimmer vergessen, wie sehr ich auch gelegentlich davon abirren mag. Dieser Blick hat Besitz ergriffen vom Innersten meines Wesens. Es sind jetzt zehn Jahre her und vielleicht bin ich in diesen zehn Jahren nicht weiter gekommen. Aber ich kann den Einblick nicht vergessen, er ist Teil meiner selbst geworden, und vielleicht werde ich ihm eines Tages doch näher kommen. Ich habe in meinen letzten Bildern etwas davon zu gestalten versucht, aber das ist mehr intellektuelle Rechtfertigung und Befriedigung, die Wirkung nach außen. Die Wirkung nach innen braucht keine Bilder mehr.

Mein ganzes Leben lang habe ich mich wie eine Ertrinkende an jeden Strohhalm geklammert. Keiner hat mich je gehalten, sie waren allzu menschlich, die Strohhalme, und keiner war bereit, eine Ertrinkende zu retten. Sie wollten selbst gerettet werden. Was konnte ich da für sie tun? Erst als die zwölfte Stunde zu schlagen begann, da kam das Licht von oben, das meinem Schiff den Weg gewiesen hat. Es ist ein Weg des Verzichts, um des Einen, des Wesentlichen willen.

Das Leben gleitet an mir vorbei, wie von einem Schiff gesehen die Landschaft. Es gleitet an mir ab, wie die Gesellschaft auf dem Schiff. Doch etwas Allumfassendes lebt in mir. Es ist schwer auszudrücken, es schwebt, es ist allgegenwärtig, aber es kann sich nicht in Einzelheiten vertiefen. Es kann hören und sehen, aber nicht persönlich teilhaben. Es ist fremd und doch freundschaftlich. Es kann nichts auf der Welt als sein Eigentum betrachten. Es kann vielleicht auch nichts mehr richtig ernst nehmen, es hat kein Gewicht und keine Waage, und doch großes Verständnis. Vor allem schweben ihm die Zusammenhänge vor und es möchte auf irgendeine Weise diese unendlichen Zusammenhänge, diese Harmonie, die hinter all dem Chaos steht, in irgendeiner Form zum Ausdruck bringen. Dies in der Kunst zu tun, war mein letztes Bestreben. Doch wird es gelingen? Ist dies überhaupt möglich? Und wenn möglich, ist es genug?

5.Mai 1951 Mailand

Heute in Genua gelandet, hierher gefahren. Ja mein liebes Italien, es greift mir immer ans Herz. Von der Landschaft will ich sprechen, die in Italien nach der Endlosigkeit und uferlosen Weite des Orients plötzlich Haltung, Form, Bestimmtheit, Komposition gewinnt und sich in Bildern darbietet. Diese Reize bezahlt sie durch Einschränkung und Begrenzung. Aber wie wohltuend, wie beruhigend, daß die Seele nicht immer in endlose Tiefen und Höhen gerissen wird. Der erste Eindruck dieser schönen, abmessbaren Welt war die blaue Küste von Calabrien im Morgenlicht des dritten Mai. Die wundervolle Zeichnung und Silhouette dieser Berge, herb und doch süß, kahl und doch weich, mit gelegentlichen Felstürmen, die aus ihren Halden emporsteigen. Und die kleinen, weißen Dörfer darin als belebende Punktuierung. Dann Messina, wie wundebar es sich ausbreitet über verschiedene Hügelrücken, die von oben her bis ins Meer hinuntergleiten. Dann Schluchten und Brücken und hier und dort die schönen Sammelpunkte eines Kirchturms oder Domes. Es muß eine herrliche Stadt gewesen sein vor der Zerstörung.

Und dann der Faro ganz flach ausgestreckt auf einer Landzunge, die weit ins Meer hinausragt, wo einstmals die Charybdis war, gegenüber der Felsabsturz der Scylla mit dem gleichnamigen Dorf und dem kleinen Fischernest in der Bucht dahinter. Das alles hat würdevolle und gleichzeitig graziöse Haltung und wächst wunderbar aus der Landschaft heraus, immer dort Akzente aufsetzend, wo sich die Formen konzentrieren und der Krönung bedürfen. Keiner wird mir sagen können, daß hier die Menschen nicht auch kosmische Zusammenhänge fühlten und die sensitiven Punkte der Erde erkannten, an denen es gut war zu bauen, wie in Indien. Nie vergewaltigen sie die Erde, um sich Nutzen zu schaffen. Nein, sie verschönern sie mit ihren aus demselben Geist geborenen Werken. Ich atme Heimatluft, wenn ich die italienische Landschaft erblicke. Alles löst sich in mir mit einem unsäglichen Gefühl von Wohlsein. Nicht nur die Augen sind befriedigt, auch das ganze innere Wesen.

Wie phantastisch türmt sich der Stromboli aus dem blauen Wasserspiegel auf! Der Berg atmet und stößt Rauch aus und an seinen Rändern liegen die lieblichsten Dörfer in weißem Glanze, während dicht daneben der Lavafluß vom Krater bis ins Meer hinunter einen unheimlichen, rauchenden Absturz in den Berg gefressen hat.

Am Morgen des vierten Mai erreichten wir Neapel. Als ich auf das Deck heraustretend den S.Martino in dem graurosigen Morgenlicht dicht vor mir aufsteigen sah, empfand ich das Licht in Neapel besonders zauberhaft, mit seinem Perlmutterduft aus welchen alle Farben intensiv und doch gebrochen hervorstrahlen. Licht und Farben erinnern mich immer an Banaras. An diesem Tage hingen graue Wolken über der Stadt und ich fing plötzlich an zu verstehen, welch großen Reiz die wechselnden Wolkenbilder der europäischen Landschaft geben. Und obwohl ich nie, wie manche andere, den Überdruß des ewig blauen, glatten Himmels der Tropen empfunden habe, begann ich ihn zu verstehen. Auch verstand ich, warum europäische Landschaftsmaler dem Himmel solch großen Platz einräumen. Wunderbare Sonnenflecken fielen hier und dort auf die Stadt, diese oder jene Region strahlend hervorzuheben. Ich ging an Land und wanderte herum, zuerst zur Passeggiata al mare. Der Lärm dieser Stadt war mir erst unerträglich, auch das Durcheinander. Doch als ich zur Spitze der Passeggiata kam und den weiten Golf überblickte, war ich glücklich. Ganz zart lagen die Berge von Sorrent und Capri am Horizont und alles war so unendlich viel weiter und großartiger als ich es in Erinnerung hatte. Das letzte Mal im Jahre 1946 konnte ich nichts genießen. Zu sehr bedrängte mich das Bild der Zerstörung. Jetzt pulsierte das Leben wieder in der Stadt und es war als wäre nie ein Krieg gewesen. Dieselben Gesichter, dieselben Bagoloni, die an jeder Straßenecke standen, schwatzten, beobachteten, diskutierten, Geschäfte machten. Und dasselbe laissez-aller, derselbe Staub, dieselben Blumen an der Salita di Chiara und dieselbe Wäsche, die darüber wehte. Dieselben Gemüsekarren und Trinkstände mit den Bündeln herrlicher Zitronen, dieselben Tonkrüge für Wasser und dieselben Marmortischlein vor den Cafés. Dieselben Zeitungsstände und Tabakläden und auch die Lustrascarpe unter den Arkaden. Ich konnte nicht umhin, mich auf einen dieser Throne zu setzen und mir die Schuhe mit neapolitanischer Unübertrefflichkeit zu neuem Glanze reiben zu lassen.

Um Mittag fuhr das Schiff wieder ab. Jetzt war der Himmel klar und die Landschaft strahlend. Um die Spitze von Posillipo herum stiegen die herrlichen Silhouetten von Nisida, Pozzuoli, und das Vorgebirge von Baia aus dem Meere auf, und Procida mit der kleinen Stadt auf dem hohen Rücken. Als sich die Kulissen verschoben und übereinandertürmten, schien mir, dies hätte mit Absicht nicht schöner komponiert werden können.

Und dann tauchte auf der anderen Seite Ischia auf, grün und behaglich. Da dachte ich an alle die schönen hier verbrachten Zeiten und fühlte einen tiefen Zusammenhang mit dieser Erde.

6.Mai 1951 Milano

Als ich am Morgen in die Giardini spazieren ging, da guckte mich jeder Weg, jeder Baum, jede Bank wie eine alte Bekannte an. Das Leben schrumpft plötzlich zusammen auf Kindheit und Jugend, als diese Giardini noch eine ganze Welt für uns waren. Und, zu erleben, nachdem wir die Welt durchwandert, daß diese Welt noch existiert und Urbilder in uns wachruft und inniges Glück, uns wieder in ihren Rahmen und ihre Stimmung zurück zwingen kann, ist erstaunlich. Ja, sind wir denn auf unseren weiten Wegen überhaupt niemals weg gewesen und haben nur in einem fort an einer Stelle pedaliert, ohne uns zu rühren, wie auf einer jener Velomaschinen in den Turnhallen, die feststehen und nur zur Übung der Beinmuskeln dienen? Ich war plötzlich zwölf Jahre alt und fühlte denselben Genuß wie damals und hätte am liebsten wieder die Spiele gemacht, die uns damals entzückten. Es gibt wirklich nichts Geradliniges auf der Welt, alles ist rund, alles kehrt an seinen Ursprung zurück. Mailand hatte diesmal eine Poesie und Größe wie noch nie. War es diese Rückkehr in die intensiven Erlebniszeiten der Jugend, oder war es, weil mir die nüchterne, eckige, kleine Geschäftigkeit von Zürich noch zu sehr im Gebein saß? Italien hat, sogar in Mailand, einen tieferen, wärmeren Atem als die Schweiz. Nirgends fühle ich mich so wohl und zu Hause. Es verbindet lebendige Emotivität des naturnahen Volkes und intellektuelle Verfeinerung des Kulturmenschen, wie man sie im

Orient auch finden kann.

26.Mai 1951 Augenklinik Genf

Profilkunst und Enface-Kunst. Es besteht eine fundamentale Antithese zwischen beiden, obwohl ich dieselbe mehr fühlen als richtig definieren kann. Die erstere stellt den Menschen, besonders seinen Kopf und auch das Tier als Silhouette, als Relief dar. Die zweite stellt ihn als Masse, als Bau dar. Profilkunst betont das vom Zuschauer nicht Notiz nehmende Schauspiel, das sich dem Blick als Arabeske darbietet, aber ohne Zwiesprache zu halten. Enface-Kunst greift den Zuschauer direkt an, fordert ihn auf zur Antwort, indem sie sich an ihn wendet. Sie ist dem Zuschauer gegenüber aktiv, obwohl sie aus Mangel an Raum zur Ausbreitung in sich ruhig und passiv bleibt. Die Profilkunst hingegen ist bewegt im transversalen Raum, dem Zuschauer gegenüber aber passiv. Die Kraftlinie der Bewegung und des Ausdrucks verläuft bei ihr - auf den Zuschauer bezogen - von links nach rechts, oder von rechts nach links. In der Enface-Kunst aber gehen die Kraft- und Ausdrucksströmungen aus dem Bildwerk direkt auf den Betrachter.

Die europäische Kunst hat in den letzten Jahrhunderten beide Arten der Darstellung gebraucht, sehr oft beide zugleich. Und dies mag mit unserer Entwicklung zusammenhängen. Da diese Entwicklung mehr eine des Intellekts als der tieferen Seelngründe des modernen Menschen ist, entscheidet sie hier nicht.

Warum aber haben sich ganze Kulturen, die in Tradition fußen, der einen oder der anderen Darstellungsweise verschrieben? Warum haben die Ägypter, die Assyrer, die Etrusker, die mexikanischen Indianer, die Perser und die späteren Inder unter Mogul-Einfluß, sich der Profildarstellung verschrieben, während die Chinesen, Tibetaner, Byzantiner, alexandrinischen Römer und die Meister der romanischen und gotischen Kunst fast ausschließlich frontal darstellen. Das muß psychologische Gründe haben. Der physische Typus eines Volkes mag mitspielen, gibt aber keine Erklärung.

Beim Tempel von Halebid sind alle Motive in den Friesen, die die Krishna-Legende und das Ramayana illustrieren, Profildarstellungen, während die darüber stehenden göttlichen Aspekte sich durchweg frontal zeigen. Was also dem Wechsel, dem Ablauf, der Zeit unterworfen ist, steht im Profil, auch wenn es sich um Götter handelt, die in menschlicher Inkarnation erscheinen. Aber die ewigen Essenzen, die unwandelbaren Aspekte der Gottheit, werden frontal wiedergegeben.

14.September1952 Davos

J'ai perdu ce "témoigne de ma vie" qui m'engageait à ne point vivre "négligement", sagt Gide in Journal intime nach dem Tod seiner Frau. In Ermangelung eines solchen Zeugen muß man sich selber Zeuge sein. Hierzu dient ein Tagebuch. Letztes Jahr, als ich nach Davos kam, hört es auf. Jetzt drängt es mich wieder zu schreiben. Hier, wo das Leben sich nicht nach außen entfalten kann, wo es im engen Kreis sich dreht, tut es gut, sich zu besinnen.

3.Dezember 1952 Banaras

Die Komposition der Prakriti mit einem transparenten Papier überdeckt, worauf ich sie neu zeichnen will. Sie darf nicht mehr wie ein Flechtwerk flach ausgebreitet sein. Die Formen sollen plastischer und dynamischer gestaltet werden. Das Ganze sieht durch den Schleier des Papiers schon besser aus, weil nur die großen Kontraste durchdringen. Nun möchte ich erst alle Bewegungen und Schwünge zeichnen, die das Gewebe zusammenhalten. Das ergibt lauter Bogen, enge zuunterst und immer weiter und weiter gespannte nach oben, auseinander geboren oder einander durchdringend. Sie drücken das Gefühl des sich Entfaltens und Emporquellens schon besser aus als die Komposition mit allen Details. Das Grundschema ist also gut und durchaus brauchbar. Es handelt sich nun darum, es festzuhalten und es nicht zu verlieren bei der Weiterentwicklung. Alles ihm unterordnen. Immer am Urbild festhalten. Formen, die sich gegenseitig durchdringen, das war meine Auffassung von Anfang an. - Ich erinnere mich an eine Konstruktionsskizze zur Skulptur meiner schreitenden Frau, die schon darauf beruhte. Nun ist mir diese Auffassung ganz allgemein zum Bild der Welt geworden. Die manifestierte Schöpfung, die aus dem Urgrund hervorgeht in tausend Formen: Diese Formen stoßen, überschneiden, durchdringen einander im Raum, da der Raum in der Darstellung etwas Begrenztes ist und die Formen alle von ihrem eigenen, individuellen Expansionswillen getrieben, sich darin ausbreiten. Dadurch, daß sie bestimmte Formen haben, geraten sie aneinander und durcheinander. Was nicht reiner Geist ist, muß sich stoßen im Raum. Hier beginnen alle Konflikte, die sich bis ins letzte Atom der kosmischen Manifestation bemerkbar machen.

26.Januar 1953 Banaras

Zurück von unserem Ausflug nach Tanda und Lalgunj. Die indische Landschaft in ihrer urweltlichen Weite und Unberührtheit ist wie starker Wein für mich. Auf der Terrasse des Bungalows unter dem Abendhimmel sitzend, die tiefe murmelnde Schlucht unter mir, die heimwärtsziehenden Reiherflüge über mir, war ich wie aus dem Netz der Welt erhoben, und Erde und Himmel waren meine Heimat. So zwischen diesen beiden zu leben und zu wandern, schien mir als Äquivalent ewiger Seligkeit. Doch war es keine ruhige, langweilige Seligkeit, sondern eine Ergriffenheit, die mich die ganze Nacht kaum schlafen ließ. So sehr ich mich unter Menschen oft als mißverstandener Fremdling fühle, so sehr fühlte ich mich hier in der mächtigen Natur in der wirklichen Heimat, in der Heimat der Heimatlosen. Ich sehe die Türe, welche sich öffnet, wenn man aufgibt und, der Gnade Gottes anheimgegeben, in die weite Welt hinauszieht.

20.Februar 1953 Banaras

In den acht Tagen, da ich die Zeichnung der Kali an Hand genommen habe, hat sie gute Fortschritte gemacht. Die Gesamtidee und Komposition ist bereits da. Noch ganz roh, aber die Basis ist gegeben, auf der ich weiter entwickeln kann.

Sie tanzt in Exstase auf dem Körper von Shiva, der nur als Silhouette sichbar wird. Ringsherum sind die Fetzen der Welt in Auflösung, alle natürlichen Kalamitäten, alle Scheußlichkeiten, mit denen die Menschen sich selbst zerstören. Zuoberst aber, ihr am nächsten, sind die Verrückten und die, welche wie sie in der Weltauflösung exstatisch tanzen.

Früher dachte ich daran, die Auflösung im Bilde der europäischen Kriege darzustellen. Aber das erwies sich als zu sehr spezialisiert. Ich will die Zerstörung in allgemeinen Formen ausdrücken und im Menschen selber. Dazu eignet sich die Gestalt des indischen Menschen besser. Er hat seine natürlichen Bewegungen nicht im Zwange der Kleider und Möbel eingebüßt und verfügt daher über hervorragende Ausdruckskraft. Er besitzt noch die Intelligenz des Körpers. Bei uns ist sie meist verloren gegangen. Die Intelligenz hat sich, wenn sie da ist, ganz im Gehirn eingenistet und verkapselt.

May 9, 1953 Srinagar, Kashmir: Houseboat Melisande

My health and my spirits have until now been quite indifferent. I kept to myself, but was finally induced by Mrs. Ruegg to visit some dealers. While looking for pictures and shawls my interest was suddenly awakened to a new subject by the last thing I intended buying - big copper vessels. I was driven to it by an inner urge as soon as I saw the beauty bestowed upon them in these parts. Yesterday a selection was brought to me and when they stood in my room they became irresistible. They are now on the mantelpiece, a tall royal Persian water jug, a Kashmiri water pot and a Ladaki travelling pot. When I look at them they almost take my breath away. I have never known that a simple object could touch such deep springs of sensibility. But they are no longer objects, they are living beings. They have a soul as well as a perfect body. They have a perfection blown out by prana, each one in its own way. Their characters are very different, and yet they form a perfect trinity. The centre piece, the lordly water jug, can stand alone without losing any of its majesty. The other two, more modest, cannot hold such an exalted position by themselves. They belong to the train of the king and must stand on the sides, where they fulfil their appointed mission. The king, with a wide bottom and a long neck, a narrow, pointed spout emerging from the neck, and domed on top for a head, towers above the other two. These have no necks, only broad bellies tapering towards the top, and have similar spouts and are domed-covers with a brass knob on top. The Persian and Kashmiri vessels have dragon shaped handles, while the Ladaki vessel has a straight handle, its shape too is not rounded but straight. The proud elongation of the jug as well as the Behäbigkeit of the other two are inexpressibly alive. To say that they are perfect would not do them justice, they have that impalpable quality which makes a work of art a thing of flesh and spirit. Generations upon generations of artists and of users must have pooled their experience to achieve objects of this kind. An analysis of the parts which compose them does not solve the mystery of their being. They breathe the life-power of idols, and for the first time I understand how the abstract forms of African idols can be felt instinctively or can possess divine power. There is something divine in such realisations, worthy of worship. Here abstract art has reached its goal. How little do the moderns know about it! Abstraction per se will not do, abstraction as the quintessence of a life-process. Yes, here it is achieved without intellectual pretensions, but oh, with what intellectual and emotional experience!

20.Mai 1953 Srinagar

Alles kommt zu seiner Zeit. Vor zwei Tagen in einer schlaflosen Nacht, sah ich plötzlich mein vergangenes Leben in Retrospektive, nicht als eine ununterbrochene Serie von Schiffbrüchen, als was es jedem und mir selbst von außen erscheinen muß, sondern als eine folgerichtige, wenn auch nicht sehr erfolgreiche Entwicklung von innen heraus. Eine Entwicklung, die keiner anderen Raison folgte als einer Sehnsucht nach Sublimierung des Lebens.

12.August 1953 On Board the "Victoria"

In Heinrich Zimmers *Myths and Symbols in Indian Art and Civilisation* ist ein Kapitel, genannt *The Phenomenon of Expanding Form*, in welchem er beschreibt, wie er vor dem Jyotirlingam im Musée Guimet stehend intuitiv die dynamisch wachsende Kraft in diesem Stein empfunden habe. Es war plötzlich für ihn nicht mehr nur ein statisches Gebilde sondern ein Geschehen, die Begebenheit, wie das Lingam aufwärts und abwärts ins Unendliche wuchs, während der Brahma-Schwan in die Höhe flog und der Vishnu-Eber in den Abgrund grub. Vielleicht war Zimmer von der Begebenheit so erfüllt, daß er sie in den Stein hineinsah. Dasselbe beschreibt er vom großen Relief des Trivikrama in Badami. Er erkennt die all-umfassende Expansion der Figur des Vishnu auch als ein Geschehen. In seinen eigenen Worten: "The body of the dilating god crowds with its tiara the upper frame of the composition as if to burst the bounds of space. The dynamic character of the whole universe with all its creatures as conceived by Hindu philosophy is rendered in this impressive central figure (I would say: in this impressive panel!). The work as a whole is to be deciphered and comprehended, not as a static symbol, but as an event; it is a rendition of something actually coming to pass. The quality of time permeates the inert matter of the stone. Flow and growth transform the mineral substance into an organism interminably expanding."

How this effect has been achieved Zimmer does not explain. He call it a "subtle artifice of the craftsman" which is found nowhere else except in Indian art. This subtle artifice is, however, what I have been hunting after for many years and what I have found to reside in the composition emanating from a centre in ever widening circles, expanding from the centre towards the rim, and held together by the radial axes into which the circle is divided. It makes me extremely happy that someone has perceived through the inner eye the law governing these compositions. Again I feel it now more worthwhile to continue the research and bring it into proper form.

13.November 1953 Zürich

Warum die orientalische Kunst, die indische, chinesische, javanische, nur so direkt ins Herz eingeht? Weil sie die Materie abgestreift hat wie eine überflüssige Haut und daher mit ihrer leichten Essenz überall eindringen kann.

3.Dezember 1953 Bombay

Nach geplagten und verworrenen Tagen heute nach Elephanta, wo sich mein Herz wieder erweitern konnte. Schon die ruhige bewaldete Insel, die weich auf dem Meere schwimmt. Der Aufstieg zur Höhle, die schönen Bäume, die Fernsicht auf die gegenüberliegenden Inseln, das erste Aufatmen aus einem bösen Traum. Und dann diese Götterbilder. Man müßte hier wohnen können wie ich es in Ellora getan habe. Dann nur könnte man die Göttersprache ganz in sich aufnehmen. Hier bekam ich einen der Gründe zu spüren, warum ich in Indien bin. Hier hat eine Menscherasse jahrhundertelang das Übermenschliche angestrebt. Sie hat sich ausgegeben in einem göttlichen Drange, die irdische Form in Geistsprache umzusetzen, die Form zu spannen, zu erwärmen, zu beleben bis sie sprechen und strahlen und göttliche Gedanken ausdrücken konnte. Das haben wohl alle Völker in ihren besten Werken angestrebt. Aber hat irgendein Volk den Bogen so weit gespannt und so weit gezielt wie das indische? Hat irgendeines ein solches Übermaß an göttlich beseelter Form hervorgebracht und damit noch die Kunst des halben asiatischen Kontinents befruchtet? Jede einzelne Figur in Elephanta ist ein Wunder der Beseeltheit, was kann man von dem ganzen Höhlentempel sagen, der sich um das allergrößte Wunder der Trimurti lagert?

17.Dezember1953 Banaras

Die Tendenz in der modernen Kunst, immmer gewaltsamer, lapidarer und auch brutaler zu werden, beschäftigt mich. Es ist im Grunde meiner Natur zuwider, aber es intrigiert mich doch, warum es überall so überhand nimmt und warum nicht nur die stürmische Jugend sondern die gestandenen Bourgeois dieser Kunst huldigen. Es scheint mir wie eine Krankheit, die alle feinen Perzeptionen und auch das Schauen nach Innen mehr und mehr verunmöglicht macht.

22.Dezember 1953 Banaras

Two days ago in the fullmoon night I came out of my studio to go to bed, but was struck by the ineffable sweetness of the light, by the cool refreshing air, by the tender translucent veil that wrapped up heaven and earth. I sat and gazed and the moonlight sank into me till it had reached the core of life, putting every nerve into a state of delightful relaxation and calm. It was as good and as restoring as sleep and for the first time I realized within myself the meaning of Soma, distilled from the moon. It is allpervading, all soothing, all bliss.

29.Dezember1953 Banaras

Meine Kali hat eine neue Gestalt bekommen, zwar noch im kleinen Format. Sie ist dünn, schneidend und hungrig geworden. Sie hat ein glattes Schwert und die Welt um sie herum ist zerschnitten und fällt auseinander. Die Figuren sind nur noch Ausdrucksarabesken, keine individuellen Erscheinungen.

21.Januar 1954 Sanchi

Ich bin begeistert von der warmen Lebendigkeit dieser Skulpturen. Die reichen, verschlungenen Relief-Kompositionen zeugen von einer höchsten Kunstform. Sie sollen ja, gemäß einer Inschrift, von Elfenbeinschnitzern herrühren. Dies ist durchaus glaubwürdig. Keine Steinbildhauer haben je solche Wunder an Ziselierung hervorgebracht.

Die Reliefs sind gedrängtes, richtig gestaltetes Abbild natürlichen Lebens. Die Oberfläche hat keine Löcher oder leere Stellen. Sie ist durch und durch belebt. Die Formen folgen einem ganz bestimmten Rhythmus. Nah und fern ist dargestellt, aber nicht materiell in Höhen und Niederungen. Der Unterschied ist fast unmerklich und dennoch fühlbar in der Bewegung, Größe und Stellung.

Die unzähligen Figuren auf den Reliefs besitzen oft den wogenden Rhythmus von Ährenfeldern. Sie sind beseelt von innerer Wärme und Hingabe, daß man sich unwillkürlich sagt: So war die Welt vor dem Sündenfall! Man atmet freier. Alles ist der Urharmonie eingeordnet.

Heute waren wir in Udayagiri. Da habe ich zum ersten Mal den mir durch Abbilder vertrauten großen Varaha Avatara gesehen. Er hat mich nicht enttäuscht. Er ist gewaltig und lebensnah: Wie er die linke Hand auf das erhobene Knie stemmt, um die Devi emporzuheben, die sich lässig an ihn schmiegt. Wie der Nagakönig erschreckt zurückwankt. Wie die feinen Wellenlinien im Hintergrund in den Schlangenhauben weiterspielen. Wie der Körper des Asura, der die Devi entführt atmet. Alles wurde von Meisterhand gemeißelt. Auch seitlich die Ganga und Jamuna auf ihren Vahanas. Die Wellen, in denen sie stehen und mitten im Meer steht Varuna mit dem Wassergefäß.

January 31, 1954 Banaras

I would love to write a book: "The Stones of India", what they have meant to me and what they have meant for the evolution of India's life and thought - what eloquent witnesses they are, what messages they proclaim and how it is possible to love and understand a country through them! Perhaps in no other country in the world have they played such an important role and in no other country would it be possible to feel the pulse of history through them. They are truer witnesses of the inner life of the people than historical accounts, which are often tainted by partiality. Whoever can read the stones can read India's true history.

After the wonderful night in the Dak Bungalow at Bhonrasa when the deep sleep had refreshed my body and spirit and we were driving along towards Lalitpur, I had a wonderful sensation of sinking back and deep down into the core of my life. My body, my work, my affections, all suddenly seemed to be only shells, like the outer, fleshy part of a fruit, and as the fruit matures, they open and fall apart, and the kernel and essence of the fruit become apparent. There I felt that one thing inside, which was as pure and incorruptible as a diamond, filling me with a bliss beyond words and the outer shells were opening and hanging about to let the true radiance of the core come through. I closed my eyes and felt a mastery over life and a relaxation from all will to do and from all ambitious struggle. If that state of mind could persist it would be real happiness. Nothing else would matter, and loss or gain would be of no account. It was only reluctantly that I had to open my eyes again to my surroundings...

Tikamgarh is a charming place. A colossal fort of magnificent structure dominates the city from a ridge over a big lake. A few miles before the city we had come across a summer palace, now a teachers' training school with a lake behind it, surrounded by thick, tall trees and a wide stretch of park-like land. It looked more like a European landscape than like anything Indian. There was also a deep, green water canal leading to the lake, screened between trees and bushes.

In Tikamgarh we went to see the fort and the town. There are innumerable Chatras and temples with pointed, onion-shaped domes of very beautiful construction. They determine the silhouette of the town which we saw against the sunset in a rosy mist. The houses have sloping roofs covered with tile, so the whole aspect is very un-Indian. And the fine evening mist which distanced one group of buildings from the other, and the enhanced space-extension, made me think of Chinese landscapes.

To see the Khajuraho Temples and to study their architecture and sculptures is, and will always be, a great joy. It is as if the joy of the sculptors who carved these stones into figures of life and blood were infectious. But may it be allowed to consider them once, coming from Sanchi, Udayanagar and Deogarh? There are many Khajuraho temples and after you have seen two or three of them, the constant repetition of the motifs becomes only too obvious. One feels that the motifs have names and catalogue numbers, and that for every temple the master-builder ordered from the sculptors so and so many girls pulling out thorns, so and so many looking into a mirror, so and so many standing frontally in an enticing pose, or showing their backs and pressing their fronts shyly into the wall, so and so many love couples, Bhairavis, Nandis and Yogis, and, for the broad spaces, a number of erotic acrobatics, and so on.

It is obvious that the stones were carved first and then joined together according to a plan, in a kind of superlative pre-fabricated manner. Many of the figures in the corners come so close to, or even overlap, each other, or are overlapped by the balconies, that they could not have been carved on the spot. This method of work does not in any way speak against the beauty of the architectural plan, but the production of the sculpture has been definitely somewhat mechanised. Of the same subject one finds statues of greatly varying merit. One feels that the sanctuary at that time did not any more grow as a unique event out of a unique aspiration, but that it was constructed in a place which, how-so-ever sublime, could be repeated innumerable times, with slight variations to satisfy the cult of the various gods...

The Khajuraho sculptors were great artists, if there were any in the world, but the "Zeitgeist" is different from what it was at Sanchi, Udayagiri, Ellora, Mahabalipuram and even at Deogarh. Their art has lost the elemental power and simplicity of the earlier times and has acquired more refinement and sophistication, even an urban grace and frivolity. They have acquired an astounding "métiér", but it is no longer the spirit alone which inspires them. They know too much and feel too little. Or rather, they feel the life of the flesh more intensely than the life of the spirit. This has become an end in itself, instead of being used to represent the other in symbols... I think that the whole outside of the temple represents the outer manifestation of the universe, the exuberant flow of life which plays all around, and is ultimately brought forth by the one and central principle of all existence, which is represented by the image of the god in the garbhagriha. This interpretation of course brings out the difficulty of rightly interpreting the meaning of the Devatas in the midst of these very human scenes. But perhaps the partial and particular aspects of the Devatas were also considered to be part of manifestation and do not belong to the principle! On the door frames of some of the garbhagrihas, however, there are also small love-couples in erotic poses. That they should be allowed so close to the sanctum is more puzzling to me. But of course the tree of life is also there in the middle of the high doorstep.

One of the most beautiful features of the Khajuraho sculptures is the different big shardulas with the fighting warrior under their lifted paw. They are in different styles, some more archaic, some more naturalistic, but all very fine. What do they represent? I can imagine the human soul in conflict with the riddle of existence, under the terrible onslaught of life. But is it really what they meant?

At the entrance to the Jaina temple we saw an astonishing head which had recently been found in a field near the Javari Temple. It represented a bearded man with a big chignon in the back of the head. It was a masterpiece having something of archaic Greek sculpture, a sovereign and very individual treatment of the head, full of lively expression, simple and summary and concentrated. And yet it is exquisitely minute in detail, as for instance the beard following the curve of the chin and then flowing away on its own. We were quite taken aback. I asked myself whether, by digging on that spot, one could find monuments of a still earlier and more vital period, of which this piece was a first witness.

This time we saw the Chaturbhuja Mandir by evening light. It faces west while all the others face east. The big, marvellous Vishnu was in the best light-conditions. He is quite extraordinary in conception, not standing straight as a universsal pillar, but in the Tribhanga pose, and with a Jata-Mukuta on his head. One right hand placed in front of the chest is in Abhaya Mudra, the upper left hand holds a kind of cakra or spiralled lotus-stalk, very frequent in Khajuraho. The two lower hands are broken, though the arms are still there. Two small Devis stand on each side of Vishnu. The relaxed pose in a figure so big, being an image for worship in the temple, is most extraordinary. It is wonderfully modelled, full of warm life and the face has an expression of infinite suavity and serenity, almost Buddha-like. The Jata-Mukuta is so wonderfully carved that it reminds one of Elephanta or Ellora.

We wanted to look at the image as the sun was going down. The light grew warmer and a wonderful glow and animation came into the divine shape. Finally, when the sun had disappeared, the shades started descending from above onto the Mukuta and face. It was a grand afternoon and we went away fully replete with a deep joy. It was our last evening in Khajuraho and the next morning we took leave of it.

Living in the country-side, breathing the fresh air of the mountains, plains and jungles, mixing with the country folk and being accommodated in Dak-Bungalows, gives me a strange exhilaration and I never wish to come back to town again. How well I felt during the trip and how charming it was to cross countries where everybody still greets you, as it used to be in Switzerland not long ago. And what decent, open, honest faces they all have and what nice dispositions...

While going through the photographs of Stella Kramrisch's *The Hindu Temple*, which are mostly of the things seen on our trip, I felt more and more that the Hindus have been experts in the world in mastering and animating volume, in making it speak, in bringing it into a dramatic relationship and in binding it into an organism that breathes and lives, as long as even a fragment of it remains intact. This is as true of the composition of a complicated temple-construction, as it is of every detail of it. From the days I myself tried my hands at sculpture I have become particularly sensitive to this aspect. But we are searching for a consolidated unity by keeping the surface intact as much as possible, by summarising forms and building them together in ever wider units. The Indians, on the contrary, break up all big forms into detailed articulations, sometimes into breath-taking infinitesimals, and then build them together, streamlining them ultimately into a whole of unfathomable animation. All our concepts are here thrown overboard and, much as I have seen in the more complicated patterns of architecture, I am still not quite able to follow and analyse the content of the composition.

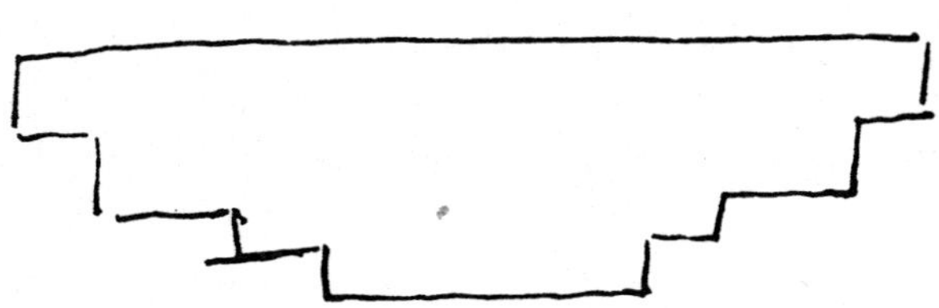

The plynth of an image may be a clue to the whole process. Instead of being rectangular or round, it is already broken into receding planes and this achieves a much stronger power of volume-assertion than any square block or cylinder because, by this process, the depth of the volume is explored and brought to light. The sides never flee or vanish, but are brought out into light, so as to sustain the totality of the volume. Figures are flanked either by their own arms with weapons, or by accompanying figures, or by architectural elements, pillars, halos or wall angles. Even in the walls of temples, the different levels of the surface, the projecting and the receding elements, the lighted and the shaded parts, all contribute in probing into depth, and make you feel the nerve of the inner structure. This differentiation of the surface leads you from the outside directly to the core of the building. You cannot help feeling it in volume and depth. The idea of a facade never occurs. It is an organic, sculptural body and as such it has its front, back and two sides, including the inner room. There is a main front where the entrance lies, but there can never be a facade, some mask added to the body of the building.

February 8, 1954 Banaras

Today was Sarasvati Puja so I too stopped work, which at present, after the long absence during the tour and the hot season imminent, seemed to be an unpardonable relaxation. But then I caught the general festive mood from the ghat. I placed my little Sarasvati picture in the manuscript below my Krishnaji and had my little puja. I placed my colours, brushes and coal at her feet, praying to her to bless them so that I may at least bring to a good conclusion my big work. Then I went and mingled with the crowd on the ghats, made up mainly of pilgrims, simple countryfolk who had come from Prayag. I was on the look-out for types for my painting and watched the bodies of the bathers.

How wonderfully alive thier anatomies always are, not being cramped and warped by too much clothing. They have thorough animation and innervation, which make them eloquent and expressive from all sides - head and body are of one cast and form an organic, integrated whole. The expression is not monopolised by the head, but pervades the whole being throughout.

In the evening I went to town and I asked in the little altar-shop whether the small, stone Saravasti was still there. She was! And I brought her home in triumph and placed her against the pedestal of my Krishna. So they are now playing together on the vina and the flute. I shall give her a permanent place in the little shrine. She must remain with me, though she may be broken. A broken melody is still a melody! What better gift can one have in life than to feel at least one of the strings of her vina vibrating in one's heart.

February 9, 1954 Banaras

As I have said before, seen from the outside, no other architecture has, like the Indian, the suggestive expression of its inner volume. Just as Indian architecture leads from the surface to the core, so does Indian sculpture. And, in a sense, architecture amounts to magnified sculpture. They therefore obey the same laws, growing from a centre to a body expansion. The size of the room which an Indian temple encloses is insignificant. It only represents the heart of the building. In the Indian temple the walls are a massive structure with one heart-chamber at the centre. The whole structure is a symbol of the universe, as the overgrowth of the divine essence, without material attributes.

March 7, 1954 Banaras

After a few weeks of hard and dogged labour on Kali, bringing me to the brink of despair! I have been off for a day, to Tanda and to Ashtabhuja, and now my cramped heart has widened and expanded. A stream of positive current has rushed into the vacuum where the negative current had blasted everything. If one thinks what it means to deal with nothing but the destructive aspects of life, one no longer wonders how it works such havoc in one's own being! And now, the beauty of nature which works on me with infallible beneficiency has come to my rescue! I see again, I feel again. Everything appears more beautiful tonight. The Jaipur picture of Shiva and Parvati on Kailash has become a mighty, ardent poem of the icy heights of Shiva's abode. The wriggling snake-heads above the seated Vishnu on Sheshanaga form an aureole of splendor never dreamt of before. My own Kali whom I left in dismay this morning has improved her looks during the day and when just now I saw a few reproductions of Chagall, Miro, Bonnard, Matisse, which at another time would have given me an inferiority complex on account of their boldness, just made me laugh on account of their poverty and their rawness. No, my Kali is a vision and She is not clad in the debris of the world she has torn to pieces, and what if all the details are not yet what they should be? The feature of rhythmic movement is there and, therefore, the dance. That is essential. And that subtle rhythm is my own finding, whatever the rest may be - that rhythm of the opposite, complementary and parallel directions. This rhythm is everything, in the big and the small form. And this rhythm alone can connect into one unbroken harmony figures of such divergent sizes - the small figures being hardly the size of the big figure's hands.

I am myself amazed how this harmony came to be, but I know that as I worked on it essential lines of direction, traced in pencil below, always came to be clad in significant form on their own, quite without my planning it. It often surprised me - harmony even in dissolution! These lines should now never be lost again for the sake of any detail of drawing. Do away with all the details and work out these directives more energetically, and be calm as you are now. Don't worry about it being finished. It will be accomplished if She wills it. She must finish it because human nature recoils from dwelling all the time on Her destructive operations.

What a delight it was for me today, as for one returning from the land of death, to see the blossoming mango trees, the blue expanse of water, the black silhouettes of trees against the evening sky. Everything was a feast for my heart and an elixir of life. Watching the ever self-renewing nature I could forget that I was old and at the fag-end of life. In days such as these I feel so sorry that so little time is left to me because I feel there is so much I would like to do. I feel I have just started to understand the meaning of things, and with the meaning, their intrinsic beauty.

March 8, 1954 Banaras

Last night in bed I felt as if I was lying on a flying carpet, borne away by a divine breath, swelling the carpet on which I was lying from below, like a sail. It reminded me of the picture I have upstairs of the lady and gentleman seated on two red carpets, borne and carried away by demons. But here the power was divine and gave me divine elation. Life had come back, as it were, from the mysterious contact with nature, from the earth, the trees, the waters, the sun, birds, stars. And even now this morning I saw my Kali with a sympathetic understanding.

In Indian miniatures I begin to see more and more the principles of composition based, if not on the strict division of the circles - as in the ancient sculpture - then, on the consequent division of the rectangle, which results in definite directions in the space determining each picture. Even in the Nandi pictures, which seem to come from an impulsive and almost naturalistic brush, these principles clearly underly them.

March 12, 1954 Banaras

The face of Kali has been kept in suspense all these days, in a vague shade of doubt. I had wanted to give it a definite shape before the rest, but failed. Then I realised that it could only be the last crowning stroke, when everything else was definitely settled - the eye-opening ceremony! So I left it indefinite and laboured on the rest, to find the shattering, clashing rhythm which should build up the whole. But I was physically sick and tired and could not bear any strain. All the same, bit by bit, the small shapes of the groups fell in place and, curiously enough, without my searching for it, in various places they came to fall exactly on the nerve-lines of the underlying compositional net. It seemed to me then to be a confirmation that I had hit the right place and the right line, provided that this does not produce a lifeless geometry!

Meanwhile, Kali's face was receding into the distance, with half closed eyes and mouth. But yesterday I was invited to a marriage party... Opposite me, in a yellow sari, sat a lady with a lean, nervous and slightly wicked face, whom I cordially disliked from the first moment, yet I had to look at her again. She puzzled me and disquieted me. I could not make out what was going on inside her, behind that sombre face which, even when laughing, was not merry. All of a sudden it struck me that she had a touch of Kali in her and that she was near what I figured Kali would look like. From then on I was still more fascinated and studied all her expressions. She felt it because she also often looked at me. But we didn't exchange a single word.

Today I immediately tried to bring her features to bear on my Kali and in a few minutes there was a spark, a release, in the picture. All the accumulated tension and horror throughout the picture found a balancing centre in the broad grin of Kali. She bursts into the gloom with a wide open laughing mouth and brushes away all fear. Now I understand why she should be called "hassanmukhin" [laughing-mouthed one]. It is absolutely necessary to produce the spark in which the whole process of dissolution is lighted. Granted, she is still too human, but nevertheless I have found the right approach.

Walter Nigg, in his usual superlative way, thinks that in the paintings of Capella Sistina Michaelangelo came as near as a human can to the representation of the supreme divine. An amazing statement for our times. After we have come to understand the Byzantines, the Gothics and the Oriental art forms Michaelangelo's divinities appear to be too passionately human, in spite of his supreme mastery. Despite their great realism they still have a grandeur which is, I should say, semi-divine. But then that period of the so-called high Renaissance still possessed an inheritance of strong traditional art forms on which it drew, while it strove to smash it. Rather, it drew on two traditions, the medieval and the Graeco-Roman, and fused them into a new harmony and received from both the wonderful discipline of form and composition, without which no monumental religious art can be imagined. Strongly anchored on such foundations the artists could allow themselves to go in for more and more realism in the execution of the single figures. They still retained their balance, their dignity and their composure. It was only afterwards that the process of disintegration set in.

May 11, 1954 Nishat, Kashmir

The motor accident we had on the road to Kashmir gave me a psychological surprise and made me know myself a little better. Death in all aspects has been a constant preoccupation of my mind, particularly during this winter when working on my big Kali composition. It seemed to me that somehow, through this work, the reality of death had almost become a familiar thought, almost like a friend. The terror of the utter loneliness of death had given place to a feeling of the great community of death, the only real community, the only condition in which all differences are obliterated and all are one, merged into the same substance. In a way it had even subdued my zest for living. But when the clash occurred, I understood that the tiredness of life had certainly not reached the core because it shook me with fright, that something might have happened which could have put an end to my life. I prayed inside: Not yet! I want to finish my life's work, leave behind something at least, which might testify that I have not lived quite in vain. This I believe was the second thought, the first must have been the simple and universal instinct of self-preservation. I felt that my organic clinging to life was there as strong as ever and I knew I should have no illusions about my detachment. No, detachment is quite a different thing.

June 25, 1954 Kashmir

Yesterday I went to see Swami Laxman Joo. It was a hot afternoon and the way to his place is without trees. He received me very kindly. We sat under the shade of his garden and he offered me Kashmiri tea. It was not long before I had to tell him my dream about him. He seemed happy to hear it, but did not tell me whether its contents had any bearing on reality. He only said: It is a very nice dream. So you are also called to the spiritual path. I said yes, perhaps I was. At least I had the desire, but I had no method, no discipline. I was just drawing on my intuitions and on what I could gather from books. He said I should do Yoga. I said I was doing Pranayama according to Patanjali, but that I did not know whether I was doing it properly. Anyway, it was a help to me and refreshed my mind and body. He advised me to try another method, that of *Hathayogapradipika* and right away began explaining how to do it. I asked whether what Patanjali calls the suspension of the transformations of the thinking principle was meant to be the aim of life. Whether all activities, all imagination and thinking should be suspended in order to attain the supreme truth. He said no, that was not the meaning. One should not withdraw from all activity, but withdraw within oneself for at least an hour a day, so as to remain the master of these activities, and not be mastered by them. I was happy to hear this because I feel now it is something within my reach.

July 7, 1954 Kashmir

The bare house in which I have been living this year in Kashmir and which I took in a mood of puritanism made me feel dull. I was only relieved when a few nice carpets came to enliven it. Yesterday, with a sort of bad conscience, I went to look for more carpets and to have a sidelong glance at a few shawls. I saw a few beautiful pieces which stirred up some excitement within me and at night, when I woke up, I could not sleep again wondering whether I should reject all such temptations. Then all of a sudden I realised that these were by far not the worst fetters with which I was bound. I looked back on my life and realised what a breathless chase it had been and how little I had achieved with it. A chase after what? After artistic realisation, no doubt. But it was not pure. This I had to confess. In this pursuit there was an ulterior motive, I have always wanted to leave a mark, to produce something outstanding. From an early age I believed myself to be one of the chosen few who could accomplish something remarkable. The achievement, the result, the great work of art was the ambitious aim of my dreams, and this has been ever driving me to work, to struggle, to seek fulfilment. I had no pity and no consideration for myself, for the weariness and the disillusionment with which I met again and again. Of course, one can consider it from another angle also, the angle with which we are familiar in Europe - that man is nothing because he is perishable, and that only the work he leaves behind counts, because that will remain and be a contribution to human endeavour.

This way of looking at it has something attractive about it, because it demands the sacrifice of the individual for a cause, whatever it may be, the mother for her child, the soldier for his country, the artist for his work. That is allright and very beautiful, as long as there is no tinge of personal ambition in it. But ambition is self-destroying. It causes violence to the inner and true self. This is what I have come to realise tonight. I saw myself, how I went on working in spite of extreme fatigue and how shut up I was in my own interests on account of this one-sided strain. I felt as if I had put myself in a "Zwangsjacke", suffocating myself - from which I must liberate myself. The self is more important than the work, this the East teaches us. We must respect it, we must nurture it, we must never forget that the self is eternal. If we do it any violence for whatever reason, we harm it and we damage it. This is the first lesson I have to learn, which is more important than breathing exercises, asanas and the detachment from outward things. I must dissociate myself, first of all, from this inner ambition.

August 10, 1954 Banaras

More than a month has passed since I have come down from Kashmir. My inner self has expanded, either through the explosion of the myth which was my artistic career, or through the regular exercise of Pranayama taught to me by Swami Laxman Joo. I suppose both have acted jointly to nourish my tormented self, to appease it and to make it more steady....

20.November 1954 Delhi

Europa hat mich diesmal zutiefst erschreckt. Die ewige Hetze, die nicht weiß, wonach sie hetzt. Die verführerischen Sensationen, das märtyrerhafte Pflichtgebaren und die skrupellose Genußgier, die besinnungslose Geschäftigkeit und die Sucht nach materiellem Komfort. Das Getöse in den Straßen, das Rasen der Wagen, als ob jeder nur noch ein paar Minuten Zeit hätte, sein Leben zu retten. Die Rücksichtslosigkeit gegen den Nebenmenschen, die Vulgarität der Vergnügen: Ein schlammiger Strom, der alles mit sich reißt! Und welch wichtige Rolle sich doch ein jeder aufbürdet und durchführt, bis er selber daran glaubt und seine Umgebung auch daran glauben macht. Das ist die Lüge, die unsere Gesellschaft verlangt und die Neurosen und seelische Verrenkungen erzeugt.

In einem Märchen von Andersen zieht ein Prinz auf Suche nach Erlösung aus. Er hat drei eiserne Ringe um sein Herz, die auf den Stufen der Erfüllung aufspringen und abfallen. - Ich hatte auch eiserne Ringe um mein Herz. Der erste sprang auf, als ich aus dem Gotthardtunnel heraus kommend den tiefblauen Himmel und die sonnigen Halden auf der Südseite erblickte. Der zweite sprang auf, als wir auf dem milden Landstrich von Beirut landeten, am blauen Mittelmeer, und ich die Hügel sah, mit weißen Häusern bestreut und den ernsten Libanon dahinter. Der dritte sprang auf -ja- war es in Karachi, als ich aus dem Rest House in den gleißenden Sonnenschein hinausschaute, oder als ich in Delhi bei Sri Ram wohnte? Oder wird es erst in meinem Hause an der Ganga sein?

22.November 1954 Delhi

Während der Reise im Flugzeug von Rom hierher fand ich zum ersten Mal die Ruhe, mich ganz zu entspannen und die langen Stunden ohne Ungeduld an mir vorbeirollen zu lassen. Im Gegenteil, es war ein Genuß, ohne Verpflichtung in mich selber zu sinken, wo meine inneren Bilder mir gute Gesellschaft leisteten. Die zunehmende Wärme half mit. Schon lange habe ich kein derartiges Wohlsein verspürt. Pourvu que cela dure!

Pranayama üben bedeutet ein sich Ausrichten nach Gott, erst mit dem Körper, dann mit Geist und Seele.

26.November 1954 Auf der Reise von Delhi nach Banaras

Nun bin ich wieder mitten im indischen Leben und denke an die Arbeit. Ich will versuchen, eine neue Unmittelbarkeit zu gewinnen, indem ich mich den Eindrücken hingebe und dabei gelöst bleibe, wie im Flugzeug.

Vom Zug aus sah ich zwei Frauen in schwefelgelben Saris mitten im Felde stehen. Sie bildeten einen prägnanten Akzent in der weiten, ockergelben Landschaft mit den dunkelgrünen Baumgruppen und der graublauen Ferne. Dann: eine Frau vor einer Lehmhütte, in lehmfarbenem Gewand mit einem langen Stock in der Hand. Davor, sie überschneidend, ein Bub im Profil. Er räkelte sich - eine dunkle Silhouette vor der lehmfarbigen Umgebung.

Jede Gestalt wirkt hier symbolisch, wenn sie ungekünstelt und ursprünglich bleibt.

11.Dezember 1954 Banaras

Ich arbeite wieder an den Kompositionen und werde nicht ruhen, bis sie mich befriedigen. Prakriti muß neu entstehen. Mein Versuch, auf die erste Idee zurückzugreifen mißlang. Wahrscheinlich ist es gar nicht möglich, eine durchgeführte Entwicklung rückgängig zu machen und die verlorene "Unschuld" wiederzugewinnen. Es gibt nur den einen Weg: Was der Intellekt begonnen, konsequent zu Ende führen. Das Bild ist allzu naturalistisch. Da es ja die Idee der hervorquellenden Schöpfung ausdrücken soll, darf die dynamische Bewegung nicht im materiellen Detail erstarren. Das Strömen und Fließen ist das Wichtigste, nicht die Dinge, die da strömen und fließen. Wieso habe ich mich denn in all dem Kleinkram verloren? Trotzdem ist die Komposition brauchbar. Sie muß nur konsequent durchgeführt werden und darf sich nicht in Einzelheiten auflösen. Immer Distanz halten! Nie die Frische verlieren! Sich nicht müde schaffen! Ich habe ein transparentes Papier auf das Bild gelegt und arbeite nun darauf die Bewegungslinien heraus; nicht immer dem Grund des Bildes entsprechend, immer vereinfachend. Wollen sehen, was daraus wird. Die Farben sollen nur angedeutet, und der Realismus gedämpft werden. Die Sonne ist viel zu groß und starr. Auch sie muß rollen. Sie hält die ganze Bewegung zurück, als wäre sie das Absolute, das sich dem Werden und Vergehen entgegenstellt. Das ist sie hier aber nicht. Sie ist hier nur Symbol des Lichtes und des Elementes Feuer, nicht das göttliche Licht.

28.Dezember 1954 Banaras

Nach dem Frühstück saß ich auf der oberen Terrasse in der Sonne und schaute auf den Fluß hinab. Da sah ich in dem perlmutterzarten Morgendunst ein Segel daherschweben. Es war unten weiß und oben rötlich und glitt schwerelos über das Wasser. Dies gab mir den Gedanken ein, den ich in Worten knapp, bildlich und rhythmisch ausdrücken möchte:

The long and weary day they row
The evening sinks and stubborn slow
The boat moves on... their efforts flounder
And far is yet the shore...
With sail aloft swelled by the blow
Of Heaven's breath, the bow
Is speeding through the waves.

Trustful they sit and ere they know
They reach the farthest shore...

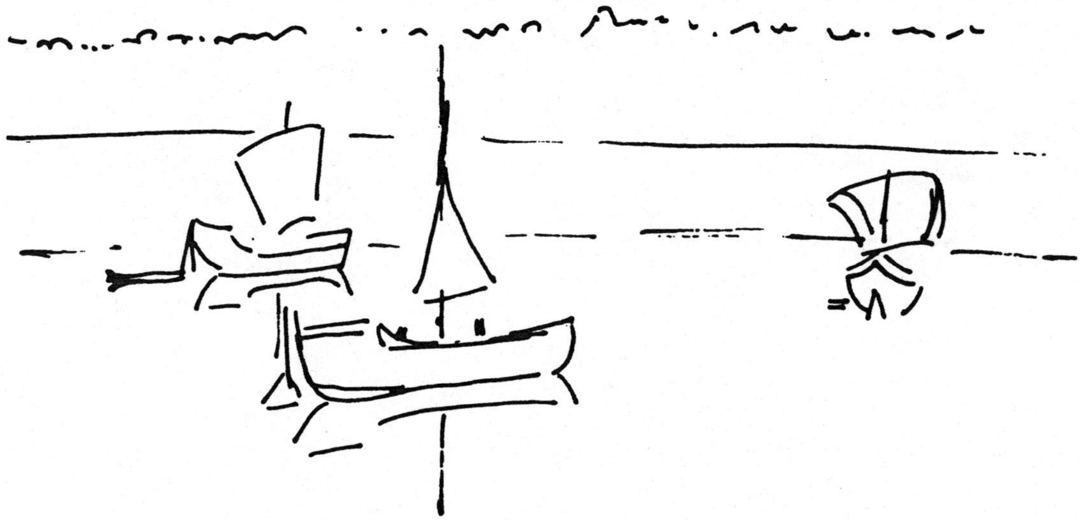

Das Seegelboot brachte mir Ruhe und überwand die chronische Angst vor meiner eigenen Unfähigkeit. Wenn ich mich von dieser Angst befreien könnte, würde ich viel freier arbeiten. Entweder es entstände etwas Glänzendes oder ich würde gänzlich versagen. Auf jeden Fall wäre es richtiger als diese unaufhörliche Knorzerei. Die Ruder einziehen und die Segel spannen!

In solcher Verfassung ging ich an die Arbeit. Wahrhaftig: Die Begriffe klärten sich, die Gestaltung wurde sicherer.

28.Dezember 1965 Banaras

Hatte ich mir nicht öfter schon eingeredet, von der Welt und meinem Selbst weitgehend gelöst zu sein? Und jetzt, wie steht's? Gewiß habe ich mir Illusionen gemacht. Ich bin ein Kind der Welt, trotz gelegentlicher Blicke hinter den Vorhang, die mir, und wahrscheinlich jedem anderen auch, gewährt wurden.

31.Dezember 1965 Banaras

Endlich nahm ich alle meine Kraft zusammen, setzte mich vor die Wasserseite im Bild und begann methodisch alle Angedeutungen auszugestalten. Als ich mich auf ein kleines Gebiet konzentrierte, wurde ich ruhig und gewann Sicherheit.

Die große, starke, unerbittliche Geduld, die unerschüttert alles bis zu Ende denkt und tut, die sich durch keinen Irrweg schrecken läßt - wenn ich die in Indien nicht lerne, was habe ich dann gelernt?

January 1, 1955 Banaras

First day of the new year, good bye, old year!

This evening Krishnaji had an inscrutably confident smile. May we have good hope?

January 19, 1955 Banaras

Pranayama without concentration on the "Aum" is creating an empty vessel, a vessel without content.

Working out my composition without always keeping alive the vision of its first conception, whatever evolutions it might undergo, results in creating an emptiness. To be one-pointed means to never loose sight of the primal and the ultimate.

18.Februar 1955 Banaras

Der Gedanke an Krishna ist nicht ein Gedanke unter anderen, sondern er bedeutet einen Sprung des Bewußtseins von einer Kategorie in eine wesenhaft verschiedene: Bruch, Umbruch, Ausbruch. Es geht um andere Dinge und andere Werte. Ich sah plötzlich ein großes rundes Samenkorn, aus dessen Inneren ein leuchtend grüner Keim hervorging. Dieser Keim war Krishna, das göttliche Wesen überhaupt. So verstand ich die Erweckung zum Göttlichen. Kein abstrakter Gedanke, sondern ein Keim, der aus dem Inneren aufbricht und seine braunen, nunmehr unnötigen Hüllen sprengt und abwirft.

25.Februar 1955 Banaras

War tief betroffen von Mataji's Worten: All desire must be for God only. Whatever you do, whether with your hands or with your brain, do it as His service. Whatever you accept, physically or mentally, accept it as God coming to you in this shape. If anything is to be given, it is yourself surrendered at His Feet.

Meine Arbeit, welche ich als höhere Eingebung empfangen hatte, wurde im Laufe der Zeit das Instrument einer Ambition. Dennoch hat sie mich mit Liebe und Begeisterung erfüllt. Sonst wäre sie wohl nicht einmal so weit gediehen. Aber tief unten in meinem Innern war doch stets ein brennendes Verlangen, etwas Neues, Unerhörtes zu schaffen. Was mir von oben gegeben ward, benützte ich nicht als Leiter um nach oben zu gelangen. Es wurde also nicht ein Werk der Dedikation, sondern der Selbstbefriedigung. Hiermit habe ich mich eines schweren Mißbrauchs schuldig gemacht. Was tun? Liegen lassen? Alles neu anfangen? Einkehr halten in mir selber? Ich weiß es nicht.

Den ganzen Tag war ich ratlos und hatte keinen Mut, an die Arbeit zu gehen. Abends trat ich zu Krishna und legte ihm alles vor. Was tun, um mein Streben vor der höchsten Instanz zu rechtfertigen? Die Eitelkeit überwinden? Dies schien nicht zu genügen. Ambition zum Opfer bringen? Gänzlich aufgeben wäre der einzig radikale Weg. Doch kann ich es momentan nicht. Denn meine Arbeit weist immerhin auf eine, wenn auch nur formale Realisation. Der Sinn einer Form oder einer Gestaltung ist meine unaufhörliche Obsession, und ich kann noch nicht glauben, daß sie gar keinen tieferen Grund hätte. Es ist ein Erfassen der Schöpfung von innen heraus, das Werk des Schöpfers nachfühlen und nachschaffen, so schwach auch meine Kräfte sein mögen, ein Fünkchen Wahrheit habe ich ja doch erkannt. Läßt es sich gestalten oder muß es ewig beim ahnenden Schauen bleiben?

11.Juli 1955 Ranikhet

Nach Empfang der Nachricht von Tantis Tod.

Muß denn stets der Tod eingreifen, um dir zum Bewußtsein zu bringen, wie tief und unlöslich du mit einem Menschen verbunden bist? Werden nur in der Probe des Todes die wahren Werte sichtbar und wirksam? Vielleicht ist es so, daß, solange man lebt, solange es noch ein Morgen gibt, an dem man nachholen kann, was man heute versäumt, solange man in der Welt der Relativität steht, auch alle Beziehungen relativ bleiben. Nur nachdem der Endstrich gezogen wurde, erscheint die Summe der Hinterlassenschaft als etwas Absolutes, Unabänderliches. Und wehe dir, wenn diese Summe viel größer ist als du erwartet hast. Dann bleibst du ein lebenslänglicher Schuldner.

15.Juli 1955 Ranikhet

Als Kinder hatten wir zum Spielen musikalische Kreisel. In ihrem Inneren war ein komplizierter Mechanismus. Sobald der Kreisel aufgezogen und mit einer Schnur in Drehung gebracht worden war, gab er einen schönen Summton von sich. Wenn man dann auf den hölzernen Griff schlug, sank der Ton und schnurrte auf einer tieferen Stufe weiter. Ich erinnere mich, wie faszinierend es war, den Kreisel aufzuziehen und loszulassen und, die Schläge wiederholend, auf die absteigende Tonleiter zu lauschen, bis die Schwungkraft erschöpft war. Ich weiß aber erst jetzt, warum dieses Spiel mich faszinierte. Es war wie ein Gleichnis des Menschenlebens. Der Mensch ist der Kreisel, die schlagende Hand das Leben oder das Schicksal.- Nach dem Tod von Tanti und nach meiner schweren Krankheit, scheint es mir, hat mein Inneres den Ton geändert. Er ist fühlbar gesunken. Die Drehung ist langsamer geworden.

Fort ist der langjährige Wunsch, irgendwo in den Bergen ein pied-à-terre zu besitzen. Zu stark ist das Bewußtsein, daß wir hier ja nur ein Gastspiel geben und keine dauernde Stätte haben. Warum also mühevoll ein neues Nest bauen? Fort ist sogar der Drang, alle Miniaturen zu kaufen, die mir in die Hände kommen. Auch das scheint unwichtig geworden zu sein, jedenfalls momentan. Ob auch die Arbeit mir unwichtig erscheinen wird?

Das Aufgeben ist mir leichter geworden, nicht aber das Alleinsein. Das Alleinsein fällt mir schwerer.

17.Juli 1955 Ranikhet

In einer schlaflosen Nacht wurde mir vollkommen klar, daß ein Leben in Zurückgezogenheit in einer schönen Landschaft, in einem kleinen, idyllischen Haus mit Garten und Tieren, doch nicht für mich geeignet ist. Ranikhet hat mir zu dieser Einsicht verholfen. Und so weiß ich denn auch, daß ich bisher wenigstens richtig gegangen bin, indem ich in Banaras lebte und meine Arbeit zu entwickeln suchte.

Die erste Verpflichtung - nicht ein bloßer Wunsch, sondern eine ernste Verpflichtung - scheint mir nun, mein Werk zu Ende zu führen. Meine drei großen Bilder nicht nur auf Leinwand fertig zu gestalten, auch ein Sanktuarium für sie zu bauen. Wer wird das tun, wenn ich nicht mehr bin? Das, was mich in diesem Unternehmen immer wieder hemmt, ist die bittere Selbstkritik. Wie oft fallen mir die Hände, wenn mir meine Kunst wertlos erscheint. Daher mag ich mit niemand davon sprechen, sie niemand zeigen und habe keinen Mut, mich für ihre Ausgestaltung in der Öffentlichkeit umzutun. Doch in dieser Nacht erfaßte mich ein starker Wunsch, mich mit aller Energie dieser Aufgabe hinzugeben. Nicht nur, die Bilder endlich zu Ende zu führen, sondern auch mich mit dem Bau zu beschäftigen. Wo und wie, das weiß ich nicht, aber wenn der Wunsch genügend stark ist, werden sich Wege finden.

Wahrscheinlich bin ich nicht für ein kontemplatives Leben geschaffen. Meine Kontemplation ist diese Arbeit, in der ich meine Beziehung zur Realität ausdrücke. Dies ist meine Realisation. Weiter reicht es wohl in diesem Leben noch nicht. Doch jetzt fühle ich meine Energie, die im bourgeois comfort zu versinken drohte, sich wieder straffen.

22.Juli 1955 Ranikhet

Nun bin ich sechs-und-sechzig! Ich kann es kaum glauben. Was habe ich getan? Was bleibt mir übrig zu tun? Ich flehe zu Gott, daß er mir leidliche Gesundheit und Kraft gebe, damit ich in der Zeit, die mir noch bleibt, die Ernte einbringen kann. Meine Bilder und meine Studien über Skulptur beenden. Das ist im Weltenplan wohl sehr unwichtig, doch für mich ist es das Allerwichtigste, das Einzige, was mich davor bewahren kann, mich als unnützes Unkraut zu verwerfen. Die Konarka-Arbeit macht Fortschritte, so habe ich wieder einiges Selbstvertrauen geschöpft.

27.Juli 1955 Ranikhet

Das Leben ist ein Fluß. Der Prana fließt ein und aus mit jedem Tage, der vorbeigeht. Der Schlaf ist eine weite Talmulde, in die der Fluß einmündet und zur Ruhe kommt. Er breitet sich aus, leckt behaglich an den Ufern und wird still, bis er am anderen Ende langsam zum Weiterfließen wieder aufbricht.

Pranayama hingegen ist ein Stauwerk, das den Fluß eindämmt und anhält, seinen Drang bändigt, um ihn dann mit vermehrter und angehäufter Kraft wieder zu entlassen. Prana wird im Pranayama angehäuft, gespart, um seine Kraft zu steigern und dann einem notwendigen Zwecke dienstbar zu machen, anstatt ihn nutzlos ausfließen zu lassen.

11.Oktober 1955 Auf der Tour nach Rajputana, Jhansi.

Wir besuchten in Orcha den verlassenen, mittelalterlichen Palast inmitten des Dschungels von Bundelkhand. Die Architektur ist labyrinthisch, unüberschaubar und doch in ihrer Kompliziertheit wohlproportioniert. Der neuere Teil des Palastes hat modernen Einschlag, italienische Balustraden, glatte Fassaden und Säulen. Der alte Teil hat einen großen, wunderbaren Hof, das Eingangstor ist gegen den Fluß gerichtet.

Der Chaturbhuja-Tempel hat einen geräumigen, dreischiffigen Innenraum. In der Anlage wirkt er fast wie eine christliche Kirche und im architektonischen Detail moslimisch. Am oberen Rundgang befinden sich eine Art Kanzeln und an den Enden der Seitenflügel offene Fenster. Alles ist hell und voller Licht. So etwas hatte ich mir vorgestellt für meine drei Bilder, einen Raum mit drei Flügeln.

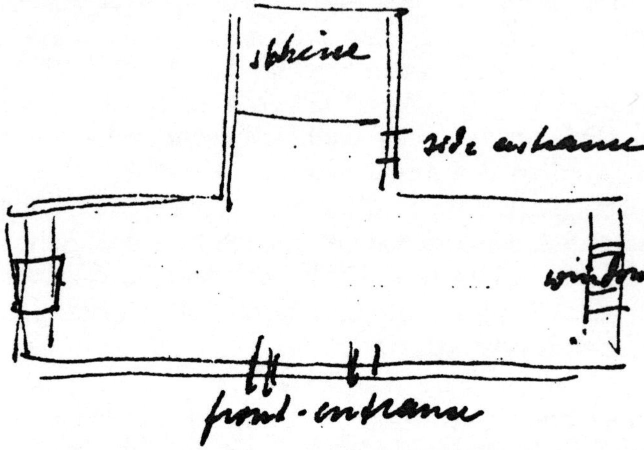

Der andere Tempel, auf einer Anhöhe thronend, ist für Lakshmi Narayana. Dieser hat eine noch ungewöhnlichere Form. Er ist dreieckig, das heißt der innere Tempel ist quadratisch, aber der Umgang ist in ein Dreieck gebaut. Die Umgänge sind überwölbt, und sowohl dem Gesims entlang als auch im Tonnengewölbe sind Malereien. Reiterprozessionen den Gesimsen entlang und Ramayana- und Krishna-Szenen im Gewölbe.

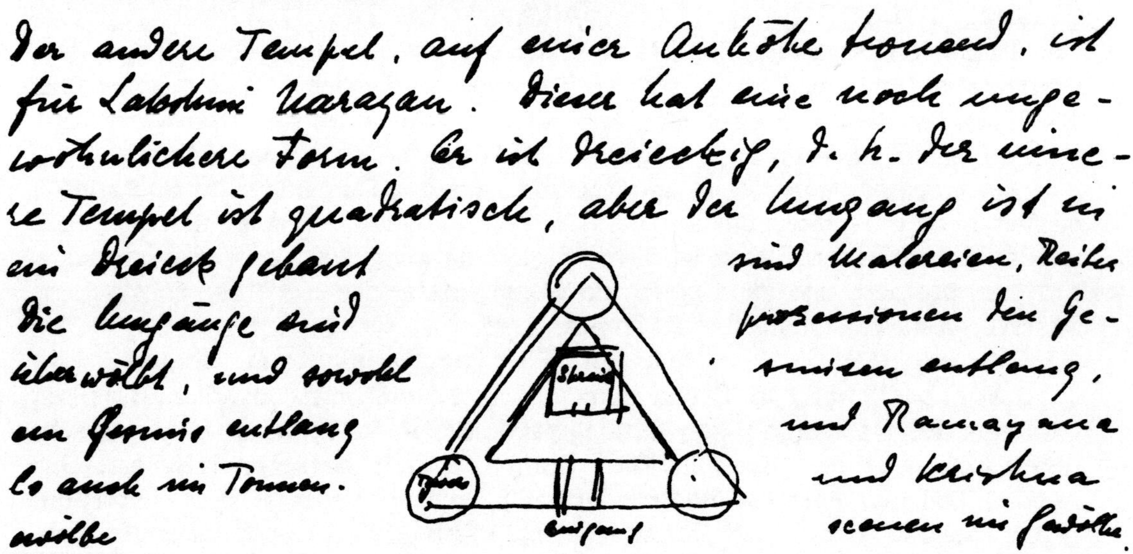

Die Malereien sind meist in Schwarz und Weiß und Erdrot, ganz tief. Schwarz natürlich abgestuft in allen Nuancen von Grau. Die Figuren stehen frei als Silhouetten auf dem creme-weißen Grund. Die Farbenskala äußerst vornehm, die Zeichnung belebt und munter.

12.Oktober 1955 Datia

Der alte, unbewohnten Palast von Datia überragt als geschlossene Masse die winklige Altstadt. Er ist in Form eines Yantra angelegt, genau quadratisch.

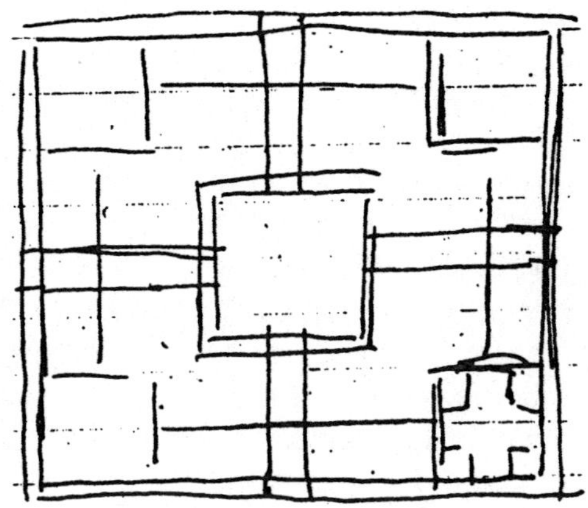

Der freistehende Mittelbau wird durch Brücken mit den umgebenden Bauten des Quadrats verbunden. Die Brücken sind auf zwei, drei Stockwerken mit Säulen bestanden. Durch die Säulengänge bläst der Wind, so daß es nie zu heiß sein kann. Der Mittelbau sowie die vier Eckbauten sind mit Domen gekrönt.

Auch die Archtektur des Inneren ist phantastisch schön: Prachtvolle Räume und dunkle Gelasse mit Nischen in den Ecken. Die Wandmalereien sind noch teilweise sichtbar: Pfauen und Blumen, Elefanten, Reiter, Stilleben von Flaschen und Bechern, Bäume und Sträucher... diskret in der Farbe.- Die flache Landschaft erhebt sich um den Palast und wird mehr und mehr hügelig. Ein Stausee liegt in einer Mulde. Von dort aus konnte der Fürst das ganze Reich beobachten.

November 14, 1955 Banaras

Two contradictory aspects of Kali have always been puzzling me: being the goddess of destruction she is, at the same time, Mother, the symbol of creation, and her worshippers address her as such. On waking up today I suddenly felt how these two aspects can coalesce and why, therefore, her hand elevated in Abhaya Mudra is of primary importance. No new life is possible without a clean sweep of all that is old and decaying. The destruction of living forms which have had their time is the only way, the only possibility, for new life to arise. Destruction means going back, merging into the primary essence from which new life continually emerges. Kali re-absorbs in order to liberate and to re-create. The meaning of her raised hand has now gained immensely in depth and strength - in the black tragedy of life it is the hope and the assurance that the divine essence will finally prevail.

January 14, 1956 Datia

[This section is related to Alice Boner's book *Principles of Composition in Hindu Sculpture*, Leiden: E.J. Brill, 1962. Alice Boner met Pandit Sadasiva Rath Sarma in Puri in 1957. He gave her the palm-leaf manuscript *Shilpa Shastra* which confirmed her ideas. She published her work on the basis of this manuscript]

When I went to Madan Gopal in the evening he said he had hurriedly gone through my article and that he agreed with my point of view that correspondences did exist between a thing and its colour, form and sound, but that one should not jump to conclusions and that there are no hard and fast rules systematically laid down for them in an authoritative text. It was a yogic approach and could only be found in inner experience. Well, I may say without boasting, that I got my view through inner experience alone. How long have I been searching for an authoritative text! But this gives me courage to proceed and to stand for it. The right to base everything on inner experience is a great thing. M.G. of course does not feel form in this way, he says himself that his experience was in the garb of colour. I don't know who will feel the impact and language of form in the way I do. For me, it grips me at the throat, it shakes my whole being, as words can never do. Is this purely a personal susceptibility, or is it the chord on which those ancient artists used to play, and from which they always evoked a response? Why is this chord dead now? I have not yet found anyone in Inda who has responded in this way. There will most probably be very few who will feel what I mean, if ever this work comes out.

February 3, 1856 Banaras

Pandit Gopinath Kaviraj gave me a lot of encouragement for my work on the sculptures. He said it was quite a new appraoch and that it should be published. He could not say what reference my schemes had to yantras, but he did not rule out the possibility that they had. He also gave me a list of a few books which I should consult. They are the well-known books on Tantra, and I feel rather doubtful whether they would disclose some new aspect. He had asked me to come today, when he would give me more references... But he had no new references. I quickly asked him about the pentagon of the Sharabha Yantra, whether he knew other pentagonal Yantras referring to Shiva, because some of the sculptures might be based on pentagonal diagrams. He said it was not impossible, because Shiva was Pancatattva, Pancamukha. That is exactly what I have always thought, but then nobody seems to know of the actual existence of pentagonal yantras...

Went to see Swami Pratyagatmananda and explained my quest to him. He listened quietly and attentively. I told him also that Pt. Gopinath thought it worthwhile and that it might have a connection with Yantras... Then after a while he asked whether I knew anything about Mantra. When I said that the Swamiji in Datia had given me some Mantras, he proceeded to say that Yantra could not be properly understood without the Mantra corresponding to it. This of course was very new and significant for me, as I had thought that both could work independently. So I asked him whether Yantras were inner visualisations as Mantras were inner auditions, and not intellectual constructions. He said they were inner visualisations brought about by Mantra (Bija or any other) - and

Dhyana. I said yes, in the ancient text of Shilpa Shastra the images are also visualisations obtained through Dhyana, so the Yantras, being of a subtler nature, would be seen by the inner eye...

February 7, 1956 Banaras

I had never imagined that I would come in touch with Swami Pratyagatmananda so soon. This is destiny's help. Now I may approach him whenever I require some elucidation. His book *Yantram* certainly gives a good idea of the fundamental principles which brought Yantras into being, how they emerge directly from the axis and planes of space. So do the sculptures, although they are less pure and more bound by contingencies. They also have to narrate, while yantras only represent.

In the Indian miniature, at its best, the essence of a world is concentrated on a surface not bigger than the palm of one's hand; and if not a whole world, then certainly of one definite aspect, with the inner meaning of its manifold manifestation. One small miniature will reveal more truth and inner beauty, as time goes on. It is an inexhaustible fount of messages, unfolding one after another from the intimate thought imprisoned in it. It is this which makes it so precious, much more than the exquisite workmanship, colour and gold. An Indian miniature is company, a modern abstract painting is not. It does not look at you, does not speak to you and, after a while, dissolves itself into nothingness, no matter how well it is painted.... The subtle essence of Indian miniatures has taken possession of me. They have also guided me in the new direction my work has taken. The urge to give concentrated meaning to every canvas has brought me almost to the other extreme - my canvases are crowded to the brim and since they take years in the making, each one would take hours of contemplation of a conscientious spectator.

It is as if an influx of blood from outside has come to me. This influx of foreign blood is Indian thought - philosophy and mythology - and all it stands for. It has changed my life altogether and has given me sustenance these last twenty or twenty five years. It has become assimilated with my own life-blood and spirit. I can never detach myself from it again.

March 6, 1956 Banaras

On waking up this morning I saw my Kali painting in a different way. She was very big and black, somewhat as I had made her, but her surroundings were light in colour, more yellow. And one group stood out quite clearly, an oblique stripe across her right thigh in which an intricate pattern of human bodies was floating, something like those flung up into the smoke of an explosion, not as a single silhouette, but as an interwoven design without gaps. It was most probably the outcome of two trends of thought. The foremost one, the search in my new design of Kali for a denser pattern of small figures standing by themselves, in blocks, without being cut up in different fields, which did not prove quite satisfactory. And secondly, the review of Titus Burckhardt's book *Vom Wesen heiliger Kunst*, in which he relates his experience with the Arab artist who asked him to draw three geometrical roses, two eight-pointed stars and one eleven-pointed star, interwoven into such a pattern that could harmoniously fill a certain field. This is what I am trying to do now with my new design.

I sat down to try and put down the pattern I had seen for an instant upon waking up. It is feasible but it would change my composition from bottom to top. All the natural contingencies depicted in it would have to vanish and only agglomerations of shapes would have to remain. I don't know as yet what to do.

To the previous entry I have to add that Moghul paintings of the earliest times, as for instance the Shah Namak illustrations, are also very crowded, so are the Ajanta frescoes, the early Christian mosaics, Roman mosaics, the medieval paintings and tapestires, the sculptures of Cambodia and of Borobudur. All of them display a wealth of form and life and yet they are ordered and perfectly harmonised with the architecture to which they belong. This immense wealth of invention, and of work which is bestowed on them, gives them their quality and their enduring value. What will future generations think of a canvas made of three strokes and three coloured patches?

It is only in later times, with the advent of a naturalistic vision of things, that the space-contingency also came into consideration, including perspective and shortening. Henceforth, there was to be space between the figures and air, like in actual life, so that they may be able to move and breathe. And most of us are still obsessed by the notion of space. It is very difficult for me to abstract myself from it...

September 29, 1956 Epworth Witch Cottage

Inspite of the agitation of packing I managed to concentrate quite well at moments when doing japa. In one such moment the Devi showed me a new way of composing my Prakriti, more in accordance with my new Kali, less naturalistically spatial and plastic and with better symbolic expression. The ocean out of which the womb emerges is open, as seen in cross-section, with a dark womb forming in its central vortex, from which the tree of life emerges. And the upper parts in definite portions opening and constricting, not in a massed, continual flow, as in my painting. It is as if the stream of creation were pulsating, condensing and expanding alternately, which gives a clearer suggestion of movement.

Mind and heart must be closely together, that is right. So I wonder whether my first intuitive version in this part was not better. Anyway, I am happily driven away from the intellectualism into which I had fallen, most hopelessly apparent in my Prakriti. I see the new version clearly, somewhat different from my first vision, but that was formless and consisted almost exclusively of dynamic movement without distinct form. This will allow me to put distinct form within the pulsating abstract outlines of movement, somewhat analogous to what has happened to my Kali. The blessings of the Devi!

August 9, 1957 **Mysore**

Today I went to visit Nagendra Sthapati, the son of Siddhalinga Swami. I had written beforehand and he was expecting me. First somebody took me into his house which was decorated with alpanas, as done during festivals. He came out and took me across the road to a house with a wide courtyard and a pyramidal fountain in the centre, with a Panca-Mukha Shiva image on the top and innumerable lingams all around. His studio is here, the walls covered with mythological paintings of rather poor quality... He showed me the temple. It is a sober building of good proportions, made of grey stone. On it statues of black stone are inserted in the niches, and also as brackets... In the mandapam there are very well built columns of black stone, reminding one of Halebid. These are good, so is the Nandi in front of the shrine, although he has a few naturalistic features, like skin-folds... When I asked him how he proceeded while drawing a figure he said he used only a plumb-line in the centre. I said this is allright, but it is not sufficient to find the bhangas of the body and the limbs, or their proportions. Then he admitted that some oblique lines are also used. Then I tried to come nearer to the point by indicating to him that he had made a Sudarshana Cakra with a seated figure of Narasimha, composed exactly into the Shatkona. This brought him to the subject of Yantras in general and he took out a big drawing on which he had traced a figure of Nataraja in the centre of the diagram of the Shri Yantra. Whether this is correct or not I do not know, but what interested me was that the figure, in the main, followed the lines of the yantra. I asked him whether the lines would be removed once the figure was done. He said yes. Then he took out a handwritten book containing a number of yantra and cakra designs. On one, Kundalini was represented as a big winding snake, having all the different cakras all along the meanders of the body, not one above the other, as is usually done. The Sahasrara was somewhere down in the left corner! There were a number of other yantras, some only with letters, others with unusual designs.

When I asked him whether in his work he was following some special family tradition and whether he possessed some special unpublished manuscript, he said no, he was following the *Manasara*, the *Shilpa Ratna* and other classical texts. He brought out a copy of the Manasara with the translation of Acharya and with ilustrations drawn by his father. I had never seen this edition of the Allahabad University Press. Then he brought out the *Mantraratnakara* in Telegu and *Indian Architecture* by Percy Brown!

Finally, he took me to his workshop and there I saw a number of stones hewn in rough, some partly finished... When I turned to the wall, what did I behold? A row of figures stencilled on paper, half torn and crumpled, which had served the purpose of making statues. I pointed them out to him and asked whether they were used for making images, to which he said yes. I said: then you do not make the yantra for every single figure? To this he replied no, only for very special work. This gave me the clue. The knowledge is not entirely lost, but it is not considered so important that it should always and everywhere be followed. The stencil is considered good enough for ordinary work. This perfectly explains the round shapelessness of most statues he produces.

He told me that the Government had opened a school for Sthapatis in Mahabalipuram and that it was run by one Vaidyanatha Sthapati and that he had been also asked to help. I may go there as well.

August 10, 1957 Mysore

Went again to visit Nagendra Sthapati. I had to wait in the house and I passed my time looking at the last volume of the *Manasara*, containing illustrations. It is a very exhaustive treatise on all types of architecture, but I entertain some doubts regarding whether the illustrations given by several modern students of architecture correspond to what the text meant to say. The whole architecture according to their drawings would consist only of collonades and roofs, upto the twelfth storey! The illustrations for the sculptures are made by Siddhalinga Swami, the father of the present head of the Institution.

August 14, 1957 Madras

Went to Mahabalipuram to see the newly started centre for training in sculpture on traditional lines. The master is Vishvakarma Vaidyanatha Sthapati, a nice, simple and serious old Brahmin. He has an enormous palm-leaf manuscript, in Grantha script, called *Kashyapa Shilpa Grantha*, on which he seems to base his teaching. He is a traditional Sthapati who learnt his art from his father and has built numerous temples. He also has other books like the *Manasara*, the *Shilparatnam*, the *Kumara Tantra Agama* and he showed me a list of Ṣhilpasastra texts which he wants to acquire for the school.

As I entered I immediately saw a masterly drawing in chalk on a big blackboard which he had made as a model for his pupils. The drawing was enclosed in a classical Vishama Caturasra (3x4), divided into squares and with two diagonals crossing in the centre. I wanted to know how he proceeded when teaching. He asked the boys, who were all around hammering away at some stone sculpture, to show their notebooks. I saw stylised, decorative animals, geese, makaras, lions, peacocks, etc., enclosed in squares, rectangles or circles. I wondered whether he explained to them the geometrical construction first. He said no, first only the lakshanas, the construction would come later. I could not quite believe that and perhaps he had not understood my question clearly. Later, when the boys stopped chiselling and sat down for drawing, I noticed on the other side of the blackboard the drawing of a peacock with all the structural lines and measurements - not exactly structural, but with horizontals and verticals establishing the proportions. They were evidently made to copy it. The Master apparently draws according to the shlokas and the boys copy from his drawing. That seems to be the procedure.

The Master showed me a few fine drawings which he had done in his own book, with the description on the side. He is certainly a man with a great mastery of form. I saw a number of finished statues, and some in the making.

They were all made by the boys with the help of the Master. All have the simple sobriety of Pallava sculpture, well understood in proportion, shape and modelling.... What amount of work they have done in the two or three months that the school has been functioning! It is amazing. One starts to understand how, with well-trained sculptors, such temple works of wonder could have been erected all over India. When the métier is well possessed and established the work just blossoms forth without effort. That is the secret.

And then, what joy it was to meet all the old friends again in Mahabalipuram: Trivikrama, Varaha, Lakshmi, Durga, the big Vishnu and, most of all Mahishasura Mardini, of whom I knew every movement, every chisel stroke. They always impress freshly, they never grow stale. But when I think what intricate symbolism lies behind them, I must confess, I would not discover them at first sight. Even while knowing them, I have to reconstruct them. What lies behind them gives them the profound and far-reaching meaning. I wondered whether the Ganas behind the Devi are represented as pot-bellied dwarfs or children, to emphasize the child-like innocence and purity of the triumphant power divine. The goddess herself is the slip of a girl compared with the virile and powerful frame of the Asura, her followers are mere babes, yet by their inherent goodness they overpower the forces of evil - the evildoers are all adults. For them it is child's play. That is the way in which they enter the fight, while the Asuras are cramped and tense. A more subtle analysis and representation of the respective characters of the divine and the Asura forces could hardly be imagined.

The panel of Ranganatha struck me as wonderfully depicting the state of the world today - the divine power asleep, actionless and inoperative, apparently, and all the destructive forces taking advantage of this withdrawal for the work of demolition in which they rejoice, or which to fulfil is their lot.

These sculptures are based on very fundamental principles. When I asked the Sthapati whether anything was mentioned in his manuscript about the composition of such scenes like the Mahishasura Mardini or the Varaha Avatar, he denied it and said these are to be found in the Bhagavatam, in the Devi-Mahatmya, the Puranas. But of course he was referring to the stories as such and not to the way of their representation. No, I don't think he even understood my question. No, these first principles are not mentioned anywhere, not even in our *Shilpa Prakasha* - how does creation proceed from Bindu? What is the meaning of a triangle, or a hexagram, or a circle? They all know about the figures, of course, but not about their implication. That makes me feel that my book will, after all, not be useless. Unless they come back to these fundamental principles, their art cannot be truly revived. But who knows? They may discover them by following their correct application, by travelling the river upwards to its source. Going uphill now they do not seem to know that the river has a source! They are satisfied with thinking that Vishvakarman invented all the arts!

November 21, 1957 Banaras

After a period of experimenting with details and the colour scheme for my Kali - during which I somehow felt that I was taking possession and mastery of the theme - a doubt crept in whether the lines encompassing the small groups were not on the whole too round, sweeping and smooth. I felt it brought something glib and easy-going in to the whole scheme. And so in the smaller sketch made for the colouring, I straightened them considerably. But by doing that it became like an incongruous patchwork. The sweeping round line had the virtue of maintaining some connection between all the parts, which the stiffer lines lost, they stand hard against each other.

Then, suddenly, an idea struck me that I could make one circular, uninterrupted whirl around Kali, which was implied in the original idea. But then this creates other difficulties - what am I to do with the corners and with the parts behind Kali? I became more and more confused, the mere possibilities I could envisage! And this started undermining my whole confidence in this work. Was I not attempting the impossible, a task from which much greater artists would shrink in fear? My line does not have sufficient power of expression. It remains on the surface of things. I often look with envy and admiration at the little cartoons in the newspaper. How incisive and full of life they are!

December 8, 1957 Calcutta

Going about in Calcutta for a week has been refreshing. Chote Lal's genuine joy in seeing me and the kindness of Padmaja and of the Molesworths somehow gave me relief from the stagnation of Banaras. I came back to my work and immediately started another sketch of Kali on brown paper. This went on merrily for a few days, till I got stuck again. However, I found that I can cover and envelop Kali more to great advantage, and perhaps surround her frame with an aura of flames. But I came to feel more and more that Kali is not an artistic problem, but a moral and spiritual problem, and that she cannot be approached, except by love...

January 1, 1958 Banaras

During these last few days a somewhat liberating idea has come into my work - how far I shall be able to follow it up, I do not know - and that is to use great restraint in the depiction of the small scenes. After all, they should not show any very particularised incidents and should only express the varied feelings which assail man in his pilgrimage through samsara. There must, of course be figures and movements, abstract lines alone would not do, but these figures should not be elaborated. They should only express the rhythm of movement and, by it, the particular mood. This is a task I feel more capable of coping with than the elaborate details, and yet I so easily relapse into futile details. But this time I quite nicely got the rhythm of strife, of old age and of yogic concentration. I find the misery of the wounded more difficult, but with Kali's help, I may get that too.

Last night I went again into the studio. It gave me such solace to sit in front of Krishna and to express my gratitude for all the blessing of the past year. How many good things it has brought to me - the company of Georgette which so much refreshed me; the acquaintance of Panditji on February 13, 1957, and the work on the manuscript, which is not only valuable in itself, but is now helping me to conclude my own study on composition; the improvement of my health through bathing in the sea; the discovery of good Sthapatis in the South; and, finally, my Kali has taken on a new form, in which I feel my original vision is far better expressed. This now seems to be the definite shape. And last night, for the first time, I felt I should stand in front of her, fold my hands, and request her to help me fulfil her. I felt grateful to have come nearer in understanding her and requested her to continue her work on me, to liberate me further from the trammels that still remain. She no longer has any terror for me, no, she is my stern friend while Krishnaji is my playful friend. They complete each other and I feel happiest in their company, and in the company of my sculptures and paintings. Is it too frivolous? No. I see in them so much of the deeper meaning of existence. They are not just objects of aesthetic enjoyment. I love them like friends or children.

February 2, 1958 Banaras

The presence of Panditji is a great bliss. He is so wonderfully cooperative, not a passive spectator, but takes part in everything, animating every moment. He is always full of ideas and of interest, investigating everything he comes across. The *Saudhikagama* is now his passion, and mine too. He has found yantras of a number of devatas and has even found the term for the compositional diagrams. It is called "panjara", which means skeleton or cage. How very appropriate. It is distinguished from the yantras of meditation. This text is more fundamental than the *Shilpa Prakasha*. The question arises whether my own study should be published at all.

After breakfast I sat on the roof in the sun, as usual before starting work. I saw a woman in a deep-red sari, as worn here, trundling leisurely down to the ghat. She was such a noble silhouette and although I could not see her face or any part of her person, there was a presence which I felt was relevant. She did nothing that was unusual or outstanding, just going down to the river, most probably to take her bath and to do puja. But there was the nobility of necessity. She was well ordinated in the cosmos. However humble her person and activities may have been there was no futility about them.

February 27, 1958 Banaras

After starting my painting of Kali on canvas, and proceeding quite hopelessly for two days, I became somewhat enamoured of my achievement. I fell into the illusion that from now on I could proceed with swelling sails and without obstruction to the further end. It filled me with pride and with a desire to work fast and to finish quickly - the fear of the hot weather adding to my impatience. As I started from the top - the consideration being that as working on the upper parts was more strenuous I should do it now while it is still cool - I wanted first to finish the two uppermost scenes on the right and left. But I had no inspiration. Still, I forced myself, as is my wretched habit. I clenched my teeth and carried on. But I had no blessing, inspiration never came and it all ended in failure and utter depression. I tried to wipe out the scenes of the crazy forest in order to save my face and leave open the possibility of doing it again. What misery I felt the rest of the day till I went to bed, and even more after waking up during the night. It was only then, when in the stillness of the night I thought over the whole affair, that I realised in what way I had gone wrong. I had not been able to wait and to await Her word, as it had come when She asked me to drop the charcoal drawing and start on canvas. I had started with Her blessings. It is no ordinary painting. I can only do it when She commands. And this I must never forget.

October 15, 1959 Bagalkot, Karnataka

Today at last I could visit Aihole. It took many years to fulfil this wish. These temples belong to the most moving period of architecture and sculpture. Everything is in the making. Even the forms of the temples are not yet established and there are many forms which appear as experiments. The oldest ones are very ponderous, made of enormous blocks of stone, the columns are of one block, the architrave one block, the roofs made of blocks piled one upon the other, covering the angles (übereck gestellt), and so almost create the impression of caves inside a mountain. Generally there is a small cella with a lingam and, in front of it, occupying the centre of the mandapam, a majestic Nandi. There is a rather narrow pradakshina all around the cella and Nandi. The Nandi is not outside but occupies the place of honour inside the mandapam. There are fine chiselled ornamentations on massive boulders in almost imperceptible relief, of exquisite design, reminding one of the best that Gupta art has produced on this line.

The almost unadorned massivity gives the shrines a somewhat primordial austerity. It is a deep, severe and inexorable faith which finds its expression here - no play, no sentimentality, no charming of the senses. It is straight, uncouth, but warm. It is there quite unambiguous: the phallus in the shrine and the bull in front of it, the worship of divine fertility, of the creative principle, be it on the material or the spiritual plane. Above the door to the shrines, even if they are of lingams, one finds Garuda holding two snakes in his hands which come up from the door-jambs, where they form one of the inner vertical bands.

On the central ceiling there are big sculptured panels, one behind the other. Next to the shrine is Brahma adored by yogis, in the middle panel Uma-Maheshvara seated on Kailasha, and in the outermost panel Vishnu on Garuda. In one temple which has an oblong mandapam placed broadways the three panels are in the same order, Brahma on the left, Uma-Maheshvara in the centre and Vishnu on the right. The austerity of these temples is relieved in a charming way by maithuna couples, mainly outside but some even inside on the base of the pillars. These do not have the sophisticated eroticism of the Khajuraho groups, nor the gross sensuality and sexual exhibitionism of some Orissan maithunas, but they are of an unsophisticated tenderness, of beautiful, pure and innocent sensuality, not found anywhere else. Here, if anywhere, one can believe in the equation: human love equals an image of divine love; surrender to the human lover equals surrender to love divine; dissolving into one another equals dissolving one's ego into the supreme, divine essence. These maithuna couples are not too numerous, but they are rather big in proportion to the size of the temples, and they are placed rather low so that one cannot miss them. They smile at you from every side with their warm, irresistible tenderness.

The Durga Temple is an experiment with an absidal form of the Garbhagriha on a high platform. It is very beautiful. I wonder why this type has not been followed in other places. The Grabhagriha is completely closed and the Pradakshina goes around it in the form of an open gallery sustained by square pillars with brackets. Outside on the walls of the absis there are niches with big sculptures of Mahishasura Mardini, Shiva with Nandi and Vishnu on Garuda. I wondered whether they really belonged to the temple or were placed there later. They are carved on separate slabs and look rather medieval. On the sides of the balustrade of the entrance towards the mandapam there are small friezes with scenes of the Ramayana of a quite different type, with a carving of the type something between the early Amaravati and the best Gupta type - smooth, sensitive and powerfully alive inspite of their extreme delicacy. Why are these never seen in reproduction? The roof of the entrance is supported by two oblique struts growing out of the mouths of two makaras, looking like growing trees.

The shikhara of this temple, and of several others, seems to be the prototype of Orissan temples, slightly curved, made of superimposed horizontal elements, divided vertically in Rahapaga and Konaka, the latter with amalakas at certain intervals, and the rest decorated with small, round openings, as in Orissa.

In front of the shikhara of the temple by the roadside and of the Huchimalligudi Temple there are Vajramastakas with a Nataraja. The Ladkhan Temple has wonderfull perforated window screens, at the back there is a cakra with spokes made of eight fishes, and some other concentric motif, on the sides square gratings with a network of cross-bars and a rosace at each crossing. This also seems to be the prototype of the Orissan gavaksa.

The Huchimalligudi, the outermost temple beyond the cave temple, also on a raised platform, is decorated inside in the best Gupta style, discreet maithuna groups in low relief on the doorjambs, like those in Sarnath Museum, the ceiling divided by cross-bars in a central field, and eight other fields with a central lotus, and one in each corner, and in the rectangular fields scrolls of leaves which remind one of the motifs of the painted ceilings in Ajanta. This temple was surely not Buddhist, because it has a garbhagriha, but this was the gentle spirit of the age.

The Cave Temple nearby is quite different. This might have originally been Buddhist because on both sides of the entrance two immensely paunchy Jhambakas sit as guardians. They are badly weathered and look as if they were ages older than the inside of the shrine. The walls of a cave temple are of course willing objects. When one subject has become obsolete you can just erase it and carve one layer deeper for the next subject. Here a very powerful dancing Shiva is the most striking sculpture. It is between two pillars of the verandah in front of it, but on the relief itself there are two female figures, one also in a dancing attitude, complete the composition. Shiva's movement is relaxed, the danda-hasta does not lie across the chest but sways out to the left, the paloka-hasta is to the right, he holds a snake above his head. Another snake is falling down from his right arms. His left foot is with the heel on the ground, the right is on its toes, both legs are bent and wide apart. The vertical centre is marked by a string falling from his neck and is continued in the hanging drapery between his legs. The horizontal centre seems to lie across his hips and the wrist of the danda-hasta, just above the head of Ganesha on his right side. The lines of the dhoti are strongly marked. Besides the two female figures on the front wall, there are more on each of the side walls, standing very close together, some of them seem to be just starting to dance - a very unusual accompaniment to the dance of Shiva I have not seen anywhere else. One of the girls has the head of a horse or a boar. They are the Asta-matrikas. In one of the maithuna couples elsewhere the female also has a horse-head. I wonder what the significance of this is.

This dancing Shiva is ineffably graceful and elegant, almost too graceful to be of the Ellora time, but too grand in line to be medieval. He may be dated somewhere in between. The whole cave is full of remarkable Shaiva sculptures, one very fine Ardhanarishvara on the left of the entrance, and on the right a group of Shiva and Parvati standing side by side. Above Shiva's head there are three female busts on clouds, folding their hands in adoration - they represent the three sacred rivers. On the walls to the inner mandapam there are two dvarapalas in straight poses, with one hand holding a staff with a snake entwined around it, the other hand on the hip. There is a curious object above him made of a snake and falling hair, and by his side the figure of Hari-Hara. The other dvarapala holds a snake in his right hand and his left hand is on the loop of the drapery.

In the inner mandapam there is a Mahishasura Mardini facing the Varaha-Avatara. How different in type and style these sculptures are, carved directly in the rock! Here all playfulness vanishes. Here a primordial grandeur speaks. Even the ganas frolicking in the friezes are more ponderous and of a greater moral weight.

Today, when driving to Aihole in the glaring sunshine across these immense slopes of undualting land, I suddenly realised what it requires to live with such an overpowering nature, when it sometimes seems agonizing even to pass through it in a motor car - what it means to plod on these interminable roads day in and day out for a whole life-time, to plough and to sow and reap, and to tend these infinite stretches of land in the gruelling heat, or in the beating hurricane and thunderblast, to carry wood from distant forests, piled high on the head, walking bare feet on the stony, ardent roads, and that with a meagre meal in the belly; and the next one to be prepared in a hearth full of smoke, to be shared with a dozen of your family. What to say of the uncountable adversities harassing the poor in this land of starvation! And what heart it requires to face the enormous horizons, this earth bigger than anywhere else, and this sky, higher, vaster and deeper! What faith it requires, what deep, inner steadiness and peace, what one-pointedness, what inner force, what slow working of the mind is necessary to be able to stand this indomitable vastness! When I come back from Europe it is hard every time to adjust myself to this rhythm full of obstruction. One is inclined to think them dull and unimaginative. But what do we know of their life and their background, all tied up with this beautiful, primordial, but hostile nature?

The village of Aihole, what a desolation! Crumbling walls everywhere, stumbling over stones or sinking into the dust is all you experience - thin, bony people huddled together idle and sleepy in the shade of the one big tree! The finest temples are surrounded by crumbling walls. The fields around are sparsely grown, not a single roof in the village. One wonders where the people live - just anywhere in a ruin with perhaps an old rug overhead! Still, I saw some of the beautiful cubistic rugs which they make of pieces of old saris, a little note of joy in the dismal squalor; and some bullocks with beautiful triangular ornaments on their heads, embroided with glass. More care is given to them than to the ornaments of the poor women. The only ones gaily dressed are the gipsies, of whom one sees many in these parts - wide dangling skirts with enormous embroidery, bodices with embroidery, arms covered with shell bangles, head covered with cloth and ornaments, tresses with silver hanging on both sides, so that one can hardly see their faces. But where do they live? Outside one village I discovered today a few circular huts within a kraal of thorny hedges, weatherbeaten and absolutely transparent from the wear and tear!

December 31, 1960 Banaras

A few hours more and this year will come to an end. Looking back I am full of gratitude for the things it brought me - some ripe fruits are beginning to fall from the tree after a life-time of untiring efforts. In spring I finished the picture of Kali and began to draw a fresh Vishvarupa. In Europe I had a good time in Venice at the Symposium on the Experience of Prayer and at the opening of the "Indian Miniatures Exhibition" in the Foundation Giorgio Cini, Venice, Isola San Giorgio Maggiore; then I went to Mendrisro and managed to finish my "Man with the Calf". In Zürich I got to know Prof. Paul Mus who gave interesting lectures on "Le Buddha et les Buddhas". Content: everthing under the sun except the Buddha. Nevertheless, intensely fascinating and stimulating. Then came the great day when I could show him my manuscript and he became quite enchanted with it and, on a simple request, accepted with "elan" to write a preface to it.

After that, a second invitation to Italy for the opening of the miniature exhibition in Verona. This was even nicer, with the enthusiasm and loving work of the Mayor and the Curator. And the town has an indescribable charm, unspoilt and healthy with friendly people all around. Then, a week in Davos to rest. ... All the while I was correcting and improving my writing. Visited Basel and the result was that Professor Überwasser, to whom I had shown my Konarka manuscript, took a great fancy to it.

Finally, I flew to Holland and got to know this very attractive country and saw the beautiful museums. I had good talks with Mr. Wieder of E.J. Brill and settled everything with him. When I returned the bronze cast of my statue had arrived and I went with the gentlemen of the Hochbauamt to select a place for it. It looks very well in the spacious meadow and asserted itself in the Rietberg Park. The wooden pedestal was also well done, as a model for the stone plynth.

Then I received a reply from Prof. Mus with a categoric confirmation that he would write the preface. Before leaving Europe I sent a copy of my manuscript to Brill.

For some weeks now I have been relaxing and enjoying the peace of my house and the Ganga and my Krishnaji with his rich blessings. A great peace has descended upon me and, with this peace, so much friendliness has came towards me. I have definitely gained some inner strength and am no longer upset by every little trifle. Panditji arrived shortly before Christmas with his usual ardour. He is now discovering most valuable things in the Saudhikagama - the disposition, architecture and meaning of the Cave Temples, exactly as they are in Ellora, also in the panjaras of the Badami sculptures.

On December 20th I received a long and most interesting letter from Professor Mus in which he gives me an outline of what he intends to write in the preface and also a few suggestions for me. ... Ten days later another letter in which he suggests to me to mention M.M. Hallade's book *La composition dans les bas-reliefs de l'Inde*. I did it immediately.

So, the year is closing for me with a feeling of satisfaction, fulfilment and thankfulness. Gone is the desperate thought that all effort has been in vain... Now towards the end life seems to be rounding up and to begin to show a face and a substance, where previously there was only empty longing. May Krishnaji help me on to the end!

July 22, 1961 Puri

My stay in Puri is drawing to an end and the one positive feature is that we have finished the revision of the *Shilpa Prakasha*, comparing it with the third manuscript, and that I have now gained the capacity of understanding the Sanskrit shlokas, so as to detect any omission, addition or incongruity. I am no longer a helpless onlooker. We have completed the translation of "the book of accounts". We found a new manuscript on Konarka, with all the measurements and a big drawing. These are certainly great assets.

I have also received the Preface by Professor Mus and an assurance from Brill that the printing of the book will shortly commence...

September 29, 1963 On board the Asia

I slept marvellously well the first night, but still in Naples I was utterly tired and could hardly cope with going through the traffic. I was also despondent because I had no news from Alfred and he had not come. The musuem was my refuge. I first saw the mosaics and was stunned again at the perfectly developed impressionism which they represent - the shades, the high lights, the half-tones, the feel of flesh or any other material, the instantaneousness of movement, the non-linear contours. All these the Greeks have surely not had. This is the creation of the Romans and, therefore, our impressionism of the 19th century really starts with the Romans, a century or two before Christ. This is felt moreso in the paintings. Is it not an astonishing fact that the Romans have not only fashioned our rights and laws, administration and military science, city building and road networks, mythology and natural science, but also fundamentally and irretrievably our artistic consciousness throughout all the centuries of our culture?

October 2, 1963 On Board the Asia, Bitter Lake, Suez

I lay awake after four o'clock and felt restless... All of a sudden I received a clear command: Read a paper on our Konarka manuscripts, instead of on my own book, at the forthcoming Delhi conference of orientalists. This stood out in front of me as a bright inspiration. It would have three advantages:

1. It would be much easier for me since the full and evident documentation is there, and it is more adapted to a public conference than a theoretical disquisition, such as a commentary on my own book would be.
2. It would stir everyone's minds, and even if they cast doubts on the authority of these manuscripts the discussion would have to begin there and then.
3. It would also open up a discussion on the *Shilpa Prakasha* and, since Wieder would be present, it would perhaps convince him that he could confidently get started.

The idea came with the title: New documentation on the construction of the Sun Temple at Konarka. I would discuss all four manuscripts, the two on construction, one on the building expenses and the third on the pujas held in the temple during the year.

This would certainly open the way to its publication and would guarantee our priority because once the manuscripts have been described in a paper no one can appropriate them, especially since one has already been exhibited in Bhuvanesvar and Puri, and so the people would have had ample time to look into its contents. After this inspiration I felt very happy, but too excited to sleep again.... Now I wonder whether destiny will allow me to present this matter. I would feel much more confident than with the other.

December 1, 1963 Banaras

Last night I read Charles Vackot's *Le Yoga de l'Art.* It is very good, though slightly sentimental. I was struck when he relates the legend of a Chinese painter who invited the Emperor to penetrate a mountain cave with him, which he had just painted. The two men went inside and never came out again. I was struck because I suddenly felt that, in reality, I had gone into the cave in 1941, and that I have not yet come out of it again! My life outside the cave has all along been a make-believe, for the world and for myself. Once one has cast a glance at what is behind appearances it is not possible to take the appearances at face value any more. One may play the game, but what matters from that moment on lies far, far deeper - I may have been swimming on the surface but that pull has ever been there. I even doubted its reality at times, but this one passage in Vackot suddenly revealed to me its very real existence.

July 21, 1964 Almora

Tomorrow the moon is entering its last quarter. I am infinitely grateful to have had this period of solitude in this beautiful spot, in communion with trees and earth, grass and flowers, stones and clouds, hills and snow, sun and moon and wind, and with so many congenial people. After May 15th I could really begin to relax and to collect my inner being, after years of hectic work. Every instant becomes more and more precious to me the older I grow and I never get the desire to relinquish everything. Of course, I have long ago relinquished luxuries, even collecting works of art does not excite me any longer, but from my work I am not detached a bit. On the contrary, now that time is so short I feel I want to do more and more. I almost feel that I have a mission which I ought to fulfil, so that others may continue after me. If I do not make this start everything will again fall into oblivion. Well, perhaps it does not matter. Am I attaching too much importance to this discovery? After all, however far we may penetrate into the secrets of ancient art, we cannot bring it back into actuality, or create another new period of creative production like those which have gone by.

So why struggle and worry? Relax, my soul, open yourself, empty yourself and pray for grace to enter it at its own proper moment, at its own sweet will. Struggle no more, let the waves subside and make your peace with all living beings, with all creation...

As I descend deeper within myself I feel I have come to the point where I could open the floodgates and release that stream... My gratefulness for all I have had in this life overflows at times but before I depart I want to achieve inner pacification. When that is achieved I shall no longer dread the end. When life's mission is fulfiled, all possibilities put into deeds, then peace must come as a natural consequence and the end will have no terror any more. But as long as one feels one is a debtor to life and to fellow human beings, how can one face the end with an unruffled mind?

How grateful I am also for this long period of quiet and solitude, away from the false pretences of social life! But it will not happen again that I shall be overwhelmed, I know that if my own love is strong enough, nothing will be able to perturb it or throw it off balance. And the response will be different. Every thing lies in ourselves. It is high time to learn it, not in theory alone, but in every smallest detail of life. And the first step is to ask for forgiveness for our own shortcomings, our own defaults. Remember them all and become quite humble. The only thing that matters is that you be at peace with yourself - and this means a lot more than what shows on the face.

August 6, 1964 Almora

New thoughts came about Kali and I became aware that my failure in painting her rightly was not a question of form, but that I had missed the correct meaning of her act of destruction. I had seen it as a universal destruction to make a clean start for another new and better world. But hers is not the performance of pralaya. What is nasty, filthy, cruel, ugly, depraved and false, all these she cuts to pieces. In some parts my painting has hit the right meaning, but in others it has not, and it describes wanton destruction. That of course is also perpetrated by a debased, perverted human nature, but it is its effect, not its cause. The cause must be shown, like in the temptation of the Buddha, where all these aberrations are shown embodied in the various demons, the ugly caricatures of noble human beings.

So I saw the whole picture in a different way. The head she holds in her hands should have a diabolic face, the hands hanging from her belt should be fists and claws, the various aberrations not scenes, but various figures incorporating them. But behind the picture on canvas there arose the picture of the present world, with quarrel and threat and grating of teeth in every corner...

13.August 1964 Almora

Wenn jeder von uns eine kleine Sonne ist, dann sind die wechselnden Wolken unsere psychischen Wandlungen, die das Licht dieser unserer inneren Sonne brechen. Sie erscheint dann nicht mehr als das, was sie ist, ihre Strahlung ist nicht mehr rein, sie erscheint in tausend verschiedenen Farben und Tönungen von Stunde zu Stunde in unablässigem Spiel. Das ist unsere Maya, unsere Erscheinungsform, und wie verführerisch schön sie ist, wie zauberhaft der unaufhörliche Wechsel ihrer Spiegelungen und Widerspiegelungen, die ineinanderfließenden Stimmungen der Wärme, der Kälte, der Freude, der Trübsal, des Erwachens, des Hindämmerns, des Auf- und Zugehens, des Grolles und des Lächelns, des Lockens und der Abweisung, der Sehnsucht und Verzweiflung, der Ahnungen, des Bangens, der Erfüllung, der ewigen Lockung und der ewigen

Trauer des Vergehens. - Die Sonne aber bleibt sich gleich.

17.Januar 1966 Calcutta

Warum sich der Bitterkeit ergeben dieser Welt gegenüber, in der alles auf dem Kopfe steht? Warum sich absondern, verkriechen und die Tarnkappe über die Ohren ziehen? Warum den Glauben an das Gute aufgeben und sich von Verzweiflung dahintreiben lassen? Warum die Entfremdung Tag für Tag vertiefen? Warum nicht reagieren? Mit Liebe reagieren? Den guten Willen mit Liebe erwärmen? Vielleicht wirkt er dann doch. Was hat Shastriji anderes gatan? Womit hat er diese Ausstrahlung bewirkt? Und der gute Papst Johannes? Sie haben allen, sie haben Freund und Feind ihr Ohr geliehen und selbst im Gespräch mit dem übelsten Charakter und in gefährlichsten Momenten nie an der Möglichkeit gezweifelt, daß das Gute triumphieren könne. Damit haben sie die Herzen gewonnen und manch hoffnungslose Situation zurecht gerückt und unüberwindlich scheinende Widerstände überwunden. Und selbst wo es nicht gelang, hat wohl dennoch der bloße Einsatz ihres Wollens und Denkens verborgene Energien geweckt, gestärkt und zur Entfaltung gebracht, eine Kraft, wovon die Menschen noch lange zehren werden. Was in der Weltpolitik möglich ist, sollte es nicht auch im Privatleben gelingen? Nicht mehr stets an Flucht denken, sondern mit Mut und Liebe versuchen, die Schatten zu durchleuchten.

Im Museum sind die Skulpturen von Barhut jedesmal ein tiefes Erlebnis. Die unendlich verschiedenen Ausdrucksweisen und Formen in der indischen Kunst überraschen. Was es da alles zu erforschen gäbe! Wie man Poesie genießt, die Worte streichelt und von allen Seiten beleuchtet, die Rhythmen skandiert und die Klänge auf der Zunge zergehen läßt, eben so muß es mit den bildnerischen und plastischen Formen geschehen. Mir leuchtet ihr inneres Wesen in glücklichen Momenten auf, aber wie kann man es in Worte fassen? Es ist tiefe Poesie, doch in einem anderen Medium, und wer hat heute noch Gefühle für dieses Medium? Ich meine hierzulande, wo der Sinn dafür verloren scheint. Vielleicht schläft er nur und kann wieder erweckt werden, wenn jemand die Fackel zu entzünden weiß. Denn welch ein riesenhaftes Erbte der subtilsten Essenzen muß doch diesem Volke im Blute liegen!

Die Arbeit über Konarka führt mich von einem Erstaunen in das andere, Wie soll man diesen Schatz ergründen?

May 7, 1966 Shiraz, Iran

I really needed some change from the deadening work of proof reading and decided to take in Iran in my stride. The old girl is still adventurous! It was mainly Persepolis that tempted me and I was there yesterday. One day is far from sufficient. I wish I had made the tour on my own and stayed in the Apadana Hotel on the spot. The grandeur of these ruins beggars description. The mere size of the porches, columns, figures, walls and staircases belongs to a race of giants, while the precision and delicacy of the sculptures is razor sharp and attains the delicacy of needle work. And both harmonize, one quality helps to bring out the merit of the other. But it is a very curious monument also, in the sense that it does not seem to know the existence of the female sex, neither in human beings nor in animals, except for a lioness with swollen udders, which has to account for the presence of two lion cubs. Here there is the absolute apotheosis of male royal power and splendour.

Ahura Mazda is also there but he is much smaller and hovers with his two eagle wings above the head of the monarch with his high crown, his imperious profile, his curly beard and hair, seated on a square throne. The throne is supported by the heads of his subjects. I think there are over thirty different races and people, characterised by their types and costumes in three or four rows below and between the legs of the throne. An unimaginable self-glorification. And yet this seems to have been a benevolent rule, not based on violence, but on the willing consent of all these people and races. There are no war and slaughter scenes, no mishandling of prisoners like in Egyptian reliefs. All the subjects coming towards the ruler with their gifts and tributes seem to do it with an eager heart. In some of the reliefs they even chat together, hold each other by the hand, look backwards or sideways, urging the others, giving the impression of informal comradry. But men and only men, in all attires, with all types of faces and hair. A very strange world where women are excluded!

The hieratism of these sculptures is even more exclusive than those of the Egyptians where, in the tombs at least, all possible scenes of daily life are depicted. Here they do nothing but bring tributes and offerings, animals of forest and farm, produce of the earth. And the king, with his dignitaries, faces the common mortals, smiling benevolently and majestically. There are also edicts engraved, saying that if my informer is true, no living being should be killed - something like the Buddhist edicts of Asoka, only much earlier, at the time of the Buddha himself and of Zoroaster. And here the formulation of this religion immediately brought forth such a formidable art, not very much tinged with religion, it is true, but very humane in its fundamentals.

The fights that are depicted are, it seems, between principles: the lion killing the bull, light overcoming darkness, contrast of sattva and tamas, ... the king taming a lion, most probably to give the measure of his power and strength. I could not make out what the enormous bulls and lions were, with human faces, looking like that of the king. The one in the Museum of Teheran has a most fascinating quizzical expression, human, warm, yet strangely aloof. What does he represent?

Who were the sculptors who performed such wonders? I think they stand as high as those of Konarka, and the technical skill they showed in moving these cyclopean blocks and piling them one above the other was certainly far greater still. However, I was surprised to hear the Italian workers engaged in the repair of these ruins say that they could easily move all these blocks with the help of iron tube scaffoldings. How it is done is still not clear to me. The quarries of course were nearby, the mountains behind.

The pine trees on the reliefs are exquisite in their conical shape, with the motifs of their needles and fruit brought into a delightful pattern. I guess all these bare rock-mountains were once covered with pine forests, like the Himalayas. Otherwise why should Darius have built himself this palace in a rocky desert? Where would they have found these forest animals, vegetable and fruit to offer?

What I thought were lotus flowers in the hands of the king, my guide said were fire-cups to take fire to or from the altar. He made me note that when he is protrayed entering the palace, no umbrella is held over his head. It is held there only when he faces outwards.

7. Februar 1967 Banaras

Nun bin ich mitten in meinem dritten Abenteuer.
Das erste war der indische Tanz.
Das zweite war die indische Sakralplastik.
Das drittte ist die Tempelarchitektur:
der Sonnenwagen von Konarka
und das ahnende Suchen nach dem Quellgrund von Yantra und Mantra -dem Wissenden symbolische Wegweiser zu schöpferischer Gestaltung.

Nachwort

"Die Quelle" zu suchen ist Alice Boner mit 45 Jahren von der Schweiz nach Indien aufgebrochen. Sie hat gefunden, was sie suchte, und ist erst in hohem Alter endgültig zurückgekommen; ein Oberschenkelbruch hat sie nämlich davon abgehalten, nach Indien heimzukehren. Doch ihre Asche empfing die heilige Ganga.

Als Bildhauerin war sie ausgezogen, als Kunstgelehrte wurde sie bekannt und geehrt.

Klug und beweglich, mit sprachlicher Begabung, mit Ausdauer und Zielstrebigkeit hat sie sich im fremden Land zurechtgefunden und als Künstlerin und Gelehrte eine neue Existenz aufgebaut. Sie hat Indiens Kunst, Religion und Philosophie studiert und nach Europa vermittelt, im besonderen ein Verständnis geschaffen für das sakrale Bildwerk und das sakrale Bauwerk. Über das wissenschaftliche Werk hinaus aber hat ihr das Leben in Indien mehr gebracht, nämlich die Entfaltung ihres ganzen Wesens durch die Verbindung zu den "Urquellen des Lebens" (13.Mai 1939). Damit wurde ihr Indien in einem umfassenden Sinn zur eigentlichen Heimat.

Von den vielfältigen Lebenslinien dieser Jahre gibt das Tagebuch Zeugnis. Es ist der bedachte und sorgfältig gefasste Ausdruck ihres Entdeckens und Erfahrens, ihrer Begegnungen und Reflexionen. "Wach und aufmerksam sein jeden Augenblick"(23.Jan. 1939) - dieser Satz aus dem Tagebuch steht wie ein Motto über über diesem Lebensweg. Der Text, der nun in dieser Auswahl auch dem fremden Leser zugänglich wird, gibt eine Ahnung von Alice Boners Pilgerschaft, von Höhen und Tiefen, von Not und Zweifel auf diesem Weg und tapferem Durchstehen.

Eine Auswahl von Zeichnungen begleitet den Text, auch diese wie das Tagebuch selbst Zeugnis der wachen Aufmerksamkeit ihres Schauens: detaillierte Studien von Skulpturen und Architektur, Konstruktionspläne und Grundrisse, Skizzen von Menschen und Tieren, von Wasser und Wolken, von Bergen und Bäumen und immer wieder der täglich Blick von ihrem Fenster zum heiligen Strom. - Die Zeichnungen sind wie die Schrift der Künstlerin von einer feinen und sicheren Hand. Sie sind vorwiegend rational bestimmt, klar, gründlich und gut lesbar. Allzu Subjektives, bewegte Emotionen, ungezügelte Spontaneität, wie alles Heftige, Laute und Phantastische meidet sie. Die Skizzen sind in raschem ductus leicht, wie mühelos geschrieben; die Entwürfe zu komplexen Kompositionen aber sind in geduldigen Wiederholungen und mit beharrlicher Genauigkeit erarbeitet.

Ich habe Frau Dr. Alice Boner 1977 durch meine Schwester Luitgard Soni in Banaras kennengelernt und war 14 Tage Gast in ihrem Haus am Ganges. Sie war damals 88, voll lebendiger Anteilnahme und für neue Begegnungen aufgeschlossen. Sie liebte es, sich vom täglichen Weg durch die alte Pilgerstadt erzählen zu lassen, und begann schliesslich selbst zu erzählen aus der Fülle ihrer Erinnerungsbilder. Ruhig war sie, stille gefasst, aufmerksam und verklärt von der weisen Einsicht und Erfahrung ihres reichen Lebens. Davon nun durch die Tagebücher mehr zu erfahren, ist eine Freude. Dafür danken wir ihrer Schwester Dr. Georgette Boner.

St. Gallen — Friedbert Scharfetter

Epilogue

At the age of forty-five Alice Boner set out to India from Switzerland to find "the source." She found what she was looking for and finally came back to Switzerland only in old age, because a broken thigh hindered her from returning home to India again. The Holy Ganga, however, received her ashes.

She left as a sculptress and returned renowned and respected as an art scholar.

Alert and nimble, with linguistic talent, perseverence and determination she was able to cope in a foreign country, and as an artist and scholar she created a new existence. She studied India's art, religion and philosophy and conveyed them to Europe, achieving an understanding especially for sacred sculpture and for sacred architecture. Beyond this professional activity, however, life in India gave her even more, namely, the unfoldment of her whole being through the contact with the "fountainhead of life" (May 13, 1939). In this way India became her real home, in an encompassing sense.

The diary is the testimony of the varied life-lines of these years. It is the thoughtful and carefully composed expression of her discoveries and experiences, of her encounters and her reflections. "Be awake and alert at every moment" (January 1, 1939) - this sentence from the diary is like a motto for this way of life. The text that is now in this selection, accessible also to strangers, gives one an idea of Alice Boner's pilgrimage, of the ups and downs, of the affliction and doubt along the path, and of the courageous endurance. The drawings of the artist are, as is the hand-writing itself, of a sure and fine hand. They have a largely rational character, they are clear, thorough and well readable. She avoids anything too subjective, stirred emotions, uncontrolled spontaneity, as also anything violent, loud or fantastic. The sketches are drawn in a swift ductus, as if done effortlessly; the plans for the complex compositions, however, are achieved with patient repetitions and tenacious precision.

I got to know Alice Boner in Banaras in 1977 through my sister Luitgard Soni and was her guest for fourteen days in her house on the Ganges. She was then eighty-eight years old, full of lively participation and receptive to new encounters. She enjoyed being told about the daily walk through the ancient pilgrim-city, and began finally herself to narrate from the abundance of her memories. She was peaceful, serenely composed, alert and transfigured through her wise understanding and through the experience of her rich life. It is a pleasure to learn more about this through her diaries, for which we thank her sister Dr. Georgette Boner.

St. Gallen — Friedbert Scharfetter

APPENDIX

ENGLISH TRANSLATION OF GERMAN ENTRIES

Translation of pp. 19-89

<u>October 27, 1934</u> Colombo

Back on land I am myself again. The fourteen days on the ship were like a dream - life in Europe, the many strong bonds cut, and now this view into the unknown. What lies ahead of me? In the middle of the sea I recognized my weakness, my being thrown to and fro between two worlds, since each claims part of my self.

I am floating, driven by unknown winds, sinking and emerging again. Loneliness, protector and destroyer! I am now on my own, alien to the whites who isolate themselves, alien to the dark ones who treat me with reserve. Yet here the dark ones are nearer to me. I love the simplicity of their motives. They walk on soft soles and have the touching spontaneous movements of children.

The sadness of their faces! It is as if they knew the atonement they have to perform for having remained true to nature. This is what we, I and those like me, have in common with them. We bear the same atonements.

<u>October 31, 1934</u> Danushkodi Pier

I want to go to India to begin a new work. Will the energy last? Sometimes doubts arise. The loneliness burdens me heavily. I do see many people, but no one with whom I would like to be together for long.

I bought three masks and sent them to Calcutta. One is magnificent, the head of a hero with an alert face, wide open eyes and charming side-burns; above it a fantastic head-dress. [Now in the Rietberg Museum, Zürich]

All the way here to Madura I had to look out of the window in order to reassure myself that I am now really in India again. At the first station a woman with heavy silver jewellery on the arms, neck and feet was squatting on the floor. She wore thick cotton with intensive colours, like the silk saris in Madras, brilliant greens, bordeaux red, olive, orange, dark indigo, brimstone.

But first I want to talk about the countryside. From Danushkodi onwards desert-like sandy, fishermans' huts on the flat dunes, making one think that every strong wave could wash them away. Soft waters all around with breakers along the spit of land, a splendid breeze and beryl coloured sea. Wild and unreal, this was India again.

In Madura a guide took me to the temple. It rained and it was almost evening and already dark. Miserable lanes endlessly, but then women in most enchanting colours. When a few stand next to one another, what an accord! The crowd instills dread. Had Christ been able to drive away the hawkers and beggars? Often one cannot see the sculptures at all, so obstructed they are by stalls and displays. One would like to mentally eliminate all this and then very quietly and sensitively wander through the halls and to let the living stones speak. But Brahmins, with foreheads shaved and a bush of hair at the back, harass one on all sides. Each wants to give an explanation, in order to beg. A woman from the crowd suddenly began to pray in front of Kali's image and to sing with such fervour that tears rolled down. A small Panda shouted at her and chased her away. But then again one is delighted by the most charming scenes which one encounters with every step. I recall a couple of young mothers crouching at the entrance with their little ones at their breasts.

November 1, 1934 Madura

Here the sun rose menacingly in the morning sky so that one readily made haste to escape its midday blaze. I drove up to the big tank, climbed the pavilion on the island, from where one had a wonderful view of the surrounding hills. Some sculptures in the second corridor of the temple are impressive, dancing figures which looked like fauns and which moved satyrically; a beautiful goddess stretching herself gracefully. She is supposed to be harried by Shiva and Vishnu whom she transformed into children as a punishment and whom she feeds with a spoon held in her hand. In the distance shahanai sounds and drum beats are heard.

Work, calmly and intensively. There isn't anything better. In his innocence the guide gave me a warning today. When we spoke about the hill with the temple to which we wanted to climb, he thought that probably I may no longer be able to climb well because of my age. Per bacco! I have no more time to lose.

November 6, 1934 Trivandrum

Distress overcame me. The sky was covered in grey, the air unbreathable because of its humidity, moreover one is drowned among coconut palms and banana trees, the only open spaces are rice fields, otherwise there is no horizon. Everyone dressed in white to grey. I did not see beauty anymore.

But today the spell was broken thanks to the sun which early in the morning was already in the sky. I had myself driven to the procession in the fort. The Maharaja, who was celebrating his 23rd birthday, was carried from temple to temple on a palanquin. From his belt upwards he wore nothing but a necklace of diamonds and emeralds and looked very lovely and serious. A handsome youth. The official brahmins walked ahead, all dressed in white. Behind the palanquin came seven elephants with howdahs and golden harnesses on their heads and trunks.

Afterwards I went for a walk with my sketch book. Near a small market I took courage and drew out my pencil. Oh! what delight was roused in me. Every form, every line became meaningful and fascinating. Because of my confusion I could not produce anything reasonable on paper, but what possibilities suddenly blossomed! I thought of Rodin, what he would have produced from this material? And I searched all over India for a place where I could work. Blind fool! - when every street corner gratuitously offers the most wonderful things, shapes, forms, types, movements, colours and light; a superabundance that cannot be grasped. I was overjoyed, even though I drew clumsily. The oppression had yielded, now everything can flow again.

November 11, 1934 Trivandrum

It is not yet nine and the sun is already blazing. Here November is an unbelievable concept. This morning I saw a marvellous Tullal in the town hall. Mr. Govind Pillai explained to me the meaning of all the verses and movements. It was a thorough enjoyment. There were also round dances by young girls and stick dances by country people. They are called Kalliana Kali and are performed after the harvest and at weddings, with singing, no instruments. They are extremely lively and dynamic. The dancers run around in a circle, cross each other simultaneously and continuously form new figures. They crouch and hop, simulate snakes, cock-fights, sword-fights, a common dispute and, almost without looking, beat their sticks together in bewildering speed, always in completed, precise rhythm.

November 13, 1934 Trivandrum

Impossible to gallop behind the happenings! My notions of time are confused. What happened yesterday, the day before, or today? Or this morning? Perhaps it has already happened? I'm now beginning to understand why no historical chronology is possible in this country. Time is suspended and the change from day to night has nothing to do with it. A calendar is a nonsensical thing here. One wonders indeed on what logic it is based. It is pure existence which flows in from all sides, like a sea in which one drowns or has to swim in. As if to a life-line in boundlessness I cling on to the Europeans in my surroundings. When was I last in Europe? Exactly a month ago. And already I have travelled around the earth and am on another star. Sometimes I sink in confusion and then suddenly a gate opens and I stand in front of unimaginable expanses.

December 2, 1934 Mulakunnathukavu

An eventful time lies in between, a slowly-accommodating-myself-to-the-new-situation, like someone who gets into a strange, uncomfortable bed and turns, stretches and rolls himself until his body has fitted into the form of the bed. After dinner at the political agent's with the heads of the society of Trivandrum, I am now at a prehistoric farmer's hut. Everywhere I feel equally well or unwell and the India, of which I dreamt as the country in which my artistic visions must fulfil themselves, I now tread with a thousand inhibitions. I - who in the years of city life passionately yearned for nature, for life with the earth, the trees, the animals, the sky and natural people, - now suddenly feel expelled, lost, thrown back to a stage in which my spirit hungers and my soul thirsts for a refined and improved life. The simple nakedness of existence suddenly has no more meaning now, since I have it day and night within close reach. Again and again the question arises in me: Why, in fact, are you here? I have never felt so strongly my belonging to Europe, to my friends, the need not to live as an individual but among a group of people, and my strangeness here. Everyday I have to invent a reason to justify my being here.

In the Kerala Kalamandalam it is of course easy. The Kathakalis constantly provide the material for it. One could spend all the days there and always find something amusing. The boys are charming; also the whole tone is friendly and the relationship among the leaders, teachers and students is affectionate. The daily exercises and lessons, the wonderful harmony of the body and movements, and the amazing skill of these youths is astonishing. Imagine what it requires to master only the couple hundred mudras in all combinations, and apart from that to have a command over the dynamic dance and the innumerable mimic facial expressions and the whole remaining dramatic play! This art which encompasses everything within it, dance, drama, pantomime, music, is captivating. Simplicity and naturalness crown this wonderful skill. Each actor has a command over a number of roles and the artists who have not yet appeared can immediately act together. The unbelievable knowledge of human nature which amazed me at the performances four years ago, especially the presentation of female characters by males, is not to be ascribed to the genius of a single individual person but rather to the experience of several generations. That is why it can be taught to everyone - even if the performance is variously good. But what we regard as unteachable in art - the individual experience and the individual awareness - on which, for us, everything is based, exists here only to a limited degree.

Mukunda Raja and Vallathol, the two leaders, are charming. The first is quite aristocratic, with fine features and a perfect countenance, short, deliberate actions and an authoritative friendliness. Only towards Vallathol he seems to be humble and devoted. The running of the Kalamandalam rests entirely on his shoulders. I like him very much. Vallathol is much more demonstrative with his feelings, full of temperament and a bon enfant, laughs with roaring sincerity and always carries his youngest daughter in his arms, with other tots around him. Vallathol and Mukunda Raja complement each other wonderfully.

<u>December 15, 1934</u> Mulakunnathukavu

I am still here and feel much better than ever. One gets used to the inconveniences, one in fact gets used to solitude, to the lack of direct conversation. I have begun learning the mudras with Kunjun Kurup, in order to better understand the composition of this art. It is beginning to impassion me. The gestures are largely descriptive, more than symbolic, and that is why their power of expression is so strong. I am thereby beginning to understand the difficulties more and more and to grasp what it means to put these sign-words together in such a way that they always appear connected by the flow of a harmonious line in a definite rhythm and, thereby, attain the highest potentiality of expression. Everything goes so smoothly, so amazingly self evident, when one observes the other who masters this language; no sooner one begins to spell oneself than the respect grows beyond bounds.

It is wonderful to watch the teaching. Right now the episode about Putana is being rehearsed by two specialists for women roles, Kelu and Krishnan. When the beautiful young demoness snaps her fingers to amuse little Krishna, Kunjun Kurup, fattish and no longer quite young, stood up and demonstrated it to the boys. This was simply delightful. He had much more grace and feminine charm, and also knew better how to render the attractive expression of a young woman. In his acting it is his own, real experience, with the younger ones it is still taught knowledge. Kunjun Kurup must be an exciting, lively teacher. During the pauses he always narrates long stories with a serious, sly face and the others listen breathlessly and amused. What would I not give to understand them!

There is infinite fascination when one begins to understand the play. That the principle of the mudras is already clearer to me now makes me happy. The work I did for the Kalamandalam helped me in this, drawing the 24 root mudras, the alphabet as it were, out of which all words and sentences are put together. Narayan Nayar, the other teacher with a square head, kind eyes and hairy chest, helped with it. With his thick, short fingers he demonstrated everything having checked the shastras, in order not to leave out any meaning of a mudra. I took the hand poses from Madhavan, because he has the most expressive, slender hands and articulates the movements very clearly.

<u>December 17, 1934</u> Mulakunnathukavu

There was a performance the day before yesterday on a splendid, white night. Krishnan played Putana. He looked very charming in woman's clothes and embodied that sly, cunning type of woman whom one could find in every village as match-maker and sorceress, feared and in demand. He had a perfidious, sly expression on his face, partly due to the make-up and partly to mime. He acted like a woman who leads every man according to her will, even to his ruin. She comes to the village in which the little Krishna is brought up. She observes how the people amuse themselves and mimics their dance and their ball games, then she catches sight of the cowherd's house and describes what goes on there, among others, churning butter. She enters the house and recognizes Krishna, a delightful doll carved in wood. She looks around carefully to see if anyone is watching her and approaches the child. The furtive gait is expressed by constantly standing on widely stretched bent knees and, without lifting the feet from the ground, softly gliding forwards. She never takes a normal step - brilliant as a form of expression. She wants to amuse baby Krishna and to win his favour, snaps her fingers in front of the nose, smiles at him with her sweetest smiles, caresses him quickly and stealthily. Again and again she looks around anxiously to see if she is alone and again begins her play. She sits on the floor and brings her toe towards the mouth in order to portray the classical position of baby Krishna. She appears to be sad and pathetic. Although she is a demoness scruples creep into her woman's heart - about what she plans to carry out. She almost cries. But suddenly she shakes herself upright to carry out her work. The baby cries. She says: You are certainly hungry and thirsty. I'll give you my breast. And then she pleasantly describes the fullness of her breast. Finally, she lifts up the child carefully and sets him on her breast after having smeared it with poison. She rocks him, supports her head on her hand and thereby looks quite engrossed, as mothers are wont to doing when they suckle a child. She moves the child from one breast to the other, shakes him when the milk gets into his nose, smiles at him, until her face is suddenly drawn together, as if in pain. But she fights it away, by casting an affected, searching, upward glance. She continues to nurse and to rock him. But her face gets contorted more and more, she rubs herself on the breast. Nothing helps, the pain becomes stronger. She writhes, scratches her neck, her breast, her legs, tries to get the child away from the breast, but in vain. She shows him the other breast, forcing a smile, to encourage him to leave this breast, but futilely. Her agony grows minute by minute. She pushes the child away, pinches him violently, hammers him on the head with her fist. She rubs and scratches herself, clutches her feet. Nothing helps. The child bites firmly and sucks the life out of her. She leaps up in wild despair. The child hangs on to the breast. She runs up and down, beats and pulls the child, beats her chest and head and, more and more, her features become distorted, and take on the appearance of a demoness. When she finally breaks down dead she has a devilish grimace. Krishnan in fact manages to achieve this expression without having to paint two black lines on his face, like the other time in Guruvayur, but just by distorting the features. It was terrific.

After this came the episode of Nala and Damayanti. Alone in the forest after having left his wife, Nala cries and moans. Madhvan played this role. Unfortunately I did not understand the finesse of the monologue enough in order to enjoy it fully. Then followed a Reinhardtian dramatic effect. Behind the audience a huge flame suddenly burst out. The people jumped up to escape. I also thought at first that it was out of carelessness, until I saw the snake king dance around the flame. Nala has to save him. He does this by running from the stage to the back through the audience and leading the snake king to the stage by the hand.

The snake mask was ingenious. A triangle was painted from the forehead to the chin, including the eyes which were outlined in black, like the whole triangle. Inside and outside it were accompanying stripes of yellow, green and red. It gives the impression of a cobra head. And this on a toothless face of an old man with thin lips was twice as convincing. The snake is ungrateful and bites Nala, making him turn blue.

The first Nala disappears behind the curtains and another Nala with blue hands and feet rushes in quite infuriated, inflated like a turkey cock - played by Kunjun Kurup. All of a sudden the whole scene was full of life, and what an appearance: the fullness of the face, the fire in the eyes and this self-assured mastery. The faces of the young actors do not match the richness of the costumes and the head-dress. It needs strong forms below it. Kunjun Kurup looked unnaturally huge, especially in front of the humble audience, squatting on the floor, dressed in modest clothes. He had something supernatural about him, as if from a past mythical world. He first mimed his fuming rage, which slowly subsided because the snake king begs for forgiveness and in atonement wants to give him a shawl which makes one invisible. He is finally satisfied with it and proceeds to the city of a great king. He arrives at the city gates and sees the sentry. He bows in front of them, makes himself very small and, with a courteously sweet, pleadingly innocent expression, requests entry: he only wants to see the king. He slips through the barrier and hurries on. He looks around in wonder and curiosity and describes a tank full of water lotuses. The water curls and glistens pleasantly, like the blinking eyes of beautiful women. He goes on further and sees many high gopurams and magnificent palaces, a street with long rows of houses on both sides, with happy people at the windows. He describes a festival, a music society. A woman plays the vina full of feeling. He mimes everything: the tuning and turning of the keys, and then the playing. This one then asks another to show her art. The second musician plays the mridangam splendidly; finally a third one comes striking cymbals, and a fourth one begins to dance. Nala is enraptured and wants to stay. But he has to go on to the king.

New Scene: This king, played by Madhvan, is sitting and two of his attendants, Shankara and Haridasan, are standing behind him. The latter looked like a Persian princess, in magnificent make-up and a red turban. That this simple, plain youth can look so enchanting! Nala enters with a whip in his hands and offers his services as a charioteer. He is employed by the king. The attendants take him away.

New Scene: At night in the stall the servants are sleeping while Nala, supporting himself on the rice mortar, is awake and complaining about his misery. He recollects his lost kingdom, his lost wife whom he had to leave in exile, barely having found her. Kuñjun Kurup plays this excellently. In order not to cause any stir he lies down again and pretends to sleep. The other two, however, observe him secretly and ask him in the morning who the woman is whose name he repeatedly called. Nala realizes that he betrayed himself, and makes a face as if he had never seen a woman. He says that he read a story which touched him very much and he wants to narrate it to them: There was once a great king ... But the other two do not want to hear it and insist on knowing whether he has a wife and who she is. He swears not to have one and says that they now have to get up in order to look after the horses.

New Scene: A brahmin brings the king an invitation to the forthcoming wedding of Damayanti, who has returned to the palace of her father. As the charioteer, Nala is standing nearby and overhears the news which deeply affects him. He eavesdrops and looks uneasy, but no sooner the others observe him than he puts on a mask of utmost indifference. The king is astonished and asks how he is to get to the place where the wedding is to take place on the next day. Nala becomes more and more uneasy and disturbed, and can conceal his agitation only with difficulty. He finally steps forward and says that he, as the horse driver, undertakes to take the king to the celebration on time.

Thereafter other stories follow. In the meantime it was four o'clock. I slipped out. The moon had set. I didn't see anyone on the way.

December 20, 1934 Mulakunnathukavu

Kunjun Kurup acted in the performance in the evening. As a wild hunter, a kind of uncouth, naive Caliban, he meets the lamenting and forsaken Damayanti in the forest and woos her. Half shy and half daring he gives expression to his feelings of love, not without tenderness and with comic disappointment when poor Damayanti does not react and only continues to complain about her grief. The hunter's mask was grotesque with a high cylinder-like head-dress which widened upwards, like an Egyptian column capital and with a face framed by a wide, black beard, on which only the tip of the nose, the curve of the forehead and cheek bone were emphasized by the white rice-paste with pins made of pith, making the face look like a skull. The mouth was so to say threefold and uttered a tireless "whu-phu-phu" in various tones and in all voice nuances. Kunjun Kurup was magnificent. At first he hears the complaining voice and then shows how it drops into his ear like honey. In order to make himself attractive he stretches himself and makes eyes at her with his monstrous face. Then, he tries to entice her with a description of his house whose roof doesn't leak. It is indescribable how he approaches her and bumps her softly and intimately with his hips, like a shy girl, how he withdraws disappointedly and lapses into brooding over her continuous indifference, and how he ponders and whistles even sweeter whu-phu-phus. Everything with wonderful humour.

<u>December 31, 1934</u> Tiruttiparamba

I have now grown into timeless existence, into complete simplicity, into nature, into the calm of these plain and friendly people. My entangled nerves are now loosened and vibrate in accordance with the constant, eternal rhythm of this country. I am feeling pleasantly well and have given up all frantic demands of the intellect! I am gently getting in touch with my self. In reflecting my inner contentment the people smile back at me. It is a good, genuine feeling to become more and more empty internally, to divest oneself of everything alien and to coil up in oneself. In any case, as a counter-movement to my inner strife, to my being overwhelmed by external situations, this folded stillness is the only truth - no obligation, no compulsion, no urgency, no conflict. There is time for everything, and there is more time for rest than for anything else - just as the people here naturally live, and out of which the extended breadth comes, with which they do everything and which at first irritated me. Now I appreciate it and see the roundness and flowing rhythm of all happenings - the beautiful movement, the graphic, curved features, everything comes out of this inner relaxation. It is out of this that even the occasional high achievement, without apparent over-strain and over-exertion, can be explained, for example, the performances of Kathakali! What a store of energy is used up here in a single evening. With all that, there is never a deficit. One builds on solid ground. The despoilment, with which we westerners inflict on ourselves, not knowing our limitations, our culture declines. Whereas perhaps here, where a standstill seems to have set in, all energy resources lie latent for the future - presupposing, of course, that the people realize their benefit and do not end up in our direction.

<u>January 1, 1935</u> Mulakunnathukavu

It was a day like every other. I had my lesson in the morning and began to say verses with the hands. I was proud of myself. In a few days I have to leave and it is difficult for me to detach myself from this existence. With these candid, genuine people everything is easy and simple. All heavy burdens of the soul become dissolved. One doesn't even realize that they existed at all. Does one have the right, if one belongs to the white race, to evade the curse and to live in such pure stillness? Often I have the feeling that I'm stealing something that does not belong to me. Isn't this feeling itself a lack of simplicity? I know that I have to decide in favour of the one or the other. My work will be vital only if I decide to cast my anchor here, otherwise the impressions will remain as romantic traces. What is it here that delicately and firmly spins its web around my very soul? They are threads of love penetrating everything and radiating all over, a fine vibration - as if it penetrates more easily from person to person the less clothing he has on his body. At first I suffocated under the apparent lack of sympathy in this nation, and now I feel that I am caught up in a net of sympathy - from smallest children to the old ones, from the coolies to the rajas. It is very mysterious. Or, is it simply because we cannot speak to each other and, therefore, make ourselves understood only by smiling? No, it's more than that. In their graded society rigid in hierarchy they find it somewhat astonishing when someone who disregards these barriers comes and treats every other person as equally human. It absolves the higher ones of their uneasy rank and reserve, and relieves the lower ones from their intimidation. The foreigner is granted every freedom and when he takes it it amuses everyone. Recently in Mankada a servant almost burst out in laughter only because I picked up Mukunda Raja's chaddar and put it on his shoulder. And especially in the school! - that I treated the students not as inferiors but as artists and comrades, almost caused a revolution. I sometimes doubt whether Raja likes it. If I remain longer the discipline would perhaps suffer a little. But I cannot agree with it. If they travel around the world, if they want this art to get back its repute, they also have to give the artists another status. And they deserve it truly.

<u>May 9, 1935</u> Takdah

Already almost a month in this wilderness. The Himalayas, which houses so many ascetics, teaches proper thinking and understanding - of the connection between our most concealed thoughts and the inexorable sequel of their effects. I know now that in life there is only one thing for me: my art. May God bless me at least in this.

<u>May 13, 1935</u> Takdah

A certain calmness has now come over me. This is thanks to Heinrich Zimmer's booklet in which he attempts to explain the Indian myths. The ubiquity of the demonic became evident to me - not the detestable evil that a higher developed humanity has to repel, but the demonic as an active, dynamic power for good as well as for evil, without apriori distinctions.

Vishnu lies in creative sleep on the snake in the primeval waters. Out of his navel the world grows like a lotus flower on a slender stalk, and carries

Brahma, the Demiurge, on his lap. Two demons grow out of Vishnu's ears, the torpid animality and the tearing greed, which want to destroy the created world. But Vishnu does not let it happen. He calls the two back and consoles them by saying that later, in the fourth age, the world will belong to them. A god has the power to control the destructive forces. Man can too, but probably only in his highest stage of his development, in which an unclouded consciousness illuminates him. Otherwise, the emerging creative force is capable of both good and evil. The earth blossoms and produces both nourishing and poisonous plants. Man has, only exceptionally, the power to control this process.

Man's responsibility extends as far as his consciousness. This consciousness, however, does not necessarily grow with the creative force, because this force is like ecstasy enclosed in itself, a self-forgetting, Dionysian rapture. Nothing exists outside it. It creates the universe in which its creator is embodied and dissolved.

<u>June 12, 1935</u> Takdah

After a few days of tense, artistic perceptivity. The work, even though still quite clumsy, set me going. I drew Kathakali scenes with the help of Raju's photos, attempting to bring out the rhythm of the movement. I tried it in colour. Expression, movement, rhythm, plasticity, colour, space and surface - too many problems in one, and always one of them takes the upperhand. After a long time that I feel again the joy of my own composing. With every picture new perspectives open up. What I dreamt of years ago is now here - the vision of what is to follow and the will to build further. The joy finally to feel alive again! And how I suddenly saw nature, the landscape! It was animated from within. Every form was full of life and thrust itself at me, so that in my walks I was completely intoxicated by the impressions. It was wonderful. I was exulted. Just continue working, and life is filled to the brim.

<u>January 27, 1936</u> Caru Nivas, Banaras

Rama Nama Satya Hai! Rama's name is truth! This was the sound from the street! A corpse in white cloth, sprinkled with a few flowers, and rocking on the bier, carried on the shoulders of poor fellows dressed in soiled clothes and continuously shouting: Rama Nama Satya Hai! Innumerable corpses were carried over and cremated down below by the Ganges. How easy life and death are here. Everyone already knows how it will happen. There is no drama and no tragedy, because everything that happens is part of eternal becoming and passing away, endlessly repeated. Personal destiny is insignificant. That is why individual aspiration is so rare. That is why almost everyone thinks, talks the same way, and that is why there is so little differentiated individuality. And yet there is no superficiality. It is a deep relation to the whole creation: Rama Nama Satya Hai!

A few days ago I was in Allahabad for the Kumbha Mela, which in fact takes place every twelve years, but this time after six, because of a special constellation of the stars. This Ardha Kumbha Mela is a rallying point for all sadhus and sannyasins of India. They have their small, tidy straw-huts where they give devotees an audience, and also small shrines where they perform their pujas. All sects are represented and they live friendly together. I saw the most grotesque procession ever. A particular sect, the Nagas, take the vow to live naked and poor. And this is kept à la lettre. Not a single thread on the body to cover their nakedness, only besmeared with ash over and over again; and the hair which was never combed nor cut, burnt by the sun, was either twisted like a rope and hanging down to the knees or piled up on the head in enormous buns. They move about like this, in twos, hand in hand, in a long procession, like souls out of purgation, emerging out of limbo, neither dead nor alive, without a human look in them, without emotions! Distorted features beneath the layer of ash. The bodies appear shriveled, reduced, ill-proportioned, degenerated - is it just the grey ash, or are they the ones really despised by nature who submit themselves to this insanity? Endless rows of them, hundreds and hundreds more, with ever new revelations of grotesque ugliness. And thousands of devoted people formed lanes on both sides of the underworld parade and looked on piously as they went by. When the column disappeared the crowd rushed to touch the sadhus or the ground on which they walked, and to transfer this contact to their foreheads as a blessing. Exhibitionism, sadism or sheer contempt for outer appearance - people who make themselves idols, instilling a shudder in the outsider. They also ride on elephants and camels, they carry silver staffs, blow horns, beat drums and sit motionless in groups, offering themselves to the devotion and charity of the people, exactly like the images of Jagannatha, or Kali ..., while the rice of charity piles up in front of them. Some become rather fat from this, without losing any of the respect for their holiness.

There are also women who take to ascetic life. With shaved heads or strands of hair hanging down, wrapped in orange cloth, with effaced, fanatic faces, they also walk in the procession. However, one was there with a face full of life, humorous and active.

The mass is indescribable. A million or more must have bathed in the river on that day, i.e., at the confluence of the Ganga and the Yamuna. Uncountable, the sea of heads. And everything went so calmly and without excitement, without confusion, as if everyone moved according to a set plan. The water glistened blue, the sand was whirled up by the fresh wind making the atmosphere hazy, the charming triangular flags flapping in the wind, with their Hanumans, Krishnas, riders, elephants, peacocks, trisuls, cakras, trains, soldiers, eyes, banana trees.

When we returned by train in the evening, we saw endless streams of people wandering about on all roads. With bundles and containers on their heads and children on their backs they were returning home after the holy bath. Some camped by the roadside around a little fire, cooking their meal and preparing themselves for the night's rest under the cold stars. They must have come marching days on end, will march back home for days, nourished and lead by faith.

February 27, 1936 Banaras, House on the Ganga

The stars arrange themselves and harmony prevails; peculiar determinations and relations. A soothsayer, who knows the happenings in India so well, said that in thirteen days I will have a fortunate experience . In thirteen days I found this house on the Ganga.

This house is remarkably soothing and exciting at the same time. In it I feel I have returned to my self, to my home, my domicile. It is so intimate to me, so inviting, so warm. It encloses me in love and opens the world to me. It unfolds the radiant earth in front of me, the most colourful life surrounds me with the simple calm of a cloister. I feel fulfilled, happy, settled, borne, as if on a soft, flowing river. Everything that had struggled for so long smiles within me. And sometimes it flows over, because my soul is no longer accustomed to such profusion. It almost breaks the leaky container. But if there is a cure for it, it is to be found here. India too appears transformed to me. The oppressive melancholy which spreads over one's vitality is dissolved. For the first time I hear joyful singing here, when the people go down to the Ganga to bathe. The river animates them and makes them merry. They throw away the daily drudgery here. In all temples there is singing and ringing of bells and this fills the atmosphere with a lovely sonority - drums, gongs, bells, shankhas, shahanais and voices, individual and group singing, continuously and lullingly. I am beginning to believe in Mother Ganga's power to bless one. I feel her beneficent flow.

It is strange that the artistic work has not yet really come out. The outside world fulfilled me quite well and the joy of enjoyment was absolutely sufficient. Nothing more was needed. I yearn most to communicate with a person directly.

Today, as I was helplessly scrawling about on a sketch with my pencil, I suddenly understood why I'm not advancing. I surrendered myself too much to the impressions and thought with avid greed that I have to capture everything. Just don't let anything escape you! Just observe everything! Yes indeed, but when it comes to putting down this fullness into form, then it slips through the hands. Nothing is seen intensively and sharply, and everything becomes a kaleidoscope. My inner vision was endlessly clearer from a distance than now, when everything I need as living themes is nearby. I must crawl back to that corner of the soul where this vision lies and fill it with the life from outside. The soul cannot bear wandering about in the infinite All, it has to recognize its limitations, build itself a house from which it captures the world.

February 22, 1937 Banaras, Assi Sangam

On an evening like this, in the loneliness of this house, in front of the river glittering in the moonlight, in the ringing stillness where only sounds from unknown people, unknown dogs, unknown temples reach me, where nothing overshadows the inner existence, one comes to one self - so it is said.

The multi-dimensional identity of being rises up. The thousand different individuals and lives that are in me, all hopes, all opportunities, all experiences are aroused and press against each other, forming a clew, a firm block.

I myself at home with my folk, subjected to the tacit family codex with its demands and yet its essential sources of nourishment, and I myself as the motivating force and organizing spirit in the Uday Shankar Company - my being absorbed in work, being exploited and my inner passion! And again I, fleeing far away from all attachments into this country with its profound, ancient experience. I, having fled from all friends, being by myself - among friends of a simple kind - in front of the reflection of myself. To work, to oblivion in passionate work did I come, and it has become a digging into the chambers of the soul, and awakening in solitude, a solitude in which one is alone in front of the world and eternity. There is no rescue in returning, in submerging in the usual warmth. One knows that it would be just a piece of cloth covering nakedness, but not rescuing the truth of the soul.

<u>April 2, 1937</u> Banaras

We went off to visit Khajuraho. Early on Palm Sunday I picked up Montu and drove towards Mirzapur. A bright morning. Raymond Burnier and Allain Daniélou with the caravan met us at the Mirzapur bridge. From there Burnier took the lead. We drove up innumerable curves from the Ganges plane of the Deccan plateau. Suddenly, from a higher level, one looks back on to the endless expanse of the blue plains. Lunch in the caravan by the roadside. Beautiful farmers stood around this wonder. Lush trees shaded us and a fine wind cooled us. Driving my self is still a new experience for me and demands a lot of concentration, so that the view of the landscape suffers. We reached Rewa the same evening. Moharram was in full swing. In the night there were sword games on the street by Mohammedan youths and other acrobatic arts. The beat was given by enormous drums. There were barrel drums on bamboo frames with casters, sounding as deep as thunder. Smaller flat drums hanging from the necks of the players were played in a faster, harder rhythm. A simple flute piece concluded everything.

On the next day Raymond and Alain went with Montu in order to negotiate the rent for Rewa-Kothi in Banaras. The two came back disappointed and enraged over Montu who, according to them, did not bargain hard enough. I didn't say anything because I knew that here European impatience once again confronted Indian prolixity and aloofness. One can't teach this, one has to get a feeling for it through one´s own experience.

In the afternoon we drove with Montu´s brother to Govindghar, the Maharaja´s summer residence, a white, elegant palace, reminding one of Udaipur. It is built by a huge dam, with cool, water pavilions, a gem, not at all in harmony with the rough, grey hills and the brushwood all around, but perhaps effective because of this very contrast. Then the journey went on, over hilly terrain on the summit of which there was, among lonely forests inhabited by tigers, another small trianon; and then through plains with flaming red trees. Montu climbed one of the trees in order to pluck a twig for me. How nice he looked up there, one with the tree, the branches and the flowers! We lost sight of the other vehicle and got lost, and it was difficult, even for Montu, to understand the farmers and get information. Finally, we did find the Son-River, near which the ancient temples were to be found. But we couldn´t get there by car and it was too late to walk. So we waited, the place was of course beautiful enough. A forested hill was on the opposite side, around which the clear, green river was enclosed. While we waited for the others, I took a bath.

The water in India does not have the crystalline prickliness, like in Europe; it is soft, as if boiled, even in such places where it has to force its way through rocks. That is why it isn't invigorating. And yet nowhere else does one feel that water is the source of life for all existence. Its very scarcity makes it valuable and the adoration with which it is greeted with every bath - water, wherever it flows has a mysterious relation with Mother Ganga - makes it sacred. And this is not with water alone. It is as if all the elements of nature are still regarded with the original sense of their essential being, as if the entire element were to be found in every smallest fragment, as in every being - God, stone, earth, cloud, tree; all these things sound cosmic here - a unique aspect which is long lost to us in a subjugated, desecrated nature. Even terms like food, clothing, material, cotton, silk, bathing, sleeping, dancing are to be understood here in their elemental way. They are still near to the source, just as the entire life of man has hardly deviated from its origin, however long ago it might have been clarified philosophically.

On the 24th we drove to Satna in order to pick up Alfred Würfel and then to proceed to Khajuraho. We had a lunch-break in a small forest by the road. The younger ones climbed up a little hill and brought back wonderful yellow flowers, while Montu and I conversed. Then the others went ahead; I followed with Alfred. The place was monotonous - endless stretches of straight roads. Panna was an amazing break with neat cupola buildings and the lovely state-guesthouse on a hill, from where one sees the whole town. Then the Ken River which had carried down - God knows from where - cyclopean rocks which now fill its entire bed and are decorated by funny, green tree-pennons. When we saw the temples towards evening and approached Khajuraho we found to our surprise a lively place, stalls, all kinds of sellers, farmers, wagons, animals and tents at the foot of the temples. Montu came towards us. He had met a school friend, now secretary of the Rani of Chattarpur, who had made a huge tent available to us to stay in. This coincidence was quite lucky, otherwise we would have had to move far away for the night.

I hurried out to the temples, went to the ones at the end which were in the open and on high foundations. In the evening-light the stone was deep gold-brown, and where it was weather-beaten, completely black. There are two temples next to each other on a single platform, the one with a lingam-shaped tower soaring upwards, the other lower, compact with a pyramid roof in layers. I saw them as Shiva and Parvati. In between them is a small temple pavilion with a lion-like monster prancing and lifting its front legs towards a figure kneeling at its feet and thrusting itself backwards, either in combat or in ecstasy. In the twilight I took it for a woman, withdrawing from and sinking under the devastating might of passion. In daylight it appeared to be a man fighting the monster with a sword. This symbol recurs in all niches of the temple, between playful women figures and erotic scenes.

I couldn't get away from the temple, I went around everything, observing them in the fading daylight and in the moonlight. What was submerged, forgotten, stirred up within me, confusions became clarified, tensions were relaxed, limitations were expanded. When I returned to the others I felt as if I had a new soul.

The following day met me again in the temples. I began to analyze the individual figures. A pavilion with a Nandi stretches out in front of the outermost ones of the first group. A staircase goes up between two stone-elephants. One of them smashed a man to the ground with its trunk and the upset rider throws himself onto its neck and hides his face in his hands. This spontaneous movement in a monumental sculpture, this directness, is what constitutes the degree of warmth which distinguishes Indian sculpture from classical Greek.

On a platform in front of a small shrine by the side three women in red saris were squatting. Their forms were accentuated by the architectural frame and they enlivened it. Stone and people complemented each other.

The temple sculptures are an uninterrupted song of delight over the female body in all its unexpected aspects, in its most dashing poses with an accent on the baroque of the figure, on its sensuality, its wariness, its coquetry. The motifs are repeated, how the figure bends and turns, looks at itself in the mirror, how it does up its hair, how it draws a thorn out from its foot ... Then, lovers entwined in joyous sensual pleasure. These motifs, however, are only on the outer walls.

None of them feature within the temple. Here one can admire the finest sculptures. And the very magic of these rich interiors! One comes from the steep steps through a kind of corridor to the square central, middle space in which, again, a pavilion is built on four pillars. Raised up on the side are open, protruding balconies, and behind the central space is the cella with a divine image. Sometimes one can go around it, as with the apsis in our churches. From brightness one enters deeper into darkness. But what is darkness in India? It is still illuminated by a hundred bright reflections. A speck of sunlight throws sufficient light enabling one to recognize all forms. And in the indirect light of the interior they pulsate with even more mysterious power. I sat a long time on the raised platform in the middle in order to quietly absorb everything within me and to observe the vault, which was just as effective in its concave structure as the rest in its convexes.

In the apparent super-abundance of the forms a clear graduation was evident, of flat chip-carving, flat reliefs, high reliefs and round figures. The architecture controls everything. Despite the richness nothing appears to be over done, and in the individual figures the over-flowing life is captured in a wonderful, rhythmic form. But this says all too little. How can the wonder of life that breathes here in these stones be described in words? It reveals itself to the amazed eye only gradually. It allures one and dances on all sides, it whispers, tinkles and giggles in all corners. One turns this way and that in order to grasp everything all around, and each time something new speaks.

In the afternoon we went together to the socalled eastern group of temples. They are behind a village in a cultivated area with dolomite-like rocks, to which the architecture of the temple was adapted. A big Jaina shrine contains a huge Tirthamkara in a dark cave.

The day was coming to an end and we lingered in the open column-hall of a broken-down temple in the emerging moon-light; enchanting infinity in the haze of light all around. One should be here alone and peaceful, or in twos - but three people were too many to become submerged.

On the fourth day I went again to the temples I visited on the first day, and which are for me the most glorious ones. The langurs had taken over the last temple and were splendid to see on the balustrades and balconies, the same colour as the stones, and well blended into the architecture. As I sat quietly in the temple they looked in shyly and with indignation, and hissed at the temple intruder.

I almost forgot to mention the second evening. I went with Montu and Alfred to the temples in moonlight. Captivated and overwhelmed, we could hardly tear ourselves away from the spot. Montu too shared the enthusiasm of us Europeans, though in a more measured and less enduring way. Finally he slipped away from us and went up a temple. Indeed, from a distance his appearance was in such harmony with the surrounding, a rock of these rocks, a life of these spirits, all this is his, belongs to him, and is not anything alien or mysterious, as for us: this moon, the landscape, these forms, these colours are in his blood, are part of his self; why, then, should the delight extricate him from himself?

But why this fascination of ours about what is strange and new, this fascination which causes an oblivion of our origin, of our past? Is it the case that something here encompasses us, something that is further back, greater, deeper and more maternal than everything around us at home? Despite the boundlessness in which our knowledge of external things in the world allows us to wander in, the atmosphere of our feelings is cold and measurable. Here it is overwhelmingly vital and unfathomably all-encompassing, so that we cuddle to it like orphans.

In the afternoon we drove to Mahoba, but didn't find any of the promised monuments and rock sculptures, only a half run-down temple on an island in the middle of a charming lake and, in order to get there, a decaying boat full of water. Mahoba must have been a wonderful town long ago, when the temples and palaces on the banks and hills still existed and were inhabited.

On the next day we went to another lake, between lonely hills with old banyan trees. It was fantastic in the morning freshness. We camped in the shade of a rock. Suddenly Montu took out red colour from his pocket and rubbed it on my forehead - to celebrate holi, the Indian carnival, during which everyone is allowed to defame everyone else: in Khajuraho a group of people, half naked, with a clown painted grey and riding a donkey, came to our tent to sing vulgar songs. It is the custom that on this day even rajas and ranis are amused by their subjects with very personal innuendoes. One is not ashamed in this country to give the little pig in man a good feed at least once a year, inspite of high-soaring thoughts. Our holi was accordingly quite modest and holy!

In Panna we found a remarkable relief of the sun in a small shrine - a huge face, as if framed by sunflower leaves, the ears folded inwards and underneath, a rudimentary sitting little body. Heaven knows where this primitive representation came from. And another unusual relief of five female, standing figures in skirts, with ears touching each other, and hands held in front like open flowers.

Midday rest on the way to Maihar, near a river. We bathed in the shallow, luke-warm water. But it was in fact a good thing. We almost died of thirst and continuously drank tea. The road was enchanting, as if going through a park, the whole road shaded by old trees. Underneath a blossoming tree we saw a red relief, slanting forwards. It was half a man with streams of hair from the shoulders. On Montu's asking, a farmer passing by explained that it was Hanuman, that no one put him there but that he had grown here out of the earth. At first he was quite small but has always grown since then. This was explained to us with such an expression of earnest, irrevocable faith that we couldn't even smile in doubt. It was touching.

We reached Maihar through beautiful, open country bordered by hills. The road was sometimes reduced to channels with rivulets. We stopped in front of the town which was surrounded by a wall in order to inquire about Alauddin Khan. The message was passed on to him immediately and he came towards us quickly. The joy on both sides was great and he hastened to tell those standing by who, and what a personality from Europe I was. We were taken to the royal Guest House. A bit of comfort was most welcome to us - a real bath-tub, in which one could sit and scrape away ten day's dust! And a proper dinner, cooked by the cook of a former viceroy, in Simili silver and Sèvre porcelain. What a joy!

After dinner we drove to the Darbar Hall of the palace where the Maharaja had invited us to a concert by his Maihar band. It is an orchestra of orphan boys who, under Ustad´s guidance, have achieved a certain fame.

The best was on the next morning when Alauddin Khan came to us with his sarod and his son Ali Akbar, and played. He was in excellent form and apparently inspired. He first played Raga Bhairav, then Bhairavi and, at Alfred's request, Raga Bihag, which actually should be played only at night. He played magnificently, in a way I have seldom heard. And how he developed these themes, how a new variation, a new mood continuously grew out of the previous one, growing in contrasts, and how the feeling was gradually intensified and filled, until it broke out in an extremely concentrated passion, stirring my soul to such a degree that I could hardly control the tears. And finally, when he played the night raga, Bihag, and Ali Akbar accompanied him, how the two instruments sobbed in inscrutable tenderness, - that was almost too much to bear. It was often as if magic water-drops fell into mysterious ravines of unfathomable depths, into eternity. It was the expression of an ineffable mystery, the expression of two souls merging into one and, after the communion, unfolding in a tremendous surge of passion, and passing away in wild ecstasy. I have never understood it so well. Oh, Ustad! He must play this for me - when ... I was so overwhelmed I had to embrace the wonderful, wise Old Man.

<u>April 7, 1937</u> Banaras

I showed Montu photographs of my long forgotten sculptures. The result was unexpected. He was captivated by them and said that therein lay my strength. He couldn't overcome the fact that I was capable of this and that I gave it up, asked how it could be possible, what could be the reason, and said that I should take it up again immediately. I only gave an evasive answer and jokingly remarked that indeed I am crazy and that the hard work with Uday Shankar and Company kept me away from it. But it is perhaps really good if I were to look at the true reasons directly. I have always been inclined to throw everything of the past into a ditch, from where it is difficult to retrieve, to dispose of it, as if it never belonged to me, and then to grab at something new, something which never belonged to me. This is destructive, unkind and makes life poorer. The past should be a treasure that rests in us, out of which we draw strength and ideas.

Today I took up the photographs of my sculptures again, engrossed myself in them and sought the reason for my failure. At that time, seven years ago, I created perhaps my best work, the Calf Bearer [now in the Rietberg Park, Zürich]. It grew out of an experience in Morocco, was then in long atelier-work in Paris and became somewhat dry and pedantic. Devastating for me! It happened almost always when I wanted to force a piece of work into completeness. Somehow I was cut off from life too much.

What I looked for in Paris I didn't find. The pert, lewd atmosphere which was regarded as artistic there, and in which everyone appeared to feel well, didn´t suit me. I yearned to get out of the studio into life, into nature. There I got to know Uday better. He embodied what I searched for. He gave me joy and strength and I encouraged him to do new work. It went on for a while to both our benefit and development. But events took me more and more under their influence, to the detriment of the work. The summer in Ascona was full of inauspicious, terrible storms. However, I didn't let myself be diverted and in winter 1930 we went to India [see Alice Boner: *Indien mein Indien*, Werner Classen Verlag, Zürich and Stuttgart, 1984]. The mental and artistic experiences of this trip alone would in fact fill books. But here now the analysis is slowly beginning to be complex and difficult. Since then my life is, for better or for worse, immersed in another sphere, in something alien, yet near to me.

Last year it appeared as if here in Banaras I had found new energy for work. But after my visit to Europe the source of inner reflection is again exhausted. I am not free, I am tense and my soul is tired. It seems to me that work cannot flourish before the inner satisfaction has been achieved.

<u>April 10, 1937</u> Banaras

Today I spoke to Alain Daniélou about the need for inner composure and concentration. I told him how freshly and continuously I could work last year and that I'm wondering about the reason for my present failure. Not that I have become less sensitive, but that the work of the last year is no longer adequate. I'm looking for something deeper. It is not simply collecting a thousand impressions. He thought that nature has already accomplished so much here that there isn't anything left for the sculptor to do. I replied true, nature does indeed produce perfected forms, but that something else moves me, namely, the inner animation of the forms and the rhythmic harmony of movement, which are lost to us because of the restrictions of clothing and the restrictions of reason. To find expression for this, that is my aim, perceived through external observation, processed by inner inspection and then reproduced. I imagine a state where, dreamlike, all phenomena of life become conjoined and are picturesquely revealed to the inner eye. I have momentarily experienced such internal recreation, but very seldom. I have to transpose myself into a state of grace, out of which the work flows completely by itself. But unlived life torments me and dissipates me.

<u>April 19, 1937</u> Banaras

On Sunday evening a storm arose. The sandstorm on the opposite bank, which rose like white mist, looked as if it wanted to engulf the city. I went across with Montu. The waves and the wind hardly let the boatman proceed. The water was stirred green, like the sea. On the other bank we walked over the drifting sand surface. Far ahead it was already hazy, like in a snow storm. Distances seemed enormous. A group of colourful women in fluttering saris fought against the wind. I suddenly remembered the small "Figure in the Wind" which I had made years ago. Here it came towards me in reality. This reality corresponds completely to my vision of life at that time. I conceived it in that way in the city, out of a sense of yearning. Does my work in fact appear so hopeless and unnecessary through this very external fulfilment?

A hut was half blown over by the sand, in front of it a man with a geranium red sheet. How the colours speak in the pale light! A naked fellow lay on the sand sensually and let himself be stung by the sand. He turned himself and poured out sand from his hands, enjoying nature's game. A hut near the water was torn apart by the storm. A wall tumbled down, the people laughed, and ran to put out the fire.

We could hardly separate ourselves from the place, but it was getting darker and darker. The rain was pouring. We couldn't find our boat, got to the wrong one, and someone shouted at us from the distance. We turned away and searched further - thinking that the boatman possibly deserted us - and this too not without being thrilled, because at times one wants the extraordinary, which brings out the extraordinary emotions. - We did find our boat and returned home drenched, too tired to remain together.

<u>April 26, 1937</u> Banaras

On Saturday evening the heat became unbearable. The blood in the veins and the brain boiled. There was a white moonlight giving off a hazy veil over the Ganges. At about ten o'clock we climbed up a double-storeyed boat. Three places were prepared for us, for Montu, Christiane Bossenec and me. With difficulty the boat went against the current, and very slowly went towards Ramnagar. We halted near a huge sandbank on the other side and cast anchor. We sat on the cool, soft sand under the white moonlight, and all the tiredness which we brought from the hot city, turned into pleasantness. In the far distance one heard voices, talking, as if they were quite near. Perhaps the friends in Assi could hear our talk. The distances which for the eyes were endless, shrank for the ears. Light cloud-formations speeded across the moon and the stillness. I don't know anymore what we spoke about; the present, the lived moment was so exclusive, so harmonious, that it filled us. Much later we went back to the boat to sleep. But it was impossible for a long time. Nerve currents surged hither and thither causing a tumult - silently and invisibly - that wanted to discharge itself, tormentingly and wonderfully.

<u>April 27, 1937</u> Banaras

This evening I was exceptionally receptive. The landscape in front of me that I see every day had a spiritual glow, and the sights, the people, whom I tried with dry feeling to draw in vain, suddenly appeared as pictures. I perceived compositions, rhythms, forms, colours, nuances which had uselessly bypassed my sleeping senses. What a profound gratitude overcame me!

A fabulous full-moon night emerged. A falling star, the symbol of fulfilled wishes, glided sharp over my roof.

I went out into the white landscape. It was best under the huge trees of the village. The silhouettes of the trees, black, bold and grand against the silver glow of the sky, cut the distant view into bright holes. Animals lay sleeping on the road - cows, a white calf, a black goat - and emitted their warmth. People lay on light bedsteads, naked torsos and tattered clothes, a water-pipe gurgled, inside a house a man squatted at the entrance to the shrine. In the quietness I walked further away, to where one can view the river and the city in the distance. There I sat on the ground, on the dry, crumpled, clayey earth, which so well corresponds to the Indian idea of transformation and transience of everything earthly. Here on the Ganges, where every year the floods transform the bank, one is properly conscious of it. I sat, a bundle of exalted happiness.

May 7, 1937 Banaras

A year ago today I travelled from Bombay to Europe, to the grey summer that awaited me. Today I'm here in Banaras, getting accustomed to the heat, trying to adapt myself to the country and the climate, giving up all resistance. I am happy with the stillness of my being, even without working. And one thing I know now: that my centre is here and not there.

On a day like this - since yesterday a cool wind has been blowing, becoming a storm during the day - one wakes up from an oppressive depth and begins to react, to be sensitive consciously. Then ideas for work surface, in a flash, spontaneously, unintentionally from that deepness where genuine creativity originates. Perhaps it was just as well that I didn't do anything the whole winter. It would have been done too much through conscious will.

May 25, 1937 Bhowali, on the way to Almora

I have been here since yesterday, submerged into a state of dissipation. Where are the colours of Banaras, the endless richness of light, the heat that strikes one sensually and which one escapes only through work? One often feels dull and tired when it becomes so completely domineering, yet it is the exhaustion of expansion, a dissolution into endlessness. One is united with the sun, with the atmosphere, one melts with the water and the light. Here on the mountains it is different: nature pushes one out of one's self, one is suddenly forced back to one's little self. Nature becomes matter again, she loses her animated glow which, down there by the Ganga, dematerializes her. The colours which there have such an incomprehensible eloquence, a differentiation which cannot be captured by any brush, have here on the top exactly definable values which can be prepared from the normal paintbox. One is a person there in the widest sense by acknowledging, in the depths of one's soul, transience as well as divinity; here one is an individual again, distinct from the others. One begins to understand why the Indian experience speaks so intimately to one, and signifies welfare and recovery to us.

July 4, 1937 Almora

Today two carola birds flew over my path. I heard an unusual, unfamiliar sound and looked at the trees. The wonderful bird raised itself with a loud cry and swung onto the next tree. A second followed. On a another tree there were two smaller ones, with shorter tails and in grey. Quietly, holding my breath, I sneaked after the birds. Now and then they swung up, grasping their booty. They went closer and closer to our house. Finally, the flew downhill, from tree to tree, like dolphins diving head-down in the high-waters.

When Montu left carola birds crossed his path too. These birds be blessed. Here in the immense nature of the Himalayas where the white, divine mountains behind the clouds reign, revealing themselves to the human eye at rare hours, something expanded beyond all the mountains, into the heavens, and enclosed all the beauty of nature in its all-encompassing form. Out of this concentrated, mighty existence everything took its colour, its scent, its brilliance, and its meaning. Everything lives and breathes in it, and my own pulse goes back to it. - Now the form has disappeared, and only the memory of its fulfilling presence carries me at the moment. It enriches me and makes me happy, and the extinguished lamp flares up full of hope. But nature in its unchanged beauty is now only a picture.

For me India makes the conflict between the desire for an existence in pure, spiritual existence and the demands of the heart and senses acute. I thought that I had finally overcome them and could ignore them. And through lack, they were almost completely asleep. But through this my will to live also fell asleep, my enjoyment of art, my creative power. A lethargic state of moderate satisfaction, neither happy nor unhappy, took hold of me. For the first time in my life I had the feeling that I could now just as well die, since there is in fact nothing left for me to do. My existence had became indifferent to me. It appeared to me to be a grey chain of failures, and I saw that my will which strove for the highest in everything, was unsuccessful in every respect.

Today I'm alone here for the first time. I dreaded feeling lonely. But on the contrary. I will be more receptive to all impressions, and I have to master such a large amount of thoughts and experiences which have streamed to me during this time. How much closer India has become to me and how have I learnt to admire the discretion and the gentleness in all regards! It often appears to me as if every coolie has more culture of the soul than any of ours. The infinite patience and humility of these people can only be the fruit of ancient tradition. How are we at first so repelled by their insufficient reaction, until finally we are capable of somehow estimating the freshness of their feelings. Then we sink our heads, because of our misapprehension and wonder at so much noblesse. - When they do not react we immediately think they do not understand. We cannot grasp the idea that a person does not resist when he sees through his opponent, that he apparently agrees with him, despite an inner conviction to the contrary. And it is unthinkable for us with what forbearance the argument against evident hypocrisy is made, quite as if they take reasons of the opponent earnestly. Yes, they have so much time, so many existences to wander through. And we have just this one life span, our highest good, into which we have to press everything, enjoyment and work. What a background and what perspectives does the Indian have, and in what limited space do we live! This presupposition of various attitudes to earthly existence has to be thought through to the end in all its consequences.

<u>July 30, 1937</u> Banaras

On my return from Almora on July 22 I found the world here completely changed - almost as if it were like in the song: "And again after five hundred years - he travelled through the same road! ... " Gone were the ghats, gone was the Assi. The big area where the high sheaves stood was bare and flattened to the same level as the water. In front of my house there was a small fishing port with many boats. In order to go to the village of Nagwa one had to be transported by boat. But even this was temporary. The water rose alarmingly quickly. In one night it went beyond the border of the highest embankment, the port expanded, then reached the small foot-path, and even put this under water. Then followed three days of almost continuous rain, and now the river is also licking the feet of the last houses. We are now in Venice.

Hari Hara Baba, the old saint who sits on a boat and who, for every little worldly need, has to be rowed to the other bank, was anchored right by my house. Already at five thirty in the morning he sat outside and one of the red-haired youths read him Sanskrit texts. He sits the whole day motionless on the deck of the ship and the devotees and visitors reverentially take the dust from his feet, and adorn his white hair with flowers and garlands. He is blind and is stark naked; there is no more life evident in him than in an idol. People admire him for his control of the senses. It is said that he neither experiences hunger and thirst, nor heat and cold. This attracts pilgrims from afar. He hardly ever speaks and whoever asks him for advice gets the answer that he should invoke the name of Rama.

As the rain poured down powerfully he sat outside unmoved with one his devotees who shares all discomforts with him. There was no lack of people who came to him, first wading through the water then climbing up the slippery gangway, in order to sink down at his feet in worship.

The old man on the boat, resembling an ark, the rain which continuously pattered down and engulfed the entire landscape, the slimy water which pitilessly rose and rose - all these suggested a picture of the deluge with Noah, who was prepared to take all creatures onto his ark.

Last night Hari Hara Baba's boat was anchored below my window and the evening arati and the chorus in Sanskrit were all for me. There was a lot of excitement in the night. I guessed that the water had risen. When I looked out of the window in the morning the old man was already sitting a long time in the pouring rain and people constantly sang to him: Ram, Ram, Ram, Ram, Sitaram. His naked disciples grabbed the chains and ropes in order to loosen the boat and to anchor further down stream. It looked wonderful, how all of them with concentrated movement drew the chain. They are thoroughbred, well-trained chaps. Their holiness is less evident. I was sorry that Hari Hara Baba moved further. I was really looking forward to being able to see the boat all the time and to observing what goes on there. Now I have no more people in front of me, only the wide water surface, which first flows up and then down, turning in whirlpools and rushing in rapids.

One day, standing on the roof, looking over the city and noticing the silhouette of the temple nearby with its five spires, and the far away mosque with its two slender minarets, I felt as if I had lost my footing because I became aware that I am a foreign wanderer. But even in Europe I would be unhappy, despite human contact. If only I had the thread of my work in my hands again then, inspite of all the solitude, this would be the country where my soul feels best.

August 4, 1937 Banaras

Yesterday the world was as if newly born after the flood, like the day on which Noah hit the Ararat with his ark, happy and hopeful. The sky opened up, the sun shone with joy and a fresh wind blew away the grey dullness. One stretched out and breathed the fresh air, like in Europe after a long winter. New life pulsated. This was announced the day before by a short, festive, golden shine.

Suddenly I heard a loud singing and drumming from the temple, becoming stronger and stronger. I thought someone danced, so I went up onto the roof. Under a nim-tree I saw a group of men and in the middle of them one person drumming and singing. I tried to sketch the group, looking through binoculars. Towards evening when I went up the roof again I saw a touching scene on the balcony nextdoor. A young brahmin sat engrossed in a book. A man came out from the house, lovingly bent down towards the youth, lifted him up, embraced him and led him gently back into to the house. I wanted to commit this to memory. - When it was already getting dark I went to the temple across, sat on a stone and watched the people who performed the sandhya worship. A youngster near me, who was praying and was completely engrossed in himself attracted my attention, - and a man playing with a lively child, about a year old. The beauty of these scenes so full of feeling struck me with a delightful, almost painful intensity. For a long time I have not felt with such strength. Then came the pedantic idea, I should sit and sketch, in order to acquire the technical ability to capture was is seen. But now finally I know again: let me immerse myself in everything that moves me, and let me find the expression for it; intensify and quicken my apprehension, strengthen my memory, so that even a fleeting appearance does not escape me. Depth lies hidden in it, the inner life which lights up in it. A skill according to a model has no value without this inner life.

August 10, 1937 Banaras

Last evening I was uneasy and could hardly control my expectations and impatience. Then I slept badly, but the concentration which I had found to overcome impatience, was at my disposal early today. I went to the river where a group of Madrasis were bathing. They were women who had gathered around each other like a bunch of ducks, in order to hide one another's nakedness - mainly plump, heavy bodies of old women. In these clothes even less graceful bodies are still expressive. It is perhaps also the matter-of-fact way in which aging is taken, which reconciles one and which grants dignity. I do not think that it is only the wonderful, rich colour of the saris that gives beauty to the picture. No, quite naked, the figures would be just as beautiful and touching, except that one would miss the graceful movements of wrapping oneself in a sari.

Later, from my window I did some sketching and found that I became free of the schematising which previously blinded me. For the first time individual movements and curves really sprang at me. Just go on drawing without reserve. Do not think about what it will finally turn out to be, just grasp, unpack the material in its fullness with live, vibrating senses. Then the truth will grow on its own, and perhaps quite differently from what I could have ever imagined it to be. How thrilled I was to feel that, finally, I am holding the right thread in my hands, and that here, in my house, in my drawing-room, I possess all the possibilities for accomplishment! Now, just do not look back and do not speculate about the future, and take life fully in my arms, whatever it may bring.

August 14, 1937 Banaras

In the Sarnath museum. All the things there have never appeared so alive to me. This is a good sign of my sensitivity. I saw the forms pulsating with life right upto their brims. It was no longer a critical, sterile view of style, form and expression. It was an experience of every figure, of every form of the composer's feeling, an immersion into the endless wealth of form-language, of the living word chiselled in stone! What thrill, what expansion! What is now still alien to me? Everything belongs to me, my soul enters everywhere.

I got a first impression of India through form, through art, through Havell's books, through Uday Shankar's dance which was a living source of Indian sculpture. The sculptor Carl Burckardt from Basel wanted to understand everything through the form-language of sculpture. Certainly, he was right. But I read books and undertook a long journey of experience through India, until now, finally, in contact with the wonderful and the dreadful, with the enchanting and the repulsive, I can properly grasp and take in this life in portray.

How unwisely Jeanne Bucher [founder of Gallery Montparnasse in Paris] told me at that time when we bid farewell: "But surely you will not draw what you see?" This could only be said in Europe where the world of appearance is so far away from the original, over-refined, severed, fastened in arbitrariness, in utility, so that the subtle elements, the tanmatras, are no longer recognizable.

The artist still has the vision of the secret, absolute existence of things. He expresses it in a personal way and is therefore so often misunderstood, because everyday life blurs this background. Here, even the ordinary man is conscious of such a background. Therefore art cannot be such an astonishing, metaphysical revelation to him. To him it is another form of reality, also created by God.

August 20, 1937 Brindaban

Eventful days! Yesterday, in staggering heat I saw the ghats in Mathura and the museum; still, I did enjoy and learn some things. The question arose: Why is it that in Buddhism, which preaches abandoning life and renunciation, the sculptors used to model such sensitive bodies in the cloisters and on the stupas?

I love the old, fat, sturdy Yaksa. What healthy, bulky, earthly power! At that time the religion did not seem to speculate metaphysically, but adopted and comprehended the natural forces in their effects. Even the terracottas of the Maurya, pre-Maurya and Shunga epochs are so originally realistic with their fantastic coiffures and head-dresses, that they equal any Rococo extravagance. Even the clothes are fashioned remarkably, compared to the classical simplicity of today's sari, of which one can say that it retraces human dress to its simplest denomination.

A large female figure under a parasol, with a hand pressing against the hip, is splendidly simplified in its form. Yet, the overall rhythm is there. The thorax, somewhat sunk in because of the posture, with heavy breasts and protruding belly, creates a picture of a carefree, burdened movement. The famous pillar statues are more realistic in style. A huge Buddha-head with the expression of being absorbed in itself is simply wonderful, without sweetness and without becoming abstract. One could stand hours in front of it and it would fill itself with life more and more. One feels that it was carved outwards from within.

<u>August 22, 1937</u> Brindaban

Other Buddhas of the Gupta period. I am beginning only now to appreciate this era as well. Although it is generally regarded as the heyday of Indian art, the flat faces and the conventional folds of the clothing on stereotype figures appeared monotonous to me. But there are some jewels among them - several in Sarnath and the huge standing figure in Mathura. What a fineness of vibration over the whole face, a brilliance enclosed in itself, like a closed lotus bud, a spiritual suspension, self-contained and emanative. This cannot be expressed by large, bold cuts and surfaces, but rather, requires the most subtle modelling. It is also necessary that the body be dematerialized, covered with chaste, unruffled folds, because all life-energy in the spirit has risen to the thousand petalled lotus and unfolds itself there. The whole creation lives in such a face and achieves the divine. That such a transcendental idea is represented in plastic language is indeed something incomprehensible.

A larger-than-life male torso with a broad, powerful chest and adorned with delicately designed colliers en torsade made me think of the famous torso in Belvedere. I feel how laborious and tense it is in comparison to this victorious, free breathing. Such a world lies between equally great abilities.

Not only in the plastic arts but also in human anatomy it is as if a thousand years of striving towards introversion brought about a refinement of form, what we can call stylization. Such a stylization suppresses the physical details, but not the sensual warmth and sensitivity. On the contrary, it makes it appear purer and brighter. Rubens, on the other hand, created antipodes.

<u>August 23, 1937</u> Banaras

In Brindaban I saw a Rasamandali presentation. Radha and Krishna sat under a canopy on a magnificent throne inlaid with glass. The costume was immaculate. The play always begins with a dance by Krishna and the Gopis, in which Krishna puts his arm around Radha who, of course, is played by a young boy. They leap, stride around in a circle, with hand movements which certainly were mudras at one time. Now and then Krishna takes a somersault, whirls around on his knees so that his dress looks like a disk. All dance pirouettes, in twos holding each other's hands. Artistically, the best is the music and singing.

Kaliya-Damana was played on that day, with grotesque realism. King Kamsa's soldiers wore khaki uniforms, and their demonical nature was shown by a pair of black or white streaks across the face.

The audience was more interesting than the play. Opposite me sat an old man, upright, with a broad chest, so absorbed and captivated, as if he were in the presence of the divinity. During an interval a young sadhu climbed onto the throne in order to fan Radha. The expression of his tender rapture showed that he lived in the bliss of another world.

Then followed: King Kamsa's court with his praisers, his divans and constables; Narada's visit; Nanda's and Yasoda's house; the children's ball-game; the quarrel between Krishna and the youngsters whose ball had fallen into the Yamuna.

When finally Krishna, as destined, leaps into the Yamuna in order to fetch the ball - he disappears into a trap-door - the young sadhu near me burst out in sobs, as if the real Krishna had left the world for ever. His elder companion too hid his face in a corner of his clothes and began to weep. The song of the musicians became pathetic. Nanda and Yasoda, Krishna's foster parents, receive the terrible message and fall to the ground unconscious. Despair reigns all over. Krishna has vanished and remains so. The situation becomes tense and tragic. Eyes became more and more full of tears and the emotions became heightened with every verse that the singers sang. Then Balarama, Krishna's brother, enters, learns of the sad news, sits down coolly and says: "Krishna will return! Calm yourselves, all of you! I am not Balarama if Krishna does not return to us alive." But this confidence could console neither my sadhu nor anyone else in the audience. Then the curtain was drawn, in order to bring Kaliya, the snake, and to set him up on the steps of the throne. After a long preparation, during which my sadhu, still half-crying, prepares a perfume bottle, the curtain opens again and Krishna appears on the neck of the snake, triumphant. The sadhu crept up thrilled, and sprayed a sweet scent onto the victor from his bottle. Earlier I had already got small lumps of cotton-wool from the sadhus and had put them under my rings.

I am noting all this in order to show the different ways in which divinity is worshipped here. Bathing, garlanding, going for a walk, massaging, in short, all physical services of love, go with it. This produces family relationships and motherly tenderness.

From a roof-terrace I saw the Rasamandali in the Brahmacari-Temple. Krishna and the Gopis danced on a small black and white checkered platform. The sparkling colours and the gold-glitter on white and black were simply enchanting.

August 24, 1937 Banaras

Walking about in the city I heard women singing kirtans. I entered the building and came to a large hall. The women who were singing wore white clothes. A few beat drums, some cymbals, one was standing in the middle with a book, singing to them, which the others repeated in unison. They looked poor and shabby. And soon I heard the story. It is a home for widows, founded by a rich Bengali who in two years had already taken care of nine hundred widows. Each gets six paisa, one and a half anna, per day with which they could buy themselves rice, dal and salt. I watched the dispersal at ten o'clock. All of them went out patiently in single file to get their ration, singing all the time. Dal and rice was distributed today. Each took her share without any fuss and rushed away, clutching the end of the sari with the precious gift. For this meagre diet they sing kirtans from five until ten in the morning and from two-thirty till six in the evening. In fact, they are incomparably better off here than in their otherwise completely abandoned, shelterless and helpless existence. It is a question whether they could learn a trade through which they could take care of themselves. But firstly, most of them are rather old and, secondly, they have taken to the religious life of their own accord. Therefore the absent look! The man who bequeathed his entire wealth to this house, Seth Janaki Das, is himself a great devotee of Krishna. He too lives among them like a pauper, dressed in a shabby loin-cloth, busy the whole day with work and various little things. He runs everything, although he is over seventy. How he works among the widows, like gracious providence - a nice, extraordinarily generous, sympathetic person.

October 28, 1937 Banaras

Ashtabhuja came up to my expectations and therefore affected me deeply. One floats over the region, not too high, the feet can, so to say, still touch it. And if one looks at the wide plains one feels free of all burdens, and one feels omnipresent. Everything is open to the view and wherever one looks one is delighted: gliding down the river, going behind the plough onto the field, resting on the roofs, wandering over farmsteads, climbing the trees and suddenly swinging along the horizon; it reflects itself in the pond with the trees and crawls over the thicket of the slope, seeks the white temple towers, and separates the land into two in a straight line, along the railway line. This free-floating in creation was within me. And so I immediately felt: I have to stay here.

In the prairies nearby, hilly and uninhabited, one begins to smell the wild animals. Astoundingly silent. Only bird screams broke the stillness, and one heard nature breathe.

The moon-lit nights immersed the world in a phantasmagoric chalk-light. Everything was as clear as during the day, the colour was absorbed from the earth and the forms of the rigid, strong features became all the more prominent.

November 15, 1937 Banaras

A small neola, a young female mongoose, discovers the world. She dashes about in the house like a wound-up toy. Everything that came in her way amused her: scrap paper, a leaf, a piece of wood, straw or a string, the end of the curtain, a shoe, a foot, and when nothing else is there, her own tail; busy and venturesome non-stop, daring, playful and full of a dynamism that turns this little being into a piece of frantic vitality - life in its original form, restlessly vibrant. Living for the sake of living, an existence in play, movement as a delight, as a surprise, incessant adventure and risk. The neola is close to the wisdom which we, even in a long life of work and endeavour, cannot achieve.

December 8, 1937 Banaras

Today Georgette is coming to Banaras.

December 28, 1937 Banaras

Dr. C.G. Jung's lecture in the Hindu University. The elements of psychoanalysis were clearly and understandably presented, with occasional reverence paid to the old Indian psychology. His talk was exceptionally alive and warm. We introduced ourselves to him after his lecture. What a surprise! We took him to the Durga Temple and then home. Convocation in the afternoon. In a red academic gown he accepted the honorary doctorate degree. Thereafter, tea behind the Maharaja's reception tent. We then drove to the city with Jung; visited the observatory. The Vishvanatha Temple and the narrow lanes filled him with dread, forcing him to turn back. Then, an unforgettable evening in the house on the Ganga. He had supper with us and related things from his profession. An extraordinary warm atmosphere emanates from him. In fact this alone, even without all his theory, would make him a qualified psychiatrist. We were simply captivated. On the next day we took him to the railway station. Georgette and Alfred accompanied him to Calcutta.

December 31, 1937 Banaras

Bless this year. It brought me a great deal.

January 1, 1938 Banaras

Sunrise on January 1: a grey veil of mist hung above the river and on the opposite bank. Only the trees stretched out their heads above the white sheet. Two boats with all sails spread, formed dark silhouettes. The sun rolled out of the veil like a blood-red ball .

January 7, 1938 Banaras

More and more I'm becoming convinced that I cannot return to Europe for good, that my life here is the proper and real thing, that I can live according to my nature here and not there. Whatever I do here gets true meaning.

May 27, 1938 Ellora

Cave-Temple no. 2 crammed, square. Four-cornered pillars with thick, bolster-capitals enclose a platform raised in the middle. On the side, at head level, two galleries of smaller pillars, also four-cornered, crowned with plant volutes. Deep inside at the back, there are five Buddhas each in a teaching pose. The Buddhas, as well the whole architecture, are simple and over-individual, primevally connected to the rocks, the mountain, the forces of the deep earth. In the depths of the temple they are even more raw, the form hardly separated from the stone; the last Buddha on the left reigns as a rocky mass with only the face being formed, like on the day of creation. The powerful dvarapalas on the door are stiff and hieratic, this being more emphasized by flying apsaras and gandharvas with garlands of putty fluttering out in archaic Baroque. A stone door in the cella, blank and unmolded, only with flat creepers on the smooth surface, leads to the sanctum, to the eternal residence of the god. From his posture and gesture he is here as the great teacher, but has the impact of a Vishnu or a Brahma. There is preserving strength in the perfect geometry of his form. His throne is heaven and the disk on which his feet rest is the earth. The penetrating light, filtering through the depths of the cave is on him. The light doesn't have anything earthly about it, nor of the sunshine outside. It seems to radiate out from the figure itself. Covered in darkness the god is guarded and cared for by Bodhisattvas and kneeling worshippers.

Cave 3: Here the entire formation of the column structure is visible, because some have remained incomplete in the process of the work. The pillars are formed as if they were inserted as single columns, and not carved as a homogeneous, solid mass. The rock would have allowed for much more freedom and imagination. But here the architectonic rigour lies in the self-imposed discipline. The raw stone is forced into regular form.

The column is a four-cornered shaft, one having a cross-beam, and the bigger ones ceiling architraves. The upper fifth of the shaft is cut out in the corners, forming a vase with plant volutes on the edges, below the vase the pillar becomes round somewhat drawn in around the neck, transformed downwards into a shaft with flat cannelures, which then becomes a square block again, or rather, appears more to be embedded in it. The corners of the block standing out on the top are carved with grotesque putty, though everything remains strictly within the original square. The principle behind each pillar rests more or less on the same idea, in endless variations and increasingly finer arrangement and ornamentation.

Another column type is a large, rounded and ribbed capital, like in Cave 2, around the central platform. The capital projects out further than the square shaft. One can follow the development, enrichment and refinement of the pilaster, and then its re-structuring in a cold convention, like in the outer court to the Chaitya (Cave 10), where the individual endeavour in stone is no longer expressed.

The impact of the Chaitya hall is wonderful. The Buddha dominates the entire domed space. He sits in the middle and almost prevents you from coming nearer. One steps willingly into the passage behind the pillars and observes him from this angle. His simplicity is pleasant, and yet it seems to me that the simplicity is not original, primeval, as in Cave 2, but rather stylized. The figures and the friezes under ceiling ribs and the balustrade fill the room with pulsating life.

Cave 11: a three-storeyed cave in a raw state, spacious and large. On the second floor there are two rooms, with small reliefs along the wall, on the left and right of the inner cella.

Cave 12 has an impressive Buddha in the cella of the second floor. The column hall is opposite the cella. On the third floor the pillars run diagonally, and at the end of each passage sits a Buddha, either in a teaching or meditative posture. On the back wall on both sides of the cella seven Buddhas sit under a bodhi-tree, on the left meditating and on the right teaching. Their wonderful repose and perfection are evoked by the symmetrical arrangement. Everything is solemn, wide and yet concentrated, as if these sober figures were awaiting a divine guest. And the guest is already there, hidden in the deep cella, guarded at the entrance by twelve apsaras, their feet resting on lotus flowers.

<u>July 30, 1938</u> Banaras

I shall try to describe from memory our visit to Vijayanagar at the beginning of July.

Our journey on a jhatka, drawn by a lame, old, white pony on a rough road was hardly inspiring. But when the uninteresting plain began to bring up rocky hills which looked like ruins of gigantic fortifications, becoming higher and more hazardous with luminous, green hollows and lush tree growth, one felt one was approaching significant phenomena. We drove by a huge tank, a lake, whose embankment was the road, reached the village Kamalapura with thick, cyclopean, conical towers, and a little further, to the yellow-painted Dakbungalow which, like a small museum, had a verandah full of sculptures. The inner hall reveals what the building previously was: a temple which a sensitive magistrate transformed into a residence. Lovely square pillars, ornamented with bas-relief, support the ceiling of the middle room which is topped by a dome, likewise decorated. Unfortunately, a bit too much cuna was used so that the well-carved stone is hidden behind thick layers of lime. But how charming all the proportions are, how well and with what life is every space filled. This impression was at first so strong that I was afraid it would not be possible to sleep in this house. I thought that in the night one would be visited by the goblins, chimeras, gods on the pillars and by the nagas on the steleae. But it turned out that all these live spirits were absolutely harmless and well-meaning, and gave us a restful sleep. - It was about midday when we arrived and I was still determined to climb up Matanga Parvat so as to get a view of the whole city of ruins.

We set out and were surprised to find that we came to place one cannot imagine more fantastic and wilder. We first went by a small, deep, granite tank with a pavilion with charming animals carved on it. Then came what was probably the remains of the old city wall, huge granite blocks arranged together without any plaster. The road goes over them and is covered by large, dark trees, reminding one of oaks. We crossed a big field from which we got a wide view. All around we saw huge remains of constructions, complete buildings, a temple in the Calukya style with an outer wall, inner courtyard and several shrines. Generally there were no Shikharas, because the shrines were made of stuccoes and bricks, though the foundations of massive granite are well preserved. Then there were shrines with flat roofs and airy entrance halls; high pillars hewn from a single granite block in rigid elegance; then a fortress-like space surrounded by a high wall with watch-towers, the zenana enclosure. Behind it were the boldest silhouettes of hills which really looked as if giants had piled up rocks on top of each other in order to reach the heavens. This legend fits no other landscape of the world better. Sometimes it seems as if the blocks were chosen and shaped, arranged and laid next to each other by a builder, sometimes as if they were heaped up in great haste. The rebellious and the arrogant shape the landscape and architecture.

The mere two hundred year long history of Vijayanagar [1343-1565] is evidence of volcanic creativity: an extensive city was built, the centre of an empire that included the whole of India. The rulers who could plan and build such a city must have been giants as regards vision and activity.

The mysticism seems to have given way to a healthy love for life. The emperors were indeed Hindus, the strongest Hindus at war with the advancing Mohammedans, but unorthodox ones. It is significant that they erected colossal statues of Ganesha, the god of fortune and prosperity, and of Narasimha, the lion incarnation of Vishnu, of blooming life and fight, and not of renunciation, of asceticism, contemplation and resignation.

On that day we could not reach Matanga Parvat, which had attracted us from a distance. We had arrived at a watercourse difficult to pass and gave up the undertaking, because it was getting dark. On the way back we arrived at a temple, which fascinated us. The outer wall was ornated with lovely relief figures: outlines of elephants, horses, soldiers, groups of female dancers and musicians, drawn one on top of the other upto the top of the wall. We went into the courtyard and saw sculptures on all the walls. Inside the shrine there were four highly polished black pilasters with wonderful reliefs. The wealth of this shrine, which we could rather guess at than actually see in the half-darkness, left us breathless. We felt that we were going to have a tremendous experience.

It is as if on this privileged piece of earth not only the forms were intensified in an astonishing power, but that the colours were much brighter and deeper. The green of the fields is of a triumphant emerald, the trees of radiant bronze, the rocks in serene grey, here and there oxidized red. The atmospheric tones in this monsoon period draw depth and distance in all their nuances, of violet, grey and blue. Not a spot in the sky nor on the earth was empty, everything animated and filled with form and colour. And even the ruined, uninhabited buildings still have life, freshness and sap. A power emanates from them stimulating thoughts, hopes and deeds.

Bijapur, which we saw a few days later, is quite different. It was built by the destroyers of Vijayanagar, the Mohammedans, in order to surpass the glory of Vijayanagar. Is it that they lost the ground under their feet the further southwards they came, not politically but culturally, or is it that each and every area creates its own style? The area around Bijapur is a yawning wasteland. One sees only slightly undulating grassland, no forest, no hill, no river. The colour is cold and grey, the rocks dead. The ostentatious buildings, mosques and tombs, although frequented and maintained, looked gloomy. Not even their size was impressive. The Gol Gumbaz is supposed to be the biggest dome in the world, after the St. Peter in Rome. However, it does not seem to be much different from a huge granary with turrets in the corners, covered with a rising captive balloon. It is bare and monotonous. No wonder that the women there, by way of reaction, make wonderful beautifully coloured cubist bedspreads out of cloth rests.

Vijayanagar and Bijapur illustrate the difference between a work arising out of the original power of a people and the genuine inspiration of rulers and artists, and that of another which comes out of an imperialistic will.

Nowhere in the world could these two contrasting principles be demonstrated next to each other and so strikingly. In the ruins of Vijayanagar one is surprised and enchanted with every step, in the streets of Bijapur one is indifferent and fatigued.

And now back to the smiling ruins. On the next morning we went out into the countryside on an ox-cart. How well our slow vehicle suited this vast land. First we saw the octagonal pool with the pillar gallery, then another pool, a large square tank, surrounded by a double-storeyed gallery, intended perhaps for the purdah-women. Then came the socalled throne platform, a big wonderfully shaped foundation on which an entire palace could have stood. But I liked the other idea as well, namely, that only the raja's throne was there, from where he could survey his entire empire. In this context one imagines a raja to be a figure of gigantic size, otherwise such a platform would have no sense at all. It is adorned on all sides with amusing relief images: outlines of elephants, camels, horses and people in foreign costume. It is said that it represents a Persian legation. There were also fights, dances, women with children, the holi festival, musicians, in short, the whole colourful life of the city written in flowing, funny aphorisms. In these reliefs there is something of the spirit of the unconventional Etruscan art.

A second, smaller platform, also decorated with friezes, is called the king's palace. Right next to it there is an underground temple, to which one climbs down on steep stone-stairs. It has a square middle room in which the image of the god - I think Krishna - is supposed to have been, and an ambulatory, a pradakshina. It is said that his temple was for the raja's private worship. Here he was, of course hidden and unnoticed.

Not far away from this is another underground temple. The broad square construction, apparently the foundation of a gopuram through the middle of which the entrance leads, built somewhat lower, is nonetheless above ground level. Going through the courtyard one reaches a pillar-hall and a shrine at the back. The temple looks very simple. The most impressive thing is the massive entrance door. The wide, outstretched plinth, the pedestal, reveals beautiful profiles.

Nearby is the king's darbar-hall and the Hazara-Rama Temple. The auditorium is, again, a high platform, this time more simply shaped, without figure-decoration. A broad stairway on the front side leads upwards. The square depressions are supposed to have been for the wooden pillars which supported the roof. At the back a steep stairway goes up to the rostrum from where the raja gave audience or made speeches. All this does not look like other darbar halls, where a kind of throne is built on which where the ruler, seated comfortably, accepted reverence. Here, on this small rostrum, he could neither sit nor lay down. He stood upright in order to make his will public. In any case, he spoke to his people from there. In front of the auditorium there is a colossal trough on the ground, approximately ten metres long, which the people called Bhima's tub and which the considerate raja certainly had built for thirsty animals.

We had seen the Hazara-Rama Temple in darkness on the evening before. During the day it was much more impressive. The portico of the surrounding wall is supported by four mighty pillars built on a high foundation. The shaft is square with a decorative indentation two-thirds the height. The capitals look as if they were turned on a lathe, two plates protruding one above the other, bearing a roof construction of stone. These pillars, with a direct transition from the vertical support to the horizontal overhang give the effect of immense energy. In their fixed plasticity they are contrasted from the surrounding wall spreading out on both sides with its surface animated by flat reliefs. Such reliefs, in five rows one above the other, go up from the bottom to the top. They represent the train of a great king. The bottom row has elephants with their mahouts, strung together one after the other, but carved out individually. Above them are the horses with their stable boys, some uncontrollable, some willing, standing, in trot and in jump. They remind one of some Chinese reliefs of the Han epoch. Above them comes the infantry with sword and shield, bow and arrow, lathis and trumpets. In the top two rows the women folk are represented, dancers in frolicsome movements, garba-dance ... so it goes on all along the long wall. Certainly the sculptors enjoyed themselves carving ever new, amusing episodes and details. There are three other shrines in the inner courtyard, besides the main temple in the middle dedicated to Ramacandra. All over on the walls of these shrines, inside and outside, scenes from the Ramayana are carved. These reliefs evince a naive directness and rigid form. It would take one days to study them individually. I think one could illustrate the entire text of the Ramayana with them.

From there the ox-cart, creaking and squeaking, first took us downwards past Danaik's enclosure and then uphill through a narrow pass between rocks piled up high. From there it went again downwards. The countryside was green with sugar-cane fields, and below dark, lush tree-tops were two small, white-washed temples which are still used for the cult. Finally, one crosses a canal built of granite stone, and sees the Matanga Parvat on the right and the Krishna

Temple on the left, and also a statue of a colossal Narasimha with a naga and a grim, gaping giant. Narasimha does not sit freely in the landscape, as he appears to do in pictures, but in a square courtyard which he overlooks at breast level. Apparently he was to have been built in a shrine which was never completed. Emerging from the darkness of a shrine he would have really looked frightening, despite the fact that the Devi puts her arm around him trustingly. Because of the mutilation the fury of his teeth-showing jaw is transformed into an uncanny, man-eating smile. This statue does not show Narasimha in action. He is just an incarnation of Vishnu in his superhuman form. He carries the Devi on his knees and has the sun and the moon at his feet.

It is a mystery of a revaluation of values how, through the animalness of the head, the humanness of the figure is elevated into a divinity of the appearance. All religions which take the cosmos into consideration, not only ethically, know about the divinity of creation and the sanctity of animals, and the symbolic power of their appearance. As animated beings without digressive reason, animals are expressions of divine will and divine fantasy. They are the play of creative power. The animal symbols help man to find expression for his metaphysical ideas. Through animal images he expresses truths that go beyond his rational thoughts and his stammering words.

Babylonians, Jews, Greeks, Romans and the early Christians knew this symbolic language. The ancient Egyptians and Indians took it to artistic perfection. Their representations are filled with such a wealth of meaning and associations that they really radiate a super-natural presence.

An example for this is the Narasimha of Vijayanagar. It is wonderfully simple in structure and form, powerful and plain in posture and demeanour. Through unequalled rigour and precision of shape he becomes a super-human avenger of all injustice which arrogant people commit. The protruding, rolling eyes and the superior grin of the lion jaw make him the all-seeing, accurately striking destroyer of unrighteousness and sin. He is human, yet remote, like a thunder cloud. The potential power of explosion in him commands distance. One almost feels as if he has blasted into the air the cell which surrounded him with his very being, in order to be one with the elements again, with his brothers.

Another impressive shrine shelters an enormous Lingam with the Yoni. The sanctum is always in water flowing from a well, and through an opening in the roof rain always falls, the sun always shine through, the moon and stars shine as if the gods revered the primeval power which gave them life. - Or it is an illustration of the legend according to which Brahma, Vishnu and Shiva quarrel about who is the biggest among them: Shiva, as a pillar, soars into the sky. In order to reach the source Vishnu as a boar digs deeper and deeper into the earth, and Brahma, as a swan, flies up in vain to find the end.

The Krishna Temple is also surrounded by a high wall and has several shrines in the inner courtyard. The central hall is a world of grey granite: the wall, the pillars, tiles, the roofing, everything made of the same stone. The four-cornered pillars are decorated with reliefs. The mandapams are more like celebration halls than temples. A large stele with a Kanarese inscription is in the courtyard.

From there the terrain again goes upwards to a hillock of stone blocks, behind which the rapid Tungabhadra flows. The floor is made up of enormous granite slabs. Those who built here did not have to go too far to fetch their building material. The next best block of stone was hewn and shaped into pillars, blocks and slabs. Temples and shrines, doors and pillar-halls are scattered are over. They are one with the ground. The vertical pillars of the pavilion are in wonderful contrast to the massive antediluvian rock blocks.

Three little snakes are coiled around the entrance door of a small shrine. Even inside, an altar with carved Vishnupada is framed by a snake. Right next to it is a large open pavilion on stone pillars, in the middle of which there is a large Ganesha. The pillars are square and uncut, the roof flat and ornated with only a stone frieze. Everything looks like a pandal out of stone, in which Lord Ganesha gives audience. People can flow in from all sides, no wall obstructs the entrance. Ganesha is the most approachable of the gods and he loves it to sit in the midst of his people. I have never seen another place in which he is given such an important position as here. Generally he just accompanies Shiva, or has small shrines on street corners, like in Banaras, or is installed above house entrances as a bestower of fortune. He is enthroned here like a king.

On this hill, from where one looks on to the Tungabhadra valley, there is a second Ganesha Temple. It has a portico with very slender, four-corned columns decorated with figures, through which the river valley and the rock mountains at the back become framed - like the land of the Greeks through the columns of the Pantheon. There is a dark, high cave at the back in which another large Ganesha sits, eating his favourite dish, round sweets. He is very suggestive, somewhat chubby. From the Ganesha Temple one overlooks the ruin-city, and behind it the wide, green plains and distant hills, the river and the rock mountains.

On the other side of the Hemakuta Hill one approaches the Jaina temples built on a huge, sloping granite slab, on which one has to walk carefully in order not to slip. The Shikharas are compact pyramids of cornices put one on top of the other. They naturally grow out of the rocks.

From there the rocky land smoothens out into a green, lush plain, through which the river winds down in yellow meanders. Shy hoards of monkeys, grey with red faces and long-tailed like langurs, roam around.

On the summit of the hill is a double-storeyed building without walls, just columns. Further on and again over the Ganesha pavilion, a stairway and a narrow door in a stone pathway lead to a hermitage. In a room formed by the piled up rocks, but completely secluded from the outer world, there is a small temple hall, dedicated to a famous guru who had lived there. His picture, sandals and books are there. Out of respect the visitor has to remove his shoes. Natural rocky ways lead in various directions to mysterious grottoes. They are pleasantly cool.

After having gone around the Hemakuta Hill we visited the bazaar, a broad avenue half a mile long, leading directly from the Pampapati Temple, with its majestic gopuram, to smaller shrines on the hill opposite it. The road is bordered on both sides by houses with colonnades, in which the merchants probably live. Now only grazing herds of goats inhabit the grassy area. One can easily imagine the colourful life that went on there. It would require only the touch of a magic wand to rouse everything from the dream world. These stones, these buildings do not want to be admired till the end of days only as dead monuments. They call for revival. They are saying: we are waiting for you who are the inheritors of our creators; we are waiting for the day when you, awakened from your half-sleep, come over to us with prayer and song, music and dance, and animate the radiant existence interrupted by a storm.

I heard this voice speak from every stone. I have seen greater works of art in India, but nowhere monuments that are filled so intensively with such a spirit of the present.

Here one feels the happy synthesis of religiosity with a rational organization of life. The religion itself has a clarity and a philosophical foundation that are expressed in the architecture and the atmosphere of the temples. It is not the overwhelming, metaphysical vision of Ellora, which almost tears one out of the trammels of normal existence and raises one to the infinity of the beyond.

In Vijayanagar everything blossoms in pure harmony. One feels a new spirit here which does not break the tradition but, rather, masters it and puts it at the service of life in this world. Vijayanagar resembles what we would imagine Hellenism to be. And this so much so that the buildings reflect to us visions of Athens and Rome. If one were convinced that form is the absolute and undeniable expression of spirit, then certainly there is nothing fortuitous here.

From the bazaar we went down to the river which forced its way like a wild mountain stream through a narrow pass. It devoured stones and trees which here and there, like little islands, stubbornly fight the raging flood. Walking along the river and through a rock tunnel one reaches a temple area under large trees, on a flat, grassy plateau. The temple is dedicated to Rama and Lakshmana and is still in use. The legend of the Ramayana is immortalized by the sculptures in the Hazara-Rama Temple. Vali and Sugriva live here. After Sugriva was expelled by the evil Vali, he took refuge with Hanuman in a cave on the Rishyamukha Hill by the Pampa River, today known as the Tungabhadra. Sita, kidnapped and carried away in the air by Ravana, lets a piece of her clothing fall onto the ground, as a sign for Rama. Sugriva picks it up and guards it in his cave. When Rama, in search of Sita, came to the Risyamukha Hill, Sugriva and Hanuman hand over Sita's piece of clothing to him. In gratitude Rama restores the monkey king onto the throne. While Hanuman takes off for Lanka as Rama's messenger, Rama and Laksmana wait on Malavanta Hill for his return. According to the legend the huge rocks piled up here one on top of the other and making whole mountains, are the remains of the building material which Hanuman, with his army of monkeys, is supposed to have used to build the bridge to Lanka.

The wild Pampa River, surrounded on all sides by fantastic rocks, was definitely a show place of primeval happenings. Things occurred here not in human, but in fantastic, super-human dimensions. This is the place for heroic deeds. The architecture of the landscape really looks incredible. A natural mode of formation is unimaginable. It does seem believable that giants have hewn these blocks and piled them up, horizontal layers over vertical ones. Sometimes the irregular sides of rocks are exactly fitted to each other, like in good stone-work. But sometimes they have slipped from their positions and hang over a corner, threatening to come tumbling down with even the slightest touch.

This landscape created by giants and super beings was an inspiration for the later generations. The architects of Vijayanagar hewed and put together their ashlars in the same manner. In human dimensions they transformed these masses of stone into eternal structures. The Titans and the human beings were of the same spirit.

On this wild footpath in the middle of the rock wilderness we came across a surprising building: a Jaina temple with a pyramidal cupola standing elevated on the slope of the mountain. In front of it is a strange, high and slender crenated granite pilaster, projecting into the sky like an upright snake. Then there were two long pillars with an architrave, bearing two stone rings on the inner side. Onto these rings the horizontal was hung on which the raja had himself weighed against gold, to distribute among the brahmins.

The Vithoba Temple nearby is one of the most delicate and finest of all the Vijayanagar constructions. A fairy palace in the woods. In rosy evening light we saw the delicate, perforated columns of the mandapam, the elegant protruding Chinese roof borders, the rich sculpture of the main temple, the charming little procession carts of stone, on stone wheels and drawn by stone elephants, a toy for the gods. At the very back in the courtyard, in the background of the flat rock-hill, is the gallery of columns. Everything is gracefully elegant, a dwelling place for a goddess, for a Lakshmi with an entire royal entourage of apsaras whose glittering grace is reflected here in every column, in every stone.

We walked the whole way back to the ox-cart which waited for us on the top, near the Ganesha Temple. We happily stretched ourselves out on the straw and were driven to our overnight accommodation, going past all the buildings which we had admired during the day. On such a day as this it is as if one has oneself gone through the development of centuries. In the evening one is not the same person who had set out in the morning. One is laden with an experience, a wealth, which transforms one, which shapes one's life differently. Daily life may well swallow everything up again, but the potential moment was there, and even if life is not altered, feelings and thoughts are nonetheless born which accompany one and which may be decisive. And how wonderful it is that the magic here is not even broken by the Dakbungalow. One goes to rest in a temple.

The next morning saw us go out again on the ox-cart. This time we took the road to Anegundi. We first came to the Ganegitti Temple, small and simple, but distinct because of a slender granite pillar at its entrance. The capital of the columns is supposed to have been the treasury of the temple. A huge slab, which is now on the ground, protected its gold assets. The column is like a pine stem, a smooth, tapering cylinder, pointing upwards.

Then we came to the socalled Bhima's Gate. Actually it must have been the entrance to the inner city. It is built into a wall fortification and leads, through a right-angled aisle in the wall, to a citadel. In any case, an enemy can hardly make his way through. Through recesses in the wall and from its height he would be ambushed. The gate reminds one of the famous lion gate in Mykene. Mighty, smooth granite blocks one on top of the other form a triangular bow and the crown. One often feels taken back to the pre-Christian centuries and thinks of Troy, Mykene and ancient Crete. In the Malavanta Raghunatha Temple the cyclopean surrounding wall is made of granite blocks loosely placed next to each other. It is ornated with reliefs, representations of fish, sea monsters, elephants, tigers, snakes, frogs, and the sun and moon which are swallowed up by Rahu. Everything appears fortuitous, without composition, just as it momentarily occurred to the workers, exactly like cave dwellers painted their frescoes on the walls. One is continuously amazed at the fact that all this was done in the fifteenth century, and not two or three thousand years ago. It is significant to observe how the modern spirit reaches out its hand to the primitive spirit of antiquity, as if it were a new beginning from the original cause, ignoring everything that has already been created. It is, but in much greater dimensions, almost similar to how some artists today become primitive, willingly or unwillingly. Perhaps, from time to time, humanity has to relieve itself of its achievement, in order to rid itself of its heritage, in order to collect unexpended energy and to grasp the world in youthful freshness. Perhaps, that is why our period has to destroy a lot, in order to regain the power of original thinking and creativity, of which the overload of culture has deprived us.

The Malavanta Temple stands high up on a hill, with a broad facade, lodged between rocks and covered by a small gopuram. It is very beautiful inside and has exquisite sculptures on the pillars of the mandapam. When one steps out of the square wall through a small door one is on a hillock and overlooks the land opposite Kamalapura. The foreground is made of rock blocks, and between them there are small pavilions of raw cut stone. In an enclosure there are numerous Lingams with Nandis in reliefs carved on the rock floor. When one looks back over the wall one discovers two small temples on mighty rock domes. It is puzzling how one could go up there. Anyway, we saw two figures appearing there.

After reaching our state coach we drove further. We passed another wide city gate and came to the Tungabhadra, opposite the village of Anegudi. The rulers of Vijayanagar had lived here before founding the city. The wild river, lodged between hills is wonderful. In the middle of it a stone Lingam and Nandi protrude out and look as if they were floating on the water. They are carved out of two rocks and are underwater in high floods. For centuries they have withstood the assault of the current. Such ideas are playful and meaningful: there the Lingam is always washed with water.

On the way to the Vithoba Temple, our aim once again, we came again to a bazaar which at one time was flanked by pillar galleries on both sides. Now, in green, they looked like pergolas in Italy, over which vine is cultivated. Formerly they were foyers. A colourful lot is housed in them. Nearby is a large, deep tank with a pavilion in the middle. On the right of the tank is the city and on the left wilderness. The high Matanga Parvat is within the city area.

The Vithoba Bazaar leads directly to the Vithoba Temple. From there one can see two small temples. We visited the one with the back wall touching the rock dome. Through a square door with interesting sculptures on the inner walls one comes into the courtyard with various shrines. We discovered two small doors in the main shrine. We went through one and found that a narrow passage, sparsely lit by small openings in the roof, secretly lead around the cella, a good idea for a pradakshina. Unseen and alone a devotee can circumambulate the sanctum and pray. Only earnest worshippers, not those who present their piety for show, go this way. Here the feeling of the worship is aroused in a special manner. One can view the god from within the temple, whereas here the wall conceals him. One can only assume, feel and know, but not see. Whoever finds him here, certainly finds him also within himself.

In the Vithoba Temple we wanted to reflect on the bewildering abundance of yesterday's impressions. Calmly we observed the reliefs on the pillars, where Krishna plays a major role: Krishna who steals butter, Krishna dancing on the snake, Krishna as cowherd playing the flute, Krishna on a tree with the clothes of the gopinis who implore him from the water; then Hanuman and Sugriva, gods, goblins, love scenes, archery and musicians. This mixture of seriousness and jest creates a pleasant atmosphere. The ceiling with over-hanging cornices, is raised to small cupolas and carved with decorative motifs: a garland with garba dancers, a rosette of parrots ... The four-cornered pillars are flanked by grooved columns cut out of the same stone. They give the whole building a transparent lightness and elegance. The powerful, prancing chimeras near the stairway and inside the middle room emphasize the places where a more architectonic stress was given.

The structure of this temple and the mandapam is refined. It is not rectangular, but rather star-shaped. From outside this gives it a wavy contour and a distribution in depth. The inside appears many sided, more so than with a rectangular form.

The whole thing is held together by a curved roof, hanging down and broaching the outer corners. Much richer in arrangement and in looks is the main shrine, whose pillars in the vestibule have up to sixteen perforated supporting columns. It has the effect of a healthy super-abundance of imaginative people.

The arrangement of pillars is borne by a high, profiled foundation, which is also decorated with friezes of riders. The stairways are bordered with lovely elephants and griffins.

In front of the main temple is the stone ratha, a small masterpiece. The basis is made of wheels and elephants, above it the supporting frame, the body of the wagon is constructed of delicate, free standing pillars, topped by a three-layered roof. It is wonderful in all proportions. This small ratha fulfils a necessary architectonic function. It keeps together the field of vision. The temple courtyard is a symphony of pillar and column groups. From the simple columns with wreath-like, projecting horizontal capitals, to the paired, clustered pillars of the various mandapams, to the heaped structure in the main shrine, everything is a continuous unfolding and increasing of the pillar motif.

Pillars are active motifs, not passive like walls. They stand, float, run, they open places and bear roofs. That is why this courtyard, in which no compact mass obstructs the view, presents a picture of flowing, transparent rows of pillars. In this the ratha stands as the only nodal point, holding all the surrounding pillar groups. It is the centre of the other buildings, giving them the impression of great expansion through its small proportions. It would be interesting to find out on what architectonic cross and meeting point it stands. Its relation to each mandapam and to everything as a whole is immediately clear to the eye, and it does not stand in the way anywhere, has the correct proportions and completes the picture like the dot on the i.

We took the same road on foot as yesterday, along the Tungabhadra and turned into the Soolai Bazaar, a beautiful foyer in front of the houses of the dancers. The broad street, which had buildings with pergolas, is today a sugar cane field. It is situated at the foot of Matanga Parvat, near a square tank, reserved probably only for the female dancers. What a feast for the eyes!

Behind the bazaar is the temple of Achyuta Raya, an exquisite structure, simple and austere. A goatherd was grazing his animals in the courtyard. We were too tired to look around thoroughly, and we still wanted to climb Matanga Parvat before dark. Going around the foot of the mountain we found a terrible Kali carved in the rock, under trees hanging down. We then went by an old, but still functioning water duct, directing the water from the river to the fields, and thereby catering for the fertility of the land. The climb up is on a kind of stairway of squared stone, one above the other. There is no danger that these steps would ever get worn out, not even by elephants.

The temple on the height where Rishi Matanga, Rama's friend, lived is abandoned. From there one has an unforgettable view over the Achyuta Raya Temple and the Soolai Bazaar, behind them the hill and river whose flow between chains of hills one can follow wide into the distance. One sees the pillars of a large, old broken bridge and a narrow pass through which the river has to force itself. Even upwards of the river one can recognize the Hampi Bazaar, the Pampapati, Ganesha and Krishna Temples, Narasimha, and the vast green land. The sky was overcast with dark, grey clouds and the green had the tone of dark bronze. In the far distance it was violet-grey. It is just wonderful how this ruined city even in death appears majestic and invincible. One feels one is in the midst not of a bygone dream, but of another reality. It was an uneasy feeling to think that this reality, in which we felt at home, was a victim of destruction. How was it possible that it could be destroyed? I do not if anyone will ever answer the question. But there the rocky hills stand, over which doom broke in, expunging Vijayanagar from history.

We had to climb down from Matanga Parvat to the Hampi Bazaar barefeet, the granite being too smooth and slippery for shoes. The large Nandi at the bottom end is of grandiose, simple modelling.

We walked along the bazaar and climbed our Parthenon-Propylaen hill, in order to witness again what for me was the most inspiring view all around. Here we bid farewell to Vijayanagar. As we drove back home on the ox-cart the sky became menacingly yellow behind Narasimha who looked as if he swore vengeance for all the injustice incurred onto his city.

<u>November 9, 1938</u> Banaras

What captivates me above all in India is the rhythm of life which is revealed in the appearances, the movement, gestures and colour. With us this rhythm is limited to individual circles. Our lines and our movements are broken by other lines that come in their own way. Thus, a figure emerges as if done with a paper pattern on which sleeves, skirts and blouses are drawn over one another with dotted lines. Here tradition is the decisive factor. Life is entangled in certain times and phases. The individual, involved in this cycle, is relieved of his own decisions. The tradition has already thought out all the problems to the end. Life and death extend so wide beyond the individual that it would be hopeless for him to strive to fathom them out. That is why there is this surrendering, this composure, this acceptance, this putting oneself in place, which produces the parallel rhythm in the outer movement, the elegance of gestures and the harmony of form and colour.

It is this rhythm which captured me, at first unintentionally, then more and more consciously. I would like to express it when I paint: this unity of all phenomena, the earth, plants and animals .. and especially what touches me most, the relationship among people, the harmony of their being and their movement when they stand together, walk together and speak to each other. Here we begin to understand that what is preserved in the tradition makes one fearless. When, on the other hand, man stands alone before God and the world, he is overcome with fear of this solitariness, and he tries more and more to adjust to the masses, to generality. And so there is this adherence to all the conventions of social life which attempts to do the same and to have the same as everyone else.

Perhaps the fantastic idea of the equality of all humanity arose out of this horror vacui. For centuries one has known here that humanity is different, and tradition and law have given norms for every relation.

The framework for humanity is given the appropriate size, so that freedom of movement is contained in it. With us the bird-lime rod has been implanted right through the middle and everyone who does not prefer to flutter around alone and without help has to struggle with it.

<u>November 17, 1938</u> Banaras

A call from Europe, an admonition, a yardstick. Meeting with Baron H. H. von Veltheim, a German cosmopolitan associated with the Ascona Circles, which want to rescue the cultural consciousness in Europe. The Baron has converted his ancestral castle into a centre for spiritual life, making it a refuge for equal-minded, striving spirits. He is himself a strong, energetic personality, original and spontaneous, with realism and humour. He fled from Europe because life for people like him became unbearable, he fled from everything he had built with love and enthusiasm. He fled to the orient, where soul and spirit still breathe.

The tragedy of world happenings flaring up in dazzling flash-light shocks the viewers. They extract out of it the power of protest which means work and meditation. Energy flows to them because they know that life has to be shaped by introversion.

A few verses in the monograph of Baron Veltheim's castle deeply moved me:

"Will the journey ever come to an end?
We set out already as children
And are not yet at home,
and we have seen so much!
And have taken so much along!
And have left so much behind!
And everything was a piece of us,
what came to us and what slipped away from us."

<u>December 7, 1938</u> Banaras

Early in the morning processions of women had already climbed up the Assi Ghat, with bundles on their heads covered with skirts. Clad in winter clothes, they looked liked wandering cloth. The earth-coloured beggars with children squat along the roadside, and with grand hand gestures a bit of rice was thrown to them on the cloth spread out in front. It is an important holiday in which women make a pilgrimage around Banaras, bathe in the Assi River, then go to Sankat Mocan and around the city, assembling in the evening on the Dasashvamedha Ghat. A short worship is also conducted in the Jagannath Mandir. I went there and sat in the garden in front of the temple. Almost everyone was a peasant woman, with hands rough from work, faces old and clothes wretched. As I sat so, and they passed me with their heavy loads, distributing flowers and rice at the start of their long, tiresome journey, I was suddenly deeply touched at the thought that on such days all these beings, extricated from their daily routine, from their laborious obligation and misery, obeying a great impulse, celebrate and enjoy together a superior sanctity. It happens completely on its own and without any planing. How nice it is that they come together and perform the prescribed rites, and experience in them the joy of a collective act, of the common goal, of belonging together, and the more worldly comfort of the exchange of ideas, of gossip, of laughing and of quarrels. I deeply felt the bliss of such unity.

A beautiful girl in a blue-grey sari sat at the gate selling garlands. With elegant movements she handed over the flowers. Her father relieved her and spoke to me in between his sales: "Watch", he said, "when the first one does not buy, then no one does!" He is the pujari of the Durga Kund and sells flowers there everyday. He suddenly looked for a fine, elaborate garland and brought it to me. I felt kindly accepted by these people.

Today I feel deeply attached to India. It is a dedication that can no longer be rescinded. I go to the window every morning and greet the rising Surya Narayana and pray to him. The nature, the mood and the work of the whole day rests on the intensity of this communication.

<u>January 2, 1939</u> Banaras

Said farewell to the old year from the roof in moonlight and from the depths of my heart said thanks for the goodness and the beauty I am experiencing. One should not restlessly struggle, but strive everyday to find the inner truth. It sometimes seems to me as if I am being crushed by the burden of delight which reveals itself to my soul every hour here. The landscape in front of me, the colouring of the river, the sand, the city, the sky, the people and their clothes, the expressions of their faces, their bodies, their movements ... a wealth hardly to be grasped. Can such an abundance also exhaust us? In any case, recently a feeling of sadness overcame me, which I do not know how to explain. Personally, my life is as good as it can ever be. But perhaps the saying is true: "Nothing is harder to bear than a row of beautiful days."

The daily wrestling with my painting - I think that everything will become clearer. If only I would not so easily forget where my actual strength lies: in the construction, in the shaping, in the composition. I always lose myself when I have the impulse to paint. With me the colour has to be only the filling, expressive element which fulfils the construction. And yet I deeply feel its suggestive power. But I have to keep it strictly in the form, and not give in to its magic.

<u>January 23, 1939</u> Banaras

I have lost time by wanting to solve the problems of painting themselves, which is an impossibility because all emotions, all impetus goes to the devil, and only the bare school work remains. A festival came to free me. I went down to the ghat to sketch. I knew then that it is more important to eavesdrop on life than to put together the most wonderful colours. First, what is seen is grasped materially, gradually it becomes freer, more spiritual, more symbolic, and the presentation develops on its own in the task. This means "emptying oneself", working neither with reminiscences nor with preconceived ideas, to follow one's own impulse and vision, to be alert and attentive at every moment.

<u>February 18, 1939</u> Banaras

Around midnight we drove to the Vishvanatha Temple in the city. It was crowded. In the large temple hall Vedas were recited. It sounded powerful. Behind Vishvanatha, in the area near the Nandi, women from Nepal were spending the night in flickering oil lights, lying down, sitting, sleeping, speaking softly. It was a wonderful picture. Suddenly a woman on the opposite corner of the raised place stood up and began to dance. Someone played small cymbals. We went across to the group. They were all old women, with fine faces. They watched the improvised dance, delighted like children. One woman I cannot forget, her face glowed with spiritual innocence and joy, looking up at the dancer ecstatically.

<u>February 20, 1939</u> Banaras

The moon shone on the terrace. The temple with the black spires raised against the city which, dotted with lights, accompanied the Ganga in a wide bow; beyond the water the shimmering sand and infinity, the infinity, which one never forgets here, because like the sea, it continuously lashes at our small houses. One grasps it as it were, with the hands every day and every night. Fulfilled and borne by it the world, which is called real, shrinks more and more. Sometimes this dissolution is hard to endure, and one longs to go back to the finite.

<u>March 23, 1939</u> Banaras

From Saturday to Monday we drove to Patna and Nalanda. This Buddhist monastery from the Gupta Period [380-500] is today a city of ruins of most imposing dimensions. The faculties of the university are built according to a definite plan: the central hall or courtyard with an estrade for the teacher, and a platform for the students, with a temple and a well. All around the building are cells in long rows, upto four storeys high. Everything is out of brick on stone plinths, massive and monumental, a well-constructed architecture. A high brick monument, like a halved pyramid may have been the observatory of which the Chinese pilgrim Hsüan Tsang speaks. From there one can see the whole establishment which stretches out for two miles, but of which only about a quarter has been excavated. All around is a flat, serene landscape with ponds, the remains of former lotus ponds. The mountains of Rajgir beckon one from the south and gives the landscape an animated background. The construction of several Buddha temples is magnificent.

Over a flight of stairs one comes to a cell which once contained a huge Buddha figure. Another temple with a central hall has four cells, one in each of the corners of the huge foundation. Around the main cell there is a passageway, a Pradakshina. A deep moat around the building was for the drainage. A large, stone Buddha under an old banyan tree is worshipped by the Hindus under another name.

In Patna we visited the museum. I was almost more impressed by the small, lively Maurya terracotta, which remind one of Etruscan art, than by the famous female cauri-bearer. She is certainly magnificent, heavy and full of life, also in the arrangement, with a slight, humble bend forwards, as it befits a servant: a masterpiece with clear, naturally modelled forms. Personally, I have certain reservations about the tendency, which is even more strongly prominent in the lion capital in Sarnath, to force naturalistic forms out of the hardest stone in polished solidity. The Egyptians have shown a fine instinct in this regard. They let themselves be guided by the hard material, treated it in large, geometric parts, and then only did they carve the image, instead of working through it sculpturally. The hard, friable material does not allow for certain nuances, e.g., drapery, folds of the skin or facial modelling. It is more appropriate to work with volume and design.

We are standing under the heavy thunder cloud of European events. After Hitler annexed Czechoslovakia, and even occupied Memel, no one knows what will happen in the next months. War seems to be unavoidable. And although in such situations personal fears should withdraw into the background, the prospect of again having to live through long years of war in Europe, terrifies me. My journey could turn out to be a mouse trap. To have to leave behind everything that is charming and dear to me for an uncertain confinement is dreadful to me. My friends, my work, my life's task, everything holds me back, even my house and my small art treasures which mean so much that is profound to me.

<u>March 28, 1939</u> Banaras

Today is the penultimate day of Navaratri, the Durga festival. In the Annapurna Temple brahmins read from the Vedas. The offerings were assembled on the central platform of the temple, like in a Homa or Shraddha sacrifice, a large area and a mountain of rice crowned with a coconut. A huge crowd of people circumambulated this platform, going around it three times, a hundred and eight times, streaming in, streaming out, emerging from the half-darkness of the courtyard and then disappearing, worshipping the deity, charming it within the circle.

There were brahmins also in a gallery at the back of the courtyard embedded among the offerings, reading the Vedas. The deep red of the book-covers emphasized the picture of yellow, white and brown. The golden roof of Vishvanatha was especially beautiful, radiant in the morning sunshine.

Despite the heat it was windy and pleasant. I feel the beauty of Indian life more each day, and the closer my departure approaches the more precious each minute is to me in this country. Every figure on the road, every house corner, every flower, every tree, everything speaks to me with a smile of intimate beauty. Everything fulfil me and makes me feel happy, and particularly at home where every corner gazes at me with familiar eyes. The flowers in the small courtyard with the red pillars wave at me, sun and twilight intertwine each other, every window, every terrace opens itself to the beaming infinity.

I brought back two garlands from Vishvanatha. Now the house is full of a scent that comes right upto to my atelier. I have never had the feeling so strongly that "I am I!"

<u>April 17, 1939</u> Banaras

Now weeks of tension have again passed by. Italy annexed Albania, and England has decided to protect Greece and Yugoslavia - what, of course, can quickly lead to conflict.

<u>May 13, 1939</u> Between Bombay and Aden

On the high seas since two days. Banaras was hot, bright and splendid. In extreme heat the city has a special magic about it. The mornings are white and misty, like winter in Europe. The heat sets in later. The atmosphere is a single breath of fire in which the organism bathes. Breathing in this glowing breath is an increase of energy. Sometimes the head becomes dull thereby, but the energy reservoir gets filled. I felt stimulated even though I could not sit for long and work. It was as if something grew and unfolded itself internally, something greater and more essential than the result of the work. The knowledge grew that my being is chained to this country, to the fountain-head of life. It evokes the best in us. And as I became more aware to what truths I was bound, I gathered the strength to go to Europe for a time. Montu had prepared the way for me, and he is my living contact, not bound to any particular place, with what Ramon in *The Plumed Serpent* calls the "Morning Star".

All the good spirits displayed their benevolence: Shiva and Parvati smilingly embracing each other, beaming with life - in stone -, the torso of a dvarapala prancing with a high crown above a smiling face - in stone -, a Buddha head with an aureole, from the region of Gaya ...

<u>January 20, 1940</u> Banaras

After a long, long time I have found the courage to write. My trip to Europe, the outbreak of war, unpleasant surprises that awaited me here on my return, all these completely upset me.

This time, Europe - this has to be defined more exactly - was in some aspects nearer, more precious and dearer than ever before. The people, full of sincere ambitions, disquieted, full of sympathy, full of persistent striving, saved me from the stagnating calm, or better still, from calm which hangs suspended above the things, as it is here. Even if this stillness stems from the knowledge inherited from the ancient wise ones, and we are the disinherited ones, I still feel that I belong there, that my soul needs its own seeking, not the knowledge given by the wise. And perhaps that knowledge is truly alive only if it is confirmed through one's own experience and one's own reflections. And so I oscillate between two worlds. I have outgrown the inherited world through my extensive experience of Indian character and thought. But I embody this only partly, because my inborn individualism, the-being-thrown-back-to-myself, cannot take another step further without the consent of the whole person. Indeed, how much easier it was in Europe in the ancestral family, in the old friendships, in the common interest of thought, striving, suffering and death, in the self-evident sympathy, and in the immediate, unexpressed understanding. And, finally, it was this very obviousness, this common way of thinking, which again and again drove me out into solitariness, in the hope of finding a clear, natural form of what I call the fulfilment of being and of creative work. Here I am connected to "reality": with the river, with the vast, infinite land in front of me, with the sun which every morning emerges in the horizon with blazing rays, with the people who squat on the earth and who live immediately from it, like on the day of creation, - all this "reality" enters into me directly.

This reality is "maya" to the people, and it is just a short step from it to God, the only being. What an immense expenditure of energy, fantasy and love it needs to realize it from our kitchen cupboards, our lifts, flats, offices, typewriters and high-heeled shoes! It is a wonder that with all this fuss about unnatural things, there still exist many souls with a clear consciousness of the true and the false. No one who rises above the average doubts the problem of our civilization. But here, where being is still alive in nature and in the tradition of ancient wisdom, there is hardly anyone who will not let himself be trapped by the glamour of western invention.

As the war broke out over Europe a nameless despair overcame me. Life lost every meaning. We have already once gone through that horror. At that time we still had illusions, the hope of clarity after the storm, of a better social order, of deeper insights ... And now, what hope remains for us? On what future can we build? - when everything which appears to us as true, genuine and worthy of creation, is destroyed?- when nothing lasts in the vengeance of underlying violence?

When Vishnu slept on the world-snake and the lotus grew out of his navel with Brahma, the creator, two demons, who wanted to destroy the world, escaped from his ears. But Vishnu caught them and prevented annihilation. Now he has left them alone, and nothing can restrain their long, suppressed rage.

Everything was black around me, and in vain I tried to find a reason for which one should continue living. And yet I knew, rather, I had a premonition, that such a breakdown is not only a blind fury of demonic violence, but the consequences of our aberrations. The craving for life, for possessions, artificial ideologies and politics, the most corruptible maid of confusion of our age, all these have committed us for trial. We are all guilty, we have to carry the cross and repent.

I came back to India in this state of mind. In Switzerland I would have had to start all over from the beginning again. But here, house and atelier awaited me - the fortune which I believed I had found and which every new day, the landscape, the light, the sun, the whole world had brought to me!

I came back, but I did not find my fortune again. Spies prowled around the house, suspicion sniffed in all corners, my very presence became a stumbling block. These are the poisonous emanations of war, from which no one may hope to be saved! One should get hold of oneself, and if the whole world has to bear such suffering, one has to take it all upon oneself. But my mental equilibrium was shattered. Work did indeed help me bear it, but inadequately. It too was disturbed by inner restlessness.

As a last resort I fled to Calcutta, in order to breathe another air. Stella Kramrisch took me in and I slowly came back to myself. I had human contact, and I saw Stella in her intensive work, her untiring dedication to the goal of her life, her courageous attitude. I felt ashamed. I had no right to give in to a desperate mood. Even I could work and devote myself to a task. I should not let it to be torn away from me. The empty frame that I have become began to fill itself with substance. My soul returned to me.

January 24, 1940 Banaras

I was received most kindly in Santiniketan. Of course, I had the desire to see Rabindranath Tagore. But as it is with such people, one is afraid of taking up their time, and so I waited for an opportune moment to visit him. Gurudeva sat at his desk, with a page fully written in front of him. At one place in the middle of what was written was something that looked like a snake which had swallowed up a few words. I learnt later that he never crossed out words, but erased them with some fantastic drawing, perhaps out of respect for the word which indeed once "was there". We spoke about his painting. He explained how he envied others, because expression through form and colour was denied him, although he was otherwise spoilt with all sorts of skills, he playfully added. However, in later years his hand suddenly began to scrawl, it drew completely on its own, he never knew what in fact would come out of it finally. I noted that perhaps visual impressions were collected over the years, until one day they broke free.

As instructed by Stella Kramrisch I told him that the library of the British Museum would love to have a Bengali manuscript from him. He then came to speak about his paintings which hung in German museums, and asked what had happened to them. I replied that they were probably removed with all the other socalled "degenerate art".

We did not really speak about anything very important, but with Tagore I felt a contact I have never felt before.

Since I have been back in Banaras I have thought a great deal about Gurudeva, and wanted to write to him to tell him what I had neglected to do, namely, that the things he had expressed about the present situation in an open letter to Anya Cakravarti in the Vishva Bharati News, had given me consolation in my own crisis. I wanted to communicate this to him, but the fear not to express myself properly, and other urgent letters to write, held me back. But the thought itself continued to work in me ... Today a letter came, from: Rabindranath Tagore, Santiniketan, Bengal. I was completely surprised and yet,

I felt as if I had waited for it. Somewhere our thoughts had met, and here was the visible proof of it. The letter contained just a few lines:

"Dear Miss Boner,

It has suddenly occurred to me to send you a piece of paper scratched over by my erratic pen with a few lines that grew into a vision of dumb efforts and desperate appeal to emptiness.

Yours sincerely,
Rabindranath Tagore."

This "piece of paper" has not yet arrived, but Tagore's words "dumb efforts" and "desperate appeal to emptiness" in the letter touched me so deeply, as if he had intuited and understood the whole agony which has been tearing me up these past few months, and as if he wanted to console me with his superior clarity. Bless him! I am anxiously awaiting the "piece of paper". Nothing more worthwhile has ever been sent to me [the "piece of paper", a drawing by Tagore is now in the Alice Boner Archive, Rietberg Museum, Zürich].

Translation of p. 92

June 8, 1940 Rajpur

Half asleep, I had a vision of Kali, dripping out of my brain in pieces like a mosaic. She danced, as one usually sees her represented, black, with the tongue hanging out, but much larger and more terrible in that she became visible only piece by piece: only an eye, just fragments of the body, the rest being bits of the world which she had cut to pieces with her sword. These fragments swirled around her with the white heads of her garland, in colours of decomposition, all the tones of red, especially brown-red, flesh-red, brown and olive-green. Here and there, though, there were spots of blue. She danced in rhythm with the rain which splashed down onto the earth after the sultriness, and which to my ears gave the acoustic expression of dissolution and world-destruction.

The following night another vision haunted me, and it was as if, from within me, from my unconscious self, creation wanted to empty itself. Everything I have ever heard, seen, felt and thought about, hence, all my cognitions and sensations, wanted to now free themselves in a quite definite, perceivable, plastic form from the dull prison of the unconscious. They rushed out in masses as if from an enormous sack. Issuing forth, they unfolded into noticeable images. They gushed out in hundreds and took form. If I had been quick enough I would have been able to draw everything: human beings whom I cannot now remember, animals, plants, objects and thoughts, which were also visible in an abstract form. They poured and poured out, unlimitedly and endlessly. I felt it as a relief, that everything unfinished and unexperienced which was burdening my soul, now streamed out. Then I felt afraid. This endless flood which I could neither grasp nor stop, overwhelmed me. It was Prakriti itself which I felt was issuing from me.

Translation of pp. 135-143

October 13, 1948 Zürich

Everytime I bid my aunt farewell in Davos, I shudder at the thought of not seeing her again, she who bestowed boundless kindness upon us, the last deep root which binds me to this land. And each time the fearful question arose: Is it right to leave her? Should I not remain and care for her, as she had for us children, and still does? Would this not be more appropriate and important than to paint in India, what neither satisfies me nor others? This was the one voice. The other voice tempted me and drove me out of this narrowness, out of the family cliche talks, away from the all too many contacts, out into the distance, into solitariness, to the being alone that I have been practicing far too long to now give up completely. I feel how my soul is slowly shrivelling up here, like a deflating balloon. The conflict was never so acute as this time, because the doubt about the worthlessness of my work has never been so great as now. The things that I draw bore me. At one time in Davos, after my first sketch of "Govardhan", I broke down. I rubbed off the whole thing and almost decided to give up everything. I must confess that my drawing does not emanate from within, as is it with a true painter, and yet I have an immense desire for expression through form and colour, which for me - as receiver - is so much deeper and more impressive than the expression through word or music. - Am I just receptive and not creative? Have I seen too much, speculated too much? Am I therefore not able express myself vitally enough, not only in art, but in life as well?

In India I dreamt of this and prayed to my bronze Krishna for the energy to complete the large trilogy, on which I am working. This should be the crowning achievement of my life. Thereafter, I shall be ready to die, or to tread the path of vanaprastha or of complete renunciation. As I so worked together with Krishna, the work seemed to develop, and I was inwardly happy about how it grew day by day, and how everything was formed and ordered, and I saw the reflection of my great vision originate in it. Was everything a self-deception? Or was there really a blessing in it, which was not granted in the other works? Does Krishna want me to concentrate on this world of ideas completely, and obediently follow his set aim; that I find a visible expression for the unfathomable which he at that time revealed to me for a short moment?

I came across a chapter in Arturo Reghini's *Parole sacre e di passo* when I read in bed early in the morning. Accident or providence? It was like a duster that swept over the dusty picture of memory, making the images clear and radiant, images which some time ago appeared from the depths of my soul in Rajpur and Ellora, and which enlightened me. I have not experienced an initiation, but I have experienced what it means to stand on the fine, dividing line between life and death. And I know too that after this one can never be the same person as before. Outwardly, however, there is no change, the world around does not notice it. That is why it is better to change one's environment, or to have the energy to adapt to it. The one or the other is necessary, otherwise the fruit of the knowledge is in danger of being lost. The knowledge too requires devotion, if it is to live and survive.

<u>December 17, 1948</u> Banaras

I have now reached my goal and am trying to relax.

When I approached Krishnaji on the first morning after my return, he was completely vacant, like a puppet! Empty like the house, like my heart. On the second day he looked at me strangely, like someone coming to himself after a swoon. On the third day a slight smile began to shimmer on his face. I wanted to buy him fresh garlands from the city, but did not find any and came back empty handed. Then he looked at me partly reproachfully, partly understandingly. On the fourth day he was radiant and when I then also brought flowers, he was completely alive and delighted, lustrous, as if filled with new life. And now it is he who animates me, although it was I who had to breathe life into him anew, through my sheer presence. What a curious interrelation between him and me! Is it I who needs him, or is it he who needs me? Is he my inspirator, or is he a reflex of my unconsciousness? What a mystery!

<u>December 26, 1948</u> Banaras

A day of total hopelessness: the conflict between yesterday, the warmth and affection, the intimate love of an old person from whom one tears oneself away - and today, the loneliness and the alienation, raises the harsh question: why have you run away so far? Do you really have a mission, a task here? - There is no affirmative yes from the depths, no inner knowledge about the necessity of this work. And yet this great love for it. Or is this love also just a cover behind which one hides in order to elude the question: what else then? Such perplexity at an age when a person should have already found the right place in life!

I then went up, to sit in front of my Krishnaji. This always gives me reassurance. I prayed to him for knowledge about myself and for my path in life. He is slowly taking the place of a human guru, bigger and infallible. Except that he is for us human beings often difficult to understand.

The possibility and the desirability of a final return to Europe often comes up in this connection. The feeling that one in fact does belong where one is born and that the familiar human relations with one's own people is a blessing, especially when one is at an age when the urge for new things and for remote places has ceased. This would mean one would have to completely give up all worldly ties, not only possessions but also human relationships, and that one would have the strength to live in pure essence.

<u>January 28, 1949</u> Banaras

Now the big picture has been traced and I am accustomed to Assi once again. The beauty of the Ganga with the sail-boats, of the green and yellow fields, of the lights and the moods, is visible to me. I work only for as long as I feel fresh, and have forbidden myself to think about time and to force anything out of fear of not completing it. So everything is going on well, without strain.

March 8, 1949 Banaras

Like a lightening in the sky the news reached us on the second of March that Sarojini Naidu had passed away that night. I could not, and did not want to believe it. Shortly before that she had celebrated her seventieth birthday, rather she was beyond all celebrations, and, without telling anyone, had gone to Delhi to spend the day at the Gandhi Samadhi.

This morning, half asleep before getting up, I was looking at the sea from a great height, radiant in the morning sunshine. The light danced on the water-mirror, and the clearest, cleanest air spread through the atmosphere. It was a vision of light, infinity and joy. And suddenly the heavy burden on me was relieved. I saw Sarojini in her wonderfully illuminated nature, I felt her fiery power and her absolute purity.

What was her greatness? Was it her fascinating rhetoric? Her wit? Her charming femininity? Above all, was it not perhaps her smiling and matter-of-course fearlessness which never forsook her and which allowed her to be completely herself in every situation and with everyone, high or low? Neither humiliation and imprisonment, nor high office and honours drew her away from her self in the least. This confidence in oneself is truly the rarest thing one can find today, and all her other qualities are contained in it. This is what makes her dear to me. She was uncompromising, but not with lips tightly pressed together, but with a full, smiling face, with goodness, warmth, love and understanding for everyone and for everything.

March 10, 1949 Banaras

Yesterday, on the ninth, the transfer onto canvas was complete. When I took down the drawing and saw the extremely thin imprint on the canvas, my heart sank. Everything appeared false to me, especially the relation between the divine images in the middle of the picture and the figures of the world surrounding them. The latter are hardly visible near the central image. I felt a strong desire to give up the whole thing.

Yesterday evening a letter came form Padmaja, Sarojini Naidu's daughter, and today a telegramme requesting me to attend the asti-ceremony in Allahabad.

March 12, 1949 Banaras

It was a repetition in a smaller way of what took place on a large scale for Gandhiji. The funeral procession arrived at the Prayag Station with the urn, softly chanting a Ramadhun, which has now practically become a funeral song. The white carriage was covered with white flower-garlands and flags. A small aeroplane flew down in the air and released red blossoms, like the gods previously did for their dear ones!

When I woke up today after a long, good sleep I decided to tell Montu objectively on Sunday about my art dilemmas. But how should he be able to understand such complications. No, I have to find clarity on my own. The seed of the whole evil is in my ambition to accomplish something great in this life. This was good and stimulating when I was young and the future lay ahead of me, and as long as all the possibilities were open to me. But now, because the results of life will be calculated and I know that I have frittered away my assets, this ambition is now experiencing its downfall. My whole agony and my unsociable being lies in this suppressing, restricting ambition. If I can rend this from my heart then I shall recover, and my innate goodness which lies deeply buried in it, can be revived.

April 12, 1949 Banaras

On Holi day, i.e., on March 15, I began the conversion of the Vishvarupa picture into colour. At that time, when the weather was already quite warm, I asked Montu whether I should still start with it or rather postpone it. Surprised, he asked: Why not? And today, after a month, more has been achieved than I had ventured to hope. The composition has received body and life, and the basic colour is already there. It went surprisingly quickly and easily, after the many problems of this winter. Now I am suddenly full of joy and confidence, and often quite fascinated by the picture. - Krishnaji is standing nearby and is smiling wisely at my delight at this gift.

Today Rai Krishna Dasa came. He recognized the theme at the first glance. This relieved me and convinced me that I have not distorted the subject in a European way. He was really enthusiastic about it and expressed the desire that I present it in his new museum. We shall see...

May 15-19, 1949 Bangalore

My experience here was Shanta Rao. She is not only a wonderful dancer, but also has that love for tradition, above all for what is original and noble, and for all those necessary qualities for art, namely, of dedication and integrity, which I sought in Uday shankar, and in vain tried to arouse. None of the gods were absent at her cradle. And yet her various gifts did not tempt her to be conceited and arrogant. On the contrary: Shanta Rao's versatile talents has made her humble and conscious of her responsibility. She does not want anything for herself, but for the fulfilment of her ideals. I did not regard it as possible that a person could move me to such an extent!

May 20, 1949 Belur

The vast, hilly landscape, green and friendly, is alive with enchanting figures of women in fluttering dark saris, deep-violet, deep-green, deep-red, blue with yellow borders, and with slim, long-legged, gazelle-horned oxen. The marvelous temple is in a large, paved courtyard and has several shrines, corridors and halls. But the main shrine is without a shikhara and the open windows of the mandapam are interpolated with extraneous sculptures. One has to study the individual images as in a museum. They are fascinating, especially the very small figures in the friezes and in the wall covering.

In the morning the temple was deserted, except for the usual talkative guides. But in the evening children play on the big temple ground, and at dusk the women and men come for Vishnu's darshana.The temple is then lit inside.

How the graceful, colourful figures crowd together, and how they come up from the gate and cross the place in groups, is unforgettable.

The temple is the centre of social life here, and not only for worship, but also for convalescence and enjoyment. Everything in utter simplicity. I got to talking with a Gujarati woman. After she asked the usual questions, she explained the ratha-yatra to me in the following way: when the ratha, which has to go completely around the temple square, is drawn along one side on the first day, then no one can lead it further, however many people may be at the ropes. It is held fast by an asura. Vishnu has to first defeat him before the ratha can go on further. I asked her if one could see the fight. No, she answered smilingly, these are things which one perceives only in one's heart.

May 23, 1949 Belur

Back in Belur after two days in Halebid. The temples in Halebid are much more beautiful than in Belur, not only because the sculptures are in place, where they belong, but also beautiful in themselves. A lively ornamentation supports the impression. The momentum in the sculptures is grand and the richness simply immense.

The double temple of Hoysaleshvara is imposing in structure, which in fact consists only of the foundation. Both the colossal Nandis at the entrances are enchanting in their great dignity and their respectful composure. Their tense and terse form is full of warmth and life. Unpolished head jewellery, necklaces and foot ornaments stand out against the polished surface of the big Nandi. The animal seems to breathe and radiate warmth. The raised head is slightly turned and the body is bent towards the left. The small Nandi is even more beautiful, more concentrated in expression. It also has the better place in the open mandapam. The bigger one is surrounded by supporting pillars, which bear the roof of the mandapam. Behind it, in a dirty shrine with bats, is a statue of Surya, black, with inserted eyes, delicately ornamented. A magnificent Ganesha animates the courtyard.

Both the Jaina temples, which are outwardly very simple, have a wonderful effect inside. The pillars are elaborate, as with all such temples, often with almost paper-thin discs protruding out. But here the black stone is polished, making it look even richer. A huge, black Tirthamkara dominates the cella.

It seems that these temples are a transference of wood structures into stone. The columns look as if they were turned on a lathe, and on the projecting roof cornices the barricaded timber is visible with all its rivets and screws in stone. And finally, this could not have been different in the ancient cave temples, where even the dome-curves were built imitating the wood ribs, and the entrance gates equipped with horse-shoe arched frames. No wonder; since in nearby Malabar much is still built in wood.

May 25, 1949 Mysore

The 25th was a good day. In the morning I found under the most unbelievable rubbish in the museum, a row of interesting mandalas or cakras, large, painted plaques, which about a hundred years ago the then raja of Mysore had made, because he was afraid that the English would usurp his power. Moreover, there are also a number of pictures, in which he receives the high-ranking English officers in his gorgeous darbar, as host and friend. However, in order to prevent the danger of their expansion of power, he appealed to the divine forces through these mandalas for help - if the explanation of the curator is correct.

In the afternoon I went to my old friend from 1930, the huge Nandi on Chaumudi Hill. Interesting how here, relative to the dimensions, the forms are kept much simpler than in Halebid. The folds of the dewlap are completely left out.

May 26, 1949 Somnathpur

There is a wonderful statue of Gopala in black stone in a pitch-black side cell, also in an ornamental style, the face in great sleekness of modelling and fine expression. Opposite this in the other side cell is a Vishnu with a fine-cut head

The arches of the ceiling are elaborated like stalactite caves - an immense amount of work employed for something hardly visible. They are largely imitations of woodwork. The immense complexity, not especially beautiful to me, perhaps does indeed contribute to an impression of the mysterious, the impenetrable, which surrounds the whole temple, secluded from the outer world by four high walls.

May 27, 1949 Pudukottai

I went again to the temple in the morning, in order to sketch some of the most interesting mandalas. I was fascinated once again, not only by their meaning, which is still hidden to me, but also by the splendid drawing and the beautiful colours. Only about a hundred years ago such a thing was still possible! I want to make Stella Kramrisch aware of this. Perhaps she knows someone who can devote himself to a study of these things.

Translation of pp. 168-180

April 21, 1951 On Board the Vivaldi

Going back again to Europe, much earlier than I had thought. My eyes are responsible.

I had returned to Banaras at the beginning of November 1950. It was already cool and I began immediately transferring the Prakriti composition into colour. Since I had already tried out the colour ideas in Switzerland on a small scale everything went relatively quickly. But I had changed a lot. The upper part was quite different. Instead of the rounded contours, I put in circular ellipses with stars which continued beyond the edge and should thereby produce the effect of a feeling of endlessness. The problem was to connect these heavenly spheres with the cobweb and the eyes of Maya. After having changed many details again, I decided to treat all the forms summarily when painting, just to retain their characteristics and their development, not their complications. However, during the course of the work I often lost track of this, through a lack of keeping hold of the thousands of images which keep this picture together. With difficulty I managed to finish the draft, because then my eyes began to give in.

April 29, 1951 Gulf of Suez

Today we sailed through the Gulf of Suez, on a fresh, windy morning, like that time twenty one years ago, when I had travelled into the great unknown for the first time. One feels the orient here first. The light, the air and the hopes which had extended my sails, were filled with unbelievable wonders. It was the major, final escape, nourished by the hope to find a home. At that time this was not quite clear to me. I saw more the next goal, to get to know India, to experience this country really, instead of in dreams. And so I went, the heart inflated with illusions, the bag full of letters of introduction to the great ones in the country, how could it have gone wrong? Well, it has not really gone wrong, only, it has turned out to be quite different from what I had imagined it would be, quite, quite different!

It is said that one has to completely surrender oneself in order to gain the kingdom of God. At that time I did set out to gain something on earth. But I lost it all, to the last bit. However, something else blossomed in its place, that was much richer and dearer than what was lost. And today, when I look back at what caused me so much misery and grief, I am surprised at myself. How could I have been so blind? Was it worth the trouble? But, perhaps it is so, that we have to proceed step by step, and that it is not possible to miss any single one, except with great grace. It was indeed a bridge to something deeper and vaster than I could have ever imagined. Actually, this grandness came to me inspite of myself. I did not look for it at all. India made me seek it first. And India also lifted the veil and let me have a glance at the great mysteries. And I can never forget this sight, however much I may occasionally stray away from it. This vision has taken possession of my very being. It is now ten years ago, and perhaps I have not come very far in these ten years. But I cannot forget the insight, it has become part of me, and perhaps I shall one day be closer to it. In my last drawings, I had tried somewhat to create it, but it is more an intellectual vindication and satisfaction, an effect outwards. The effect inwards does not require images any more.

All my life I have clung on to every straw, like one drowning. None could hold me, they were all too human, the straws, and no one was prepared to save a drowning person. They wanted to be saved themselves. What could I have done for them? Only at the twelfth hour did the light come from above pointing out the way to my ship. It is the way of renunciation, for the sake of the One, the Essential.

Life is just passing by me, like the landscape seen from a ship. It is sliding by, like the company on the ship. Yet, something all-encompassing lives in me. It is difficult to describe it, it is floating, it is ubiquitous, but it cannot be absorbed into particulars. It can hear and see, but cannot personally participate. It is alien, and yet friendly. It cannot regard anything in the world as its own. It can perhaps also not take anything seriously, it has no weight and no scale, and yet it has profound understanding. Above all, it has all correlations, and it strives somehow to express these infinite relations, this harmony behind all the chaos, in some form or the other. To do this in art was my last aspiration. Will it be successful? Is it possible at all? And if it is possible, is it enough?

May 5, 1951 Mailand

Today we landed in Genoa, and then drove here. Yes, my dear Italy, it always touches me deeply. I want to speak about the landscape which, after the endless and boundless orient, suddenly takes on stance, form, determination, composition, and which presents itself in pictures. For these charms the landscape pays with restrictions and limitations. But how soothing that the soul is not always torn between infinite heights and depths. The first impression of this beautiful, limited world was the blue coast of Calabria in the morning light of 3rd May - the wonderful features and silhouette of these mountains, austere yet sweet, bare yet soft, with occasional rock towers projecting out from their slopes, and the small, white villages among them as animating stipples.

Then Messina, how wonderfully it spreads out over the various hills which glide down from the heights to the sea; then gorges and bridges, and here and there the beautiful attracting points of a church tower or dome. It must have been a splendid city before the destruction.

Then the Faro, on a flat, outstretched spit of land, spreading out wide towards the sea, where previously the Charybdis was, and opposite the rocky slope of the Scylla with the village of the same name and the small fishing nest in the bay at the back. All this has a solemn, and at the same time, graceful stature, and grows out from the landscape wonderfully, accentuating those places where the forms are concentrated and need highlighting. No one can tell me that the people here did not feel the cosmic connections and did not recognize the sensitive points on earth which were good to build on, like in India. They never violated the earth just for the sake of getting some use out of it. No, they beautify it with their works born of the same spirit. I breathe in homely air when I see the Italian landscape. Everything was dissolved in me with an inexpressible feeling of well-being. Not only are the eyes pleased, but also the whole inner being.

How fantastically the Stromboli towers up from the blue water- mirror! The mountain breathes and emits smoke, and around its borders are the loveliest villages in a white glow, whereas nearby the thick lava-flood, right from the crater down to the sea, has eaten an awful, smoking precipice into the mountain.

On the morning of 4th May we reached Neaples. As I walked out onto the deck and saw the St. Martino rise up in the grey-rosy morning radiance I felt the light in Neaples to be magical, with its mother-of pearl scent, out of which all the colours shine forth intensively, and yet broken. Light and colour always remind me of Banaras. Grey clouds hung over the city on these days, and I suddenly began to understand what great fascination the changing cloud formations give the European landscape. And although I have never felt, like some others, the boredom of the endless blue, flat sky of the tropics, I began to understand it. I also understood why European landscape artists give the sky such a major position. Brilliant sun patches fell on the city at some places, brightly emphasizing this or that region. I went ashore and strolled around, first to the Passeggiata al mare. The bustle of this city was at first unbearable to me, also the chaos. But when I came to the peak of the Passegiatta and saw the wide gulf, I was quite thrilled. The mountains of Sorrent and Capri lay delicately on the horizon, and everything was so much more endlessly wider and grander than I remembered it. The last time in 1946 I could not enjoy anything. The picture of destruction had overburdened me. Now life is pulsating again in the city, as if there had never been a war; the same faces, the same Bagoloni who stood at every street-corner, gossiping, observing, discussing, doing business. And the same laissez-aller, the same dust, the same flowers on the Salita di Chiara, the same laundry fluttering over it; the same vegetable carts and drink stands with bundles of beautiful lemons, the same earthen pots for water and the same small marble tables in front of the cafés; the same newspaper stands and tobacconists, and also the same lustrascarpe under the arcades. I could not resist sitting on one of these thrones and having my shoes polished, in Neapolitan perfection.

Around midday the ship sailed again. Now the sky was clear and the landscape radiant. Around Posillipo the magnificent silhouettes of Nisida, Pozzuoli and the foothills of Baia ascended from the sea, and also Procida with the small city on the high ridge. As the background shifted and towered one upon the other it appeared to me as if this could not have been better composed even deliberately.

And then, on the other side, Ischia rose up, green and peaceful. I remembered the beautiful time I had spent here and felt a deep relation with this earth.

<u>May 6, 1951</u> Milan

As I walked in the Giardini in the morning, every road, every tree, every bench looked at me like an old friend. Life suddenly collapsed into childhood and youth, when this Giardini was still the whole world for us. And to experience, after having travelled the wide world, that this small world still exists and still evokes very old pictures and inner joy in us, that it can again command one back into its milieu and its atmosphere, is amazing. Yes, have we then never really been away on our long ways at all, and have we just continuously pedalled on the same spot without moving, like those cycles in gymnasiums which stay fixed and are meant only to exercise the leg muscles? I was suddenly twelve years old and felt the same joy as at that time, and would have liked best to play the games again which thrilled us so much at that time. There are really no straight lines in the world, everything is round, everything returns to its origin. This time Milan had poetry and greatness about it, as never before. Was it this return to the intensive experiences of youth, or was it because the sober, awkward little business in Zürich was still in my bones? Italy, even in Milan, has a deeper, warmer breath than Switzerland. I do not feel so well and so much at home anywhere else. The animated emotivity of the people near to nature and the intellectual fineness of the cultured people are united, as one can also find it in the orient.

May 26, 1951 Eye-clinic, Geneva

Profile art and enface art. There is a fundamental antithesis between both, although I feel this more than I can define it. The first represents a person, especially the head, and also animals, in silhouette, as a relief. The second represents this as a mass, as a construction. Profile art emphasizes the spectacle not taken notice of by the observer and which is presented to the view as an arabesque, but without any dialogue. Enface art catches hold of the viewer directly, compels him to give an answer, insofar as the work appeals to him. It is active with respect to the viewer, although it rests in itself and is passive, out of a lack of space for expansion. Profile art, on the other hand, is moved in transversal space, but passive from the point of view of the observer. The power-lines of movement and expression here run from left to right or from right to left - with respect to the viewer. In enface art, however, the currents of power and expression move from the work of art directly to the viewer.

In the past centuries European art used both kinds of representations, and often both at the same time. And this may have been due to our development. Since this development is more an intellectual one, rather than one from the depths of the soul of modern man, it is not decisive here.

But why have whole generations based on a tradition, ascribed to the one or to the other mode of presentation? Why do the Egyptians, Assyrians, Etruscans and Mexican Indians, the Persians and the later Indians under Mogul influence all have profile representations, whereas the Chinese, Tibetans, Byzantines, Alexandrian Romans and the masters of Roman and Gothic art, on the other hand, have preferred, almost exclusively, frontal representations? This must have psychological reasons. The type of physique of a particular folk may be a contributing factor, but is not an explanation.

All the motifs in the friezes of the temple in Halebid, which illustrate the Krishna legend and the Ramayana, are profile representations. The deities above them, however, are frontal. So, whatever is subject to change, termination and time is in profile, even in the case of gods who appear as human incarnations. But the eternal essences, the immutable aspects of the divinity are represented frontally.

September 14, 1952 Davos

"I have lost this `witness´ of my life who induced me not to live `negligently´", says Gide in *Journal intime*, after the death of his wife. In the absence of such a witness one has to be a witness oneself. A diary helps here. I had stopped writing when I came to Davos last year. Now I am impelled to write again. If life cannot unfold itself outwards, and rotates only within a narrow circle, it is good to reflect.

December 3, 1952 Banaras

The composition of "Prakriti" is covered with transparent paper, on which I want to draw it anew. It should not be spread out flat, like trellis work. The forms should be more plastic and dynamic. The whole thing looks much better through the veil of paper, because only the most important contrasts come through. Now I want to first draw all the movements and sweeps which hold the fabric together. This produces nothing but curves, close together at the bottom and stretching out wider and wider upwards, coming out of each other and penetrating each other. They express the feeling of unfolding and of emanating much better than the composition with all the details. So, the basic scheme is good and quite useful. Now it is a matter of maintaining it, and not losing it in the further development. Subordinate everything to it, always keep to the original picture! - forms which mutually permeate each other, this was my conception right from the beginning. - I recall a construction sketch for the sculpture of my "striding woman" which was based on this. This idea has now become a picture of the world in general; the manifested creation which emerges in a thousand forms out of the original cause: these forms strike, cut and penetrate one another in space, because the space of their representation is something limited, and the forms, driven completely by their own individual will for expansion, spread themselves out in it. Because of the fact that they have definite forms, they run into and across one another. Whatever is not pure spirit has to bump together in space. All conflicts begin here, which is noticeable even upto the last atom of cosmic manifestation.

January 26, 1953 Banaras

Back from our trip to Tanda and Lalganj. The Indian landscape in its primeval breadth and virginity is like strong wine to me. Sitting on the terraces of bungalows in the evening sky, with the deep murmuring gorge down below and the homeward bound herons above me, I was as if elevated from the mesh of the world, and earth and sky were my home. To live and to wander through these two in this way seemed equivalent to eternal bliss to me. It was not a tranquil, boring bliss, but a captivation, which hardly let me sleep the whole night. The extent to which I have often felt being a misunderstood alien among people, to that extent I felt here in vast nature, in the real home, in the home of the homeless. I see the doors opening, when one surrenders and submits oneself to the grace of God, and goes out into the vast world.

<u>February 20, 1953</u> Banaras

In the eight days I have been working on the picture of Kali, it has made good progress. The general idea and the composition are already there, still quite raw, but the basis on which I can further develop, has been given. She dances in ecstasy on the body of Shiva, who is visible only in silhouette. All around are the scraps of the world in dissolution, all the natural calamities, all the hideousness with which man destroys himself. On the very top, however, and closest to these, are the lunatics and others who like her, ecstatically dance in the world dissolution.

Earlier I had thought of representing the dissolution in the form of the European war. But this proved to be too specialized. I want to express destruction in general forms and in people themselves. The figure of the Indian is more suitable for this. It does not have its natural movement forfeited to the restraints of clothing and furniture, and is thereby provided with excellent expressive power. The Indian still has the intelligence of the body. With us it is often lost; the intelligence, when it is there, is completely nested and encapsulated in the brain.

<u>May 20, 1953</u> Srinagar

Everything comes in its own time. Two days ago, during a sleepless night, I suddenly saw my past life in retrospect - not as a continuous series of shipwrecks, as what must appear outwardly to everyone else, and to myself, but as a consistent, even if not successful, development, from within outwards. It is a development that followed no other reason than an ardent desire for the sublimation of life.

<u>August 12, 1953</u> On Board the Victoria

In Heinrich Zimmer's *Myths and Symbols in Indian Art and Civilization,* is a chapter called "The Phenomenon of Expanding Form" where he describes how he, standing in front of the Jyotirlingam in the Guimet Museum, felt the dynamic, expanding power in this stone. It was for him, suddenly, not a static image but a happening, the event when the Lingam endlessly grew upwards and downwards, as the Brahma-Swan flew upwards and the Vishnu-Boar dug downwards. Probably Zimmer was so overcome by this event that he projected it into the stone. He describes the same about the big relief of the Trivikrama in Badami. He also sees the all-encompassing expansion of the figure of Vishnu as an event. In his words: "The body of the dilating god crowds with its tiara the upper frame of the composition as if to burst the bounds of space. The dynamic character of the whole universe with all its creatures as conceived by Hindu philosophy is rendered in this impressive central figure (I would say: in this impressive panel!). The work as a whole is to be deciphered and comprehended, not as a static symbol, but as an event; it is a rendition of something actually coming to pass. The quality of time permeates the inert matter of the stone. Flow and growth transform the mineral substance into an organism interminably expanding." ...

November 13, 1953 Zürich

Why indeed does oriental art, Indian, Chinese, Javanese, touch me so directly? Because it has striped off matter, like a superfluous skin, and can therefore penetrate everything with its light essence.

December 3, 1953 Bombay

After tormenting and confused days went to Elephanta today, where my heart could expand again, already on the peaceful, forested island which softly swims on the sea. The climb to the caves, the beautiful trees, the wide view onto the island opposite, the first sigh after a terrible dream. And then, these divine images. One should be able to stay here, as I have done in Ellora. Then only can one completely take in the divine language. Here I felt one of the reasons why I am in India. A human race strove for the superhuman for centuries here. It issued forth as a divine impulse to transform earthly form into the language of the spirit, to harness form, to arouse it, to animate it, until it could speak, radiate, and express divine thoughts. Indeed, every folk has striven for this in its best works. But has any other folk drawn the bow so wide and aimed so far as the Indian? Has any other produced such an abundance of divinely animated form, and thereby has inseminated even the art of half the Asian continent? Every single figure in Elephanta is a wonder of inspired feeling. What can one say of the whole cave temple which houses the greatest wonder of the Trimurti?

December 17, 1953 Banaras

The tendency in modern art to become more and more violent, lapidary and brutal occupies me. It is basically against my nature, and yet it intrigues me why it takes the upper hand all over, and why not only the stormy youth but also the established bourgeois praise this art. To me it is like a disease which makes more and more impossible all the fine perceptions and the gaze inwards.

December 29, 1953 Banaras

My Kali has taken on a new form, though still in a small format. She has become thin, sharp and hungry. She has a smooth sword, and the world around her is hacked and falling apart. The figures are still mere expressive arabesques, not individual appearances.

January 21, 1954 Sanchi

I am enraptured by the warm animation of these sculptures. The rich, interwoven relief compositions evince a highly developed art form. According to an inscription they are done by ivory carvers. This is quite credible. No sculptor has produced such a wonder of chiselling.

The reliefs are a dense, accurately shaped image of natural life.The surface has no gaps or empty spaces. It is alive through and through. The forms follow a quite definite rhythm. Proximity and distance are represented, but not really in highs and lows. The difference is almost unnoticeable, and yet perceptible in the movement, size and position.

The innumerable figures on the reliefs often have the surging rhythm of corn fields. They are animated by inner warmth and devotion, so that one arbitrarily says: So was the world before the Fall. One breathes more freely. Everything is arranged according to primeval harmony.

Today we went to Udayagiri. For the first time I saw the great Varaha Avatara, which I was familiar with from pictures. He did not disappoint me. He is huge and, at the same time, near to life: how he supports the left hand on the raised knee in order to lift up Devi who idly clings to him; how the Naga King staggers back, shocked; how the fine, wavy lines in the background go on playing; how the body of the asura who kidnaps Devi, breathes. Everything is chiselled by a master hand. Even on the sides Ganga and Yamuna on their vahanas - the waves on which they stand flow, and in the middle of the sea Varuna carries the water vessel.

Translation of pp. 190-199

<u>November 20, 1954</u> Delhi

This time Europe shocked me deeply: the endless mad rush, not knowing what it is running after, the confusing sensations, the martyr-like attitude to duty, the unscrupulous greed for pleasure, the meaningless activity and the mania for material comfort, the noise on the streets, the cars speeding by, as if the driver just has a few minutes more to save his life, the inconsiderateness for others, the vulgarity of enjoyment: a muddy stream which tears up everything in its path! And what an important role each imposes on himself and executes, till he believes in it himself and makes the society believe in it too. This is the falsehood which our society demands and which produces neuroses and psychological dislocation.

In a fairy tale by Andersen a prince sets out in search of liberation. He has three iron rings around his heart which spring open and fall off on the steps of fulfilment. - I too had iron rings around my heart. The first sprung open when, coming out from the Gothard tunnel, I saw the deep blue sky and the sunny slopes of the south-side. The second burst open when we landed on the mild stretch of land in Beirut, in the blue Mediterranean, and I saw the hill strewn with white houses, and the grave Lebanon behind them. The third opened up, yes, was it in Karachi, as I looked out into the glistening sunshine from the Rest House, or when I stayed in Delhi with Sri Ram? Or will it be only when I am in my house on the Ganga?

<u>November 22, 1954</u> Delhi

Only during the journey here on the plane from Rome was I calm enough to completely relax and to let the long hours pass without impatience. On the contrary, it was a pleasure to sink into myself without any obligations, where my own inner images kept me good company. The progressively increasing heat helped me. Indeed, for a long time I have not felt such well-being. If only it would last!

Practicing pranayama means aligning oneself with God, first with the body, and then with spirit and soul.

<u>November 26, 1954</u> En route from Delhi to Banaras

Now I am again right in the middle of Indian life and am thinking of work. I shall try to achieve a new directness by giving in to impressions, and thereby remaining free, like on the flight.

From the train I saw two women in brimstone-yellow saris standing in the middle of a field. They were quite conspicuous in the vast, ochre-yellow landscape with the dark green groups of trees and the grey-blue distance. And then: a woman in front of a clay-hut, in clay coloured clothes and with a long stick in the hand. In front of her, cutting across, a boy in profile. He was stretching himself - a dark silhouette in front of the clay coloured surrounding.

Every figure here is symbolic, when it remains unartificial and original.

<u>December 11, 1954</u> Banaras

I am working on the compositions again and shall not rest until they satisfy me. Prakriti has to arise anew. My attempt to go back to the first idea was unsuccessful. Perhaps it is not at all possible to revoke an accomplished development and to regain the lost "innocence". There is only one way: to completely finish what has already been started. The picture is too naturalistic. Since it is to express the idea of creation gushing forth, the dynamic movement should not freeze in material details. The stream and the flow are most important, not the things that stream and flow. Why, then, have I lost myself in trifles? Anyway, the composition is still useful. It just has be accomplished resolutely, and it should not dissolve in particulars. Always keep a distance! Never lose the freshness! Do not tire yourself! I have put transparent paper on the picture and am now working on it to bring out the movement lines, not always in accordance with the original, but always simplified; will see what emerges. The colours should be just hinted at, and the realism should be underplayed. The sun is much too big and stiff, it too has to roll. It holds back the whole movement, as if it were the absolute, resisting transience and becoming. But the sun is not that here. It is just a symbol of light and of the element fire, it is not the divine light.

<u>December 28, 1954</u> Banaras

After breakfast I sat on the upper terrace in the sun and looked down onto the river. In the delicate, mother-of-pearl morning-mist I saw a sailboat floating by. It was white at the bottom and reddish on the top, and glided weightlessly over the water. It gave me ideas which I would like briefly, metaphorically and in rhyme to express in words:

> The long and weary day they row
> The evening sinks and stubborn slow
> The boat moves on ... their efforts flounder
> And far is yet the shore ...
> With sail aloft swelled by the blow
> Of Heaven's breath, the bow

Is speeding through the waves.
Trustful they sit and ere they know
They reach the farthest shore ...

The sailboat brought me tranquility and overcame the chronic fear about my own incompetence. If I could rid myself of this fear I would work much more freely. Either something brilliant would emerge or I would completely break down. In any case, it would be much better than this tangle. The rudder has been withdrawn and the sails have been spread!

In such a disposition I went to work. And verily: the concepts became clear, the composition became more secure.

Have I not ever so often made myself believe that I am free of the world and of my self, to a large extent? And now, how is it? True, I have had illusions. I am a child of the world, despite occasional glances behind the curtain, glances which were granted to me and perhaps to every other person as well.

<u>December 31, 1954</u> Banaras

Finally, I gathered up all my strength, sat in front of the part where the water is in the picture, and methodically began to elaborate all the indications. When I concentrated on a small area I was calm, and became confident.

The great, strong, relentless patience which unflinchingly thinks through and does everything upto the end, and which does not let itself be terrified by any wrong ways - if I have not learnt this in India, what, then, have I learnt?

<u>February 18, 1955</u> Banaras

Thinking of Krishna is not a thinking among other things, but signifies a leap from one category into another which is essentially different: a break, a complete change, an outbreak. It is a concern with other things, with other values. I suddenly saw a large, round seed, from the inside of which a bud emerged. This bud was Krishna, the divine being itself - so did I understand religious awakening. Not abstract thought, but a sprout bursting out from the inside, tearing asunder and shedding off its brown, now unnecessary, husk.

<u>February 25, 1955</u> Banaras

How deeply touched I was by Mataji's words: All desire must be for God only. Whatever you do, whether with your hands or with your brain, do it at His service. Whatever you accept, physically or mentally, accept it as God coming to you in this shape. If anything is to be given, it is your self surrendered at His feet.

My work, which I had received as an inspiration, has gradually become the instrument of an ambition. Even then, it had filled me with love and enthusiasm. Otherwise it would not have in fact grown so much. But deep down in me there was always a burning desire to create something new, something tremendous. I did not use what was given to me from above as a ladder to reach the top. So, it was not a work of dedication, but a self-satisfaction. Therefore I am guilty of a serious misuse. What should I do? Abandon it? Start all over again? Retreat? I do not know.

I was helpless the whole day and had no courage to get back to work. In the evening I went to Krishna and placed submitted everything to him. What should I do to justify my aspiration in front of the highest instance? Overcome the vanity? This did not seem sufficient. Sacrifice ambition? To completely give up everything is the only radical way. Yet, at the moment I cannot do it, because my work points towards a realization, even if only formally. To clear the meaning of a form or of a formation is my endless obsession, and I cannot yet believe that it has no basis at all. It is a grasping of creation from inside outwards, an empathizing with and following the example of the work of the creator, however weak my power may be, though indeed I have recognized a small spark of the truth. Will it be formed or must it always remain a guessing look?

<u>July 11, 1955</u> Ranikhet. After receiving news of Aunti's death.

Does death always have to strike, to make you conscious of how deeply and how indissolubly you are bound to a person? Are the true values visible and effective only through the test of death? Perhaps it is the case that, as long as one lives, there is a morrow on which one can make good what one today neglected; as long as one is in the world of relativity all relations remain relative. Only after the last thread is drawn does the sum of the heritage appear as something absolute, immutable. And woe be to you if this sum is much greater than you expected. Then you are a lifelong debtor.

<u>July 15, 1955</u> Ranikhet

As children we played with musical tops. Inside each was a complex mechanism. As soon as the top was wound and made to spin with a thread, it gave off a nice humming tone. And when one hit the wooden knob the tone was lowered and it purred on in the lower note. I recall what joy it was to wind up the top, to let it free and to listen to the descending tones, repeatedly striking it, until its momentum was exhausted. Only now do I know why this toy fascinated me. It was an image of human life. Man is the top, the striking hand is life or destiny. - After Aunti's death and after my serious illness it seems to me that my inner being has changed the tone. It has been noticeably lowered. The spin has become slower.

Gone is the yearlong desire to own a pied à terre somewhere in the mountains. The awareness has become too strong that we are just visiting artists and that we do not have any permanent abode. Why take the trouble then to build a new nest? Even the desire to buy all the miniatures that I come across is gone. This too seems to have become unimportant, in any case for the moment. Will the work also turn out to be insignificant?

Renunciation has become easier for me, but not the solitariness. Solitude is more difficult for me.

<u>July 17, 1955</u> Ranikhet

It became clear to me in a sleepless night that a secluded life in a beautiful landscape, in a small, idyllic house with a garden and animals, is indeed not for me. Ranikhet helped me with this insight. And so I also know that I have till now done the best thing living in Banaras, striving to develop my work.

My first obligation - not a mere desire but a real duty - seems to me to finish my work, not only to finish my three large pictures on canvas, but also to build a sanctuary for them. Who will do this when I am no longer alive? What always holds me back with this undertaking is the bitter self-criticism. How often do my hands drop down when my art seems worthless to me. That is why I do not like to speak to anyone about it, nor to show it to anybody, and I do not have the courage to take the trouble of exhibiting them in public. But last night I was gripped by the strong desire to devote all my energy to this task, not only to finally complete the pictures, but also to think about the building. I do not know where and how, but if the wish is strong enough, ways will be found.

Perhaps I am not made for a contemplative life. My contemplation is this work in which I express my relation to reality. This is my duty. This life is as yet not sufficient for anything further. But again, I feel that my energy, which is threatening to sink into bourgeois comfort, is again taut.

<u>July 22, 1955</u> Ranikhet

I am now sixty six! I can hardly believe it. What have I done? What is left for me still do? I beseech God to give me adequate health and strength to reap the harvest in the time that remains to me, to complete my pictures and my studies of sculpture. In the universal plan it is indeed unimportant, but for me it is the most important thing, the only thing which can save me from rejecting myself as a useless weed. The work on Konaraka is progressing, and so I have drawn some self- assurance again.

<u>July 27, 1955</u> Ranikhet

Life is a stream. Prana flows in and out with every passing day. Sleep is a valley-basin into which the stream flows and comes to rest. It stretches itself out, comfortably licks the banks and becomes still, till it sets out on the other end to flow on slowly.

Pranayama, on the other hand, is a barrage that dams and stops the river, subduing its pressure in order to release it with increased and accumulated power. In pranayama prana is collected, saved, so as to intensify its power and to make it useful for necessary purposes, instead of letting it flow out uselessly.

<u>October 11, 1955</u> On the tour to Rajputana, Jhansi

In Orcha we visited the abandoned, medieval palace in the middle of the jungle of Bundelkhand. The architecture is labyrinthine, immense and yet well proportioned in its complexity. The newer part of the palace has a modern impact: Italian balustrades, smooth facades and columns. The old part has a large, wonderful courtyard and the entrance gate is towards the river. The Caturbhuja Temple has a spacious, triple-naved interior. In its arrangement it almost looks like a Christian church and Muslim in its architectonic details. On the upper ambulatory there are what look like pulpits, and open windows at the end of the side-aisle. Everything is bright and full of light. I thought of something like this for my three pictures, one room with three wings.

The other temple, enthroned on a hillock, is for Lakshmi-Narayana. This has an even more unusual form. It is triangular, this means that the inner temple is square, but the ambulatory is built in a triangle. The passages are arched and there are drawings along the cornices, as well as in the barrel-vaults: riding processions along the cornices and Ramayana and Krishna scenes on the vaults.

The drawings are mostly in black and white and earth-red. The black is of course graded in all the shades of grey. The figures stand freely, in silhouette on a cream-white base. The scale of colours is most refined, and the drawing alive and bright.

<u>October 12, 1955</u> Datia

The uninhabited palace of Datia overlooks the old city with many corners, as a sealed mass. It is arranged in the form of a yantra, exactly square.

The independent middle structure is linked to the surrounding buildings of the square by bridges. The bridges are built on pillars in two storeys. The wind blasts through the arcades, so that it can never be too hot. The middle structure, as well as the four buildings in the corners, are crowned with domes.

Even the architecture of the inside is fantastic: magnificent rooms and dark spaces with niches in the corners. The wall paintings are still partly visible: peacocks and flowers, elephants, riders, still-life of bottles and mugs, trees and bushes ..., discrete in their colours. - The flat landscape rises up around the palace and becomes more and more hilly. There is a dam in a basin. From there the ruler could observe his whole kingdom.

Translation of pp. 215-216

<u>August 13, 1964</u> Almora

If each one of us is a little sun then the changing clouds are the transformations of our psyche which break the light of this our inner sun. It does not then always shine as what it is, its rays are no longer pure, it shines in a thousand different colours and tones from hour to hour, in an incessant play. This is our maya, our appearances, and how bewitchingly beautiful it is, how magical is the ceaseless change of its images and reflections, the inter-flowing feelings of warmth, cold, joy, sorrow, of awakening, of haziness, of opening and closing, of being sulky and of smiling, of being attracted and being rejected, of longing and doubt, of misgivings, of fears, of fulfilment, the eternal enticement and the eternal sadness of transience. - But the sun remains the same.

<u>January 17, 1966</u> Calcutta

Why should one yield to bitterness with respect to this world in which everything stands on its head? Why isolate oneself, cringe and put on the cloak of invisibility? Why give up belief in the good and let oneself be driven by despair? Why deepen the alienation day after day? Why not react? React with love? Warm the good-will with love? Perhaps then it will work. What else did

Shastriji do? How did he produce the radiance? And the dear Pope John? They have given ear to everyone, to friend and to foe, and even in their talks with the most wicked character, and in the most dangerous moments, they have never doubted the possibility that good could triumph. They won the hearts thereby, and have changed some hopeless situations for the better, and have overcome apparently unsurmountable opposition. And even where it did not succeed, the mere exertion of their wishes and thoughts stirred up latent energies, strengthened them and let them unfold, a power from which man can draw for a long time yet. Why should not what is possible in politics also not succeed in private life? Do not think any more of fleeing away, but try with courage and love to illuminate the shadows.

The sculptures from Barhut in the museum are always an intense experience. The endlessly various ways of expression and the form in Indian art are amazing. There would be so much here to research! Just as one enjoys poetry, caresses the words and illuminates them from all sides, scans the rhythm and lets the sounds melt on the tongue, so too it has to be in the pictorial and plastic forms. Their inner being shine to me in fortunate moments, but how can one grasp it in words? It is profound poetry, but in a different medium, and who today still has the feeling for this medium? - I mean here in this country, where the sense for it seems to have been lost. Perhaps it is only in slumber and can be aroused again, when someone knows how to ignite the torch. For, what an enormous inheritance of subtle essences must indeed lie in the blood of these people!

The work on Konarka takes me from one surprise to another. How should one penetrate this treasure?

Translation of p. 218

February 7, 1967 Banaras

Now I am on my third adventure.

The first was Indian dance.

The second was Indian sacred sculpture.

The third is Indian temple architecture: the chariot of Konarka

And the intuitive search for the source of yantra and mantra, the symbolic principles of creative form.

Glossary

abhaya-mudra: gesture signifying "do not fear".
abhisheka: inauguration or consecration ceremony.
ankusha: a hook, also, elephant driver's hook.
apsara: celestial being, fairy, nymph.
arati: adoration of a deity with a lighted lamp.
Ardhanarisvara: The Lord as half-woman; Shiva and Parvati.
asura: a "not-god", a demon.
avatara: "descent", usually an incarnation of Vishnu.
avidya: nescience, ignorance.
Bhairava: a representation of Shiva as the terrible.
Bhairavi: a name of Parvati; name of a raga or musical rendering.
bija: seed; containing the essence of a mantra.
bindu: a drop, dot or point; the seed of the universe.
Bodhisattva: one whose essence is knowledge, especially in Buddhism.
Brahmanda: "Brahma's egg", the universe, the world.
buddhi: intellect, intelligence, wisdom.
cakra: a circle or ring, also Vishnu's discuss.
candra-grahan: lunar eclipse.
carpai: bed, cot.
cauri: yak tail, used as a fly whisk, symbol of aristocracy.
cuna: lime, also used as a paint.
cowkidar/caukidar: watchman, guard.
damaru: a drum, usually carried by Shiva.
danda-hasta: "hand like a stick", a position in Śiva's dance.
darbar: royal court, hall of audience.
darshana: sight, view, appearance.
devadasi: "servant of the deity", female temple dancer.
devata: deity, divinity.
devi: a goddess, female deity.
dhoti: loin cloth.
dhyana: meditation, concentration.
dhvaja-stambha: flagstaff, flagpost.
dvarapala: "door-keeper".
ektara: "one string", musical instrument.
gandharva: celestial being, usually musician.
garbhagriha: innermost sanctuary of a temple.
Garuda: mythological eagle-like bird, Vishnu's vehicle.
ghat: bank of a river.
gopuram: ornamented tower of temple gate.
grantha: a book, also a script in which Sanskrit is written.
iccha-shakti: the power or energy of desire, also in divine sense.
japa: repetition, usually of a mantra.

jhatka: "jerk", also a vehicle drawn by an animal.
jnana-shakti: the power or energy of knowledge, also in divine sense.
kirtan: devotional song, singing.
kriya-shakti: the power or energy of action, also in divine sense.
lingam: sign, mark, the phallic symbol of Shiva as creative principle.
Mahant: head priest of a temple.
maithuna: "coitus", representations of lovers in art and sculpture.
mandala: circle, orb, diagram of symbolic significance.
mandapam: hall in front of the main shrine of a temple.
mandira: a temple.
mantra: sacred verse or syllable, Vedic hymns.
maya: illusion, delusion, the world as ultimately unreal.
mudra: conventional hand-gestures, especially in dance.
murti: idol, statue, image of a deity.
nada-tattva: the category of sound, primordial sound.
naga: mythical snake-divinity, also sect of naked monks.
Nandi: bull, Shiva's vehicle.
Narasimha: "man-lion", incarnation of Vishnu.
Nataraja: "king of dance", Shiva in cosmic dance of creation and destruction.
nivritti-marga: path of cessation of worldly life.
panca-mukha: five-faced or five-headed, representation of Shiva.
panca-tattva: five elements or essentials collectively (in Tantra).
panda: Hindu priest.
paramatma: supreme soul, supreme essence.
pitha: case or pedestal of an idol.
pradakshina: circumambulation of sanctum or divinity.
prakriti: matter as such, source of material things.
pralaya: world dissolution, preceding a new creation.
prana: life-breath, vital air.
pranayama: exercising control over the process of breathing.
pravritti-marga: path of active, worldly life.
puja: worship, adoration, especially of deity.
pujari: priest in Hindu temple.
Purana: ancient encyclopaedic texts of mythology, philosophy, cosmology, etc.
raga: emotion, feeling, also a musical rendering.
rasamandali: ring of performers of Krishna legends.
ratha: chariot.
sadhu: a religious, holy man.
samhara: destruction, dissolution of world, universe
samsara: mundane existence, world as impermanent.
sandhya: morning or evening prayers in which Vedic hymns are recited.
sannyasin: ascetic, monk.
shakti: power, energy, usually represented as the divine feminine.

shardula: mythical animal representing a lion.
shatkona: six-edged star, hexagram, symbol of Shiva-Shakti.
Shesanaga: a mythological snake forming Vishnu's couch and hood when asleep.
shikhara: head or spire of a temple.
Shiva-ratri: Shiva's night(s), Hindu festival, worship of Shiva.
shloka: couplet, verse.
shrishti: creation of the world, universe.
sthapati: architect, sculptor.
sthiti: preservation, maintenance of world, universe.
tattva: category, primary element.
Tirthamkara: ford-maker, reference to the 24 preceptors in Jainism.
tribhanga: a pose with three bends of the body.
trimurti: three idols, images, viz., of Brahma, Vishnu, Shiva together.
vahana: vehicle of deities.
vanaprastha: stage of life of orthodox Hindu, living in the forest.
Varaha-avatara: Boar incarnation of Vishnu.
vishvarupa: "form of the universe", usually Vishnu represented as such.
yaksha: sylvan deity or nature spirit.
yantra: geometrical figuration, mystic or symbolic diagram.
yatra: journey, travel, especiall a pilgrimage.
yoni: womb, together with lingam, symbol of divine procreative energy.

INDEX